Ian McEwan

Honig

Roman
Aus dem Englischen von
Werner Schmitz

Büchergilde Gutenberg

Titel der 2012 bei
Jonathan Cape, London,
erschienenen Originalausgabe:
›Sweet Tooth‹
Copyright © Ian McEwan 2012

Die Handlung dieses Romans ist
frei erfunden. In einigen wenigen Fällen
treten reale Personen auf, doch
ihre Handlungen und Worte sind fiktional.
Alle anderen Figuren sind frei erfunden,
jede Ähnlichkeit mit realen Personen oder
Begebenheiten ist rein zufällig
und nicht beabsichtigt.

Für Christopher Hitchens
1949–2011

Lizenzausgabe für die Büchergilde Gutenberg,
Frankfurt am Main, Zürich, Wien
www.buechergilde.de
Mit freundlicher Genehmigung
des Diogenes Verlags, Zürich
Alle deutschen Rechte vorbehalten
Copyright © 2013
Diogenes Verlag AG Zürich
Druck und Bindung: GGP Media GmbH, Pößneck
Printed in Germany 2013
ISBN 978 3 7632 6650 0

Wenn ich doch bei dieser Suche auch nur einem einzigen unzweifelhaft bösen Menschen begegnet wäre.

        Timothy Garton Ash, *Die Akte ›Romeo‹*

I

Ich heiße Serena Frome (reimt sich auf Ruhm), und vor knapp vierzig Jahren wurde ich vom britischen Nachrichtendienst auf eine geheime Mission geschickt. Sie ging nicht gut aus. Nach nur achtzehn Monaten wurde ich gefeuert, ich hatte mich blamiert und meinen Geliebten ins Unglück gestürzt, auch wenn er selbst daran wohl nicht ganz unschuldig war.

Über meine Kindheit und Jugend möchte ich nicht viele Worte verlieren. Ich bin die Tochter eines anglikanischen Bischofs und wuchs mit einer Schwester neben der Kathedrale einer hübschen Kleinstadt im Osten Englands auf. Mein Elternhaus war freundlich, kultiviert, penibel aufgeräumt und voller Bücher. Meine Eltern konnten sich ganz gut leiden und liebten mich, und ich liebte sie. Meine Schwester Lucy und ich waren anderthalb Jahre auseinander, und so lautstark wir in der Pubertät stritten, blieben doch keine dauerhaften Spuren davon zurück, und als Erwachsene kamen wir uns wieder näher. Der Glaube unseres Vaters an Gott war dezent und vernünftig, drängte sich nicht allzu sehr in unser Leben und reichte gerade aus, ihn stetig die Stufen der Kirchenhierarchie erklimmen zu lassen und uns zu einem behaglichen Queen-Anne-Haus zu verhelfen. Unser Haus stand in einem umfriedeten Garten mit uralten Staudenrabatten, die bis zum heutigen Tag unter Gartenfreunden wohlbekannt sind. Kurz: alles solide, beneidenswert, wenn nicht gar idyllisch. Wir wuchsen hinter einer Gartenmauer auf, mit all den damit verbundenen Annehmlichkeiten und Einschränkungen.

Die späten Sechziger verliehen unserem Leben eine neue Leichtigkeit, erschütterten es aber nicht in seinen Grundfesten. Im Gymnasium fehlte ich nur, wenn ich krank war. Gegen Ende meiner Teenagerzeit begann sich allerlei über die Gartenmauer zu stehlen: Petting, wie man das damals nannte, Experimente mit Tabak, Alkohol und ein bisschen Haschisch, Rock-Platten, buntere Farben und insgesamt mehr Herzlichkeit. Mit siebzehn waren meine Freundinnen und ich begeistert, wenn auch verhalten rebellisch, aber wir machten unsere Hausaufgaben, lernten unregelmäßige Verben, Gleichungen und die Motivationen von Romanfiguren auswendig und spuckten sie auf Kommando wieder aus. Wir sahen uns gern als böse Mädchen, tatsächlich aber waren wir ziemlich brav. 1969 lag viel Aufregung in der Luft, und das gefiel uns. Untrennbar damit verbunden war die Erwartung, bald das Elternhaus zu verlassen und woanders zu studieren. In meinen ersten achtzehn Jahren passierte nichts Merkwürdiges oder Schlimmes, und deshalb überspringe ich sie.

Wäre es nur nach mir gegangen, hätte ich mich für ein gemächliches Englischstudium an einer Provinzuniversität im Norden oder Westen entschieden, weit weg von daheim. Romane las ich gern. Und schnell – zwei bis drei die Woche. Drei Jahre lang nichts anderes zu tun, hätte mir gut gefallen. Aber damals hielt man mich für so etwas wie ein

Monstrum – ich war ein Mädchen mit Talent für Mathematik. Das Fach interessierte mich zwar nicht und machte mir keine Freude, aber ich genoss es, die Beste zu sein, und das ohne große Mühe. Ich kannte die Ergebnisse, noch ehe mir klar war, wie ich darauf kam. Während meine Freundinnen krampfhaft herumrechneten, gelangte ich mit ein paar schwebenden, teils augenfälligen und teils intuitiven Schritten zu einer Lösung. Es war schwer zu erklären, woher ich wusste, was ich wusste. So brauchte ich für eine Matheprüfung natürlich viel weniger zu lernen als für eine in englischer Literatur. Außerdem war ich im letzten Schuljahr Kapitän unserer Schachmannschaft. Man muss ein wenig historische Phantasie walten lassen, um zu verstehen, was es damals für ein Mädchen bedeutete, in der Schule einer Nachbarstadt anzutreten und irgendeinen überheblich grinsenden Klugscheißer vom Brett zu fegen. Trotzdem waren Mathe und Schach für mich nur Schulzeugs, genau wie Hockey, Faltenröcke und Kirchenlieder. Als ich über meine Studienwahl nachdachte, wollte ich mit diesem Kinderkram nichts mehr zu tun haben. Aber meine Mutter sah das anders.

Sie war der Inbegriff beziehungsweise die Parodie einer Pfarrers- und später dann Bischofsgattin: ein beeindruckendes Gedächtnis für Namen, Gesichter und Wehwehchen der Gemeindemitglieder; eine unverkennbare Erscheinung, wenn sie mit ihrem Hermès-Schal die Straße hinuntersegelte; im Umgang mit Putzfrau und Gärtner freundlich, aber bestimmt. Ihre Manieren waren tadellos gegenüber jedermann, in jeder Tonlage. Wie verständnisvoll sie bei den Treffen des Mutter-Kind-Clubs in der Krypta auf die verkniffenen, kettenrauchenden Frauen aus den Mietskasernen einging. Wie fesselnd sie die Weihnachtsgeschichte den Waisenhauskindern vorlas, die sich in unserem Wohnzimmer um ihre Füße scharten. Mit welch natürlicher Autorität sie dem Erzbischof von Canterbury die Befangenheit nahm, als er einmal nach der Einsegnung des restaurierten Domtaufbeckens zu Tee und Jaffa-Keksen bei uns vorbeikam. Lucy und ich wurden für die Dauer des Besuchs in den ersten Stock verbannt. Das alles – und jetzt kommt der problematische Teil – verbunden mit völliger Hingabe und Unterordnung zur Sache meines Vaters. Sie setzte sich für ihn ein, diente ihm auf Schritt und Tritt und hielt ihm den Rücken frei. Zu Quadraten gefaltete Socken paarweise in speziellen kleinen Schachteln und gebügelte Chorhemden im Kleiderschrank, kein Staubkorn in seinem Arbeitszimmer, tiefste Samstagsruhe im Haus, wenn er seine Predigt schrieb. Als Gegenleistung erwartete sie lediglich – das ist natürlich nur meine Vermutung –, dass er sie liebte oder zumindest nie verlassen würde.

Dabei war mir jedoch entgangen, dass unter dieser konventionellen Schale der robuste Keim einer Feministin verborgen lag. Dieses Wort ist ihr nie über die Lippen gekommen, aber das ist unerheblich. Ihre Entschiedenheit machte mir Angst. Sie sagte, es sei meine Pflicht als Frau, nach Cambridge zu gehen und Mathematik zu studieren. Als Frau? So sprach kein Mensch in jenen Tagen, nicht in unserem Milieu. Keine Frau tat etwas »als Frau«. Sie sagte mir, sie werde nicht zulassen, dass ich mein Talent vergeude. Ich solle glänzen und mich hervortun. Ich müsse als Physikerin, Ingenieurin oder in der Wirtschaft Karriere machen.

Sie gestattete sich das Klischee von der Welt, die mir zu Füßen liege. Es sei unfair gegenüber meiner Schwester, dass ich sowohl klug als auch schön sei, sie dagegen weder noch. Da wäre es noch ungerechter, wenn ich nicht nach Höherem strebe. Ich konnte dieser Logik nicht folgen, sagte aber nichts. Meine Mutter erklärte, sie würde es mir und sich selbst nie verzeihen, wenn ich Englisch studierte und am Ende bloß eine etwas gebildetere Hausfrau würde als sie. Ich riskierte, *mein Leben zu vergeuden,* das waren ihre Worte, und sie kamen einem Eingeständnis gleich. Es war das einzige Mal, dass sie Unzufriedenheit mit ihrem Los ausdrückte oder andeutete.

Dann spannte sie meinen Vater ein – den »Bischof«, wie meine Schwester und ich ihn nannten. Als ich eines Nachmittags aus der Schule kam, sagte meine Mutter, er erwarte mich in seinem Arbeitszimmer. In meinem grünen Blazer mit dem Wappen und dem aufgestickten Motto – *Nisi Dominus Vanum* (ohne den Herrn ist alles eitel) – lümmelte ich mürrisch in seinem tiefen Ledersessel, während er hinter dem Schreibtisch thronte, Papiere verschob und vor sich hin summend seine Gedanken ordnete. Ich nahm an, er werde mir mit dem Gleichnis von den anvertrauten Talenten kommen, doch er war dann überraschend sachlich. Er habe Erkundigungen eingeholt. Cambridge liege sehr daran, als »aufgeschlossen für die moderne, egalitäre Welt« zu gelten. Mit meiner dreifachen Benachteiligung – staatliches Gymnasium, Mädchen, eine reine Männerdomäne als Studienfach – würde ich garantiert angenommen. Sollte ich mich dort hingegen für einen Englisch-Studienplatz bewerben (was nie meine Absicht war; der Bischof hatte es nicht so mit Einzelheiten), würde ich es sehr viel schwerer haben. Binnen einer Woche hatte meine Mutter mit dem Schuldirektor gesprochen. Etliche Lehrer wurden mobilisiert, sie tischten mir alle Argumente meiner Eltern auf und ein paar eigene noch dazu, und natürlich musste ich mich fügen.

Also begrub ich meinen Traum von einem Englischstudium in Durham oder Aberystwyth, wo ich bestimmt glücklich gewesen wäre, und ging stattdessen nach Cambridge, aufs Newnham College. Gleich im ersten Kurs, der im Trinity College stattfand, wurde mir klargemacht, was für ein kleines Licht ich in Mathematik war. Das Herbsttrimester deprimierte mich, fast hätte ich das Studium geschmissen. Linkische Jungen ohne jeglichen Charme, ganz zu schweigen von menschlichen Vorzügen wie Einfühlungsvermögen oder generativer Grammatik – schlauere Vetter der Trottel, die ich beim Schach deklassiert hatte –, grinsten hämisch, während ich mit Begriffen rang, die sich für sie von selbst verstanden. »Ah, die abgeklärte Miss Frome«, rief einer der Dozenten jeden Dienstagmorgen sarkastisch aus, wenn ich den Raum betrat. »*Serenissima*. Blauäugige! Erleuchten Sie uns!« Für meine Dozenten und Kommilitonen stand fest, dass ich deswegen scheitern musste, weil ich ein gutaussehendes Mädchen in einem Minirock und mit schulterlangen blonden Locken war. In Wirklichkeit musste ich scheitern, weil ich so war wie praktisch der ganze Rest der Menschheit – nämlich nicht besonders gut in Mathe, jedenfalls nicht auf Cambridge-Niveau. Ich versuchte, das Studienfach zu wechseln, mich für Englisch oder Französisch oder gar Anthropologie einzuschreiben, aber niemand wollte mich. Damals hielt man sich strikt an die Regeln. Um eine lange, unerquickliche Geschichte abzukürzen: Ich hielt durch und schaffte mit Ach und Krach meinen Abschluss.

Wenn ich schon durch meine Kindheit und Jugend gestürmt bin, werde ich meine Studentenzeit erst recht raffen. Weder habe ich an Bootsfahrten teilgenommen (egal ob mit oder ohne Aufziehgrammophon), noch jemals das Footlights besucht – Theater ist mir peinlich –, noch mich bei den Garden-House-Krawallen festnehmen lassen. Immerhin habe ich im ersten Semester meine Unschuld verloren, mehrmals hintereinander, wie es schien, so wortlos und linkisch ging es dabei zu, und hatte über die neun Trimester eine ganz schöne Reihe von Liebhabern, sechs oder sieben oder acht, je nachdem, wie man Liebhaber definiert. Unter den Newnham-Frauen fand ich eine Handvoll gute Freundinnen. Ich spielte Tennis und las Bücher. Dank meiner Mutter studierte ich das falsche Fach, aber ich hörte nicht auf zu lesen. Gedichte und Theaterstücke hatte ich in der Schule links liegenlassen, aber ich glaube, Romane bereiteten mir mehr Vergnügen als meinen Unifreunden, die sich wöchentlich an Aufsätzen über George Eliots *Middlemarch* oder Thackerays *Jahrmarkt der Eitelkeiten* abrackern mussten. Ich las dieselben Bücher, im Eiltempo, plauderte zuweilen mit Leuten darüber, die mein niedriges Diskussionsniveau tolerierten, und las weiter. Lesen war meine Methode, nicht über Mathe nachzudenken. Vielmehr (oder weniger?), es war meine Methode, überhaupt nicht zu denken.

Wie gesagt, ich war schnell. Trollopes *The Way We Live*

Now verschlang ich in vier Nachmittagen auf dem Bett! Ich erfasste ganze Textblöcke und Absätze auf einen Blick. Ich brauchte meine Augen und Gedanken nur weich wie Wachs werden zu lassen, um den Eindruck frisch von der Seite aufzunehmen. Alle paar Sekunden schlug ich zur Irritation meiner Umgebung mit einer ungeduldigen Handbewegung eine Seite um. Meine Bedürfnisse waren schlicht. Themenkomplexe oder gelungene Wendungen interessierten mich nicht, und Beschreibungen von Wetter, Landschaften und Interieurs überblätterte ich sowieso. Ich wollte Figuren, an die ich glauben konnte, ich wollte neugierig darauf gemacht werden, wie es mit ihnen weiterging. Am liebsten las ich von Menschen, die sich ver- oder entliebten, aber es störte mich auch nicht, wenn sie sich zwischendurch mit anderen Dingen befassten. Selbst wenn es banal war, ich mochte es, wenn am Ende jemand sagte: »Heirate mich!« Romane ohne weibliche Figuren waren eine tote Wüste. Conrad kam deshalb für mich nicht in Frage, die meisten Erzählungen von Kipling und Hemingway ebenso wenig. Überhaupt machten große Namen keinen Eindruck auf mich. Ich las alles, was mir in die Finger kam. Groschenhefte, Hochliteratur und alles dazwischen – ich verschlang sie unterschiedslos.

Welcher berühmte Roman beginnt mit dem markigen Satz: *Am Tag ihrer Ankunft zeigte die Quecksilbersäule dreiunddreißig Grad.* Ist das nicht knackig? Das kennen Sie nicht? Die Literaturstudenten am Newnham College, mit denen ich befreundet war, reagierten belustigt auf meine Bemerkung, *Das Tal der Puppen* könne sich mühelos mit allem messen, was Jane Austen je geschrieben habe. Sie lachten und zogen mich monatelang damit auf. Dabei hatten sie keine Zeile von Jacqueline Susanns Roman gelesen. Doch wen kümmerte das? Wen interessierten schon die halbgaren Meinungen einer drittklassigen Mathematikerin? Mich nicht, meine Freundinnen nicht. Wenigstens in dieser Hinsicht war ich frei.

Meine studentischen Lesegewohnheiten sind keine Abschweifung. Diese Bücher trugen mir meine Geheimdienstkarriere ein. In meinem letzten Studienjahr gründete meine Freundin Rona Kemp eine Wochenzeitschrift, die sie *?Quis?* nannte. Solche Projekte entstanden und starben damals zu Dutzenden, ihres aber war mit einer Mischung aus E und U seiner Zeit voraus. Poesie und Popmusik, politische Theorie und Klatsch, Streichquartette und Studentenmode, *nouvelle vague* und Fußball. Zehn Jahre später gab es das überall. Rona hatte das Rezept vielleicht nicht erfunden, aber sie war eine der Ersten, die das Reizvolle daran sah. Später gelangte sie über das *Times Literary Supplement* zu *Vogue,* dann folgte ein fiebriges Auf und Ab mit Magazin-Neugründungen in Manhattan und Rio. Die zwei Fragezeichen im Titel ihrer ersten Zeitschrift waren eine Innovation, mit der sie es auf immerhin elf Ausgaben brachte. Sie hatte die Susann-Episode nicht vergessen und bat mich, eine regelmäßige Kolumne zu schreiben: ›Was ich letzte Woche gelesen habe‹. Und zwar »im Plauderton und quer durchs Gemüsebeet«. Kinderspiel! Ich schrieb, wie ich redete, lieferte nicht viel mehr als Zusammenfassungen der Bücher, die ich gerade verschlungen hatte, und pointierte meine Urteile in bewusster Selbstparodie mit zahlreichen Ausrufezeichen. Meine lockere alliterierende Prosa kam gut an. Gelegentlich sprachen mich Fremde auf der Straße an und machten mir Komplimente dazu. Sogar mein spöttischer Mathedozent ließ sich zu einer lobenden Bemerkung herab. Es war das einzige Mal, dass ich ein wenig von jenem berauschenden Elixier namens Campus-Ruhm zu kosten bekam.

Nach einem halben Dutzend dieser kessen Kolumnen ging etwas schief. Wie so viele Autoren, die ein wenig Beifall finden, nahm ich mich auf einmal zu ernst. Ich war eine junge Frau mit ungeschultem Geschmack, ein unbeschriebenes Blatt. Ich war reif zur Übernahme. Ich wartete, wie es in manchen Romanen hieß, auf den »Richtigen«, der mein Herz im Sturm erobern würde. Mein »Richtiger« war ein ernster Russe. Ich entdeckte einen Schriftsteller und ein Thema und wurde zur Schwärmerin. Plötzlich hatte ich ein Anliegen, hatte ich eine Mission zu erfüllen. Ich fing an, meine Texte endlos zu überarbeiten. Statt direkt aufs Papier zu plappern, schrieb ich die Texte um, zweimal, dreimal. Meiner bescheidenen Ansicht nach hatte sich meine Kolumne zu einer unentbehrlichen öffentlichen Institution entwickelt. Manchmal stand ich mitten in der Nacht auf, strich ganze Absätze und überzog die Seiten mit Pfeilen und Kreisen. Ich ging mit bedeutungsschwerer Miene spazieren. Mir war klar, meine Popularität würde darunter leiden, aber das kümmerte mich nicht. Es bewies nur, dass ich recht hatte, es war der Preis, den eine Heldin wie ich zu zahlen hatte. Bis dahin hatte ich die falschen Leser gehabt. Es kümmerte mich auch nicht, als Rona mir Vorhaltungen machte. Tatsächlich fühlte ich mich dadurch bestätigt. »Das ist nicht gerade im Plauderton«, sagte sie kühl, als sie mir eines Nachmittags im Copper Kettle meinen Artikel zurückgab. »So war das nicht abgemacht.« Sie hatte recht. Von meiner Unbeschwertheit und den Ausrufezeichen war nichts mehr übrig, Zorn und Pathos hatten meine Interessen verengt und meinen Stil kaputtgemacht.

Mein Abstieg hatte mit den fünfzig Minuten begonnen, die ich mit Alexander Solschenizyns *Ein Tag im Leben des Iwan Denissowitsch* in der neuen Übersetzung von Gillon Aitken verbrachte. Ich las das Buch unmittelbar nach Ian Flemings *Octopussy*. Ein harter Übergang. Ich wusste nichts von den sowjetischen Arbeitslagern und hatte das Wort »Gulag« noch nie gehört. Nach einer Jugend im Kathedralenviertel, was wusste ich da schon von den grausamen Absurditäten des Kommunismus, von den öden und weit abgelegenen Strafkolonien, in denen mutige Männer und Frauen gezwungen waren, Tag für Tag an nichts anderes zu denken als an ihr eigenes Überleben? Hunderttausende, in die sibirische Einöde verschleppt, weil sie in der Fremde für ihr Land gekämpft hatten, weil sie Kriegsgefangene gewesen waren, weil sie einen Parteifunktionär verärgert hatten, weil sie selbst Parteifunktionäre waren, weil sie eine Brille trugen, weil sie Juden waren, homosexuell, Bauern, die eine Kuh besaßen, Dichter. Wer erhob seine Stimme für all diese verlorenen Menschenleben? Bis dahin hatte ich mich nicht mit Politik abgegeben. Ich wusste nichts von den Diskursen und Enttäuschungen der älteren Generation. Auch nichts von der »linken Opposition«. Abgesehen von der Schule beschränkte sich meine Bildung auf ein bisschen zusätzliche Mathematik und Stapel von Taschenbuchromanen. Ich hatte keine Ahnung, und meine Empörung war moralisch. Der Ausdruck »totalitäres System« gehörte nicht zu meinem Wortschatz. Wahrscheinlich hätte ich das für etwas Medizinisches gehalten. Mir war, als erreichten mich Nachrichten von einer unbekannten Front, als lüftete ich einen Schleier und beträte Neuland.

Für Solschenizyns *Der erste Kreis der Hölle* brauchte ich eine Woche. Der Titel bezog sich auf Dante. Sein erster Höllenkreis war griechischen Philosophen vorbehalten und, welch ein Zufall, ein angenehmer *ummauerter Garten* inmitten schrecklicher Höllenqualen, ein Garten, aus dem es kein Entkommen und keinen Weg ins Paradies gab. Ich machte den typischen Fehler aller Schwärmer, ich nahm an, der Rest der Menschheit sei ebenso ahnungslos, wie ich es zuvor gewesen war. Meine Kolumne wurde zur Tirade. Wusste man im blasierten Cambridge nicht, was dreitausend Meilen weiter östlich passiert war und immer noch passierte, hatte man nicht mitbekommen, wie verheerend sich diese gescheiterte Utopie mit ihren Schlangen vor den Geschäften, der hässlichen Kleidung und den Reisebeschränkungen auf den Geist der Menschen auswirkte? Wie sollte man dagegen angehen?

?Quis? akzeptierte vier Salven meines Antikommunismus. Nun las ich Koestlers *Sonnenfinsternis*, Nabokovs *Das Bastardzeichen* und Miloszs großartige Abhandlung *Verführtes Denken*. Ich war auch der erste Mensch auf Erden, der Orwells *1984* verstand. Aber mit dem Herzen blieb ich immer bei meiner ersten Liebe, Alexander. Diese Stirn, die sich wie eine orthodoxe Kirchenkuppel erhob, der eckige Bart eines Landpfarrers, die grimmige, vom Gulag verliehene Autorität, seine unbeugsame Haltung gegenüber

Politikern. Nicht einmal seine religiösen Überzeugungen konnten mich abschrecken. Ich sah es ihm nach, wenn er sagte, die Menschen hätten Gott vergessen. *Er* war Gott. Wer konnte sich mit ihm messen? Wer ihm seinen Nobelpreis verweigern? Ich starrte sein Foto an und wollte seine Geliebte sein. Ich hätte ihm gedient, wie meine Mutter meinem Vater diente. Seine Socken paarweise in kleine Schachteln legen? Ich hätte mich auf die Knie geworfen und ihm die Füße gewaschen. Mit meiner Zunge!

Die Niedertracht des Sowjetsystems war für westliche Politiker und die Leitartikler der meisten Zeitungen in jenen Jahren ein Standardthema. Im Kontext von Uni-Leben und studentischer Politik indes galt es als ein wenig geschmacklos. Wenn die CIA dagegen war, musste doch etwas für den Kommunismus sprechen. Teile der Labour Party hielten den alternden Betonköpfen im Kreml und ihrem gespenstischen Projekt noch immer die Stange, sangen noch immer auf der Jahresversammlung die Internationale, schickten noch immer Studenten zu Freundschaftsbesuchen. Im Kalten Krieg, in dieser Zeit des Schwarzweißdenkens, ging es nicht an, mit einem amerikanischen Präsidenten, der in Vietnam Krieg führte, über die Sowjetunion einer Meinung zu sein. Aber bei jenem Rendezvous zur Teestunde im Copper Kettle erklärte mir Rona, schon damals parfümiert, präzise und perfekt, es sei nicht die politische Ausrichtung meiner Kolumne, die ihr Sorgen mache. Meine Sünde sei die Ernsthaftigkeit. In der nächsten Ausgabe ihrer Zeitschrift stand kein Wort von mir. Anstelle meiner Kolumne erschien ein Interview mit der Incredible String Band. Danach war Schluss mit *?Quis?*.

Wenige Tage nach meinem Rausschmiss geriet ich in eine Colette-Phase, die mich monatelang in Bann hielt. Dazu kamen andere Sorgen. Die Abschlussprüfungen waren nur noch Wochen entfernt, und ich hatte einen neuen Freund, einen Historiker namens Jeremy Mott. Er hatte etwas Altmodisches – schlaksig, große Nase, überdimensionierter Adamsapfel. Er wirkte leicht verlottert, war auf unaufdringliche Weise clever und außerordentlich höflich. Mir waren an der Uni schon etliche von seinem Schlag aufgefallen. Sie schienen aus einer einzigen Familie zu stammen und allesamt Internate im Norden Englands besucht zu haben, wo man sie mit derselben Kleidung ausgestattet hatte. Sie waren die letzten Männer auf Erden, die noch Harris-Tweedjacken mit Lederflicken an den Ellbogen und Bordüren an den Ärmeln trugen. Ich erfuhr, allerdings nicht von Jeremy selbst, dass man von ihm einen erstklassigen Abschluss erwartete und dass er bereits einen Artikel in einer Fachzeitschrift für Geschichte des sechzehnten Jahrhunderts veröffentlicht hatte.

Er stellte sich als zärtlicher und rücksichtsvoller Liebhaber heraus, trotz seines beklagenswert scharfkantigen Schambeins, das mir beim ersten Mal teuflische Schmerzen bereitete. Er entschuldigte sich dafür, wie man sich für einen verrückten, aber entfernten Verwandten entschuldigen mag. Womit ich sagen will, dass es ihm nicht besonders peinlich war. Wir lösten das Problem, indem wir beim Sex ein gefaltetes Handtuch zwischen uns legten, wobei mir schien, dass er zu diesem Hilfsmittel schon oft gegriffen hatte. Er war sehr aufmerksam und geschickt und konnte so lange durchhalten, wie ich wollte, und darüber hinaus, bis ich es nicht mehr aushielt. Er selbst jedoch kam trotz meiner Bemühungen nur selten zum Orgasmus, und ich begann zu argwöhnen, dass er etwas Bestimmtes von mir erwartete. Nur was? Er wollte es mir nicht sagen. Oder genauer, er beharrte darauf, es gebe da nichts zu sagen. Ich glaubte ihm nicht. Am liebsten wäre mir gewesen, er hätte heimliche, schmutzige Wünsche gehabt, die nur ich befriedigen konnte. Dieser stolze und höfliche Mann sollte mir ganz verfallen. Sehnte er sich danach, mir den Hintern zu versohlen, oder dass ich ihm den Hintern versohlte? Wollte er meine Unterwäsche anziehen? Dieses Rätsel verfolgte mich, wenn ich nicht mit ihm zusammen war, und machte es mir umso schwerer, nicht an ihn zu denken und mich auf meine Mathematik zu konzentrieren. Colette war meine Rettung.

Eines Nachmittags Anfang April, nach einer Runde mit dem gefalteten Handtuch in Jeremys Wohnung, überquerten wir beim alten Corn Exchange die Straße, ich noch benommen vor Wonne und dem Schmerz einer damit zusammenhängenden Muskelzerrung im Kreuz, und er – na ja, ich wusste nicht recht. Im Gehen überlegte ich, ob ich das Thema noch einmal zur Sprache bringen sollte. Er gab sich liebevoll, sein Arm lag schwer auf meinen Schultern, während er mir von seinem Aufsatz über die Star Chamber erzählte. Ich konnte mir nicht vorstellen, dass er richtig befriedigt war. Ich glaubte das an seiner angespannten Stimme zu erkennen, an seinem nervösen Tempo. Seit Tagen hatte er keinen einzigen Orgasmus gehabt. Ich wollte ihm helfen, und ich war aufrichtig neugierig. Außerdem beunruhigte mich der Gedanke, dass er womöglich enttäuscht von mir war. Ich erregte ihn, so viel stand fest, aber vielleicht begehrte er mich nicht genug. Wir gingen in der frostigen Dämmerung eines feuchten Frühlingstages am Corn Exchange vorbei, der Arm meines Liebhabers wärmte mich wie ein Fuchspelzkragen, und mein Glücksgefühl war nur leicht beeinträchtigt von einem stechenden Schmerz im Rücken und eine Spur mehr von der Frage nach Jeremys geheimen Wünschen.

Plötzlich kam uns aus einer schlechtbeleuchteten Seitenstraße Tony Canning entgegen, Jeremys Geschichtstutor. Wir wurden einander vorgestellt, er schüttelte mir die Hand und hielt sie, wie ich fand, viel zu lange fest. Er war Anfang fünfzig – etwa so alt wie mein Vater –, und ich wusste von ihm nur, was Jeremy mir erzählt hatte. Er war Professor und ein ehemaliger Freund des Innenministers Reggie Maudling, der auch schon in sein College zum Dinner gekommen war. Eines Abends hatten die beiden Männer sich im Suff über die Politik der Internierungen ohne Gerichtsverfahren in Nordirland zerstritten. Professor Canning war Vorsitzender einer Denkmalschutz-Kommission gewesen, saß in diversen Beratungsausschüssen und im Aufsichtsrat des British Museum und hatte ein allseits gelobtes Buch über den Wiener Kongress geschrieben.

Er war einer von den Großen und Guten, ein Typ, der mir vage vertraut war. Männer wie er kamen gelegentlich zu uns nach Hause, um den Bischof zu besuchen. Jedem unter fünfundzwanzig gingen sie in dieser Nachsechzigerzeit natürlich auf die Nerven, aber ich mochte sie eigentlich auch. Sie konnten charmant sein, sogar geistreich, und die Wolke aus Zigarrenrauch und Kognakdunst, die sie hinter sich herzogen, ließ die Welt wohlgeordnet und reich erscheinen. Sie hatten eine hohe Meinung von sich selbst, wirkten aber nicht unehrlich, und sie besaßen ein ausgeprägtes Pflichtbewusstsein gegenüber dem Staat, zumindest vermittelten sie diesen Eindruck. Sie nahmen ihre Vergnügungen ernst (Wein, Essen, Angeln, Bridge etc.), und manche hatten offenbar in interessanten Kriegen gekämpft. Ich hatte Kindheitserinnerungen, wie der eine oder andere von ihnen meiner Schwester und mir an Weihnachten eine Zehn-Pfund-Note zusteckte. Von mir aus konnten diese Männer die Welt regieren. Es gab viel schlimmere.

Cannings Auftreten war von einer vergleichsweise gedämpften Grandeur, vielleicht passend zu den bescheidenen Rollen, die er in der Öffentlichkeit spielte. Ich bemerkte das wellige, akkurat gescheitelte Haar, die feuchten fleischigen Lippen und eine kleine Kerbe in der Mitte seines Kinns, die mir liebenswert vorkam, denn selbst bei dem schlechten Licht sah ich, dass er Mühe hatte, sich dort sauber zu rasieren. Aus der senkrechten kleinen Mulde ragten widerborstige dunkle Stoppeln. Er war ein gutaussehender Mann.

Nach der Begrüßung stellte Canning mir einige Fragen. Höflich und harmlos – zu meinem Abschluss, dem Newnham College, dem Rektor, der ein guter Freund von ihm war, zu meiner Heimatstadt, zur Kathedrale. Jeremy schaltete sich mit ein wenig Smalltalk ein, und dann unterbrach Canning wiederum ihn und bedankte sich dafür, dass er ihm meine letzten drei Artikel für *?Quis?* gezeigt habe.

Er wandte sich wieder an mich. »Verdammt gute Texte. Sie haben echtes Talent, meine Liebe. Wollen Sie Journalistin werden?«

?Quis? war ein Studentenblatt, nichts für ernsthafte Leser. Ich freute mich über das Lob, aber jung, wie ich war, wusste ich Komplimente nicht anzunehmen. Mein bescheidenes Gemurmel kam etwas abschätzig heraus, und bei dem Versuch, mich zu korrigieren, verhaspelte ich mich. Der Professor erbarmte sich meiner und lud uns zum Tee ein; wir nahmen die Einladung an, das heißt, Jeremy nahm sie an. Und so folgten wir Canning zurück über den Markt zu seinem College.

Seine Wohnung war kleiner, schäbiger und chaotischer, als ich erwartet hatte, und beim Teekochen stellte er sich überraschend nachlässig an, spülte die klobigen braunfleckigen Becher nur flüchtig aus, ließ heißes Wasser aus einem schmutzigen Elektrokocher auf Papiere und Bücher tropfen. Nichts davon passte zu dem Bild, das ich mir später von ihm machen sollte. Er nahm hinter seinem Schreibtisch Platz, wir ließen uns in die Sessel sinken, und er stellte mir noch mehr Fragen. Fast wie im Seminar. Jetzt, da ich an seinen Fortnum-&-Mason-Schokoladenkeksen knabberte, fühlte ich mich verpflichtet, etwas ausführlicher zu antworten. Jeremy ermunterte mich, indem er stupide zu allem nickte, was ich sagte. Der Professor fragte nach meinen Eltern, wie es sei, »im Schatten einer Kathedrale« aufzuwachsen – ich erwiderte, recht geistreich, wie mir schien, da sei kein Schatten, weil die Kathedrale nördlich von unserem Haus stehe. Beide Männer lachten, und ich fragte mich, ob mein Scherz eine tiefere Bedeutung habe, die mir entging. Dann kamen wir auf Atomwaffen und Forderungen in der Labour Party nach einseitiger Abrüstung zu sprechen. Dazu spulte ich einen Satz ab, den ich irgendwo gelesen hatte – ein Klischee, wie mir später klarwurde. Es sei unmöglich, »den Geist in die Flasche zurückzuzaubern«. Atomwaffen könne man nur unter Kontrolle halten, nicht abschaffen. So viel zu jugendlichem Idealismus. In Wirklichkeit hatte ich keine spezielle Meinung zu diesem Thema. In einem anderen Zusammenhang wäre ich vielleicht für nukleare Abrüstung gewesen. Ich suchte – auch wenn ich das bestritten hätte – zu gefallen, die richtigen Antworten zu geben, mich interessant zu machen. Ich mochte es, wie Tony Canning sich vorbeugte, wenn ich etwas sagte, ich fühlte mich angespornt von seinem knappen zustimmenden Lächeln, das seine dicken Lippen in die Breite zog, ohne sie zu öffnen, und von seiner Art, »Verstehe« oder »Genau ...« zu sagen, wenn ich eine Pause einlegte.

Vielleicht hätte mir klar sein müssen, worauf das hinauslief. Ich hatte mich im winzigen Treibhaus der Studentenpresse als Kalte Kriegerin zu erkennen gegeben. Aus heutiger Sicht ist es sonnenklar. Wir waren schließlich in Cambridge. Warum sonst würde ich von diesem Gespräch erzählen? Damals hatte das Treffen für mich keinerlei Bedeutung. Wir waren auf dem Weg zu einer Buchhandlung gewesen und stattdessen bei Jeremys Tutor zum Tee eingekehrt. Nichts besonders Merkwürdiges. Die Rekrutierungsmethoden waren damals im Wandel, aber nur allmählich. Die westliche Welt mochte stetigen Veränderungen unterliegen, die Jungen mochten denken, sie hätten eine neue Art der Kommunikation miteinander entdeckt, die alten Mauern zerbröckelten angeblich von den Fundamenten her. Aber die berühmte »Hand auf der Schulter« wurde immer noch aufgelegt, vielleicht nicht mehr so oft, vielleicht mit weniger Druck. An den Universitäten hielten manche Dozenten weiterhin Ausschau nach vielversprechendem Nachwuchs und gaben die Namen für Sondierungsgespräche weiter. Nach dem Examen für die Staatsbeamtenlaufbahn wurde der eine oder andere immer noch beiseitegenommen und gefragt, ob er je daran gedacht hätte, für eine »andere« Abteilung zu arbeiten. Normalerweise trat man unauffällig an die Leute heran, wenn sie sich schon ein paar Jahre lang draußen in der Welt getummelt hatten. Niemand brauchte das auszusprechen, aber Herkunft blieb wichtig, und ein Bischof in meiner Familie war nicht von Nachteil. Es hat lange gedauert – darauf ist oft hingewiesen worden –, bis Fälle wie die von Burgess, Maclean und Philby die Auffassung ins Wanken brachten, Personen einer bestimmten Klasse verhielten sich ihrem Land gegenüber eher loyal als andere. In den Siebzigern waren diese berühmten Verräter noch nicht vergessen, aber die alten Anwerbemethoden hielten sich hartnäckig.

In der Regel gehörten sowohl Hand als auch Schulter einem Mann. Eine Frau auf diese oft beschriebene, altehrwürdige Weise anzusprechen, war ungewöhnlich. Es ist nicht zu bestreiten, dass Tony Canning mich am Ende für den MI5 rekrutierte, aber seine Motive waren kompliziert, und er hatte keine offizielle Genehmigung. Dass ich jung und attraktiv war, hat für ihn wohl eine Rolle gespielt, auch wenn es seine Zeit dauerte, bis das in seinem ganzen Pathos offenbar wurde. (Heute, wo der Spiegel etwas anderes sagt, kann ich es aussprechen und hinter mich bringen. Ich war wirklich hübsch. Mehr als das. Wie Jeremy einmal im Überschwang eines seiner seltenen Briefe schrieb, war ich »sogar ziemlich umwerfend«.) Auch die hochrangigen Graubärte im fünften Stock, die ich niemals kennengelernt und in meiner kurzen Dienstzeit kaum zu Gesicht bekommen habe, hatten keine Ahnung, warum man mich zu ihnen geschickt hatte. Sie rätselten herum, kamen aber nie darauf, dass Professor Canning, selbst ein alter MI5-Haudegen, ihnen ein Geschenk zu machen glaubte, im Geiste der Wiedergutmachung. Sein Fall war komplexer und trauriger, als irgendjemand ahnte. Der Mann veränderte mein Leben, er agierte mit selbstloser Härte und begab sich auf eine Reise ohne Hoffnung auf Wiederkehr. Dass ich auch jetzt noch so wenig von ihm weiß, liegt daran, dass ich ihn nur ein sehr kurzes Stück auf seinem Weg begleitet habe.

2

Meine Affäre mit Tony Canning währte nur wenige Monate. Anfangs traf ich mich auch noch mit Jeremy, aber nach den Abschlussprüfungen Ende Juni zog er nach Edinburgh, um dort seinen Doktor zu machen. Das erleichterte mir das Leben, auch wenn es mich immer noch wurmte, dass ich nicht hinter sein Geheimnis gekommen war und ihm keine Befriedigung hatte verschaffen können. Er hatte sich nie beklagt oder einen unglücklichen Eindruck gemacht. Ein paar Wochen später schrieb er mir in einem zärtlichen, reumütigen Brief, er habe sich in einen jungen Deutschen aus Düsseldorf verliebt, den er bei einem Violinkonzert von Max Bruch in der Usher Hall spielen gehört habe, einen Geiger mit vorzüglicher Intonation, insbesondere im langsamen Satz. Sein Name sei Manfred. Aber natürlich. Hätte ich nur etwas altmodischer gedacht, wäre ich von selbst darauf gekommen, denn es gab einmal Zeiten, als die sexuellen Probleme aller Männer immer nur eine Ursache hatten.

Wie praktisch. Das Rätsel war gelöst, ich brauchte mich nicht mehr um Jeremys Glück zu sorgen. Er bemühte sich rührend, mich zu trösten, bot sogar an, mich zu besuchen und mir alles zu erklären. In meinem Antwortbrief gratulierte ich ihm, übertrieb ein wenig, wie sehr ich mich für ihn freute, und kam mir dabei sehr reif vor. Solche Liebschaften waren erst seit fünf Jahren legal und für mich noch etwas Neues. Ich schrieb, die weite Reise nach Cambridge sei nicht nötig, ich werde ihn immer in bester Erinnerung behalten, er sei ein ganz wunderbarer Mann, ich freue mich schon, Manfred eines Tages kennenzulernen, lass uns bitte in Verbindung bleiben, leb wohl! Ich hätte ihm gern dafür gedankt, dass er mir Tony vorgestellt hatte, wollte aber nicht unnötig Verdacht erregen. Auch Tony erzählte ich nichts von seinem ehemaligen Studenten. Jeder wusste so viel, wie er zu seinem Glück zu wissen brauchte.

Und wir waren glücklich. Jedes Wochenende trafen wir uns in einem abgeschiedenen Cottage unweit von Bury St. Edmunds in Suffolk. Man bog von einem stillen Sträßchen auf einen kaum erkennbaren Feldweg ein, hielt am Saum eines Waldes mit uralten Kopfweiden und erblickte dort, versteckt hinter Weißdorngestrüpp, ein kleines weißes Gattertor. Ein Plattenweg schlängelte sich durch einen verwilderten Bauerngarten (Lupinen, Malven, hoher Klatschmohn) zu einer schweren, mit Nieten oder Nägeln beschlagenen Eichentür. Durch diese Tür gelangte man ins Esszimmer, einen Raum mit riesigen Bodenplatten und halb von Putz bedeckten, wurmstichigen Deckenbalken. An der Stirnwand hing eine heitere mediterrane Szene, weißgetünchte Häuser und Bettlaken an einer Wäscheleine. Das Aquarell stammte von Winston Churchill, er hatte es 1943 in Marrakesch während einer Konferenzpause gemalt. Wie es in Tonys Besitz gelangt war, habe ich nie erfahren.

Frieda Canning, eine Kunsthändlerin, die oft im Ausland unterwegs war, kam nicht gern hierher. Sie störte sich an der Feuchtigkeit und dem Schimmelgeruch und der vielen Arbeit, die ein Zweithaus mit sich brachte. Aber der Geruch verflog, sobald das Haus geheizt wurde, und die Arbeiten wurden allesamt von ihrem Mann erledigt. Man brauchte dazu besondere Fähigkeiten und Kenntnisse: wie man den störrischen Rayburn-Ofen anmachte, das klemmende Küchenfenster öffnete, die Klospülung zum Laufen brachte, die erschlagenen Mäuse in den Fallen aus dem Haus beförderte. Ich musste nicht einmal groß kochen. Nach jener nachlässigen Teestunde hätte man ihm gar nicht zugetraut, dass er sich in der Küche so viel Mühe gab. Manchmal durfte ich ihm assistieren, und er brachte mir eine Menge bei. Er kochte italienisch, das hatte er in seinen vier Jahren als Dozent an einem Institut in Siena gelernt. Da er es am Rücken hatte, musste ich bei jedem unserer Besuche erst einmal Säcke mit Nahrungsmitteln und Wein von seinem alten MGA, der auf dem Acker parkte, durch den Garten schleppen.

Für englische Verhältnisse war es ein recht guter Sommer, und Tony gab ein gemächliches Tempo vor. Mittags aßen wir oft im Schatten einer alten Zwergmispel im Garten. Nach seinem Mittagsschläfchen nahm Tony meist ein Bad, und bei warmem Wetter legte er sich anschließend in eine zwischen zwei Birken aufgespannte Hängematte und las. Wenn es jedoch richtig heiß war, bekam er manchmal Nasenbluten und musste sich drinnen hinlegen, einen Waschlappen mit Eiswürfeln aufs Gesicht gepresst. Abends machten wir gelegentlich ein Picknick im Wald, mit einer Flasche Weißwein, in ein frisches Geschirrtuch gewickelt, Weingläsern aus einem Zedernholz-Kästchen und einer

Thermoskanne Kaffee. Ein Galadinner *sur l'herbe*. Es gab Tassen und Untertassen, eine Damasttischdecke, Porzellanteller, Silberbesteck und einen mit Leinwand bespannten Klappstuhl aus Aluminium – ich schleppte alles, ohne zu murren. Später im Sommer machten wir keine weiten Spaziergänge mehr, denn Tony sagte, das Gehen bereite ihm Schmerzen und mache ihn schnell müde. Abends spielte er auf einem alten Grammophon gern Opern, aber so eindringlich er mir die Protagonisten und Intrigen in *Aida*, *Così fan tutte* und *L'elisir d'amore* erklärte, ich konnte mit diesen schrillen, schmachtenden Stimmen nicht viel anfangen. Das altmodische Knistern und Knacken der stumpfen Nadel, die auf der verzogenen Platte auf und ab schwankte, hörte sich an wie der Äther, aus dem die Toten verzweifelt nach uns riefen.

Er erzählte mir gern von seiner Kindheit. Sein Vater war Marineoffizier im Ersten Weltkrieg gewesen und ein erfahrener Segler. Ende der zwanziger Jahre verbrachte die Familie die Ferien meist auf der Ostsee, wo man von Insel zu Insel kreuzte. So kam es, dass seine Eltern auf dem entlegenen Eiland Kumlinge ein Steinhäuschen entdeckten und kauften. Ein von wehmütigen Erinnerungen verklärtes Kindheitsparadies. Tony und sein älterer Bruder streunten frei umher, machten Lagerfeuer und schliefen am Strand, ruderten zu einer unbewohnten kleinen Nachbarinsel hinüber und stahlen Vogeleier. Zum Beweis, dass dieser Traum Wirklichkeit gewesen war, zeigte er mir rissige Boxkamera-Schnappschüsse.

Eines Nachmittags Ende August gingen wir in den Wald, wie so oft. Diesmal aber bog Tony vom Weg ab, und ich tappte blindlings hinterdrein. Wir trampelten durchs Unterholz, und ich nahm an, wir würden uns an einem Ort lieben, den nur er kannte. Das Laub war trocken genug. Aber er hatte nur Pilze im Kopf, Steinpilze. Ich verbarg meine Enttäuschung und erfuhr, woran man die Dinger erkannte – Poren statt Lamellen, ein filigranes Netz am Stiel, keine Verfärbung, wenn man das Fleisch mit dem Daumen eindrückt. Am Abend bereitete er eine große Pfanne Porcini zu, wie er sie nannte, mit Olivenöl, Pfeffer, Salz und Pancetta, dazu gab es gegrillte Polenta, Salat und Rotwein, einen Barolo. In den Siebzigern ein exotisches Mahl. Ich erinnere mich an alles – an den geschrubbten Kiefernholztisch mit den ramponierten, in einem hellen Türkiston gestrichenen Beinen, an die weite Fayenceschüssel voller glibberiger Steinpilze, die Scheibe Polenta, die wie eine Miniatursonne auf dem blassgrünen Teller mit der gesprungenen Glasur leuchtete, die staubige schwarze Weinflasche, die alte weiße Schüssel mit dem würzigen Rucola, und daran, wie Tony in Sekunden den Salat anmachte, mit Öl und einer halben Zitrone, die er, so kam es mir jedenfalls vor, wie beiläufig in seiner Faust ausdrückte, während er den Salat zum Tisch trug. (Meine Mutter braute ihre Salatsaucen auf Augenhöhe zusammen wie ein Industriechemiker.) Tony und ich nahmen an diesem Tisch viele ähnliche Mahlzeiten ein, aber diese kann für alle anderen stehen. Welche Schlichtheit, was für ein Geschmack, was für ein Mann von Welt! Es war stürmisch an diesem Abend, und der Ast einer Esche pochte und kratzte auf dem Strohdach. Nach dem Essen wurde gelesen, dann natürlich geredet, aber erst nach dem Sex, und dies erst nach einem weiteren Glas Wein.

Als Liebhaber? Na ja, naturgemäß nicht so kraftvoll und unermüdlich wie Jeremy. Und obwohl Tony ganz gut in Form war für sein Alter, war ich beim ersten Mal doch ein wenig schockiert zu sehen, was vierundfünfzig Jahre mit einem Körper anrichten können. Er saß nach vorn gebeugt auf der Bettkante und zog eine Socke aus. Sein armer nackter Fuß sah aus wie ein abgetragener alter Schuh. Ich bemerkte Fleischfalten an den unmöglichsten Stellen, sogar unter seinen Armen. Wie seltsam, dass mir in meiner sofort unterdrückten Überraschung nicht der Gedanke kam, dass ich meine eigene Zukunft vor Augen hatte. Ich war einundzwanzig. Was ich für die Norm hielt – straff, glatt, geschmeidig –, war der kurzlebige Spezialfall der Jugend. Die Alten waren für mich eine eigene Spezies, wie Spatzen oder Füchse. Und was würde ich heute dafür geben, noch einmal vierundfünfzig zu sein! Das größte Organ des Körpers trägt die Hauptlast – die Alten passen nicht mehr in ihre Haut. Sie hängt von ihnen, von uns herab, wie ein auf Zuwachs gekaufter Schulblazer. Oder ein Pyjama. In einem gewissen Licht, es mag freilich auch an den Schlafzimmervorhängen gelegen haben, hatte Tony etwas Vergilbtes, wie ein altes Taschenbuch, in dem man von diversen Kalamitäten lesen konnte – zu üppigem Essen, Narben von Knie- und Blinddarmoperationen, von einem Hundebiss, einem Sturz beim Bergsteigen und einem Unfall mit einer Bratpfanne als Kind, der eine kleine kahle Stelle in seinem Schamhaar hinterließ. Rechts auf seiner Brust zog sich eine weiße, zehn Zentimeter lange Narbe Richtung Hals, über deren Geschichte er sich konsequent ausschwieg. Gewiss, er war ein wenig… stockfleckig, und zuweilen ähnelte er dem verschlissenen Teddybär meiner Kindheit im Kathedralenviertel, aber als Liebhaber war er weltmännisch und aufmerksam. Geradezu galant. Ich fand Gefallen an der Art, wie er mich auszog und sich meine Sachen wie ein Bademeister über den Arm legte, und an seiner Aufforderung, mich auf sein Gesicht zu setzen – für mich ebenso neu wie der Rucola, diese Nummer.

Ich hatte auch Vorbehalte. Manchmal war er hastig, wollte zu schnell zu anderem übergehen – seine wahren Leidenschaften waren Trinken und Reden. Später hielt ich ihn mitunter für egoistisch, für reaktionär, wenn er eilig auf seinen Höhepunkt zustürmte, den er jedes Mal mit einem keuchenden Schrei erreichte. Und für zu besessen von meinen Brüsten, die damals bestimmt sehr hübsch waren, aber dass ein Mann im Alter des Bischofs fast wie ein Säugling darauf fixiert war und wimmernd daran nuckelte, kam mir irgendwie nicht richtig vor. Er war einer dieser Engländer, die man mit sieben ihrer Mama entrissen und ins abstumpfende Exil einer Internatsschule geschickt hatte. Die armen Kerle gestehen den Schaden niemals ein, sie leben notgedrungen damit. Aber das waren unwesentliche Kritikpunkte. Für mich war das alles neu, ein Abenteuer, das meine eigene Reife unter Beweis stellte. Ein erfahrener, älterer Mann war in mich vernarrt. Ich verzieh ihm alles. Und ich liebte diese weichen Lippen. Er küsste wunderbar.

Trotzdem, am liebsten war er mir, wenn er wieder in seiner Kleidung steckte und seinen akkuraten Scheitel nachgezogen hatte (er benutzte Haaröl und einen Stahlkamm), wenn er wieder groß und gut war, mich in einen Sessel setzte, mit flinken Fingern einen Pinot Grigio entkorkte und mir Lektüreempfehlungen gab. Das ist mir seither, über die Jahre, immer wieder aufgefallen – der gewaltige Unterschied zwischen dem nackten und dem bekleideten Mann. Zwei Männer mit demselben Pass. Aber auch das war unerheblich, es gehörte alles zusammen – Sex und Kochen, Wein und kurze Spaziergänge, Gespräche. Und fleißig waren wir auch. Zu Beginn, im Frühling und Frühsommer dieses Jahres, bereitete ich mich auf die Abschlussprüfungen vor. Tony konnte mir dabei nicht helfen. Er saß mir gegenüber und schrieb an seiner Monographie über John Dee.

Tony hatte jede Menge Freunde, aber natürlich lud er nie jemanden ein, wenn ich da war. Besuch hatten wir nur ein einziges Mal. Eines Nachmittags kamen sie in einem Wagen mit Chauffeur, zwei Männer in dunklen Anzügen, beide in den Vierzigern, schätzte ich. Tony fragte reichlich schroff, ob ich nicht einen längeren Spaziergang im Wald machen wolle. Als ich anderthalb Stunden später zurückkam, waren die Männer nicht mehr da. Tony gab mir keine Erklärung, doch am selben Abend fuhren wir nach Cambridge zurück.

Wir trafen uns ausschließlich in diesem Cottage. In Cambridge – praktisch ein Dorf – war Tony zu bekannt. Ich musste immer mit meiner Reisetasche zu einer Wohnsiedlung am äußersten Stadtrand marschieren und an einer Bushaltestelle warten, bis er mich mit seinem maroden Sportwagen abholte. Der war eigentlich ein Cabrio, aber die Mechanik, die das Leinwandverdeck wie eine Ziehharmonika zurückfalten sollte, war völlig eingerostet. Dieses alte MGA-Modell hatte noch einen Suchscheinwerfer an einer Chromstange und einen Tacho mit zitternder Nadel. Es roch nach Motoröl und Reibungshitze, ähnlich vielleicht wie in einer Spitfire aus den Vierzigern. Man spürte das Vibrieren des warmen Blechbodens unter den Füßen. Ich fand es aufregend, unter den missbilligenden Blicken der normalen Passagiere aus der Warteschlange zu treten, vom Frosch zur Prinzessin zu werden und mich gebückt auf den Beifahrersitz gleiten zu lassen, neben den Professor. Es war, als steige man in aller Öffentlichkeit ins Bett. Ich schob meine Tasche in den schmalen Raum hinter mir und spürte, wie meine Seidenbluse – die hatte er mir bei Liberty's gekauft – sich an dem rissigen Ledersitz rieb, während ich mich zu ihm hinüberbeugte, um mir meinen Kuss abzuholen.

Kaum waren die Abschlussprüfungen vorbei, erklärte Tony, er werde sich jetzt meiner Lektüre annehmen. Genug Romane! Er war entsetzt, wie wenig ich von unserer »Inselgeschichte« wusste, so nannte er das. Und er hatte ja recht. Nach meinem vierzehnten Lebensjahr hatte ich auf der Schule keinen Geschichtsunterricht mehr gehabt. Jetzt war ich einundzwanzig und hatte eine privilegierte Ausbildung genossen, aber Agincourt, das Gottesgnadentum und der Hundertjährige Krieg waren für mich bloß nichtssagende Wörter. Bei »Geschichte« dachte ich nur an eine langweilige Abfolge von Königen und mörderisches Gerangel unter Kirchenleuten. Aber ich unterwarf mich Tonys Lehrplan. Der Stoff war interessanter als Mathe, und die Lektüreliste war kurz – Winston Churchill und G. M. Trevelyan. Den Rest wollte mein Professor mündlich mit mir durchnehmen.

Die erste Lektion fand unter der Zwergmispel im Garten statt. Ich erfuhr, dass die englische und dann britische Europapolitik seit dem sechzehnten Jahrhundert auf ein

Gleichgewicht der Kräfte abzielte. Ich wurde aufgefordert, mich über den Wiener Kongress von 1815 kundig zu machen. Tony erklärte nachdrücklich, ein ausgeglichenes Kräfteverhältnis sei das Fundament eines rechtmäßigen Systems friedfertiger Diplomatie. Es sei von entscheidender Bedeutung, dass Nationen sich gegenseitig in Schach hielten.

Meist las ich nach dem Mittagessen, wenn Tony sein Nickerchen machte – er schlief immer länger, je weiter der Sommer voranschritt, und das hätte mir auffallen sollen. Anfangs beeindruckte ich ihn mit meinem Lesetempo. Zweihundert Seiten in zwei Stunden! Dann enttäuschte ich ihn. Ich konnte seine Fragen nicht präzise beantworten, ich konnte Informationen nicht behalten. Er ließ mich Churchills Darstellung der Glorreichen Revolution wiederkäuen, fragte mich ab, stöhnte theatralisch – du hast ein Gedächtnis wie ein Sieb! –, ließ mich das Ganze noch einmal lesen und stellte noch mehr Fragen. Diese mündlichen Examina wurden auf Spaziergängen im Wald abgehalten oder beim Wein nach dem Abendessen, das er für uns gekocht hatte. Ich nahm ihm seine Hartnäckigkeit übel. Ich wollte seine Geliebte sein, nicht seine Schülerin. Ich ärgerte mich über ihn und gleichzeitig über mich, wenn ich ihm eine Antwort schuldig blieb. Doch dann, ein paar missmutige Lektionen später, begann ich ein wenig Stolz zu empfinden, und nicht nur, weil ich besser wurde. Allmählich interessierte mich auch die Geschichte selbst. Ich war auf etwas Kostbares gestoßen, und das, wie mir schien, ganz von allein, genau wie ehedem auf die Unterdrückung in der Sowjetunion. War England gegen Ende des siebzehnten Jahrhunderts nicht die freieste und wissbegierigste Gesellschaft, die es je auf Erden gegeben hatte? War die englische Aufklärung nicht folgenreicher als die französische? War es nicht richtig, dass England sich abgesondert hatte, um gegen den katholischen Despotismus auf dem Kontinent zu kämpfen? Wir waren jedenfalls die Erben dieser Freiheit.

Ich war leicht zu führen. Er bereitete mich auf das erste Vorstellungsgespräch vor, das im September stattfinden sollte. Er wusste, was für eine Art von Engländerin sie einstellen würden, oder er eingestellt hätte, und sorgte sich, dass meine einseitige Ausbildung mir zum Nachteil gereichen könnte. Er ging – irrtümlicherweise, wie sich zeigte – davon aus, dass einer seiner ehemaligen Studenten bei dem Gespräch dabei sein würde. Er bestand darauf, dass ich täglich die Zeitung las, worunter er natürlich die *Times* verstand, damals noch die unangefochtene Referenz. Bis dahin hatte ich mich nicht sonderlich für die Presse interessiert und noch nie einen Leitartikel gelesen. Anscheinend handelte es sich dabei um das »pulsierende Herz« einer Zeitung. Auf den ersten Blick glich die Prosa einem Schachproblem. Schon war ich Feuer und Flamme. Ich bewunderte diese pompösen, gebieterischen Verlautbarungen zu öffentlichen Angelegenheiten. Die Meinungen waren oft etwas undurchsichtig, dafür aber gerne mit Tacitus- und Vergil-Zitaten untermauert. Wie erwachsen! Ich fand, dass jeder dieser anonymen Autoren das Zeug zum Weltherrscher hatte.

Und worum ging es aktuell? In den Leitartikeln kreisten prachtvolle Nebensätze elliptisch um die Fixsterne der Hauptverben, aber auf den Leserbriefseiten wurde Klartext geredet. Die Planeten waren in Schieflage, und die Briefschreiber wussten es tief in ihren verängstigten Herzen: Das Land versank in Verzweiflung, Tobsucht und hoffnungsloser Selbstzerfleischung. Das Vereinigte Königreich, verkündete ein Leserbrief, habe sich dem Rausch der Akrasie ergeben – das griechische Wort, erklärte mir Tony, für Handeln wider besseres Wissen. (Hatte ich denn Platons *Protagoras* nicht gelesen?) Ein nützliches Wort. Ich merkte es mir. Aber es *gab* kein besseres Wissen, nichts, dem man zuwiderhandeln konnte. Alle waren durchgedreht, behaupteten jedenfalls alle. Das archaische Wort »Zwietracht« war groß in Mode in diesen stürmischen Zeiten: Inflation schürte Streiks, Tarifabschlüsse schürten die Inflation, dumpfe Spesenritter hatten in der Wirtschaft das Sagen, sture Gewerkschaften träumten von Revolution, die Regierung war schwach, dazu kamen Energiekrisen und Stromausfälle, Skinheads, verdreckte Straßen, der Nordirlandkonflikt, Atomwaffen. Dekadenz, Verfall, Niedergang, Schlendrian und Apokalypse …

Beliebte Themen der Leserbriefe an die *Times* waren die Kumpels in den Minen, »ein Arbeiterstaat«, die bipolare Welt von Enoch Powell und Tony Benn, mobile Streikposten und der Kampf um Saltley. Ein Konteradmiral im Ruhestand schrieb, das Land gleiche einem rostigen Schlachtschiff mit Lecks unterhalb der Wasserlinie. Tony las den Brief beim Frühstück und wedelte geräuschvoll mit der Zeitung – damals knitterte Zeitungspapier noch und raschelte laut.

»Schlachtschiff?«, schäumte er. »Von wegen! Noch nicht mal eine Korvette. Ein verdammtes Ruderboot, das gerade absäuft!«

1972 war erst der Anfang. Als ich die Zeitung zu lesen begann, lagen die Dreitagewoche, die nächsten Stromausfälle und die Erklärung des *fünften* Ausnahmezustands durch die Regierung nicht mehr in allzu großer Ferne. Ich glaubte, was ich las, aber es schien wenig mit mir zu tun zu haben. Cambridge war ziemlich unverändert, ebenso der Wald um Cannings Cottage. Trotz meiner Geschichtslektionen glaubte ich nicht, dass das Schicksal der Nation mich unmittelbar betraf. Meine Klamotten passten bequem in einen Koffer, ich besaß weniger als fünfzig Bücher, ein paar Kindersachen in meinem Zimmer zu Hause. Ich hatte einen Liebhaber, der mich vergötterte und für mich kochte und nie damit drohte, seine Frau zu verlassen. Meine einzige Verpflichtung war ein Vorstellungsgespräch – und bis dahin waren es noch Wochen. Ich war frei. Was wollte ich also mit meiner Bewerbung beim Geheimdienst? Den maroden britischen Staat, diesen kranken Mann von Europa, vorm Untergang bewahren? Nichts, ich wollte nichts. Ich wusste es nicht. Eine Gelegenheit hatte sich ergeben, und ich ergriff sie. Tony wollte es, also wollte ich es auch, und sonst hatte ich ja nichts vor. Also, warum nicht?

Im Übrigen fühlte ich mich meinen Eltern gegenüber noch immer zu Rechenschaft verpflichtet, und sie waren erfreut zu hören, dass ich mich in einem angesehenen Sektor des öffentlichen Dienstes, beim Gesundheits- und Sozialministerium, bewarb. Dort würde ich zwar keine Atome zertrümmern, wie meine Mutter es gehofft hatte, aber die Stabilität dieser Institution in turbulenten Zeiten schien sie darüber hinwegzutrösten. Sie wollte wissen, warum ich nach dem Examen nicht nach Hause zurückgekommen war, und ich konnte ihr sagen, dass ein älterer Dozent so freundlich war, mich auf meinen »Auftritt« vorzubereiten. Da sei es sicherlich sinnvoll, ein billiges kleines Zimmer am Jesus-Green-Park zu mieten und »richtig ranzuklotzen«, auch an den Wochenenden.

Meine Mutter hätte hier vielleicht Bedenken äußern können, aber die Schwierigkeiten, in die meine Schwester in diesem Sommer geriet, lenkten sie ab. Lucy war schon immer lauter, quirliger und waghalsiger als ich gewesen und eine viel begeistertere Anhängerin der befreienden Sechziger, die sich jetzt in die nächste Dekade schleppten. Auch war sie nochmals fünf Zentimeter gewachsen und der erste Mensch, den ich je in abgeschnittenen Jeans gesehen hatte. Mach dich locker, Serena, sei frei! Lass uns verreisen! Sie wurde zum Hippie, gerade als das aus der Mode kam, aber so war das eben in provinziellen Kleinstädten. Außerdem verkündete sie aller Welt, ihr einziges Ziel im Leben sei, Ärztin zu werden, Allgemeinmedizinerin oder vielleicht Kinderärztin.

Dieses Ziel verfolgte sie auf Umwegen. Im Juli kam sie mit der Fähre von Calais nach Dover zurück und wurde von einem Zollbeamten aufgehalten, oder genauer, von dessen Hund, einem bellenden Bluthund, den der Geruch ihres Rucksacks in helle Aufregung versetzte. Im Innern des Rucksacks befand sich, eingewickelt in ungewaschene T-Shirts und hundesichere Plastiktüten, ein halbes Pfund türkisches Haschisch. Und in Lucys Innerem befand sich, ebenso wenig deklariert, ein heranwachsender Embryo. Die Identität des Vaters war ungewiss.

In den nächsten Monaten widmete meine Mutter einen

Großteil ihrer Zeit einer vierfachen Mission. Erstens galt es Lucy vor dem Gefängnis zu bewahren, zweitens die Sache aus den Zeitungen herauszuhalten, drittens den Rauswurf von der Uni Manchester zu verhindern, wo sie im zweiten Jahr Medizin studierte, und viertens, da wurde nicht lange gefackelt, musste die Abtreibung organisiert werden. Soweit ich das nach meinem Krisenbesuch zu Hause beurteilen konnte (Lucy roch nach Patschuli und schlang unter Tränen ihre sonnengebräunten Arme um mich), war der Bischof bereit, das Haupt zu senken und alles auf sich zu nehmen, was der Himmel ihm zugedacht hatte. Aber da hatte meine Mutter schon das Heft in die Hand genommen und entschlossen die Netzwerke aktiviert, die jede neunhundert Jahre alte Kathedrale in ihrer Umgebung und über das ganze Land ausgespannt hat. Zum Beispiel war der Polizeipräsident unserer Grafschaft nicht nur Laienprediger, sondern auch ein alter Bekannter des Polizeipräsidenten von Kent. Ein Freund vom konservativen Oxforder Studentenverband hatte Beziehungen zu dem Richter in Dover, vor dem Lucy zu erscheinen hatte. Dem Herausgeber unserer Lokalzeitung lag daran, dass seine vollkommen unmusikalischen Zwillingssöhne in den Chor der Kathedrale aufgenommen wurden. Tonhöhe ist natürlich etwas Relatives, aber man konnte ja nie wissen, und es war, wie meine Mutter mir versicherte, alles »ganz schön harte Arbeit« – nicht zuletzt die Abtreibung, für die Ärzte ein Routineeingriff, für Lucy zu ihrer Überraschung jedoch zutiefst verstörend. Am Ende bekam sie sechs Monate auf Bewährung, die Presse hielt still, und mein Vater sicherte einem Rektor oder sonstigen Granden der Universität Manchester seine

Unterstützung in einer obskuren Angelegenheit bei der nächsten Synode zu. Im September nahm meine Schwester ihr Studium wieder auf. Zwei Monate später brach sie es ab.

Im Juli und August hatte ich also viel Muße, im Jesus Green herumzulungern. Ich las Churchill, langweilte mich und wartete aufs Wochenende und den Marsch zur Bushaltestelle am Stadtrand. Bald schon sollte mir der Sommer 72 als goldenes Zeitalter erscheinen, als kostbares Idyll, dabei war das Vergnügen immer nur auf die Zeit von Freitag bis Sonntagabend beschränkt. Diese Wochenenden waren Kompaktkurse in Lebenskunst: wie und was man essen und trinken sollte, wie man Zeitung las, wie man sich in einer Diskussion behauptete, wie man ein Buch fachgerecht »ausweidete«. Ich wusste, bald hatte ich ein Vorstellungsgespräch, aber ich kam nie auf die Idee, mich zu fragen, warum Tony sich diese Mühe machte. Und wenn, hätte ich wahrscheinlich gedacht, dass derlei Aufmerksamkeiten eben dazugehörten, wenn man eine Affäre mit einem älteren Mann hatte.

Natürlich konnte das nicht ewig so weitergehen, und innerhalb einer stürmischen halben Stunde neben einer lauten Hauptstraße, zwei Tage vor meinem Vorstellungstermin in London, brach alles in sich zusammen. Die genaue Abfolge der Ereignisse ist es wert, überliefert zu werden. Da gab es die Seidenbluse, die ich bereits erwähnt habe und die mir Tony Anfang Juli gekauft hatte. Sie war gut ausgesucht. Ich genoss es, wie kostbar sie sich an einem warmen Abend anfühlte, und Tony sagte mir mehr als einmal, wie sehr ihm der schlichte weite Schnitt an mir gefiel. Ich war gerührt. Er war der erste Mann in meinem Leben, der mir etwas zum

Anziehen kaufte. Ein älterer Liebhaber, der mich aushielt. (Ich glaube nicht, dass der Bischof jemals einen Fuß in einen Laden gesetzt hatte.) Es war altmodisch, dieses Geschenk, eine Spur kitschig und schrecklich mädchenhaft, aber ich mochte es sehr. Ich fühlte mich von Tony umarmt, wenn ich es trug. Die Wörter auf dem Etikett, in hellblauer Schnörkelschrift, kamen mir ausgesprochen erotisch vor – »Wildseide. Handwäsche«. Ausschnitt und Ärmelaufschläge waren mit *broderie anglaise* verziert, die zwei Falten an den Schultern hatten ihr Gegenstück in zwei kleinen Abnähern am Rücken. Dieses Geschenk war ein Sinnbild, nehme ich an. Jedes Mal wenn es Zeit war zurückzufahren, nahm ich die Bluse wieder mit in mein möbliertes Zimmer, wusch sie im Waschbecken, bügelte und faltete sie, und schon war sie bereit für den nächsten Besuch. Wie ich.

Aber an diesem Septembertag waren wir im Schlafzimmer, und ich packte gerade meine Sachen, als Tony seinen Vortrag unterbrach – er sprach von Idi Amin und Uganda – und sagte, ich solle die Bluse zusammen mit einem seiner Hemden in den Wäschekorb tun. Das klang vernünftig. Wir wären ja bald wieder hier, und die Haushälterin, Mrs. Travers, würde am nächsten Tag kommen und sich um alles kümmern. Mrs. Canning war für zehn Tage nach Wien gereist. Ich erinnerte mich gut an diesen Moment, weil ich mich sehr darüber freute. Der Gedanke, dass unsere Liebe Routine war, etwas Selbstverständliches, mit einer unmittelbaren, immer nur drei oder vier Tage entfernten Zukunft, war Balsam für mich. In Cambridge war ich oft einsam und wartete auf Tonys Anruf über das Münztelefon im Flur. In einer Anwandlung von so etwas wie ehefraulicher Berechtigung hob ich den Korbdeckel, warf die Bluse auf sein Hemd und dachte nicht weiter daran. Sarah Travers kam dreimal die Woche aus dem Nachbardorf. Einmal hatten wir eine angenehme halbe Stunde zusammen am Küchentisch verbracht und Erbsen geschält, dabei erzählte sie mir von ihrem Sohn, der sich als Hippie nach Afghanistan aufgemacht hatte. Sie sagte das voller Stolz, als sei er zur Armee gegangen, um in einem notwendigen und gefährlichen Krieg zu kämpfen. Ich wollte nicht allzu genau darüber nachdenken, nahm aber an, dass sie schon etliche Freundinnen von Tony in dem Cottage hatte ein und aus gehen sehen. Vermutlich störte sie sich nicht daran, solange sie ihr Geld bekam.

Zurück in meinem Zimmer am Jesus Green vergingen vier Tage, ohne dass ich etwas hörte. Gehorsam verschaffte ich mir einen Überblick über die historische Entwicklung von Arbeiterschutz und Getreideeinfuhrzöllen und studierte die Zeitung. Ich traf mich mit ein paar Freunden, die auf Durchreise waren, entfernte mich aber nie sehr weit vom Telefon. Am fünften Tag ging ich zu Tonys College, hinterließ eine Nachricht beim Pförtner und eilte nach Hause, voller Sorge, ich könnte in der Zwischenzeit einen Anruf von ihm verpasst haben. Ich selbst konnte ihn nicht anrufen – mein Geliebter hatte seine Privatnummer geflissentlich für sich behalten. Am Abend rief er an. Er sprach mit belegter Stimme. Nächsten Morgen um zehn an der Bushaltestelle, teilte er mir grußlos mit. In meine klagende Nachfrage hinein legte er auf. Natürlich habe ich in dieser Nacht kaum ein Auge zugetan. Erstaunlich ist jedoch, dass mir die Sorge um ihn den Schlaf raubte, wo ich dumme

Gans doch hätte wissen müssen, dass ich reif fürs Schlachtbeil war.

Im Morgengrauen nahm ich ein Bad und hüllte mich in Düfte. Um sieben war ich bereit. Eine närrische Träumerin, im Gepäck die Unterwäsche, die er so mochte (schwarz natürlich, und violett), und Turnschuhe für Waldspaziergänge. Fünf vor halb zehn war ich an der Bushaltestelle, voller Sorge, dass er früher kommen und enttäuscht sein könnte, wenn er mich nicht dort sah. Er kam um Viertel nach zehn. Er stieß die Beifahrertür auf, ich ließ mich hineingleiten, bekam aber keinen Kuss. Er behielt beide Hände am Steuer und brauste sofort los. Wir fuhren ungefähr zehn Meilen, ohne dass er mit mir sprach. Seine Fingerknöchel traten vor Anspannung weiß hervor, er sah stur geradeaus. Was hatte er nur? Er wollte es mir nicht sagen. Ich war verzweifelt und bekam es mit der Angst zu tun, so hektisch wechselte er in seinem kleinen Auto immer wieder die Spur, so waghalsig überholte er an Steigungen und in Kurven – wie um mich vor dem aufziehenden Sturm zu warnen.

An einem Kreisel wendete er, fuhr Richtung Cambridge zurück und bog dann auf einen Rastplatz an der A45 ein. Öliger Rasen, mit Unrat übersät, auf der zertrampelten Erde daneben ein Kiosk, der Hotdogs und Hamburger an LKW-Fahrer verkaufte. So früh am Vormittag hatte die Bude noch geschlossen, die Rollläden waren heruntergelassen, die Parkplätze leer. Wir stiegen aus. Es war ein denkbar unangenehmer Tag am Ende des Sommers – sonnig, windig, staubig. Rechts zog sich eine Reihe weit auseinanderstehender, verdorrter Ahornbäumchen hin, jenseits davon donnerte der Verkehr. Man kam sich vor wie am Rand einer

Rennstrecke. Der Rastplatz war ein paar hundert Meter lang. Tony marschierte los, und ich versuchte, mit ihm Schritt zu halten. Zum Reden mussten wir fast schreien.

Als Erstes sagte er: »Dein kleiner Trick hat jedenfalls nicht funktioniert.«

»Was für ein Trick?«

Ich kramte hastig in der jüngeren Vergangenheit. Da war kein Trick zu finden, und so schöpfte ich plötzlich Hoffnung, es gehe um irgendeine Kleinigkeit, die wir rasch beilegen könnten. Wir würden gleich darüber lachen, dachte ich sogar. Wir könnten noch vor Mittag zusammen im Bett liegen.

Wir kamen zu der Stelle, wo der Rastplatz in die Straße mündete. »Merk dir eins«, sagte er, und wir blieben stehen. »Du wirst Frieda und mich nie auseinanderbringen.«

»Tony, *was für ein Trick?*«

Er kehrte wieder in Richtung seines Wagens um, ich folgte ihm. »So ein verdammter Alptraum«, schimpfte er vor sich hin.

Ich schrie durch den Lärm. »Tony! Sag's mir endlich!«

»Freust du dich nicht? Gestern Abend hatten wir den schlimmsten Streit seit fünfundzwanzig Jahren. Wenn das für dich kein Grund zum Jubeln ist!«

Selbst ich, unerfahren, verdattert und entsetzt, wie ich war, nahm die Absurdität dieser Szene wahr. Er würde das schon noch erklären, also blieb ich stumm und wartete. Wir gingen an seinem Auto und dem geschlossenen Kiosk vorbei. Rechts war eine hohe, staubige Weißdornhecke. Buntes Bonbonpapier und Chipstüten hatten sich zwischen den stachligen Zweigen verfangen. Im Gras lag ein benutztes Kondom von grotesker Länge. Genau der passende Ort, um eine Affäre zu beenden.

»Serena, wie konntest du nur so dumm sein?«

Und dumm kam ich mir tatsächlich auch vor. Wieder blieben wir stehen, ich sagte mit einer bebenden Stimme, über die ich keine Gewalt mehr hatte: »Ich verstehe dich wirklich nicht.«

»Du wolltest, dass sie deine Bluse findet. Nun, sie hat sie gefunden. Du dachtest, sie rastet aus, und du hattest recht. Du dachtest, du kannst meine Ehe zerstören und dich ins gemachte Nest setzen, aber da hast du dich geschnitten.«

Die Ungerechtigkeit des Ganzen machte mich sprachlos. Irgendwo hinter und über dem Ansatz meiner Zunge schnürte es mir die Kehle zu. Für den Fall, dass mir die Tränen kamen, wandte ich mich rasch ab. Er sollte das nicht sehen.

»Natürlich, du bist jung und so weiter. Trotzdem solltest du dich schämen.«

Als ich meine Stimme wiederfand, hasste ich mich für dieses flehentliche Krächzen. »Tony, du hast gesagt, ich soll sie in den Wäschekorb tun.«

»Hör doch auf. Du weißt genau, dass ich nichts dergleichen gesagt habe.«

Er sprach sanft, beinahe liebevoll, wie ein einfühlsamer Vater, einer, den ich bald verlieren würde. Wir hätten uns streiten sollen, schlimmer als er je mit Frieda gestritten hatte, ich hätte mich auf ihn stürzen sollen. Dummerweise war mir, als müsste ich gleich in Tränen ausbrechen, und das wollte ich um jeden Preis verhindern. Ich weine nur selten, und wenn, möchte ich dabei allein sein. Aber diese sanfte, sonore Stimme, ihre Autorität ging mir durch Mark und Bein. Er sprach so selbstsicher und freundlich, dass ich kurz davor war, ihm zu glauben. Weder würde ich seine Erinnerung an den vorigen Sonntag korrigieren können, das spürte ich schon, noch ihn davon abbringen, mir den Laufpass zu geben. Auch lief ich Gefahr, mich zu benehmen, als sei ich schuldig. Wie ein Ladendieb, der vor Erleichterung, dass er erwischt wird, in Tränen ausbricht. Wie unfair, wie hoffnungslos. Ich konnte nichts zu meiner Verteidigung vorbringen. Das stundenlange Warten neben dem Telefon und die schlaflose Nacht hatten mich ausgelaugt. Meine Kehle schnürte sich immer mehr zu, andere Muskeln weiter unten am Hals verkrampften sich, zerrten an meinen Lippen, versuchten sie mir über die Zähne zu ziehen. Der Kollaps stand bevor, aber das konnte ich nicht zulassen, nicht vor ihm. Nicht, wenn er so im Unrecht war. Wenn ich meine Würde bewahren und nicht zusammenbrechen wollte, blieb mir nur Schweigen. Sprechen hätte Selbstaufgabe bedeutet. Dabei wollte ich unbedingt sprechen. Ich musste ihm klarmachen, wie ungerecht er war, dass er wegen einer Gedächtnislücke alles zwischen uns aufs Spiel setzte. Ich befand mich in einer jener vertrauten Situationen, wo der Kopf das eine will, der Körper das andere. Wie wenn man während einer Prüfung an Sex denkt, oder sich auf einer Hochzeit übergeben muss. Je länger ich mich schweigend mühte, meine Gefühle in Zaum zu halten, desto mehr hasste ich mich und desto ruhiger wurde er.

»Das war hinterhältig, Serena. Ich hatte eine bessere Meinung von dir. Ich sag's ungern, aber ich bin sehr enttäuscht.«

So redete er weiter, während ich ihm den Rücken zuwandte. Er habe mir vertraut, mich ermutigt, große Hoffnungen in mich gesetzt, und jetzt das. Es machte ihm die Sache sicherlich leichter, zu meinem Hinterkopf sprechen zu können und mir nicht in die Augen sehen zu müssen. Allmählich kam mir der Verdacht, dass es hier nicht um einen simplen Irrtum ging, nicht um das banale Versagen des Gedächtnisses eines vielbeschäftigten, einflussreichen älteren Mannes. Ich glaubte das alles deutlich vor mir zu sehen. Frieda war vorzeitig aus Wien zurückgekommen. Aus irgendeinem Grund, vielleicht einer bösen Vorahnung, war sie zum Cottage hinausgefahren. Oder sie waren zusammen hingefahren. Im Schlafzimmer lag meine frischgewaschene Bluse. Es folgte eine Szene, in Suffolk oder Cambridge, und dann Friedas Ultimatum – schick das Mädchen in die Wüste, oder verschwinde. Also hatte Tony die naheliegende Entscheidung getroffen. Aber jetzt kommt's. Er hatte auch etwas anderes beschlossen. Er hatte beschlossen, sich als Opfer darzustellen, als derjenige, dem übel mitgespielt wurde, als Betrogener, als einer, der mit gutem Recht wütend war. Er hatte sich eingeredet, dass er zu mir nie etwas vom Wäschekorb gesagt hatte. Die Erinnerung war ausgelöscht, und zwar absichtlich. Und jetzt wusste er nicht einmal mehr, dass er sie ausgelöscht hatte. Er verstellte sich nicht einmal. Er glaubte wirklich an seine Enttäuschung. Er dachte tatsächlich, ich hätte mich hinterhältig und gemein verhalten. Er schützte sich vor der Vorstellung, dass er eine Wahl gehabt hatte. Schwäche, Selbsttäuschung, Aufgeblasenheit? Das alles auch, vor allem aber ein Fehler im logischen Denken. Die Ehrentafel im College, die Monographien, die Regierungsausschüsse – Schall und Rauch. Die Logik hatte ihn im Stich gelassen. Wie ich es sah, litt Professor Canning an einer schweren geistigen Funktionsstörung.

Ich fischte ein Taschentuch aus der engen Tasche meiner Jeans und putzte mir die Nase, mit einem traurigen Tutgeräusch. Ich traute mich noch immer nicht zu sprechen.

Tony sagte gerade: »Du weißt, worauf das alles hinausläuft, oder?«

Noch immer in seinem sanften Therapeutentonfall. Ich nickte. Ich wusste es ganz genau. Er sagte es mir dennoch. In diesem Moment sah ich einen Lieferwagen mit hohem Tempo heranfahren und virtuos schlitternd auf dem Kies vor dem Kiosk zum Stehen kommen. Popmusik dröhnte aus dem Führerhaus. Ein junger Bursche mit Pferdeschwanz und Muskelshirt, das seine kräftigen braunen Arme zur Geltung brachte, stieg aus und schleuderte zwei große Plastiksäcke voller Hamburgerbrötchen auf den schmutzigen Boden neben dem Kiosk. Dann brauste er mit Getöse davon, und der Wind blies uns die blaue Rauchwolke ins Gesicht. Ja, ich wurde fallen gelassen, wie diese Brötchen. Plötzlich begriff ich, warum wir hier auf diesem Rastplatz waren. Tony rechnete mit einer Szene. Aber er wollte nicht, dass sie in seinem winzigen Wagen stattfand. Wie sollte er ein hysterisches Mädchen vom Beifahrersitz kriegen? Warum also nicht hier, wo er einfach wegfahren und ich dann zusehen konnte, dass ich per Autostopp in die Stadt zurückkam?

Warum aber sollte ich das hinnehmen? Ich ließ ihn stehen und ging zum Auto. Ich wusste, was ich zu tun hatte.

Wir würden beide auf dem Rastplatz bleiben. Eine weitere Stunde in meiner Gesellschaft brachte ihn vielleicht zur Besinnung. Oder auch nicht. Egal. Ich hatte einen Plan. Ich riss die Fahrertür auf und zog den Schlüssel aus der Zündung. Sein ganzes Leben an einem klobigen Ring, ein klapperndes maskulines Sortiment von Chubb- und Banham- und Yale-Schlüsseln für sein Büro, sein Haus, sein Zweithaus, für Briefkasten, Tresor und Zweitauto und all die anderen Bereiche seiner Existenz, die er vor mir versteckt hatte. Ich holte aus, um den Schlüsselbund in hohem Bogen über die Weißdornhecke zu werfen. Falls er da durchkam, sollte er auf Händen und Knien zwischen Kühen und Kuhfladen herumkriechen und die Schlüssel zu seinem Leben suchen, und ich würde ihm dabei zusehen.

Nach drei Jahren Tennis in Newnham konnte ich einigermaßen weit werfen. Aber es kam nicht dazu. Ich hatte weit ausgeholt und setzte gerade zum Vorschwung an, da schlossen sich Tonys Finger um mein Handgelenk. Sekunden später hatte er mir die Schlüssel abgenommen. Er war nicht grob, und ich wehrte mich auch nicht. Wortlos schob er sich an mir vorbei und stieg ins Auto. Er hatte genug gesagt, im Übrigen hatte ich soeben seine schlimmsten Erwartungen bestätigt. Er schmiss meine Tasche auf den Boden, knallte die Wagentür zu und ließ den Motor an. Jetzt war meine Stimme wieder da, und was sagte ich? Wieder etwas Klägliches. Ich wollte nicht, dass er wegfuhr. Stumpfsinnig rief ich durch das Leinwandverdeck: »Tony, hör auf, so zu tun, als würdest du die Wahrheit nicht kennen.«

Lachhaft. Natürlich tat er nicht so. Genau das war sein Fehler. Für den Fall, dass noch weitere Worte von mir übertönt werden mussten, ließ er den Motor ein paarmal aufheulen. Dann fuhr er an – erst langsam, aus Sorge vielleicht, dass ich mich auf die Windschutzscheibe oder vor die Räder werfen könnte. Aber ich stand bloß da wie eine tragische Witzfigur und sah ihm nach. Seine Bremslichter leuchteten auf, ehe er sich in den Verkehr einfädelte. Dann war er weg, und es war vorbei.

3

Meinen Termin beim MI5 sagte ich nicht ab. Ich hatte ja nichts anderes mehr in meinem Leben, und jetzt, wo Lucys Angelegenheiten fürs Erste geregelt waren, äußerte sich sogar der Bischof ermutigend zu meinen Karriereaussichten im Gesundheits- und Sozialwesen. Zwei Tage nach der Rastplatzszene ging ich zu meinem Vorstellungsgespräch in der Great Marlborough Street, am Westrand von Soho. Ich wartete auf einem harten Stuhl, den mir eine Sekretärin mit einem Ausdruck wortloser Missbilligung auf den Betonfußboden eines schummrigen Korridors hingestellt hatte. Ich war noch nie in einem so deprimierenden Gebäude gewesen. Etwas weiter im Gang gab es eine Reihe eisengerahmter Fenster aus welligen Glasbausteinen, die ich sonst nur von Kellern kannte. Aber nicht die Glasquader, sondern die Schmutzschichten innen und außen hielten das Licht ab. Auf dem ersten Fenstersims stapelten sich Zeitschriften, die mit einer schwarzen Staubschicht bedeckt waren. Ich fragte mich, ob es sich bei dem Job, falls ich ihn denn bekam, um eine Art dauerhafter Strafe handelte, von Tony aus der Ferne über mich verhängt. Aus einem Treppenhaus wehte ein undefinierbarer Geruch herauf. Ich vertrieb mir die Zeit, indem ich seine vielen Komponenten zu identifizieren versuchte. Parfum, Zigaretten, Putzmittel auf

Ammoniakbasis und irgendetwas Organisches, das vielleicht früher einmal essbar gewesen war.

Zu meinem ersten Vorstellungsgespräch empfing mich eine energische und freundliche Frau namens Joan, ich musste hauptsächlich Formulare ausfüllen und einfache Fragen zu meinem Lebenslauf beantworten. Eine Stunde später saß ich wieder im selben Zimmer mit Joan und einem militärisch aussehenden Mann namens Harry Tapp, der sich unter seinem rötlichen Chaplin-Schnurrbart eine Zigarette nach der anderen ansteckte, die er aus einem schmalen goldenen Etui zog. Ich mochte seine altmodisch knappe Sprechweise, und wie er leise mit den gelben Fingern seiner Rechten trommelte, wenn er etwas sagte, und sie ruhen ließ, wenn er zuhörte. Binnen fünfzig Minuten konstruierten wir zu dritt ein Charakterprofil für mich. Im Wesentlichen war ich Mathematikerin mit einigen dazu passenden Interessen. Aber wie um alles in der Welt hatte ich nur einen so schlechten Abschluss gemacht? Ich log oder verdrehte wie gewünscht und erklärte, im letzten Jahr hätte ich mich – leichtsinnig, in Anbetracht meines Arbeitspensums – fürs Schreiben, für die Sowjetunion und das Werk Solschenizyns zu interessieren begonnen. Mr. Tapp wollte mehr darüber erfahren, also trug ich meine Ansichten vor, ich hatte auf Anraten meines entschwundenen Liebhabers noch einmal meine alten Artikel durchgelesen. Außerhalb der Universität stammte das Ich, das ich mir erfand, ohnehin vollständig aus meinem Sommer mit ihm. Wen hatte ich denn sonst? Manchmal *war* ich Tony. Wie sich zeigte, hatte ich eine Leidenschaft für die englische Provinz, insbesondere für Suffolk und einen prächtigen Wald mit uralten Kopfweiden, zwischen denen ich gern umherstreifte und im Herbst Steinpilze sammelte. Joan kannte sich mit Steinpilzen aus, und Tapp hörte ungeduldig zu, während wir rasch einige Rezepte austauschten. Von Pancetta hatte sie noch nie gehört. Tapp fragte, ob ich mich jemals für Chiffriermethoden interessiert hätte. Nein, aber dafür umso mehr für die politische Aktualität, gestand ich. Im Schnellverfahren gingen wir die Themen des Tages durch – die Streiks der Berg- und Hafenarbeiter, den europäischen Binnenmarkt, das Chaos in Belfast. Ich redete wie ein *Times*-Leitartikler, zitierte nachdenklich klingende, patrizische Meinungen, denen man kaum widersprechen konnte. Als die Rede zum Beispiel auf die »permissive Gesellschaft« kam, führte ich die Ansicht der *Times* an, die sexuelle Freiheit des Individuums müsse ihre Grenzen dort haben, wo es um das Bedürfnis der Kinder nach Geborgenheit und Liebe gehe. Wer konnte dagegen etwas einzuwenden haben? Allmählich kam ich in Fahrt. Ich erzählte von meiner Leidenschaft für die Geschichte Englands. Wieder horchte Harry Tapp auf. Welche Epoche besonders? Die Glorreiche Revolution. Ach, das war jetzt aber sehr interessant! Und später, was hatte ich für intellektuelle Vorbilder? Ich nannte Churchill, nicht als Politiker, sondern als Historiker (kurz fasste ich seine »unvergleichliche« Schilderung der Schlacht von Trafalgar zusammen), als Literaturnobelpreisträger und nicht zuletzt als Aquarellmaler. Vor allem ein wenig bekanntes Gemälde von ihm hatte es mir seit je angetan: *Marrakesch, Wäsche auf dem Dach,* soviel ich wusste, befand es sich heute in Privatbesitz.

Auf eine Bemerkung von Tapp hin kleckste ich auf mein

Selbstporträt zusätzlich noch eine Leidenschaft für Schach, ohne zu erwähnen, dass ich seit über drei Jahren nicht mehr gespielt hatte. Er fragte, ob ich mit dem Zilber-Tal-Endspiel von 1958 vertraut sei. Das war ich nicht, dafür konnte ich mich plausibel zu der berühmten Saavedra-Stellung äußern. Tatsächlich war ich noch nie in meinem Leben so clever gewesen wie bei diesem Vorstellungsgespräch. Und seit meinen Artikeln für *?Quis?* nicht mehr so zufrieden mit mir. Kaum ein Thema, zu dem mir nichts einfiel. Ich konnte meiner Unwissenheit stets einen gewissen Glanz verleihen. Ich sprach mit Tonys Stimme. Wie ein College-Rektor, wie der Vorsitzende eines staatlichen Untersuchungsausschusses, wie ein Landjunker. Beim MI5 arbeiten? Ich war bereit, den Laden zu *führen.* Folglich war es keine Überraschung, als mir Mr. Tapp, nachdem ich aus dem Zimmer geschickt und fünf Minuten später wieder hineingerufen wurde, seinen Entschluss mitteilte, mir eine Stelle anzubieten. Was blieb ihm anderes übrig?

Ein paar Sekunden lang konnte ich ihm nicht folgen. Und dann dachte ich, er wolle mich auf den Arm nehmen oder provozieren. Ich sollte eine Stelle als Hilfsassistentin bekommen. Ich wusste bereits, das war im Staatsdienst die allerunterste Stufe in der Rangordnung. Meine Hauptaufgaben wären Archivieren, Katalogisieren und ähnliche Bibliotheksarbeiten. Mit viel Fleiß könnte ich im Laufe der Zeit zur Assistentin aufsteigen. Ich ließ mir nach außen nicht anmerken, was ich plötzlich begriff – dass ich einen furchtbaren Fehler begangen hatte. Oder Tony. Oder dass das die Strafe war, die er sich für mich ausgedacht hatte. Ich wurde nicht als »Beamtin« eingestellt. Nicht als Spionin.

Keine Arbeit an der Front. Ich gab mich erfreut, fragte vorsichtig nach, und Joan bestätigte es mir als eine selbstverständliche Tatsache des Lebens: Es gab für Männer und Frauen unterschiedliche Karrierewege, und nur Männer wurden Beamte. Natürlich, natürlich, sagte ich. Das war mir natürlich bekannt. Ich war die clevere junge Frau, die alles wusste. Ich war zu stolz, sie spüren zu lassen, wie schlecht man mich informiert hatte und wie sehr ich mich ärgerte. Ich hörte mich mit Begeisterung akzeptieren. Phantastisch! Danke! Man sagte mir, wann ich anfangen sollte. Kann's kaum erwarten! Wir standen auf, Mr. Tapp gab mir die Hand und ging. Während Joan mich nach unten brachte, erklärte sie, das Angebot gelte vorbehaltlich der üblichen Sicherheitsüberprüfungen. Falls man mich nahm, würde ich drüben in der Curzon Street arbeiten. Ich müsste mich schriftlich zur Wahrung von Staatsgeheimnissen verpflichten und mich strengstens an die Vorgaben halten. Natürlich, sagte ich immer wieder. Phantastisch. Danke.

Mein Geisteszustand beim Verlassen des Gebäudes: verwirrt und finster. Noch ehe ich mich von Joan verabschiedet hatte, stand für mich fest, dass ich den Job nicht wollte. Ich empfand das als Beleidigung, diese untergeordnete Sekretärinnenstelle zu zwei Dritteln des üblichen Gehalts. Als Kellnerin konnte ich mit Trinkgeld doppelt so viel verdienen. Sollten sie ihren Job doch behalten. Das würde ich ihnen schriftlich mitteilen. So enttäuschend es sein mochte, dies zumindest schien mir klar. Ich fühlte mich erschöpft und leer, ich hatte keine Ahnung, was ich jetzt anfangen oder wohin ich mich wenden sollte. Mein ganzes Geld ging für das Zimmer in Cambridge drauf. Ich hatte keine Wahl, ich musste zu meinen Eltern zurück, wieder Tochter werden, Kind, und mich der Gleichgültigkeit des Bischofs und dem Organisationseifer meiner Mutter stellen. Schlimmer jedoch als diese Aussicht war ein plötzlicher Anfall von Liebeskummer. Nachdem ich eine Stunde lang Tony imitiert und Erinnerungen an unseren Sommer geplündert hatte, stand mir die Affäre wieder lebendig vor Augen. Bei dem Gespräch war mir das ganze Ausmaß meines Verlusts bewusst geworden. Es war, als hätten wir eine lange Unterhaltung gehabt, und er habe sich einfach abgewandt und mich mit dem überwältigenden Gefühl seiner Abwesenheit allein gelassen. Er fehlte mir, ich sehnte mich nach ihm, und ich wusste, ich würde ihn nie zurückbekommen.

Traurig schlich ich die Marlborough Street entlang. Der Job und Tony waren zwei Seiten ein und derselben Sache, nämlich meiner Erziehung des Herzens in diesem Sommer, und das alles hatte sich binnen achtundvierzig Stunden in Luft aufgelöst. Er war wieder bei seiner Frau, wieder in seinem College, und ich hatte nichts. Keine Liebe, keinen Job. Nur das Frösteln der Einsamkeit. Und die Erinnerung daran, wie er sich gegen mich gewandt hatte, machte den Kummer noch schlimmer. So unfair! Ich sah über die Straße und stellte fest, dass ein gemeiner Zufall meine Schritte geradewegs auf die Pseudo-Tudorfassade von Liberty's zulenkte, wo Tony die Bluse gekauft hatte.

Ich kämpfte gegen den Schmerz an und bog eilig in die Carnaby Street ein, wühlte mich durch die Menschenmassen. Jaulende Gitarrenklänge und der Duft von Patschuli aus einem Kellerladen erinnerten mich an meine Schwester und den ganzen Ärger zu Hause. Auf dem Bürgersteig

Kleiderständer, behängt mit Dutzenden von »psychedelischen« Hemden und Sergeant-Pepper-haften Uniformen mit Quasten. Bereit für gleichgesinnte Horden, die partout ihre Individualität bekunden wollten. Ja, ich war verbittert. Ich ging die Regent Street entlang, dann nach links, tiefer nach Soho hinein, und wanderte durch verdreckte Straßen voller Müll und weggeworfener Snacks. Ketchupverschmierte Hamburger und Hotdogs und zertrampelte Schachteln auf dem Pflaster und im Rinnstein, aufgeschichtete Müllsäcke an Laternenpfählen. Und überall »Ab 18« in roter Neonschrift. In Schaufenstern wurden, auf niedrigen, mit falschem Samt überzogenen Sockeln, Peitschen, Dildos, erotische Cremes feilgeboten, eine Nietenmaske. Ein fetter Kerl in Lederjacke, vermutlich der Anreißer eines Striplokals, rief mir aus einem Hauseingang ein einziges undeutliches Wort zu. Es hörte sich an wie »Sau!«, vielleicht war es aber auch »Wow!«. Ein anderer Typ pfiff mir nach. Ich eilte weiter und achtete darauf, niemandem in die Augen zu sehen. Ich dachte immer noch an Lucy. Es war unfair, dieses Viertel mit ihr zu assoziieren, aber der neue Geist der Befreiung, der meine Schwester in die Arrestzelle gebracht und geschwängert hatte, ließ auch diese Läden zu (und, hätte ich hinzufügen können, meine eigene Affäre mit einem älteren Mann). Von Lucy hatte ich mehr als einmal gehört, dass die Vergangenheit eine Last und dass die Zeit gekommen sei, alles niederzureißen. Viele Leute dachten so. Liederlicher, leichtfertiger Aufruhr lag in der Luft. Aber dank Tony wusste ich jetzt, wie viel Mühe es gekostet hatte, die westliche Zivilisation aufzubauen, so unvollkommen sie auch sein mochte. Wir hatten unter schlechter Führung zu leiden, unsere Freiheiten waren beschnitten. Aber immerhin, in unserem Teil der Welt hatten die Herrscher keine absolute Macht mehr, und wenn es Barbarei gab, so war sie zumeist Privatsache. Egal, was unter meinen Füßen auf den Straßen von Soho lag, wir hatten uns über den Dreck erhoben. Die Kathedralen, die Parlamente, die Gemälde, die Gerichtshöfe, die Bibliotheken und die Labore – alles viel zu kostbar, um es niederzureißen.

Vielleicht lag es an Cambridge, an der kumulierten Wirkung so vieler alter Gebäude und Parks und der Erkenntnis, wie gnädig die Zeit mit Stein umgeht. Vielleicht war ich auch nur vorsichtig und spröde, oder mir fehlte schlicht der nötige jugendliche Mut. Aber diese wenig glorreiche Revolution war nichts für mich. Ich wollte keinen Sexshop in jeder Stadt, ich wollte kein Leben wie das meiner Schwester, ich wollte kein Feuer an die Geschichte legen. Lass uns verreisen? Ich wollte mit zivilisierten Menschen wie Tony auf Reisen gehen, für den Gesetze und Institutionen etwas Selbstverständliches waren und der ständig darüber nachdachte, wie man sie verbessern könnte. Wenn er doch nur mit *mir* auf Reisen gehen wollte. Wenn er nur nicht so ein Mistkerl wäre.

Die halbe Stunde, die ich von der Regent Street zur Charing Cross Road brauchte, nahm mir die Entscheidung über mein Schicksal ab. Ich überlegte es mir anders, ich beschloss, den Job doch anzunehmen und meinem Leben Ordnung und Sinn und ein wenig Unabhängigkeit zu geben. Vielleicht war dabei auch ein Hauch Masochismus im Spiel – als verschmähte Geliebte hatte ich nichts Besseres verdient, als eine Tippse zu sein. Und etwas anderes war nicht im Angebot. Ich konnte Cambridge und alles, was mit Tony zusammenhing, hinter mir lassen, ich konnte mich im Menschengewühl Londons verlieren – das hatte etwas verlockend Tragisches. Meinen Eltern würde ich erzählen, ich hätte einen anständigen Beamtenjob im Gesundheits- und Sozialministerium. Wie sich später herausstellte, wäre so viel Heimlichtuerei gar nicht nötig gewesen, aber damals elektrisierte mich der Gedanke, sie hinters Licht zu führen.

Am Nachmittag kehrte ich in mein möbliertes Zimmer zurück, sagte dem Vermieter Bescheid und packte meine Sachen. Am nächsten Tag fuhr ich mit meinen Habseligkeiten nach Hause ins Kathedralenviertel. Meine Mutter freute sich für mich und nahm mich liebevoll in die Arme. Zu meiner Verblüffung steckte der Bischof mir zwanzig Pfund zu. Drei Wochen später begann ich mein neues Leben in London.

Kannte ich Millie Trimingham, die alleinerziehende Mutter, die eines Tages Generaldirektorin werden würde? Diese Frage bekam ich oft zu hören, als man in späteren Jahren frei erzählen durfte, dass man einmal für den MI5 gearbeitet hatte. Wenn mich die Frage ärgerte, dann deshalb, weil mir dahinter eine andere zu stecken schien: Warum war ich, mit meinen Cambridge-Beziehungen, nicht annähernd so hoch aufgestiegen? Ich fing drei Jahre nach ihr beim MI5 an, und es stimmt, ich trat einen ähnlichen Weg an wie den, den sie in ihren Memoiren beschreibt – dasselbe finstere Gebäude in Mayfair, dieselbe Ausbildung in einem schlecht beleuchteten Schlauch von Schulungsraum, dieselben ebenso sinnlosen wie geheimnisvollen Aufgaben. Aber als ich 1972 anfing, war Trimingham bereits eine Legende unter den frisch rekrutierten jungen Frauen. Bedenken Sie, wir waren Anfang zwanzig, sie schon Mitte dreißig. Meine neue Freundin Shirley Shilling machte mich auf sie aufmerksam. Trimingham stand, einen Packen Akten unterm Arm, vor einem schmutzigen Fenster am Ende eines Korridors und sprach eindringlich auf einen namenlosen Mann ein, der allem Anschein nach in den umwölkten Höhen der Macht zu Hause war. Sie wirkte unbefangen, fast wie eine Gleichgestellte, selbst Witze durfte sie sich offenbar erlauben, denn plötzlich lachte er laut auf und legte ihr kurz eine Hand auf den Unterarm, als wollte er sagen, Sie mit Ihrem Humor, Sie machen mich fertig.

Wir Neuankömmlinge bewunderten sie, denn wir hatten gehört, sie habe das Katalogisierungssystem und die Feinheiten der Registratur so schnell gemeistert, dass sie in weniger als zwei Monaten befördert worden war. Manche sprachen von wenigen Wochen oder gar Tagen. In ihrer Garderobe glaubten wir einen Hauch von Rebellion wahrzunehmen, bunte Kattunkleider und Schals, in Pakistan gekauft, wo Trimingham in irgendeinem gesetzlosen Außenposten für den Nachrichtendienst gearbeitet hatte. So redeten wir untereinander. Wir hätten sie selbst fragen sollen. Ein halbes Leben später las ich in ihren Memoiren, dass sie in der Dienststelle Islamabad Büroarbeit geleistet hatte. Ich weiß immer noch nicht, ob sie an dem Frauenaufstand in jenem Jahr teilgenommen hat, als weibliche MI5-Angestellte für bessere Aufstiegschancen kämpften. Sie wollten Agenten führen dürfen, wie ihre männlichen Kollegen, die sogenannten Führungsbeamten. Ich vermute, Trimingham unterstützte diese Forderungen, vermied es jedoch, sich an gemeinsamen Aktionen, Reden und Resolutionen zu beteiligen. Noch immer ist mir ein Rätsel, warum von dem Aufstand nichts zu uns Neulingen durchdrang. Vielleicht hielt man uns für zu unbedeutend. Dass sich im Nachrichtendienst langsam etwas änderte, mochte vor allem am Zeitgeist liegen, Trimingham aber war die erste Ausbrecherin, die Erste, die im Frauentrakt ein Loch in die gläserne Decke bohrte. Sie tat das in aller Stille, mit Taktgefühl. Wir anderen kraxelten geräuschvoll hinter ihr her. Ich war eine der Letzten. Und als sie aus der Ausbildungseinheit versetzt wurde, bekam sie es mit der harten neuen Zukunft zu tun – dem Terrorismus der IRA –, während viele von uns Nachzüglerinnen noch eine Zeitlang die alten Schlachten gegen die Sowjetunion weiterkämpften.

Den größten Teil der unteren Etage nahm die Registratur in Anspruch, das ungeheure Dokumentenarchiv, in dem über dreihundert Sekretärinnen aus guten Familien wie Sklaven an den Pyramiden schufteten, Aktenanfragen bearbeiteten, Akten an Führungsbeamte im ganzen Gebäude zurückgaben oder verteilten und das eingehende Material sortierten. Man hielt das System für so effektiv, dass man es viel zu lange gegen das Computerzeitalter abschottete. Es war das letzte Bollwerk, die letzte Tyrannei des Papiers. So wie man einen Rekruten bei der Armee auf sein neues Leben einstimmt, indem man ihn Kartoffeln schälen und den Exerzierplatz mit einer Zahnbürste schrubben lässt, verbrachte ich meine ersten Monate damit, Mitgliederlisten von Kreisverbänden der Kommunistischen Partei von Großbritannien zusammenzustellen und Akten zu denjenigen anzulegen, die noch nicht erfasst waren. Mein Spezialgebiet war Gloucestershire. (Trimingham hatte zu ihrer Zeit Yorkshire.) Im ersten Monat eröffnete ich eine Akte über den Direktor eines Gymnasiums in Stroud, der an einem Samstagabend im Juli 1972 eine öffentliche Versammlung seines Kreisverbands besucht hatte. Er schrieb seinen Namen auf ein Blatt Papier, das die Genossen herumreichten, wurde dann aber offenbar doch nicht Mitglied. Er stand auf keiner einzigen der Beitragslisten, die man uns zugespielt hatte. Ich beschloss dennoch, eine Akte über ihn anzulegen, denn jemand in seiner Position hatte natürlich Einfluss auf junge Menschen. Das geschah auf meine eigene Initiative – es war das allererste Mal –, und daher erinnere ich mich an seinen Namen, Harold Templeman, und sein Geburtsjahr. Hätte Templeman jemals die Schulmeisterei aufgegeben (er war erst dreiundvierzig) und sich um eine Beamtenstelle beworben, die ihn in Kontakt mit Geheimdokumenten gebracht hätte, wäre bei der Sicherheitsüberprüfung jemand auf seine Akte gestoßen. Templeman wäre zu jenem Juliabend befragt worden (und hätte das sicherlich beeindruckend gefunden), vielleicht hätte man seine Bewerbung aber auch gleich abgelehnt, und er hätte nie den Grund dafür erfahren. Perfekt. Theoretisch jedenfalls. Wir lernten erst noch die komplizierten Regeln, die bestimmten, was es wert war, in eine Akte aufgenommen zu werden. Zu Beginn des Jahres 1973 empfand ich solch ein geschlossenes, funktionierendes System, wie sinnlos es auch sein mochte, als tröstlich. Wir zwölf, die wir in diesem Raum arbeiteten, wussten sehr wohl, dass kein Agent der sowjetischen Zentrale sich uns jemals zu erkennen geben würde, indem er der Kommunistischen Partei von Großbritannien beitrat. Aber das war mir egal.

Auf dem Weg zur Arbeit dachte ich oft über den himmelweiten Unterschied zwischen meiner Stellenbeschreibung und der Wirklichkeit nach. Ich konnte mir sagen – da ich es niemand anderem sagen konnte –, dass ich für den MI5 arbeitete. Das klang doch immerhin aufregend. Noch heute rührt es mich ein wenig, wenn ich an das blasse junge Ding denke, das seinen Beitrag fürs Vaterland leisten wollte. Aber ich war nur irgendein Büromädchen im Minirock, zusammengepfercht in der U-Bahn mit all den anderen, wir waren Tausende, die sich beim Umsteigen in Green Park durch die verdreckten Verbindungsgänge schoben, wo Müll und Staub und stinkende unterirdische Luftströme, die wir als etwas Unausweichliches akzeptierten, uns ins Gesicht schlugen und unsere Frisuren ruinierten. (Heute ist London sehr viel sauberer.) Und wenn ich bei der Arbeit ankam, war ich immer noch ein Büromädchen unter zigtausend anderen in der Hauptstadt, das inmitten von Zigarettenqualm kerzengerade dasaß und auf die Tasten einer riesigen Remington einhämmerte, Akten holte, Männerhandschriften entzifferte, aus der Mittagspause zurückhastete. Ich verdiente sogar weniger als die meisten anderen. Und genau wie die berufstätige junge Frau in einem Gedicht von Betjeman, das Tony mir einmal vorgelesen hatte, wusch auch ich meine Unterwäsche im Waschbecken meines möblierten Zimmers.

Als Büroangestellte der untersten Dienststufe betrug mein Einstiegslohn netto vierzehn Pfund und dreißig Pence pro Woche, in der neu eingeführten Dezimalwährung, die ihren unseriösen, halbgaren, fragwürdigen Ruch damals noch nicht verloren hatte. Vier Pfund die Woche bezahlte ich für mein Zimmer, dazu ein Pfund für Strom. Meine Fahrtkosten beliefen sich auf etwas über ein Pfund, so dass mir für Essen und alles andere acht Pfund blieben. Ich erwähne diese Einzelheiten nicht, um mich zu beklagen, sondern im Geiste Jane Austens, deren Romane ich in Cambridge verschlungen hatte. Wie kann man das Innenleben einer Person verstehen, sei sie real oder erfunden, wenn man ihre finanzielle Lage nicht kennt? *Miss Frome, jüngst eingezogen in eine winzige Behausung in der St. Augustine's Road Nummer siebzig, London North West One, verdiente weniger als tausend im Jahr und grämte sich.* Ich schlug mich von Woche zu Woche durch, fühlte mich aber gewiss nicht als Teil einer glamourösen Geheimwelt.

Doch ich war jung und konnte mich nicht den lieben langen Tag grämen. Meine ständige Gefährtin in den Mittagspausen und auch abends war Shirley Shilling, deren alliterierender Name in der verlässlichen alten Währung etwas von ihrem breiten, schiefen Lächeln einfing und ihrem altmodischen Sinn für die Freuden des Lebens. Gleich in der ersten Woche bekam sie Ärger mit unserer kettenrauchenden Vorgesetzten, Miss Ling, weil sie sich »zu lange auf der Toilette aufgehalten« hatte. Tatsächlich war Shirley um zehn Uhr aus dem Gebäude geeilt, um sich ein Kleid für eine Party am Abend zu kaufen, war zu einem Kaufhaus in der Oxford Street gerannt, hatte genau das Richtige gefunden, es anprobiert, nochmals in größer anprobiert, bezahlt und den Bus zurück genommen – alles in zwanzig Minuten. Mittags wäre dazu keine Zeit gewesen, weil sie da

Schuhe kaufen wollte. Keine von uns anderen Neuen hätte sich das getraut.

Was wir von ihr hielten? Der kulturelle Wandel der vergangenen Jahre mochte tiefgreifend sein, hatte aber keinem von uns das gesellschaftliche Gespür genommen. Binnen einer Minute, nein, schon nach Shirleys ersten drei Worten wussten wir, dass sie aus bescheidenen Verhältnissen kam. Ihr Vater hatte ein Betten- und Sofageschäft in Ilford, Bedworld hieß der Laden; sie hatte eine örtliche Gesamtschule besucht und in Nottingham studiert. Sie war die Erste in ihrer Familie, die über das sechzehnte Lebensjahr hinaus zur Schule gegangen war. Mag sein, dass der MI5 eine offenere Rekrutierungspolitik demonstrieren wollte, Shirley war aber auch außergewöhnlich begabt: Sie tippte doppelt so schnell wie die besten von uns, ihr Gedächtnis – für Gesichter, Akten, Gespräche, Verfahrensweisen – war genauer als unseres, sie stellte furchtlose, interessante Fragen. Es war ein Zeichen der Zeit, dass eine große Minderheit unter uns Mädchen sie bewunderte – ihr leichter Cockney-Akzent hatte modernen Glamour, die Art, wie sie sprach und sich bewegte, erinnerte uns an Twiggy oder Keith Richards oder Bobby Moore. Tatsächlich war ihr Bruder Fußballprofi und spielte in der Ersatzmannschaft der Wolverhampton Wanderers. Dieser Club, so erfuhren wir, hatte in diesem Jahr das Finale des brandneuen UEFA-Cups erreicht. Shirley war exotisch, sie stand für eine selbstbewusste neue Welt.

Manche Mädchen sahen auf Shirley herab, dabei war keine von uns so weltgewandt und cool wie sie. Viele unseres Jahrgangs hätte man Queen Elizabeth bei Hof als Debütantinnen präsentieren können, wäre dieser Brauch nicht fünfzehn Jahre zuvor abgeschafft worden. Einige waren Töchter oder Nichten von aktiven oder pensionierten Beamten. Zwei Drittel von uns hatten ihren Abschluss an den alten Eliteuniversitäten gemacht. Wir sprachen im selben Tonfall, wussten uns in der Gesellschaft zu bewegen und hätten uns auf jeder Party des Landadels sehen lassen können. Aber in unserem Auftreten lag immer etwas Entschuldigendes, ein höflicher Impuls, sich unterzuordnen, besonders wenn ein Vorgesetzter, Typ Ex-Kolonialbeamter, unseren düsteren Raum betrat. Damals waren die meisten von uns (ich selbst natürlich ausgenommen) Meisterinnen des gesenkten Blicks und des fügsamen Halblächelns. Nicht wenige der Neuen waren unterschwellig auf der Suche nach einem anständigen Ehemann aus guten Verhältnissen, auch wenn sie das nicht zugegeben hätten.

Shirley hingegen war unfügsam und laut und schaute, da sie nicht in Heiratslaune war, jedem in die Augen. Sie hatte das Talent oder die Schwäche, hemmungslos über ihre eigenen Geschichten zu lachen – nicht, dachte ich, weil sie sich selber komisch fand, sondern weil das Leben ihrer Ansicht nach gefeiert werden musste, und zwar am besten gemeinsam mit anderen. Laute Zeitgenossen, insbesondere laute Frauen, machen sich immer Feinde, und es gab ein oder zwei Mädchen, die Shirley aus tiefstem Herzen verachteten, aber die meisten von uns eroberte sie im Sturm, vor allem mich. Vielleicht half es, dass sie keine bedrohliche Schönheit war. Sie war mollig, hatte mindestens dreißig Pfund Übergewicht, Größe zweiundvierzig (ich trug sechsunddreißig), und meinte doch tatsächlich, das richtige Wort für ihre Figur sei »gertenschlank«. Dann lachte sie. Gerettet, ja sogar reizvoll wurde ihr vielleicht etwas plumpes Gesicht durch ihr lebhaftes Minenspiel. Ihr größter Vorzug war allerdings die ziemlich ungewöhnliche Kombination aus naturgelocktem schwarzem Haar, blassen Sommersprossen auf dem Nasenrücken und graublauen Augen. Und ihr schiefes, rechts absinkendes Lächeln, für das ich nicht das richtige Wort finde. Irgendwas zwischen *kess* und *schneidig*. Obschon von Haus aus weniger privilegiert, war sie weiter herumgekommen als die meisten von uns. Nach der Uni trampte sie allein nach Istanbul, verkaufte ihr Blut, kaufte ein Motorrad, brach sich Bein, Schulter und Ellenbogen, verliebte sich in einen syrischen Arzt, hatte eine Abtreibung und fuhr an Bord einer Privatyacht von Anatolien nach England zurück, wofür sie als Gegenleistung nur ein wenig zu kochen brauchte – alles innerhalb eines Jahres.

Doch für mich war keins dieser Abenteuer so exotisch wie das Notizbuch, das sie immer bei sich hatte, ein kindisches Büchlein mit rosa Plastikeinband und einem kurzen Bleistift in einer Schlaufe am Rücken. Anfangs wollte sie nicht verraten, was sie da eintrug, aber eines Abends in einem Pub in Muswell Hill vertraute sie mir an, sie notiere sich »die klugen oder komischen oder blöden Sachen«, die andere Leute sagten. Sie hielt auch »kleine Geschichten über Geschichten« oder einfach nur »Gedanken« fest. Das Notizbuch war immer in Reichweite, und es kam vor, dass sie mitten in einer Unterhaltung zu schreiben anfing. Die anderen Mädchen im Büro zogen sie damit auf, und ich war neugierig, ob sie schriftstellerische Ambitionen hatte. Ich erzählte ihr regelmäßig von den Büchern, die ich gerade las, und obwohl sie höflich, ja gespannt zuhörte, brachte sie nie eine eigene Meinung vor. Ich war mir nicht sicher, ob sie überhaupt irgendetwas las. Entweder das, oder sie wahrte ein großes Geheimnis.

Sie wohnte nur eine Meile nördlich von mir in einem winzigen Zimmer im dritten Stock mit Aussicht auf die donnernde Holloway Road. Wir kannten uns knapp eine Woche, als wir anfingen, abends zusammen auszugehen. Wenig später bekam ich mit, dass unsere Freundschaft uns im Büro den Spitznamen »Laurel und Hardy« eingebracht hatte; nicht weil sie uns für Slapstick-Figuren hielten, sondern wegen unserer unterschiedlichen Silhouetten. Ich sagte Shirley nichts davon. Ihr wäre es nie eingefallen, abends irgendwo anders hinzugehen als in Pubs, vorzugsweise solche mit lauter Musik. Die gehobenen Lokale rund um Mayfair interessierten sie nicht. Nach wenigen Monaten kannte ich mich ganz gut aus in den Kneipen von Camden, Kentish Town und Islington, kannte ihre menschliche Fauna, ihre verschiedenen Abstufungen von Anstand und Verfall.

Bei unserem ersten Streifzug durch Kentish Town erlebte ich in einem Irish Pub eine furchtbare Schlägerei. Im Film ist ein Kinnhaken banal, in der Realität ganz und gar nicht, auch wenn das Geräusch, das Knirschen der Knochen, wesentlich gedämpfter und schlapper klingt. Für eine behütete junge Frau sah das unglaublich leichtsinnig aus, wie diese Fäuste, die tagsüber auf dem Bau die Spitzhacke schwangen, jetzt auf ein Gesicht einhämmerten, ohne jede Rücksicht auf den Gegenschlag, auf die Folgen, auf das Leben selbst. Wir sahen von unseren Barhockern aus zu. Etwas schwirrte am Zapfhahn vorbei durch die Luft – ein Knopf oder ein Zahn. Weitere Leute stürzten hinzu, das

Gebrüll wurde immer lauter, und der Barmann, ein patent wirkender Bursche mit einem tätowierten Äskulapstab am Handgelenk, sprach in ein Telefon. Shirley schlang einen Arm um meine Schultern und schob mich zum Ausgang. Unser Rum Cola blieb mit schmelzenden Eiswürfeln auf dem Tresen zurück. »Die Polizei ist unterwegs, braucht vielleicht Zeugen. Wir gehen besser.« Auf der Straße fiel uns ihr Mantel ein. »Ach, lass«, winkte sie ab. Sie ging bereits weiter. »Der Mantel ist eh scheußlich.«

Wir waren an solchen Abenden nicht auf Männerjagd. Stattdessen redeten wir viel – über unsere Familien, über unser bisheriges Leben. Sie erzählte von ihrem syrischen Arzt, ich erzählte von Jeremy Mott, aber nicht von Tony Canning. Büroklatsch war strengstens verboten, auch uns bescheidenen Anfängern, und es war Ehrensache, sich an die Regeln zu halten. Außerdem hatte ich den Eindruck, dass man Shirley bereits wichtigere Aufgaben anvertraute als mir. Sie danach zu fragen, wäre stillos gewesen. Wenn unsere Kneipengespräche unterbrochen wurden, wenn Männer sich an uns heranmachten, wollten sie eigentlich mich und bekamen stattdessen Shirley. Sie nahm die Sache in die Hand, und ich war es zufrieden, stumm neben ihr zu sitzen. Die Typen hatten keine Chance gegen ihre Scherze, ihr Lachen, die munter geschwätzigen Fragen, was sie so machten und wo sie herkamen, und zogen wieder ab, nachdem sie uns eine oder zwei Runden Rum Cola ausgegeben hatten. In den Hippiekneipen um Camden Lock, das damals noch keine Touristenattraktion war, waren die langhaarigen Männer heimtückischer und hartnäckiger, sie probierten es auf die sanfte Tour und redeten von ihren weiblichen Seiten, vom kollektiven Unbewussten, von Venustransit und ähnlichem Humbug. Shirley ließ sie mit verständnisloser Freundlichkeit abblitzen, während ich vor diesen Leuten, die mich an meine Schwester erinnerten, zurückwich.

Wir gingen wegen der Musik in diese Gegend und tranken uns meist bis zum Dublin Castle am Parkway durch. Shirley hatte eine jungenhafte Vorliebe für Rock, und in den frühen Siebzigern spielten die besten Bands in Pubs, oft höhlenartigen viktorianischen Lokalen. Zu meiner Überraschung fand ich selbst allmählich Gefallen an dieser ungestümen, unprätentiösen Musik. In meinem möblierten Zimmer war es langweilig, und ich war froh, abends auch mal etwas anderes zu tun als lesen. Eines Abends, Shirley und ich kannten uns da schon besser, sprachen wir von unseren Traummännern. Sie beschrieb mir ihr Ideal: introspektiv und knochig, etwas über einsachtzig, Jeans, schwarzes T-Shirt, kurze Haare, hohle Wangen, eine Gitarre um den Hals. Von diesem Archetyp sahen wir in den Pubs zwischen Canvey Island und Shepherd's Bush Dutzende Versionen. Wir hörten Bees Make Honey (meine Lieblingsband), Roogalator (ihre) – und Dr. Feelgood, Ducks Deluxe, Kilburn and the High Roads. Es sah mir gar nicht ähnlich, mit einem halben Pint in der Hand in einer verschwitzten Menge zu stehen, einen Pfeifton im Ohr von dem Krach. Es bereitete mir ein unschuldiges Vergnügen, mir vorzustellen, wie entsetzt alle diese Vertreter der Gegenkultur wären, wenn sie wüssten, dass wir der ultimative Feind aus der konservativen grauen Welt des MI5 waren. Laurel und Hardy, der neue Sturmtrupp der inneren Sicherheit.

4

Gegen Ende des Winters 1973 bekam ich einen Brief, den meine Mutter an mich weitergeleitet hatte. Mein alter Freund Jeremy Mott hatte ihn geschrieben. Er war immer noch in Edinburgh und zufrieden mit dem Fortschritt seiner Doktorarbeit und seinem neuen Leben voller halbheimlicher Affären, die alle, wie er schrieb, ohne viel Ärger oder Reue endeten. Ich las den Brief eines Morgens auf dem Weg zur Arbeit, als es mir ausnahmsweise einmal gelungen war, mich durch den brechend vollen U-Bahn-Wagen zu kämpfen und einen Sitzplatz zu ergattern. Der entscheidende Absatz begann in der Mitte der zweiten Seite. Für Jeremy war das vermutlich bloß ein wenig trauriger Klatsch und Tratsch.

Du erinnerst dich doch noch an Tony Canning, meinen Tutor? Wir waren einmal bei ihm zum Tee. Letzten September hat er sich von Frieda getrennt, seiner Frau, nach über dreißig Jahren Ehe. Offenbar ohne jede Erklärung. Am College gab es Gerüchte über eine jüngere Frau, mit der er sich in seinem Cottage in Suffolk getroffen haben soll. Aber das war nicht der Grund. Angeblich hat er die jüngere auch abserviert. Hat mir alles ein Freund letzten Monat geschrieben, und der wiederum hat es vom Meister höchstpersönlich. Das alles war am College ein offenes Geheimnis, aber niemand ist auf die Idee gekommen, es mir zu erzählen: Canning war krank. Warum hat er nichts gesagt? Es hatte ihn ganz übel erwischt, unheilbar. Im Oktober hat er am College gekündigt und sich auf eine Insel in der Ostsee verzogen, wo er ein kleines Haus mietete. Versorgt wurde er von einer Frau aus der Gegend, die vielleicht etwas mehr als nur seine Haushälterin war. Als es mit ihm zu Ende ging, brachte man ihn in ein kleines Krankenhaus auf einer anderen Insel. Sein Sohn besuchte ihn dort, Frieda auch. Ich nehme an, Du hast den Nachruf in der *Times* im Februar nicht gesehen. Sonst hättest Du Dich bestimmt bei mir gemeldet. Ich wusste nicht, dass er gegen Kriegsende bei der SOE war. Ein richtiger Held, nachts mit dem Fallschirm über Bulgarien abgesprungen, in einen Hinterhalt geraten, schwere Brustverletzung. In den späten vierziger Jahren dann vier Jahre beim MI5. Die Generation unserer Väter – ihr Leben war so viel sinnvoller als unseres, oder? Tony war ungeheuer gut zu mir. Wenn mir bloß jemand Bescheid gesagt hätte. Dann hätte ich ihm wenigstens schreiben können. Willst Du nicht kommen und mich aufheitern? Neben der Küche ist ein nettes kleines Gästezimmer. Aber das habe ich wohl schon erwähnt.

Warum hat er nichts gesagt? Krebs. Die frühen Siebziger waren die letzten Ausläufer einer Zeit, als man bei diesem Wort automatisch die Stimme senkte. Krebs galt als Schande – für den, der daran erkrankte, wohlgemerkt –, als ein Versagen, etwas Schmähliches und Schmutziges, ein Makel der Persönlichkeit, nicht des Leibes. Damals hat es mir wohl eingeleuchtet, Tonys Bedürfnis, sich ohne Erklärung zu verkriechen, mit seinem schrecklichen Geheimnis an einem kalten Meer zu überwintern. Die Dünen seiner Kindheit, eisiger Wind, baumlose Sümpfe, und Tony, der in seiner Filzjacke über den menschenleeren Strand wandert mit seiner Scham, seinem schlimmen Geheimnis und dem immer häufigeren Drang, sich wieder hinzulegen. Müdigkeit, die heranbrandet wie die Flut. Natürlich musste er allein sein. Das habe ich damals bestimmt nicht in Frage gestellt. Was mich beeindruckte und schockierte, war sein planmäßiges Vorgehen. Mir erst zu sagen, ich solle meine Bluse in den Wäschekorb legen, und dann so tun, als hätte er das vergessen, und sich unmöglich aufzuführen, damit ich ihm nicht nachlief und ihm seine letzten Monate noch schwerer machte. Musste das wirklich so kompliziert sein? So hart?

Auf der Fahrt errötete ich bei der Erinnerung daran, wie überlegen ich mir ihm in Gefühlsdingen vorgekommen war. Ich errötete, und dann brach ich in Tränen aus. Die Passagiere neben mir in der überfüllten U-Bahn schauten taktvoll weg. Er hatte zweifellos gewusst, wie viel von unserer Vergangenheit ich würde umschreiben müssen, wenn ich die Wahrheit erfuhr. Womöglich war ihm die Vorstellung ein Trost, dass ich ihm dann verzeihen würde. Wie abgrundtief traurig. Aber warum gab es keinen posthumen Brief an mich, mit Erklärungen, gemeinsamen Erinnerungen, einem Lebwohl, Anerkennung, etwas, mit dem ich leben konnte, irgendetwas, das an die Stelle unserer letzten Szene getreten wäre? Noch wochenlang quälte mich der

Verdacht, ein solcher Brief könnte von der »Haushälterin« oder von Frieda abgefangen worden sein.

Tony im Exil, müde an einsamen Stränden, ohne den Bruder und Spielgefährten, mit dem er die sorgenfreien Tage geteilt hatte – Terence Canning war am D-Day bei der Landung in der Normandie gefallen –, fern von seinem College, seinen Freunden, seiner Frau. Und vor allem: fern von mir. Frieda hätte Tony pflegen können, er hätte in dem Cottage oder zu Hause in seinem Schlafzimmer sein können, umgeben von seinen Büchern, mit Besuchen von Freunden, von seinem Sohn. Selbst ich hätte mich irgendwie einschleichen können, getarnt als ehemalige Studentin. Blumen, Champagner, Familie und alte Freunde, alte Fotos – mit so etwas versuchten die Leute doch, sich das Sterben erträglicher zu gestalten, oder nicht? Wenn sie nicht gerade um jeden Atemzug rangen, sich vor Schmerzen krümmten oder vor Angst und Schrecken wie gelähmt waren.

In den folgenden Wochen spulten sich unzählige kleine Momente mit Tony noch einmal in meinem Kopf ab. Diese Mittagsschläfchen, die mich so ungeduldig machten, dieses graue Morgengesicht, dessen Anblick ich kaum ertrug. Damals hatte ich gedacht, so ist das nun einmal, wenn man vierundfünfzig ist. Besonders einer tauchte hartnäckig immer wieder auf – jener kurze Moment im Schlafzimmer neben dem Wäschekorb, als Tony mir von Idi Amin und der Vertreibung der Asiaten aus Uganda erzählte. Zu der Zeit war das gerade überall in den Schlagzeilen. Der grausame Diktator jagte seine Landsleute zu Tausenden davon, von denen viele britische Pässe besaßen. Unsere Regierung unter Ted Heath ignorierte die Hetzkampagne der Boulevardzeitungen und wollte sie, was von Anstand zeugte, bei uns aufnehmen. Tony fand das ebenfalls richtig. Er unterbrach sich und sagte noch im selben Atemzug: »Wirf sie einfach zu meinen Sachen da rein. Wir kommen ja bald wieder.« Einfach so, eine alltägliche Haushaltsanweisung, und dann setzte er seinen Gedankengang fort. Wenn das nicht raffiniert war, zu einer Zeit, da ihn sein Körper bereits im Stich ließ und seine Pläne Gestalt annahmen! Plötzlich sah er eine Chance, die Sache einzufädeln, und ergriff sie auf der Stelle. Sonst hätte er sich später etwas ausdenken müssen. Vielleicht war das gar kein hinterhältiger Trick, sondern eine Vorgehensweise, die er sich in seiner Zeit bei der SOE angewöhnt hatte – die zum Handwerkszeug gehörte. Als Täuschungsmanöver war es jedenfalls geschickt ausgeführt. Er stieß mich weg, und ich war zu gekränkt, um ihm nachzulaufen. Ich glaube nicht, dass ich ihn damals, während der Monate im Cottage, wirklich geliebt habe; das redete ich mir erst ein, nachdem ich von seinem Tod erfahren hatte. Der Trick, sein Täuschungsmanöver, war ein perfideres Doppelspiel als jede Liebesaffäre eines verheirateten Mannes. Ich konnte ihn sogar dafür bewundern, aber ganz verzeihen konnte ich ihm nicht.

Ich ging zur Bibliothek in Holborn, die alte *Times*-Ausgaben aufbewahrte, und suchte den Nachruf heraus. Erst überflog ich Idiotin ihn mechanisch auf der Suche nach meinem Namen, dann fing ich noch einmal von vorn an. Ein ganzes Leben in wenigen Spalten, und nicht einmal ein Foto. Die Dragon School in Oxford, dann Marlborough, Balliol, die Guards, Teilnahme am Feldzug in Nordafrika, eine rätselhafte Lücke, dann die SOE, wie von Jeremy berichtet, und ab 1948 vier Jahre beim Geheimdienst. Wie wenig mich doch Tonys Kriegs- und Nachkriegszeit interessiert hatten, obwohl ich von seinen guten Beziehungen zum MI5 wusste! Der Nachruf endete mit einer kurzen Zusammenfassung der Jahrzehnte danach – Journalismus, veröffentlichte Bücher, Staatsdienst, Cambridge, Tod.

Für mich änderte sich nichts. Ich arbeitete weiter in der Curzon Street und pflegte das kleine Grab meines heimlichen Kummers. Tony hatte mir einen Beruf ausgesucht, mir seine Kopfweiden, Steinpilze, seine Ansichten und seine Weltgewandtheit vermacht. Aber ich hatte kein Beweisstück, kein Unterpfand, kein Foto von ihm, keinen Brief, nicht einmal ein Zettelchen, da wir uns stets nur telefonisch verabredet hatten. Gewissenhaft wie ich war, hatte ich ihm alle Bücher, die er mir geliehen hatte, nach der Lektüre immer sofort zurückgegeben, bis auf eines, R. H. Tawneys *Religion und Frühkapitalismus*. Ich suchte mein ganzes Zimmer ab, verzweifelt sah ich immer wieder an denselben Stellen nach. Der flexible grüne Buchdeckel war ausgebleicht, der kreisrunde Abdruck einer Tasse zog sich durch die Initialen des Autors, ein schlichtes »Canning« stand in herrischer, violetter Tinte auf dem ersten Vorsatzblatt, und nahezu jede Seite wies mit hartem Bleistift geschriebene Randbemerkungen auf. Was für ein Schatz. Aber er hatte sich in Luft aufgelöst, wie nur Bücher es können, vielleicht bei meinem Auszug aus dem Zimmer am Jesus Green. Als Andenken an Tony waren mir nur ein gleichgültig überlassenes Lesezeichen geblieben, auf das ich noch zurückkommen werde, und mein Job. Er hatte mich in dieses schmuddelige Büro im Leconfield House geschickt. Es gefiel mir nicht, aber es war sein Vermächtnis, und ich hätte es nicht ertragen, irgendwo anders zu sein.

Indem ich stoisch und ohne zu klagen weiterarbeitete und demütig Miss Lings Schmähungen über mich ergehen ließ, hielt ich die Erinnerung an ihn wach. Wäre ich schlampig und unpünktlich gewesen, oder hätte ich mich beklagt oder den MI5 verlassen wollen, dann hätte ich ihm Schande gemacht. Ich steigerte mich in eine große, tragische Liebe hinein, und schürte damit meinen Schmerz nur umso mehr. Akrasie! Wenn ich das Gekritzel eines Führungsbeamten mit besonderer Sorgfalt abtippte, fehlerfrei und in dreifacher Ausfertigung, erfüllte ich damit meine Pflicht und ehrte das Andenken des Mannes, den ich geliebt hatte.

Insgesamt waren wir zwölf Neue, drei davon Männer. Von diesen waren zwei verheiratete Geschäftsleute in den Dreißigern und folglich für keine von uns Frauen von Interesse. Dem Dritten, Greatorex, hatten seine ehrgeizigen Eltern den Vornamen Maximilian verpasst. Er war um die dreißig, hatte abstehende Ohren und eine äußerst zurückhaltende Art, ob aus Schüchternheit oder Überheblichkeit, wusste keine von uns zu sagen. Er war vom MI6 zu uns versetzt worden und hatte bereits den Status eines Führungsbeamten, weshalb er nur bei uns Neuen herumsaß, um unser System kennenzulernen. Die anderen zwei Männer, die Geschäftsleute, würden auch schon bald Beamtenstatus erlangen. Was mir beim Vorstellungsgespräch sauer aufgestoßen war, beschäftigte mich jetzt nicht mehr. Im Laufe unserer chaotischen Ausbildung absorbierte ich den Korpsgeist und freundete mich, nach dem Vorbild der anderen Mädchen, allmählich mit dem Gedanken an, dass Frauen in diesem kleinen Teil der Erwachsenenwelt, anders als überall sonst im Staatsdienst, einer niedrigeren Kaste angehörten.

Wir verbrachten jetzt noch mehr Zeit mit den Dutzenden von anderen Mädchen in der Registratur, lernten die strengen Vorschriften für die Aktenentnahme und entdeckten, auch wenn uns das keiner sagte, dass es konzentrische Kreise von Zugriffsberechtigungen gab und wir am äußersten Rand in Finsternis schmachteten. Auf klappernden, ständig defekten Rollwagen wurden Akten in die verschiedenen Abteilungen im ganzen Gebäude gekarrt. Wenn mal wieder einer streikte, wusste Greatorex ihn mit winzigen Schraubenziehern, die er stets bei sich trug, wieder in Gang zu bringen. Die blasierteren Mädchen bedachten ihn mit dem Spitznamen »Faktotum« und machten ihn damit als Heiratskandidaten unmöglich. Zum Glück für mich, denn trotz meiner Trauer begann ich mich langsam für Maximilian Greatorex zu interessieren.

Gelegentlich wurden wir am späten Nachmittag zu einem Vortrag »eingeladen«. Es wäre undenkbar gewesen, nicht hinzugehen. Das Thema entfernte sich nie sehr weit vom Kommunismus: seine Theorie und Praxis, seine geopolitischen Ambitionen, das unverhüllte Streben der Sowjetunion nach der Weltherrschaft. Aber das klingt jetzt schon interessanter, als es tatsächlich war. Theorie und Praxis kamen am häufigsten vor, vor allem Theorie. Das lag daran, dass die Vorträge von einem ehemaligen Offizier der Royal Airforce gehalten wurden, Archibald Jowell, der sich, womöglich in einem Abendkurs, in die Materie vertieft hatte und sein Wissen über Dialektik und ähnliche Begriffe unbedingt an den Mann beziehungsweise die Frau bringen wollte. Wenn man, wie viele von uns, die Augen zumachte, hätte man sich leicht auf einer kommunistischen Parteiversammlung wähnen können, in irgendeinem Kaff wie Stroud etwa, denn es war nicht Jowells Absicht oder Aufgabe, das marxistisch-leninistische Gedankengut zu widerlegen oder auch nur Zweifel daran zu äußern. Er wollte uns die Denkweise des Feindes »von innen heraus« begreiflich machen, wir sollten deren theoretische Basis von Grund auf kennenlernen. Am Ende eines Tages, den wir mit Tippen verbracht hatten und mit dem Versuch, die Kriterien zu begreifen, nach denen eine Tatsache für die furchterregende Miss Ling archivierenswürdig war, wirkte Jowells ernste Suada auf die meisten von uns Neuen wie ein todsicheres Schlafmittel. Alle fürchteten, in dem peinlichen Moment ertappt zu werden, wo die Halsmuskeln sich entspannen und der Kopf nach vorne sinkt, es galt als karriereschädigend. Aber die Angst war nicht stark genug. Schwere Lider hatten am späten Nachmittag ihre eigene Logik, ihr eigenes spezifisches Gewicht.

Warum also saß ich die ganze Stunde lang mit übereinandergeschlagenen Beinen kerzengerade und hellwach auf der Stuhlkante und schrieb fleißig in das Notizbuch auf meinem nackten Knie? Was bloß stimmte nicht mit mir? Ich war Mathematikerin und ehemalige Schachspielerin, und ich war ein Mädchen, das Trost brauchte. Der dialektische Materialismus war ein wunderbar in sich geschlossenes System, ähnlich wie die Verfahren der Sicherheitsüberprüfung, nur noch rigoroser und vertrackter. Eher wie eine Gleichung von Leibniz oder Hilbert. Menschliche Bedürfnisse,

Gesellschaften, die Geschichte und eine bestimmte Analysemethode waren darin so eindrucksvoll, so unmenschlich perfekt ineinander verschlungen wie in einer Fuge von Bach. Wer konnte da einschlafen? Die Antwort lautete: Alle außer mir und Greatorex. Er saß links von mir, einen Rösselsprung entfernt, die offenliegende Seite seines Notizbuchs überzogen mit seiner schwungvollen Handschrift.

Einmal ließ ich mich vom Vortrag ablenken und betrachtete ihn. Es stimmte, seine abstehenden Ohren wuchsen aus seltsamen, knochigen Höckern an seinem Schädel hervor und waren knallrosa. Ungünstig unterstrichen wurde das Ganze noch durch seine altmodische Frisur, denn er trug das Haar wie ein Soldat hinten und an den Seiten kurz, was eine tiefe Furche in seinem Nacken sichtbar machte. Er erinnerte mich an Jeremy und, weniger angenehm, an einige Kommilitonen in Cambridge, die mich in den Mathematikseminaren gedemütigt hatten. Aber das durfte einem nicht den Blick auf den Rest verstellen, denn sein Körperbau war schlank und kräftig. In Gedanken verpasste ich ihm eine andere Frisur, ließ seine Haare wachsen, bis sie den Abstand zwischen Ohren und Kopf ganz ausfüllten und ihm bis über den Kragen fielen, was inzwischen selbst im Leconfield House statthaft war. Das senffarbene karierte Tweedjackett müsste weg. Sogar aus meinem schiefen Blickwinkel konnte ich erkennen, dass sein Krawattenknoten zu klein war. Er müsste anfangen, sich Max zu nennen, und seine Schraubenzieher in der Schublade lassen. Er schrieb mit brauner Tinte. Auch das würde sich ändern müssen.

»Und damit kehre ich zu meinem Ausgangspunkt zurück«, schloss Ex-Airforce-Hauptmann Jowell. »Letztlich beruht die Stärke und Langlebigkeit des Marxismus wie jedes anderen theoretischen Systems auf seiner Macht, intelligente Männer und Frauen zu verführen. Und die hat dieses System wahrhaftig. Ich danke Ihnen.«

Unsere schläfrige Schar rappelte sich auf und blieb respektvoll stehen, während der Dozent den Raum verließ. Als er draußen war, drehte Max sich um und sah mir in die Augen. Die senkrechte Furche in seinem Nacken schien über telepathische Fähigkeiten zu verfügen. Er wusste, dass ich ihn vollständig umgekrempelt hatte.

Ich war es, die den Blick senkte.

Er zeigte auf den Stift in meiner Hand. »Viel Notizen gemacht.«

Ich sagte: »Es war faszinierend.«

Er setzte zu einer Antwort an, wandte sich dann aber mit einer unwilligen Abwärtsbewegung seiner Hand von mir ab und ging hinaus.

Doch wir wurden Freunde. Da er mich an Jeremy erinnerte, ging ich bei ihm denkfaul von einer Vorliebe für Männer aus, hoffte aber, mich zu irren. Dass er darüber sprach, war kaum zu erwarten, schon gar nicht in diesen Amtsräumen. Die Welt der Sicherheitsdienste hatte, zumindest nach außen hin, für Homosexuelle nur Verachtung übrig; das machte sie erpressbar und deshalb für den Geheimdienst ungeeignet und folglich verachtenswert. Aber während ich von Max phantasierte, konnte ich mir immerhin sagen, dass ich wohl allmählich über Tony hinwegkam. Max – ich versuchte auch die anderen zu bewegen, ihn so zu nennen – war ein guter Neuzugang in meinem Leben. Anfangs dachte ich, wir könnten jetzt abends zu dritt ausgehen, aber Shirley meinte, er sei ihr unheimlich, sie traue ihm nicht über den Weg. Und da er weder Pubs noch Zigarettenrauch noch laute Musik mochte, saßen wir nach der Arbeit oft auf einer Bank im Hyde Park oder am Berkeley Square. Er durfte nicht darüber reden, und ich fragte nicht danach, aber mein Eindruck war, dass er eine Zeitlang in Cheltenham, bei der Fernmeldeaufklärung, gearbeitet hatte. Er war zweiunddreißig und hatte eine Wohnung im Seitenflügel eines Landschlosses bei Egham, an einer Biegung der Themse. Mehr als einmal sagte er, ich solle doch mal vorbeikommen, aber er lud mich nie konkret ein. Er stammte aus einer Akademikerfamilie, war in Winchester im Internat gewesen und anschließend in Harvard, wo er einen Abschluss in Jura und dann noch einen in Psychologie gemacht hatte, doch ihn plagte der Gedanke, dass er das Falsche studiert hatte und besser etwas Praktisches wie Maschinenbau gewählt hätte. Einmal hatte er über eine Uhrmacher-Ausbildung in Genf nachgedacht, was ihm seine Eltern jedoch ausgeredet hatten. Sein Vater war Philosoph, seine Mutter Sozialanthropologin, und Maximilian war ihr einziges Kind. Sie wollten, dass er mit dem Kopf arbeitete, nicht mit den Händen. Nach einem unglücklichen Intermezzo als Lehrer in einer Nachhilfeschule, ein paar Aufträgen als freier Journalist und einigen Reisen gelangte er über den Geschäftsfreund eines Onkels zum Geheimdienst.

Im warmen Frühling dieses Jahres erblühte unsere Freundschaft mit den Bäumen und Sträuchern um unsere diversen Parkbänke. Einmal, zu Beginn, griff ich in meinem Eifer unserer Vertrautheit vor und fragte ihn, ob der Druck, der als einziges Kind von Akademiker-Eltern auf ihm laste, ihn wohl so schüchtern gemacht habe. Die Frage kränkte ihn, als hätte ich seine Familie beleidigt. Er hatte eine typisch englische Abneigung gegen psychologische Erklärungsmuster. Ziemlich steif erklärte er, er betrachte sich nicht als schüchtern. Er sei Fremden gegenüber zurückhaltend, denn seiner Ansicht nach sei man besser vorsichtig, bis man wisse, mit wem man es zu tun habe. In Gesellschaft von Leuten, die er kenne und möge, fühle er sich vollkommen unbefangen. Und so war es dann auch. Auf seine behutsamen Nachfragen hin erzählte ich ihm alles – von meiner Familie, von Cambridge, von meinem schlechten Abschluss in Mathe, von meiner Kolumne in *?Quis?*.

»Von deiner Kolumne habe ich gehört«, sagte er zu meiner Überraschung. Und dann etwas, das mir Freude machte: »Man erzählt sich, du hast alles gelesen, was man lesen sollte. Du kennst dich aus mit moderner Literatur und so was.«

Es war eine Erlösung, endlich mit jemandem über Tony sprechen zu können. Max hatte sogar von ihm gehört und erinnerte sich an einen Regierungsausschuss, ein historisches Buch und an ein paar Artikel, darunter einen zu einer Debatte über Kunstförderung.

»Wie hieß noch mal seine Insel?«

Mit einem Schlag war mein Kopf wie leergefegt. Ich kannte den Namen doch so gut. Ein Synonym für Tod. Ich sagte: »Ist mir jetzt auf einmal entfallen.«

»Finnisch? Schwedisch?«

»Finnisch. Gehört zum Åland-Archipel.«

»Lemland?«

»Hört sich nicht richtig an. Fällt mir schon wieder ein.«

»Sag mir dann Bescheid.«

Ich wunderte mich über seine Beharrlichkeit. »Was ist daran so wichtig?«

»Weißt du, ich bin ein wenig auf der Ostsee herumgekommen. Zehntausende von Inseln. Eins der bestgehüteten Geheimnisse des modernen Tourismus. Gott sei Dank flieht im Sommer alles nach Süden. Dein Canning war zweifellos ein Mann mit Geschmack.«

Dabei beließen wir es. Aber etwa einen Monat später saßen wir am Berkeley Square und versuchten den Text des berühmten Songs über die Nachtigall, die dort sang, zu rekonstruieren. Max hatte mir erzählt, er habe sich das Klavierspielen selbst beigebracht und spiele gern Musical-Lieder und schmalzige Schlager aus den Vierzigern und Fünfzigern, Musik, die genauso aus der Mode war wie seine Frisur. Zufällig kannte ich diesen Song von einer Schulaufführung her. Teils sangen, teils sprachen wir die hübschen Zeilen: *I may be right, I may be wrong / But I'm perfectly willing to swear / That when you turned and smiled at me / A nightingale ...*, als Max unvermittelt fragte: »War es Kumlinge?«

»Ja, genau. Wie kommst du jetzt darauf?«

»Na ja, ich hab gehört, es soll dort sehr schön sein.«

»Ich denke, ihm hat die Einsamkeit gefallen.«

»Muss wohl.«

Im Verlauf des Frühjahrs wuchs meine Zuneigung zu Max und nahm allmählich die Züge einer leichten Obsession an. Wenn ich nicht mit ihm zusammen war, wenn ich abends mit Shirley um die Häuser zog, wurde ich unruhig, als fehlte mir etwas. Ich freute mich aufs Büro, wo ich ihn, über die Papiere auf seinem Schreibtisch gebeugt, immer im Blick hatte. Aber auch das reichte mir nicht, und bald versuchte ich unsere nächste Begegnung herbeizuführen. Es war nicht zu leugnen, ich hatte eine Schwäche für eine bestimmte Sorte schlechtgekleideter, altmodischer Männer (Tony zählte nicht), grobknochig, hager und auf sperrige Weise intelligent. Wie untadelig mir Max erschien, wie unnahbar. Verglichen mit seiner selbstverständlichen Beherrschtheit kam ich mir unbeholfen und vorlaut vor. Ich machte mir Sorgen, dass er mich vielleicht gar nicht mochte und das nur aus Höflichkeit nicht sagte. Ich malte mir aus, er habe alle möglichen privaten Regeln, heimliche Vorstellungen von korrektem Verhalten, gegen die ich fortwährend verstieß. Dieses Unbehagen fachte mein Interesse an ihm bloß noch weiter an. Das Thema, das seine Lebensgeister weckte, bei dem er Feuer fing, war die Sowjetunion. Er war ein Kalter Krieger höherer Ordnung. Andere mochten sich in Zorn und Abscheu ergehen, Max hingegen war überzeugt davon, hier seien gute Absichten und die menschliche Natur eine unselige Allianz eingegangen, die zu einer Tragödie finsterer Verstrickungen geführt habe. Hunderte Millionen Menschen im russischen Imperium seien unwiederbringlich um Glück und Zufriedenheit gebracht worden. Niemand, nicht einmal die jetzige Führung, habe gewollt, was sie jetzt hätten. Der Trick bestehe nun darin, ihnen nach und nach einen Ausweg anzubieten, bei dem sie das Gesicht wahren konnten; man müsse Geduld haben, gut zureden, Anreize schaffen, zugleich aber unnachgiebig bleiben gegenüber dem, was er als eine wahrhaft schreckliche Idee bezeichnete.

Er war sicher nicht der Typ Mann, den man über sein Liebesleben aushorchen konnte. Ich fragte mich, ob er in Egham mit einem Mann zusammenlebte. Ich überlegte mir sogar, dort hinzufahren und nachzusehen. So schlimm stand es schon um mich. Was ich wollte, schien unerreichbar, und das reizte mich nur umso mehr. Ich fragte mich aber auch, ob er wohl wie Jeremy in der Lage wäre, einer Frau Befriedigung zu verschaffen, ohne selbst viel davon zu haben. Nicht gerade ideal, nichts Gegenseitiges, aber besser als nichts, jedenfalls für mich. Besser als sinnlose Sehnsucht.

Eines Abends gingen wir nach der Arbeit im Park spazieren. Thema war die Provisorische IRA – ich vermutete, er besaß da Insiderwissen. Er erzählte von einem Artikel, den er gelesen hatte, als ich, einer jähen Regung folgend, seinen Arm nahm und ihn fragte, ob er mich küssen wolle.

»Nicht sonderlich.«

»Aber ich möchte es.«

Wir blieben mitten auf dem Weg stehen, zwischen zwei Bäumen, so dass andere Spaziergänger sich an uns vorbeizwängen mussten. Es war ein inniger, leidenschaftlicher Kuss, oder zumindest eine gute Nachahmung davon. Vielleicht kompensiert er damit einen Mangel an Begehren, dachte ich. Als er sich von mir löste, versuchte ich ihn wieder an mich zu ziehen, aber er entwand sich.

»Das reicht fürs Erste«, sagte er und tippte mir mit dem Zeigefinger auf die Nase wie ein gestrenger Vater, der ein quengelndes Kind in die Schranken weist. Ich spielte mit, zog einen Flunsch und legte artig meine Hand in seine, dann gingen wir weiter. Ich wusste, der Kuss würde meine

Lage noch erschweren, aber wenigstens hielten wir zum ersten Mal Händchen. Ein paar Minuten später ließ er meine Hand los.

Wir setzten uns ins Gras, weit weg von den anderen Leuten, und sprachen wieder über die IRA. Im Monat zuvor waren in Whitehall und bei Scotland Yard Bomben hochgegangen. Der Geheimdienst organisierte sich fortlaufend neu. Einige von uns, die vielversprechenderen Neuzugänge, inklusive Shirley, waren von der Kindergartenarbeit in der Registratur abgezogen und wahrscheinlich auf dieses neue Problem angesetzt worden. Man hatte Räumlichkeiten in Beschlag genommen, es gab Sitzungen hinter verschlossenen Türen bis spät in die Nacht. Mich hatte man zurückgelassen. Ich verdrängte meine Enttäuschung mit der Klage – sie war nicht neu –, dass ich immer noch die alten Schlachten schlagen müsse. Die Nachmittagsvorträge seien zwar faszinierend, doch wie Vorträge über eine tote Sprache. Die Welt habe es sich in ihren beiden Lagern bequem gemacht, behauptete ich. Der Sowjetkommunismus habe so viel missionarischen Eifer wie die anglikanische Kirche. Das russische Imperium, so repressiv und korrupt es auch sei, liege im Koma. Die neue Bedrohung sei der Terrorismus. Ich hatte einen Artikel im *Time Magazine* gelesen und hielt mich für gut informiert. Es gehe nicht nur um die Provisorische IRA oder die verschiedenen Palästinensergruppen. Überall auf dem europäischen Festland zündeten Anarchisten und Linksextremisten Bomben und entführten Politiker und Unternehmer. Die Roten Brigaden, die Baader-Meinhof-Gruppe, in Südamerika die Tupamaros und Dutzende ähnlicher Banden, in den Vereinigten Staaten die

Symbionese Liberation Army – all diese blutrünstigen Nihilisten und Narzissten seien international bestens miteinander vernetzt und würden bald auch hierzulande eine Sicherheitsbedrohung darstellen. Wir hatten die Angry Brigade gehabt, andere und viel Schlimmere würden folgen. Was für ein Irrsinn, dass wir immer noch den Großteil unserer Ressourcen in ein Katz-und-Maus-Spiel mit unbedeutenden Mitläufern in sowjetischen Handelsdelegationen investierten!

Den Großteil unserer Ressourcen? Was wusste eine blutige Anfängerin schon über den Etat des Geheimdienstes? Aber ich versuchte, selbstbewusst aufzutreten. Der Kuss hatte mich angestachelt, ich wollte Max beeindrucken. Er beobachtete mich genau, nachsichtig und amüsiert.

»Schön, dass du dich mit all diesen finsteren Splittergruppen so gut auskennst. Aber, Serena, vorletztes Jahr haben wir hundertfünf sowjetische Agenten rausgeschmissen. Die hatten sich überall eingeschlichen. Wir mussten die Regierung so weit erziehen, dass sie handelt, das war ein kritischer Moment für den Geheimdienst. Angeblich war es nicht einfach, den Innenminister ins Boot zu holen.«

»Er und Tony waren Freunde, bis sie ...«

»Das kommt alles daher, dass Oleg Lyalin zu uns übergelaufen ist. Er sollte im Krisenfall Sabotageaktionen in Großbritannien organisieren. Das Unterhaus hat dazu Stellung genommen. Das hast du damals bestimmt in der Zeitung gelesen.«

»Ja, ich erinnere mich.«

Das war natürlich gelogen. Die Ausweisungen hatten es nicht bis in meine *?Quis?*-Kolumne geschafft. Ich hatte noch keinen Tony gehabt, der mich zum Zeitunglesen animierte.

»Worauf ich hinauswill«, sagte Max, »ist, dass ›im Koma‹ nicht ganz der richtige Ausdruck ist.«

Er sah mich immer noch so eigenartig an, erwartungsvoll, als steuere das Gespräch gleich auf etwas Bedeutungsvolles zu.

Ich sagte: »Wahrscheinlich hast du recht.« Ich war nervös, umso mehr, als ich spürte, dass er genau das beabsichtigte. Unsere Freundschaft war noch so jung. Ich wusste nichts über ihn, und jetzt kam er mir wie ein Fremder vor mit seinen übergroßen Ohren, die er wie Radarschüsseln auf mich richtete, um auch mein leisestes, unaufrichtigstes Flüstern aufzufangen, mit seinem schmalen, unverwandt aufmerksamen Gesicht. Mich quälte der Gedanke, dass er etwas von mir wollte, und dass ich, selbst wenn er es bekäme, immer noch nicht wüsste, was es war.

»Möchtest du, dass ich dich noch einmal küsse?«

Er war so lang wie der erste, dieser Kuss eines Fremden, und, da er eine Spannung zwischen uns löste, sogar noch angenehmer. Ich wurde ruhiger, fühlte mich *dahinschmelzen* wie eine Figur in einem Liebesroman. Die Vorstellung, dass Max mir etwas vorspielte, wäre mir jetzt unerträglich gewesen.

Er lehnte sich zurück und fragte ruhig: »Hat Canning dir gegenüber mal Lyalin erwähnt?« Bevor ich antworten konnte, küsste er mich wieder, eine flüchtige Berührung von Lippen und Zungen. Ich war versucht, ja zu sagen, weil er das von mir hören wollte.

»Nein. Warum fragst du?«

»Ich bin nur neugierig. Hat er dich mit Maudling bekannt gemacht?«

»Nein. Warum?«

»Mich hätte dein Eindruck interessiert, das ist alles.«

Wieder küssten wir uns. Wir lagen im Gras. Ich ließ meine Hand von seiner Hüfte hinuntergleiten, zwischen seine Beine. Ich wollte wissen, ob ich ihn wirklich erregte. Oder ob er bloß ein brillanter Heuchler war. Aber als meine Fingerspitzen nur noch Zentimeter vom harten Beweis entfernt waren, drehte er sich weg, löste sich von mir, stand auf und wischte ein paar trockene Grashalme von seiner Hose. Die Geste wirkte betulich. Er reichte mir die Hand, um mich hochzuziehen.

»Ich muss zum Bahnhof. Heute Abend koche ich für einen Freund.«

»Ach, wirklich.«

Wir gingen los. Die Feindseligkeit in meiner Stimme war ihm nicht entgangen; zögernd, oder reumütig, berührte er mich am Arm. Er sagte: »Hast du auf Kumlinge mal sein Grab besucht?«

»Nein.«

»Hast du den Nachruf gelesen?«

Sein »Freund« war schuld, dass dieser Abend nirgendwo hinführen würde.

»Ja.«

»*Times* oder *Telegraph*?«

»Max, ist das ein Verhör?«

»Sei nicht albern. Ich bin nur schrecklich neugierig. Bitte verzeih mir.«

»Dann lass mich in Ruhe.«

Schweigend gingen wir weiter. Er wusste nicht, was er sagen sollte. Einzelkind, Jungeninternat – er hatte keine Ahnung, wie man mit einer Frau redete, wenn etwas im Argen lag. Und ich sagte nichts. Ich war wütend, wollte ihn aber nicht verscheuchen. Als wir vor dem Park auf dem Bürgersteig stehen blieben, hatte ich mich etwas beruhigt.

»Serena, ist dir klar, dass ich dich immer mehr ins Herz schließe?«

Das freute mich, das freute mich sehr, doch ich ließ es mir nicht anmerken. Ich wartete ab, ob er noch mehr zu sagen hätte. Er schien kurz davor, wechselte dann aber das Thema.

»Übrigens. Sei nicht ungeduldig, was die Arbeit betrifft. Ich weiß zufällig von einem sehr interessanten Projekt, das demnächst ansteht. Operation Honig. Genau das Richtige für dich. Ich habe ein gutes Wort für dich eingelegt.«

Er wartete nicht auf eine Antwort. Er spitzte die Lippen, zuckte die Schultern und ging davon, die Park Lane entlang in Richtung Marble Arch, während ich ihm nachsah und mich fragte, ob er die Wahrheit gesagt hatte.

5

Mein Zimmer in der St. Augustine's Road ging nach Norden, zur Straße hin, durchs Fenster sah ich ins Gezweig einer Rosskastanie. Als im Frühjahr die Blätter sprossen, wurde es mit jedem Tag dunkler im Zimmer. Mein Bett nahm etwa die Hälfte des Raumes ein, ein wackliges Ding mit Walnussfurnier am Kopfende und einer weichen Matratze, in der ich fast versank. Zu dem Bett gehörte eine muffige, plüschige gelbe Tagesdecke. Ich brachte sie ein paarmal in den Waschsalon, aber der dumpf-intime Geruch – nach nassem Hund vielleicht, oder nach einem sehr unglücklichen Menschen – ließ sich nie ganz rauswaschen. Das einzige andere Möbelstück war eine Kommode mit einem facettierten Kippspiegel. Das Ding stand vor einem winzigen Kamin, der an warmen Tagen einen säuerlichen Rußgestank verbreitete. Als der Baum voll erblüht war, hatte ich bei bedecktem Himmel nicht mehr genug Licht zum Lesen, also kaufte ich mir in einem Trödelladen an der Camden Road für dreißig Pence eine Art-déco-Lampe. Einen Tag später ging ich zurück und bezahlte 1,20 Pfund für einen klobigen Sessel, um nicht in dem viel zu weichen Bett lesen zu müssen. Der Ladenbesitzer trug den Sessel auf seinem Rücken zu mir nach Hause, eine halbe Meile weit und dann noch zwei Treppen hoch, dafür hatten wir 13 Pence vereinbart, den Preis für ein Bier – ich gab ihm 15.

Die meisten Häuser in der Straße waren in mehrere Parteien unterteilt und unrenoviert, obwohl ich mich nicht erinnern kann, dass irgendjemand damals dieses Wort benutzt oder in solchen Kategorien gedacht hätte. Geheizt wurde mit Heizlüftern, Flure und Küchen waren mit uraltem braunem Linoleum ausgelegt, die anderen Räume mit geblümtem Teppichboden, der unter den Füßen klebte. Die kleinen Ausbesserungen stammten wahrscheinlich aus den zwanziger oder dreißiger Jahren – die Stromleitungen verliefen durch staubige, an die Wand geschraubte dünne Rohre, Telefon gab es nur im zugigen Korridor, der Boiler mit dem hungrigen Stromzähler speiste brühend heißes Wasser in das winzige, kalte Badezimmer ohne Dusche, das sich vier Frauen teilten. Diese Häuser hatten ihr düsteres viktorianisches Erbe noch nicht abgestreift, aber nie hörte ich jemanden darüber klagen. Wie ich es in Erinnerung habe, begann es in den Siebzigern den normalen Leuten, die in diesen alten Kästen wohnten, gerade erst zu dämmern, dass sie außerhalb der Stadt vielleicht angenehmer leben könnten, wenn hier die Preise weiter so anstiegen. Die Häuser in den Seitenstraßen von Camden Town warteten noch auf eine neue, dynamischere Klasse von Bewohnern, die sich an die Arbeit machen, Heizungen einbauen und aus vollkommen unerfindlichen Gründen sämtliche Beläge von den Dielenbrettern reißen und Fußbodenleisten und Türen von dem letzten Farbrest befreien würden.

Mit meinen Mitbewohnerinnen hatte ich Glück – Pauline, Bridget, Tricia, drei Mädchen aus der Arbeiterklasse, aus Stoke-on-Trent, die sich seit der Kindheit kannten, nach der gemeinsamen Schulzeit zusammen ihr Jurastudium begonnen hatten und nun kurz vor dem Abschluss standen. Sie waren langweilig, ehrgeizig, extrem ordentlich. Der Haushalt lief reibungslos, die Küche war immer sauber, der winzige Kühlschrank voll. Falls es Männer in ihrem Leben gab, sah ich sie jedenfalls nie. Kein Alkohol, keine Drogen, keine laute Musik. Damals hätte man sich in Wohngemeinschaften eher auf Leute wie meine Schwester gefasst machen müssen. Tricia lernte gerade fürs Anwaltsexamen, Pauline spezialisierte sich auf Gesellschaftsrecht, Bridget auf Immobilienrecht. Jede erklärte mir auf ihre eigene herausfordernde Weise, sie werde niemals nach Stoke zurückgehen, was sie anscheinend nicht nur geographisch meinten. Aber ich fragte nicht näher nach. Ich musste mich in meinen neuen Job einarbeiten und brachte für ihren Klassenkampf, ihren sozialen Aufstieg wenig Interesse auf. Sie hielten mich für eine langweilige Beamtin, ich hielt sie für langweilige angehende Anwältinnen. Perfekt. Da wir unterschiedliche Tagesabläufe hatten, aßen wir nur selten zusammen. Im Wohnzimmer, dem einzigen gemütlichen Gemeinschaftsraum, hielt sich kaum je jemand auf. Sogar der Fernseher blieb meist stumm. Abends lernten die drei in ihren Zimmern, ich las in meinem oder ging mit Shirley aus.

Ich behielt meine alten Lesegewohnheiten bei, drei bis vier Bücher pro Woche. In diesem Jahr hauptsächlich modernes Zeug, Taschenbücher, die ich in Trödelläden oder Buchantiquariaten in der High Street kaufte, manchmal auch, wenn ich mir das leisten zu können glaubte, bei Compendium in der Nähe von Camden Lock. Wie gewohnt schlang ich alles gierig in mich hinein, zuweilen jedoch mit Anflügen von Langeweile, die ich – ohne Erfolg – zu unterdrücken suchte. Von außen hätte man meinen können, ich blätterte in einem Nachschlagewerk, so schnell schlug ich die Seiten um. Und tatsächlich habe ich auf meine gedankenlose Art wohl nach etwas gesucht, nach einer Version meiner selbst, einer Heldin, in die ich hineinschlüpfen könnte wie in ein Paar alter Lieblingsschuhe. Oder eine Wildseidenbluse. Denn ich wollte mein bestes Ich sehen, nicht das Mädchen, das sich abends in ihrem Flohmarktsessel über ein zerlesenes Taschenbuch beugte, sondern die flotte junge Frau, die die Beifahrertür eines Sportwagens öffnet, sich von ihrem Liebhaber einen Kuss abholt und dann mit ihm zu einem Liebesnest auf dem Lande braust. Ich gestand es mir nicht ein, aber eigentlich wäre leichtere Lektüre für mich das Richtige gewesen, irgendwelche billigen Liebesschmöker. Unterdessen hatte ich durch Cambridge, oder durch Tony, einen gewissen Geschmack, wenn nicht Snobismus entwickelt. Ich stellte Jacqueline Susann nicht mehr über Jane Austen. Manchmal schimmerte mein Alter Ego flüchtig zwischen den Zeilen auf, es schwebte mir wie ein freundliches Gespenst aus den Büchern von Doris Lessing, Margaret Drabble oder Iris Murdoch entgegen. Und verschwand gleich wieder – ihre Frauenfiguren waren zu gebildet oder zu klug oder nicht ganz einsam genug in der Welt, um ich zu sein. Vermutlich wäre ich erst zufrieden gewesen, wenn ich einen Roman über ein Mädchen in die Hand bekommen hätte, das in einem möblierten Zimmer in Camden wohnte, einen niedrigen Posten beim MI5 hatte und keinen Mann in ihrem Leben.

Ich lechzte nach naivem Realismus. Besonders aufmerksam reckte ich meinen Leserhals, wenn eine Londoner Straße erwähnt wurde, die ich kannte, oder ein Kleid mit einem bestimmten Schnitt, ein real existierender Mensch, eine Automarke. Das gab mir, so dachte ich, einen Maßstab für die Qualität eines Textes, ich konnte beurteilen, wie genau die Schilderung war, bis zu welchem Grad sie mit meinen eigenen Eindrücken übereinstimmte oder diese gar übertraf. Zu meinem Glück ging es im Großteil der englischen Literatur jener Zeit formal eher anspruchslos darum, die Gesellschaft widerzuspiegeln. Kalt ließen mich jene Autoren, die in Süd- und Nordamerika grassierten und sich selbst unter das Personal ihrer Romane mischten, fest entschlossen, die armen Leser daran zu erinnern, dass alle Figuren und sogar sie selbst reine Erfindung waren und dass es einen Unterschied zwischen Fiktion und dem Leben gab. Oder im Gegenteil klarzustellen, dass das Leben ohnehin eine Fiktion war. Nur Schriftsteller, dachte ich, gerieten je in Gefahr, das eine mit dem anderen zu verwechseln. Ich war eine geborene Empirikerin. Schriftsteller wurden meiner Ansicht nach dafür bezahlt, anderen etwas vorzuspielen, und an geeigneter Stelle sollten sie ruhig von der realen Welt, die uns allen gemeinsam war, Gebrauch machen, um ihren ausgedachten Geschichten Plausibilität zu verleihen. Also bitte kein listiges Schachern um die Grenzen ihrer Kunst, keine Illoyalität dem Leser gegenüber, indem sie unter irgendwelchen Masken zwischen realer und imaginierter Welt hin und her wechselten. In den Büchern, die mir gefielen, war kein Platz für Doppelagenten. Zu jener Zeit prüfte und verwarf ich Autoren, die mir intellektuelle

Freunde in Cambridge dringend ans Herz gelegt hatten – Borges und Barth, Pynchon und Cortázar und Gaddis. Kein Engländer darunter, fiel mir auf, und keine Frau, egal welcher Herkunft. Da war ich skeptisch wie manche Leute aus der Generation meiner Eltern, die nicht nur Geruch und Geschmack von Knoblauch verabscheuten, sondern auch allen misstrauten, die ihn verzehrten.

In unserem Sommer der Liebe hatte mich Tony Canning öfters getadelt, weil ich Bücher aufgeschlagen und mit der Schriftseite nach unten herumliegen ließ. Das beschädige den Buchrücken, und dann gehe ein Buch immer an einer bestimmten Stelle von allein auf, was einem willkürlichen und sachfremden Eingriff sowohl in die Absichten des Autors als auch in das Ermessen eines anderen Lesers gleichkomme. Daher schenkte er mir ein Lesezeichen. Kein großartiges Geschenk. Offenbar hatte es in irgendeiner Schublade herumgelegen. Ein grüner Lederstreifen mit krenelierten Enden und dem in Gold eingeprägten Namen einer walisischen Burg oder Festungsanlage. Typischer Souvenir-Kitsch aus der Zeit, als er und seine Frau noch glücklich miteinander waren, glücklich genug jedenfalls, um gemeinsame Ausflüge zu unternehmen. Sie ärgerte mich nur ein kleines bisschen, diese Lederzunge, die so heimtückisch von einem anderen Leben sprach, anderswo und ohne mich. Soweit ich weiß, habe ich das Lesezeichen damals nie benutzt. Stattdessen prägte ich mir die Seitenzahl ein und gewöhnte mir auf diese Weise ab, Buchrücken kaputtzumachen. Monate nach der Affäre fand ich es, gewellt und klebrig, zusammen mit einem Bonbonpapier am Grund einer Tasche.

Ich habe gesagt, nach seinem Tod sei mir kein Unterpfand seiner Liebe geblieben. Aber ich hatte das Buchzeichen. Ich säuberte es, strich es glatt, hielt es in Ehren und in Gebrauch. Es heißt, Schriftsteller seien abergläubisch und hätten ihre kleinen Rituale. Das gilt auch für Leser. Ich zum Beispiel hielt mein Lesezeichen zwischen den Fingern und streichelte es beim Lesen mit dem Daumen. Bevor mir spätabends die Augen zufielen, legte ich das Lesezeichen an die Lippen und erst dann zwischen die Seiten, klappte das Buch zu und deponierte es neben dem Stuhl auf dem Boden, griffbereit für das nächste Mal. Tony wäre zufrieden gewesen.

An einem Abend Anfang Mai, über eine Woche nach unseren ersten Küssen, blieb ich länger als gewöhnlich mit Max im Berkeley-Square-Park. Er war in besonders mitteilsamer Stimmung und erzählte von einer Uhr aus dem achtzehnten Jahrhundert, über die er eines Tages vielleicht etwas schreiben wollte. Als ich in die St. Augustine's Road zurückkam, war das Haus dunkel. Es fiel mir wieder ein, heute war der zweite einer Reihe obskurer gesetzlicher Feiertage. Pauline, Bridget und Tricia waren trotz ihrer gegenteiligen Schwüre für ein verlängertes Wochenende nach Stoke gefahren. Ich machte Licht im Flur und im Durchgang zur Küche, verriegelte die Haustür und ging in mein Zimmer hinauf. Plötzlich fehlte mir dieses Trio vernünftiger Mädchen aus dem Norden und das Licht, das unter ihren Türen durchschimmerte, und mich beschlich ein unbehagliches Gefühl. Aber auch ich war vernünftig. Vor Übernatürlichem hatte ich keine Angst, und über ehrfürchtiges Gerede von intuitivem Wissen und sechstem Sinn konnte ich nur lachen. Mein Herzklopfen, redete ich mir ein, kam vom Treppensteigen. Doch als ich zu meiner Tür gelangte, blieb ich, ehe ich die Deckenlampe einschaltete, kurz auf der Schwelle stehen – ganz allein in einem großen alten Haus zu sein machte mich nun doch ein ganz klein wenig nervös. Einen Monat zuvor hatte es auf dem Camden Square eine Messerstecherei gegeben, eine grundlose Attacke eines dreißigjährigen Schizophrenen. Ich war mir sicher, dass niemand ins Haus eingedrungen war, aber solche Schreckensnachrichten wirken tief im Inneren fort, ohne dass man sich dessen richtig bewusst ist. Sie schärfen die Sinne. Ich stand da und lauschte, vernahm aber außer dem Tinnitusrauschen der Stille in meinem Ohr nur das Summen der Stadt und, näher, das Knistern und Knacken, mit dem die Außenwände des Gebäudes in der Nachtluft abkühlten und sich zusammenzogen.

Ich legte die Hand auf den Bakelitschalter, machte das Licht an und sah sofort: Das Zimmer war unberührt. Dachte ich jedenfalls. Ich trat ein und stellte meine Tasche ab. Das Buch, in dem ich am Abend zuvor gelesen hatte – *Eating People is Wrong* von Malcolm Bradbury –, befand sich an seinem Platz neben dem Stuhl auf dem Boden. Aber das Lesezeichen lag auf dem Sessel. Dabei war niemand im Haus gewesen, seit ich es am Morgen verlassen hatte.

Natürlich vermutete ich zunächst, ich sei am Abend zuvor von meinem Ritual abgewichen. Kann ja passieren, wenn man müde ist. Vielleicht war ich aufgestanden und hatte das Lesezeichen auf dem Weg zum Waschbecken fallen lassen. Ich erinnerte mich jedoch deutlich. Der Roman war so kurz, dass ich ihn in zwei Abenden hätte durchlesen können. Aber meine Lider waren schwer. Ich war bei weitem nicht bis zur Hälfte gekommen, als ich den Lederstreifen geküsst und zwischen die Seiten achtundneunzig und neunundneunzig gelegt hatte. Ich erinnerte mich sogar noch an den letzten gelesenen Satz, weil ich, bevor ich das Buch zuklappte, noch einmal einen Blick darauf warf. Es war eine Dialogzeile: »Intellektuelle sind keineswegs immer liberal eingestellt.«

Ich suchte das Zimmer nach anderen verdächtigen Anzeichen ab. Da ich keine Regale besaß, stapelten sich meine Bücher an der Wand, aufgeteilt in gelesene und ungelesene. Zuoberst auf dem Ungelesen-Stapel, als Nächstes an der Reihe, lag A. S. Byatts *The Game*. Alles in Ordnung. Ich durchstöberte die Kommode und meinen Waschbeutel, ich sah auf und unter meinem Bett nach – nichts war bewegt oder gestohlen worden. Dann ging ich zum Stuhl zurück und starrte eine Weile auf den Boden, als könne ich damit das Rätsel lösen. Eigentlich hätte ich nach unten gehen und dort nach Spuren eines Einbruchs suchen müssen, aber ich wollte nicht. Der Titel von Bradburys Roman sprang mich an, er erschien mir jetzt wie ein wirkungsloser Protest gegen allgemein verbreitete Moralvorstellungen. Ich hob das Buch auf und blätterte darin herum und fand die Stelle, wo ich mit Lesen aufgehört hatte. Draußen auf dem Treppenabsatz beugte ich mich übers Geländer. Ich hörte nichts Ungewöhnliches, wagte mich aber immer noch nicht hinunter.

Meine Tür hatte weder Schloss noch Riegel. Ich schob die Kommode davor, ließ das Licht an und legte mich ins Bett. Fast die ganze Nacht lag ich, die Decke zum Kinn hochgezogen, auf dem Rücken und lauschte, während meine Gedanken sich im Kreis drehten. Ich wartete auf die Morgendämmerung wie auf eine tröstende Mutter, die alles wiedergutmachen würde. Und so war es dann auch. Als der Morgen graute, war ich längst überzeugt, dass Müdigkeit meine Erinnerung getrübt, dass ich die Absicht mit der Tat verwechselt und das Buch ohne das Lesezeichen weggelegt hatte. Ich hatte mir mit meinem eigenen Schatten Angst eingejagt. Das Tageslicht kam mir in diesem Moment vor wie die physische Manifestation des gesunden Menschenverstands. Ich brauchte ein wenig Schlaf, da ich an diesem Tag einen wichtigen Vortrag besuchen musste. Um das Lesezeichen hatte sich nun so dichter Nebel zusammengezogen, dass ich endlich einschlafen konnte – bis zweieinhalb Stunden später der Wecker klingelte.

An diesem Tag fiel ich beim MI5 zum ersten Mal negativ auf, und das hatte ich Shirley zu verdanken. Ich war schon eine von denen, die gelegentlich den Mund aufmachten, aber noch stärker war mein Wunsch, beruflich voranzukommen und den Beifall meiner Vorgesetzten zu finden. Shirley hatte etwas Kämpferisches, ja Rücksichtsloses an sich, das meinem Wesen ganz fremd war. Aber schließlich waren wir ein Duo, Laurel und Hardy, und so konnte es vielleicht nicht ausbleiben, dass ich in den Dunstkreis ihrer Aufmüpfigkeit hineingeriet und in die Rolle der Kumpanin, die es ausbaden musste.

Es geschah am Nachmittag, als wir uns im Leconfield House den Vortrag »Anarchie der Wirtschaft, Aufstand der Bürger« anhörten. Die Veranstaltung war gut besucht.

Wenn wir prominente Gäste hatten, arrangierte sich die Sitzordnung stets stillschweigend und ganz von selbst nach Status. Zuvorderst saßen verschiedene Granden aus der fünften Etage. Drei Reihen dahinter Harry Tapp und Millie Trimingham. Und nochmals zwei Reihen weiter hinten Max, er redete mit einem Mann, den ich noch nie gesehen hatte. Hinter ihnen dann dichtgedrängt die Frauen unterhalb der Ebene der stellvertretenden Führungsbeamten. Und endlich, ganz allein in der hintersten Reihe, Shirley und ich, die bösen Mädchen. Ich zumindest hielt ein Notizbuch bereit.

Der Generaldirektor kam nach vorn und stellte den Gastredner vor, einen Brigadier mit langjähriger Erfahrung auf dem Gebiet der Aufstandsbekämpfung, der jetzt als Berater für den Geheimdienst fungierte. Aus verschiedenen Teilen des Raums kam Applaus für den hochrangigen Soldaten. Er sprach auf jene leicht abgehackte Art, die wir heute mit alten britischen Filmen und Radiokommentaren aus den Vierzigern assoziieren. Einige unserer älteren Vorgesetzten hatten ihn auch noch, jenen steinernen Ernst derer, die in einem langen und totalen Krieg gekämpft hatten.

Aber der Brigadier drückte sich gern auch einmal blumiger aus. Ihm sei bewusst, sagte er, dass eine ganze Reihe ehemaliger Soldaten im Saal sei, und er hoffe auf ihre Nachsicht, wenn er einige Tatsachen festhalte, die ihnen wohlbekannt sein dürften – anderen hingegen vermutlich nicht. Die erste dieser Tatsachen sei: Unsere Soldaten befänden sich im Krieg, aber kein Politiker habe den Mut, das beim Namen zu nennen. Wir schickten Männer los, damit sie verfeindete, durch einen uralten, abstrusen Religionsstreit entzweite Lager voneinander fernhielten, und sie wurden von beiden Seiten angegriffen. Die Einsatzregeln waren so formuliert, dass die Soldaten nicht ihrer Ausbildung entsprechend reagieren durften. Neunzehnjährige aus Northumberland oder Surrey, die vermeintlich mit dem Auftrag gekommen waren, die katholische Minderheit vor der protestantischen Übermacht zu schützen, gaben ihr Leben, ihre Zukunft, auf den Straßen von Belfast und Derry hin, und während ihr Blut in den Rinnstein floss, sprangen katholische Kinder und Halbstarke um sie herum und jubelten. Diese Männer wurden aus dem Hinterhalt erschossen, oft von großen Wohnblöcken aus, meist waren die Heckenschützen IRA-Leute, die im Schutz organisierter Straßenunruhen und Krawalle operierten. Was den Bloody Sunday im Jahr zuvor anging, so waren unsere Fallschirmjäger mit genau dieser erprobten Taktik – Schlägertrupps aus Derry, unterstützt durch Heckenschützen – an die Wand und zum Äußersten gedrängt worden. Im April hatte der (übrigens in löblich kurzer Zeit erstellte) Widgery-Report diese Tatsachen bestätigt. Aber dennoch, operativ war es schlicht verfehlt, eine kampfbereite und hochmotivierte Einheit wie die Fallschirmjäger zur Überwachung einer Bürgerrechtsdemonstration einzusetzen. Das wäre – so der Brigadier – eine Aufgabe für die Royal Ulster Constabulary gewesen, die nordirische Polizei. Selbst die Soldaten der Royal Anglians hätten die Menge eher beruhigen können.

Aber es war nun einmal geschehen, dreizehn Zivilisten waren an jenem Tag getötet worden, und mit welchem Ergebnis? Beide Flügel der IRA hatten weltweit Sympathien gewonnen. Geld, Waffen und Rekruten strömten ihnen zu wie reißende Flüsse von Milch und Honig. Gefühlsduselige und ahnungslose Amerikaner, viele von ihnen eher protestantischer als katholischer Herkunft, gossen Öl ins Feuer mit den törichten Dollars, die sie über Organisationen wie NORAID für die republikanische Sache spendeten. Erst wenn es einmal Terroranschläge auf dem Boden der Vereinigten Staaten gäbe, so der Brigadier weiter, würden ihnen die Augen aufgehen. Als Vergeltung für die tragischen Todesfälle von Derry massakrierte die Offizielle IRA in Aldershot fünf Putzfrauen, einen Gärtner und einen katholischen Priester, die Provisorische IRA ihrerseits ermordete im Belfaster Restaurant Abercorn Mütter und Kinder, darunter auch Katholiken. Und während des landesweiten Streiks bekamen unsere Jungs es mit schlimmen protestantischen Pöbelhaufen zu tun, aufgehetzt von der Ulster Vanguard, einem Verein der allerübelsten Sorte. Dann der Waffenstillstand und, als der scheiterte, Greueltaten gegen die Bevölkerung von Ulster durch psychopathische Waffen- und Bombenfanatiker beider Konfessionen, Tausende bewaffnete Raubüberfälle und wahllose Anschläge mit Nagelbomben, Schüsse ins Knie und Prügel als Strafaktionen, fünftausend Schwerverletzte, etliche Hundert Tote, ermordet von loyalistischen und republikanischen Milizen, einige aber auch von britischen Soldaten – ohne Absicht, natürlich. So weit die Bilanz für 1972.

Der Brigadier seufzte theatralisch. Er war ziemlich groß, seine Augen zu klein für seinen knochigen Riesenschädel. Weder ein halbes Leben militärischer Drill noch sein maßgeschneiderter dunkler Anzug samt Einstecktuch vermochten diesen struppigen Einmeterneunzig-Mann mit den schlurfenden Bewegungen zu bändigen. Man traute ihm zu, einem Dutzend Psychopathen mit bloßen Händen den Garaus zu machen. Jetzt, berichtete er uns, hatte sich die Provisorische IRA auf der britischen Hauptinsel in klassischer Terroristenmanier in Zellen organisiert. Nach achtzehn Monaten tödlicher Anschläge würde es nun laut Gerüchten noch schlimmer kommen. Man gab längst nicht einmal mehr vor, ausschließlich militärische Anlagen anzugreifen. Es ging um Terror. Wie in Nordirland galten nun Kinder, Ladenbesucher oder normale Arbeiter als geeignete Zielscheiben. Die Wirkung von Bomben in Kaufhäusern und Pubs wäre umso größer, sollten Niedergang der Industrie, hohe Arbeitslosigkeit, Inflation und Energiekrise tatsächlich zu dem allgemein befürchteten gesellschaftlichen Zusammenbruch führen.

Zu unserer kollektiven Schande sei es uns nicht gelungen, die Terrorzellen zu enttarnen und ihre Nachschublinien zu unterbrechen. Doch – und damit kam unser Gastredner zur Sache – der wesentliche Grund für unser Versagen sei die mangelnde Koordination der Geheimdienste. Zu viele Behörden, zu viele Bürokraten, die ihr Terrain verteidigten, zu viele Abgrenzungen, unzureichende zentrale Kontrolle.

Nur Stühleknarren und Geflüster waren zu hören, in den Reihen vor mir beobachtete ich verhaltene Unruhe, Köpfe, die sich geringfügig senkten oder drehten, Schultern, die sich kaum merklich einem Sitznachbarn zuneigten. Der Brigadier hatte etwas angesprochen, was man im Leconfield House schon lange beklagte. Selbst ich hatte davon gehört, von Max. Über die Grenzen der einander misstrauisch beäugenden Reiche hinweg flossen keine Informationen. Aber würde unser Gast den Versammelten sagen, was sie hören wollten, war er auf unserer Seite? Ja, so war es. Der MI6, sagte er, operiere, wo er nichts zu suchen habe: in Belfast und Londonderry, im Vereinigten Königreich. Als Auslandsnachrichtendienst habe der MI6 einen bloß historischen Anspruch darauf, der aus der Zeit vor der Teilung stamme und heute gegenstandslos sei. Es gehe um ein innerstaatliches Problem. Und dafür sei der MI5 zuständig. Der Militärische Geheimdienst sei überbesetzt und durch verfahrensrechtliche Vorgaben gelähmt. Die Royal Ulster Constabulary, die sich für den Platzhirsch halte, sei schwerfällig, unterfinanziert und, vor allem, selbst ein Teil des Problems – eine protestantische Domäne. Wer wenn nicht sie hätte 1971 die Internierungsmaßnahmen so in den Sand setzen können?

Der MI5 habe recht daran getan, sich von dubiosen Verhörtechniken zu distanzieren, die man nur als Folter bezeichnen könne. Jetzt gebe der Inlandsgeheimdienst sein Bestes in einem überfüllten Feld. Doch selbst wenn für jede Behörde nur Genies und Effizienzbestien arbeiten würden, könnten vier Behörden nebeneinander nie den monolithischen Block der Provisorischen IRA zerschlagen, eine der schlimmsten Terrorbanden, die die Welt je gesehen habe. Nordirland sei für die Sicherheit des Landes von entscheidender Bedeutung. Der MI5 müsse die Sache in die Hand nehmen und in höchsten Regierungskreisen Gehör finden, er müsse die anderen Beteiligten seinem Willen unterwerfen, sein rechtmäßiges Erbe antreten und das Problem endlich an der Wurzel packen.

Es gab keinen Applaus, nicht zuletzt, weil der Brigadier

beschwörend die Stimme erhoben hatte, und das kam in diesem Haus gar nicht gut an. Auch wussten alle, dass es mit einem Vorstoß in höchste Regierungskreise längst nicht getan wäre. Während der Diskussion zwischen dem Brigadier und dem Generaldirektor machte ich mir keine Notizen. Von den anschließenden Fragen aus dem Publikum hielt ich nur eine fest, stellvertretend für den allgemeinen Tenor. Einige ehemalige Kolonialbeamte meldeten sich zu Wort – insbesondere ist mir Jack MacGregor in Erinnerung, ein trockener Typ mit rötlichen Haaren, der wie ein Südafrikaner beim Sprechen die Vokale verschluckte, aber ursprünglich aus Surrey stammte. Er und seine Kollegen wollten vor allem wissen, wie denn auf einen Zusammenbruch der Gesellschaft zu reagieren sei. Welche Rolle kam dabei dem Geheimdienst zu? Oder dem Militär? Sollten wir, falls der Regierung die Zügel entglitten, dem Zusammenbruch der öffentlichen Ordnung tatenlos zusehen?

Der Generaldirektor antwortete – knapp und mit übertriebener Höflichkeit. Der MI5 sei dem Gemeinsamen Geheimdienstausschuss und dem Innenminister unterstellt, das Militär dem Verteidigungsminister, und dabei werde es auch bleiben. Die Notstandsgesetze genügten, um jeder Bedrohung zu begegnen, und böten selbst schon ein gewisses Konfliktpotential mit der Demokratie.

Einige Minuten später wiederholte ein anderer Ex-Kolonialbeamter die Frage in zugespitzter Form. Angenommen, bei den nächsten Wahlen komme wieder eine Labour-Regierung an die Macht. Und angenommen, der linke Labour-Flügel mache gemeinsame Sache mit radikalen Gewerkschaftern, und man erkenne eine direkte Bedrohung der parlamentarischen Demokratie. Für einen solchen Fall seien doch sicherlich gewisse Vorkehrungen angebracht.

Ich notierte mir den genauen Wortlaut der Antwort des GD: »Ich sollte doch meinen, dass ich mich klar ausgedrückt habe. Die Demokratie wiederherstellen, wie man das nennt, das machen Armee und Geheimdienste vielleicht in Paraguay. Hier nicht.«

Ich hatte den Eindruck, es war dem GD peinlich, dass diese Viehzüchter und Teepflanzer – so sah er sie vermutlich – vor einem Außenstehenden ihr wahres Gesicht zeigten. Der Brigadier nickte ernst.

In diesem Augenblick schreckte Shirley die Versammlung auf, indem sie neben mir in der letzten Reihe laut ausrief: »Diese Spinner wollen einen Putsch inszenieren!«

Der ganze Saal schnappte nach Luft, und alles drehte sich nach uns um. Shirley hatte gleich mehrere Regeln gebrochen. Sie hatte gesprochen, ohne vom Generaldirektor dazu aufgefordert worden zu sein, und obendrein den saloppen Ausdruck »Spinner« verwendet. Damit hatte sie gegen die Etikette verstoßen und zwei im Rang weit über ihr stehende Beamte beleidigt. Sie hatte sich vor einem Gast rüde benommen. Und sie war ein Niemand, und sie war eine Frau. Und das Allerschlimmste: Sie hatte wahrscheinlich recht. Nichts davon hätte mich sonderlich tangiert – nur hielt Shirley den wütenden Blicken unbekümmert stand, während ich einen roten Kopf bekam. Je mehr mir das Blut ins Gesicht schoss, desto sicherer waren sich alle, dass ich die Zwischenruferin war. Und als mir das bewusst wurde, errötete ich noch mehr, bis mein Hals wie Feuer brannte. Die Blicke waren nicht mehr auf uns beide gerichtet, sondern nur noch auf mich. Ich hätte mich am liebsten unter meinem Stuhl verkrochen. Die Scham über ein Verbrechen, das ich nicht begangen hatte, schnürte mir die Kehle zu. Ich blätterte in meinem Notizbuch herum – in diesen Notizen, die mir Respekt einbringen sollten –, senkte den Blick, starrte auf meine Knie und lieferte damit weitere Beweise für meine Schuld.

Der Generaldirektor stellte die Ordnung wieder her, indem er dem Brigadier seinen Dank aussprach. Es gab Applaus, der Brigadier und der GD verließen den Raum, die anderen erhoben sich zum Gehen und drehten sich noch einmal nach mir um.

Plötzlich stand Max vor mir. Er sagte leise: »Serena, das war keine gute Idee.«

Ich wollte Shirley bitten, das klarzustellen, aber sie war bereits in der Menge, die zur Tür hinausströmte. Ich weiß nicht, welch masochistischer Ehrenkodex mich davon abhielt zu sagen, dass der Zwischenruf nicht von mir kam. Dabei war ich mir sicher, dass der GD sich nach meinem Namen erkundigen und jemand wie Harry Tapp ihm Auskunft geben würde.

Als ich Shirley eingeholt hatte und zur Rede stellte, erklärte sie, das sei doch eine Lappalie, ein Witz. Ich solle mir keine Sorgen machen, sagte sie. Es würde mir nicht schaden, wenn die Leute mich für eine Frau mit einem eigenen Kopf hielten. Aber ich wusste, das Gegenteil war der Fall. Es würde mir sehr schaden. Auf unserer Stufe durfte man keinen eigenen Kopf haben. Ich war zum ersten Mal negativ aufgefallen, und es sollte nicht das letzte Mal sein.

6

Ich rechnete mit einem Verweis, doch stattdessen kam mein großer Augenblick – ich wurde in geheimem Auftrag aus dem Haus geschickt, zusammen mit Shirley. Eines Morgens gab uns ein Führungsbeamter namens Tim Le Prevost unsere Instruktionen. Ich kannte ihn vom Sehen, aber er hatte noch nie mit uns gesprochen. Wir wurden in sein Büro gerufen und aufgefordert, genau zuzuhören. Er war ein zugeknöpfter Typ mit schmalen Schultern, kleinem Mund und starrer Miene, ziemlich sicher ein Ex-Soldat. In Mayfair, eine halbe Meile von der Curzon Street entfernt, war in einer verschlossenen Garage ein Lieferwagen abgestellt. Damit sollten wir zu einer Adresse in Fulham fahren. Die gehörte natürlich zu einem sicheren Haus, und in dem braunen Umschlag, den er uns über den Schreibtisch zuwarf, befanden sich diverse Schlüssel. Im Laderaum des Lieferwagens würden wir Putzmittel, einen Staubsauger und Plastikschürzen finden. Die sollten wir anziehen, bevor wir uns an die Arbeit machten. Unsere Legende war, dass wir für eine Firma namens Springklene arbeiteten.

Am Zielort angekommen, sollten wir das Haus »blitzblank reinigen«, auch alle Betten neu beziehen und die Fenster putzen. Sauberes Bettzeug sei bereits angeliefert. Eine Einzelbett-Matratze müsse gewendet werden. Die hätte schon längst ausgetauscht werden sollen. Toiletten und Bad bedürften besonders gründlicher Reinigung. Die vergammelten Lebensmittel im Kühlschrank seien zu entsorgen, alle Aschenbecher zu leeren. Le Prevost zählte diese häuslichen Einzelheiten mit deutlichem Widerwillen auf. Vor Ladenschluss sollten wir in einem kleinen Supermarkt an der Fulham Road Grundvorräte einkaufen, und genug Lebensmittel für drei Mahlzeiten täglich für zwei Personen und drei Tage. Des Weiteren seien in einem Wein- und Spirituosengeschäft vier Flaschen Johnny Walker Red Label zu beschaffen – keinesfalls irgendein anderer Scotch. Dafür übergab er uns einen weiteren Umschlag mit fünfzig Pfund in Fünfer-Scheinen. Quittungen und Wechselgeld seien ihm auszuhändigen. Beim Verlassen des Hauses sollten wir nicht vergessen, die Haustür dreifach abzuschließen, dafür seien die drei Banham-Schlüssel da. Vor allem aber dürfe uns diese Adresse niemals über die Lippen kommen, nicht einmal gegenüber Kollegen in diesem Gebäude.

»Oder«, fragte Le Prevost und verzog seinen kleinen Mund, »sollte ich sagen: *insbesondere?*«

Wir durften wegtreten, und als wir draußen waren und die Curzon Street entlanggingen, war es Shirley, nicht ich, die vor Wut kochte.

»Unsere *Legende*«, flüsterte sie mehrmals vernehmlich vor sich hin. »Unsere bescheuerte Legende. Putzfrauen, die sich als *Putzfrauen* ausgeben!«

Natürlich war das eine Beleidigung, wenn sie auch heutzutage als noch schlimmer empfunden würde. Ich sprach das Naheliegende nicht aus: dass der Geheimdienst schwerlich irgendwelche normalen Reinigungskräfte zu einem sicheren Haus schicken konnte, und auch nicht unsere männlichen Kollegen – erstens ließ sich das nicht mit ihrem Rang vereinen, und zweitens hätten sie schlechte Arbeit abgeliefert. Meine stoische Haltung überraschte mich selbst. Vielleicht hatte ich den Geist der Kameradschaft und heiterer Pflichterfüllung, der unter den Frauen herrschte, inzwischen auch aufgesogen. Langsam wurde ich wie meine Mutter. Sie hatte den Bischof, ich den Geheimdienst. Wie sie hatte ich meine eigene zähe Neigung zum Gehorsam. Ich fragte mich jedoch ernstlich, ob dies der Job war, von dem Max gesagt hatte, er sei genau das Richtige für mich. Falls ja, würde ich nie mehr ein Wort mit ihm reden.

Wir fanden die Garage und zogen die Schürzen an. Shirley, fest hinters Steuer geklemmt, schimpfte immer noch meuterisch vor sich hin, als wir auf die Piccadilly Street einbogen. Der Lieferwagen war ein Vorkriegsmodell mit Speichenrädern und Trittbrett und wohl eins der letzten überlebenden Gefährte seiner Art. Der Name unserer Firma stand in Art-déco-Schrift auf den Seiten. Das »k« in »Springklene« war eine vergnügte Putzfrau, die einen Federwisch schwang. Ich fand uns viel zu auffällig. Shirley fuhr überraschend sicher, kurvte mit Tempo um den Hyde Park Corner und führte mir eine spektakuläre Technik mit dem Schalthebel vor; sogenanntes Zwischenkuppeln, erklärte sie, das müsse man bei so einer alten Kiste.

In einem georgianischen Haus in einer ruhigen Seitenstraße nahm die sichere Wohnung das ganze Erdgeschoss ein, sie war geräumiger, als ich erwartet hatte. Alle Fenster waren vergittert. Wir gingen mit unseren Wischlappen, Putzmitteln und Eimern hinein und machten erst einmal einen Rundgang. Le Prevost hatte einiges durchblicken lassen, aber der Saustall, den wir antrafen, spottete jeder Beschreibung und war eindeutig männlichen Ursprungs, bis hin zu dem einst durchweichten Zigarrenstummel auf dem Badewannenrand und dem kniehohen Stapel alter *Times*-Ausgaben neben der Toilette, manche schon, ihrer letzten Bestimmung harrend, in Streifen gerissen. Das Wohnzimmer war nächtlich verwaist – zugezogene Vorhänge, leere Wodka- und Scotchflaschen, randvolle Aschenbecher, vier Gläser. Drei Schlafzimmer, im kleinsten ein Einzelbett. Auf der nackten Matratze ein großer, getrockneter Blutfleck, genau in Kopfkissenhöhe. Shirley machte ihrer Entrüstung Luft, mich überlief es heiß und kalt. Hier war jemand intensiv verhört worden. Die Akten der Registratur bezogen sich auf reale Schicksale.

Während wir das Chaos weiter in Augenschein nahmen, riss Shirleys Gezeter nicht ab, und ganz offenbar wollte sie, dass ich mit einstimmte. Ich probierte es, aber mein Herz war nicht bei der Sache. Wenn meine kleine Rolle im Krieg gegen den Totalitarismus darin bestehen sollte, verschimmelte Lebensmittel wegzuwerfen und schmutzstarrende Badewannen zu schrubben – warum nicht? Das war nur wenig stumpfsinniger, als Aktenvermerke zu tippen.

Wie sich zeigte, hatte ich von dieser Art von Arbeit mehr Ahnung als Shirley – eigentlich erstaunlich, wenn man meine verhätschelte Kindheit mit Kindermädchen und Putzfrau bedenkt. Ich schlug vor, als Erstes das Gröbste in Angriff zu nehmen – Toiletten, Bad, Küche, den Müll raustragen –, danach die Möbel abzuwischen, die Fußböden zu fegen und erst ganz zum Schluss die Betten zu machen.

Zuallererst jedoch drehten wir Shirley zuliebe die Matratze um. Im Wohnzimmer stand ein Radio, und wir fanden, es würde zu unserer Legende passen, wenn wir bei der Arbeit Popmusik hörten. Wir schufteten zwei Stunden, dann nahm ich einen der Fünf-Pfund-Scheine und ging das Nötige für unsere Teepause einkaufen. Auf dem Rückweg warf ich ein paar Münzen in die Parkuhr. Als ich ins Haus zurückkehrte, saß Shirley auf der Kante eines Doppelbetts und schrieb in ihr rosa Büchlein. Wir setzten uns in die Küche, rauchten, tranken Tee und aßen Schokoladenkekse. Das Radio lief, Licht und frische Luft drangen durch die offenen Fenster, und Shirley, jetzt wieder guter Dinge, vertilgte die letzten Kekse und erzählte mir eine verblüffende Geschichte.

Ihr Englischlehrer an der Gesamtschule in Ilford – eine Autorität in ihrem Leben, wie manche Lehrer es sein können – war Labour-Stadtrat, vermutlich ehemals KP-Mitglied, und ermöglichte es ihr mit sechzehn, an einem Austauschprogramm mit deutschen Schülern teilzunehmen. Das heißt, sie fuhr mit einigen Mitschülern ins kommunistische Ostdeutschland, in ein Dorf, eine Bus-Stunde von Leipzig entfernt.

»Ich dachte, das wird saublöd. Alle haben das gesagt. Aber Serena, es war das reinste Paradies.«

»Die DDR?«

Sie hatte bei einer Familie am Dorfrand gewohnt. Das Haus war ein hässlicher, vollgestopfter Zweizimmer-Bungalow, hatte aber einen riesigen Obstgarten mit einem Bach, und in der Nähe begann ein Wald, so groß, dass man sich darin verlaufen konnte. Der Vater war Fernsehtechniker, die Mutter Ärztin, und dann gab es zwei kleine Töchter, beide noch keine fünf Jahre alt, die den Gast aus England schnell liebgewannen und frühmorgens zu Shirley ins Bett gekrochen kamen. In Ostdeutschland schien immer die Sonne – es war April, und zufällig gab es eine Hitzewelle. Man ging im Wald Morcheln sammeln, die Nachbarn waren freundlich, alle machten Shirley Komplimente über ihr Deutsch, jemand hatte eine Gitarre und kannte ein paar Dylan-Songs, ein gutaussehender Junge mit drei Fingern an einer Hand war scharf auf sie. Einmal fuhr er mit ihr nach Leipzig zu einem richtigen Fußballspiel.

»Niemand hatte viel. Aber sie hatten genug. Nach zehn Tagen dachte ich, nein, das funktioniert tatsächlich, das ist besser als Ilford.«

»Vielleicht ist alles besser als Ilford. Besonders auf dem Land. Shirley, so eine gute Erfahrung hättest du auch im Umland von Dorking machen können.«

»Nein, ehrlich, das war was anderes. Die Leute waren füreinander da.«

Das klang vertraut. Ein paar Zeitungsartikel und eine Fernsehdokumentation hatten triumphierend berichtet, dass Ostdeutschland in puncto Lebensstandard Großbritannien überholt habe. Als Jahre später die Mauer fiel und die Bücher aufgetan wurden, erwies sich das als Unsinn. Die DDR war eine Katastrophe. Die Fakten und Zahlen, die die Leute für bare Münze genommen hatten, nehmen *wollten*, stammten von der Partei. Aber in den Siebzigern herrschte in England eine masochistische Stimmung, nur allzu gern wollte man glauben, dass jedes Land der Welt, selbst Obervolta, uns wirtschaftlich bald überflügeln würde.

Ich sagte: »Hier sind die Leute auch füreinander da.«

»Na schön. Überall sind alle füreinander da. Aber wogegen kämpfen wir dann?«

»Gegen einen paranoiden Einparteienstaat, ohne freie Presse, ohne Reisefreiheit. Eine Nation als Gefängnis. Solche Sachen.« Ich meinte, Tony sprechen zu hören.

»Das hier ist ein Einparteienstaat. Unsere Presse ist ein Witz. Und die Armen können nirgendwohin reisen.«

»Shirley, also wirklich!«

»Unsere Einheitspartei ist das Parlament. Heath und Wilson gehören derselben Elite an.«

»Was für ein Unsinn!«

Wir hatten noch nie über Politik geredet. Immer nur über Musik, Familie, persönliche Vorlieben. Ich dachte, meine Kollegen hätten alle ungefähr dieselben Ansichten. Ich musterte Shirley genau – nahm sie mich auf den Arm? Sie schaute weg, griff gereizt über den Tisch nach der nächsten Zigarette. Sie war wütend. Ich wollte keinen Streit mit meiner neuen Freundin, senkte die Stimme und sagte sanft: »Aber wenn du so denkst, Shirley, warum arbeitest du dann bei diesem Verein?«

»Keine Ahnung. Vielleicht meinem Dad zuliebe. Hab ihm was von Staatsdienst erzählt. Ich hätte nicht gedacht, dass die mich nehmen. Doch dann waren alle ganz stolz. Ich auch. Kam mir vor wie ein Sieg. Aber du weißt ja, wie es ist – wenigstens eine mussten die doch einstellen, die nicht in Oxford oder Cambridge studiert hat. Ich bin bloß die Quotenproletin. Na ja.« Sie stand auf. »So, und jetzt machen wir besser weiter mit unserer extrem wichtigen Arbeit.«

Auch ich stand auf. Mir war nicht wohl in meiner Haut, und ich war froh, das Gespräch hinter mir zu haben.

»Ich mach das Wohnzimmer fertig«, sagte sie und blieb in der Küchentür stehen. Sie bot einen traurigen Anblick: ihr praller Leib unter der Plastikschürze, die Haare, die ihr auch nach unserer Teepause noch verschwitzt in der Stirn klebten.

Sie sagte: »Komm schon, Serena, du glaubst doch nicht im Ernst, dass das alles so simpel ist. Dass wir schlicht und einfach auf der Seite der Guten sind.«

Ich zuckte die Schultern. Genaugenommen glaubte ich das tatsächlich, vergleichsweise zumindest, aber ihr Ton war so gallig, dass ich das lieber für mich behielt. Ich sagte: »Wenn die Leute in Osteuropa, auch in deiner DDR, frei wählen könnten, würden sie die Russen rausschmeißen. Die KP hätte keine Chance. Die halten sich nur durch Gewalt. Und dagegen habe ich was.«

»Meinst du etwa, die Leute hier würden die Amerikaner nicht auch am liebsten aus ihren Militärbasen rausschmeißen? Muss dir doch aufgefallen sein – wir haben da auch keine Wahl.«

Ich wollte gerade antworten, als Shirley sich ein Staubtuch und eine lavendelfarbene Sprühdose mit Möbelpolitur schnappte und aus der Küche ging, wobei sie mir über die Schulter zurief: »Du bist auf die ganze Propaganda reingefallen, Mädchen. Es gibt noch eine andere Realität als die der Mittelschicht.«

Jetzt war *ich* wütend, die Wut verschlug mir die Sprache. In den letzten paar Minuten hatte Shirley ihren stärksten Cockney-Akzent hervorgekehrt, um sich als echtes Arbeitermädchen von mir abzusetzen. Wie konnte sie nur so herablassend sein? Es gibt noch eine andere Realität als die der Mittelschicht! Unerträglich. Ihre »Realität« hatte einen grotesken glottalen Beiklang gehabt. Was war bloß in sie gefahren, dass sie unsere Freundschaft so in den Dreck zog und sich als Quotenproletin bezeichnete? Nie hatte ich auch nur einen Gedanken an ihre Uni verschwendet, höchstens überlegt, dass ich dort vermutlich glücklicher gewesen wäre als in Cambridge. Und ihre politischen Ansichten – eine vorgestrige *Idioten*-Orthodoxie. Ich wäre ihr am liebsten nachgelaufen und hätte sie angeschrien. In meinem Kopf jagten sich vernichtende Entgegnungen, die ich alle auf einmal loswerden wollte. Doch ich stand einfach nur sprachlos da, ging dann ein paarmal um den Küchentisch herum und schleppte endlich den Staubsauger, ein Hochleistungsgerät, in das kleine Schlafzimmer mit der blutigen Matratze.

Nur deshalb putzte ich das Zimmer so gründlich. Während ich mit wütender Energie ans Werk ging, spulte ich den Wortwechsel mit Shirley immer wieder von vorne ab, wobei sich das, was ich tatsächlich gesagt hatte, immer mehr mit dem vermischte, was ich gern gesagt hätte. Kurz vor unserer Teepause hatte ich einen Eimer mit Wasser gefüllt, um die Fensterrahmen zu reinigen. Nun beschloss ich, mit den Fußbodenleisten anzufangen. Dazu musste ich auf dem Boden knien, also wollte ich vorher den Teppich saugen und trug ein paar Möbelstücke auf den Flur hinaus – einen Nachttisch und zwei Holzstühle, die neben dem Bett standen. Unter dem Bett, an der Wand, fand ich die einzige Steckdose im Raum, eine Leselampe war dort schon eingesteckt. Ich musste mich seitlich auf den Boden legen und sehr lang strecken, um da ranzukommen. Dort unten hatte seit Ewigkeiten niemand mehr saubergemacht. Ich sah dicke Staubflusen, ein paar gebrauchte Papiertaschentücher und eine schmutzige weiße Socke. Der Stecker ließ sich nur mit Mühe herausruckeln. Ich dachte noch immer an Shirley und was ich ihr als Nächstes sagen wollte. Wenn es ernst wird, bin ich ein Feigling. Vermutlich würden wir die englische Lösung wählen und beide einfach so tun, als hätte das Gespräch nie stattgefunden, und das machte mich noch wütender.

Dann streifte mein Handgelenk ein Stück Papier, das hinter einem Bettpfosten lag. Es war dreieckig, an der Hypotenuse keine zehn Zentimeter lang, die obere rechte Ecke einer *Times*-Seite, die jemand herausgerissen hatte. Auf der Vorderseite stand in der vertrauten *Times*-Typographie: »Olympische Spiele: Vollständiges Programm, S. 5«. Auf der Rückseite längs einem der geraden Ränder eine schemenhafte Bleistiftnotiz. Ich kroch wieder unter dem Bett hervor und setzte mich darauf, um mir den Zettel genauer anzusehen. Lange begriff ich gar nichts, bis ich merkte, dass ich ihn verkehrt herum hielt. Dann fielen mir als Erstes zwei Kleinbuchstaben ins Auge: »tc«. Darunter stand ein Wort, das durch den Riss abgeschnitten wurde. Die Schrift war blass, als habe der Schreiber nur ganz leichten Druck ausgeübt, aber die Buchstaben waren deutlich zu erkennen: »umlinge«. Unmittelbar vor dem »u« war ein schräger Strich, bei dem es sich nur um den Fuß des Buchstabens »k« handeln konnte. Ich drehte den Zettel wieder auf den Kopf, in der Hoffnung, die Buchstaben würden doch noch etwas anderes ergeben und beweisen, dass meine Phantasie mir einen Streich spielte. Aber da gab es nichts zu deuten. Seine Initialen, seine Insel. Aber nicht seine Handschrift. Binnen Sekunden war meine Stimmung umgeschlagen, von Wut zu einer komplexeren Mischung aus Verblüffung und unbestimmter Beklemmung.

Natürlich dachte ich als Erstes an Max. Ich kannte sonst niemanden, der den Namen der Insel wusste. Im Nachruf war er nicht erwähnt worden, auch Jeremy Mott wusste wahrscheinlich nicht, welche Ostsee-Insel es genau war. Tony hatte viele alte Bekannte im Geheimdienst, selbst wenn nur noch wenige von ihnen aktiv dabei waren. Höchstens ein paar hohe Tiere vielleicht. Die wussten bestimmt nichts von Kumlinge. Aber von Max eine Erklärung zu verlangen, hielt ich für gar keine gute Idee. Damit gäbe ich etwas preis, was ich besser für mich behielt. Und die Wahrheit würde er mir ohnehin nur sagen, wenn es ihm in den Kram passte. Sofern er überhaupt irgendetwas Mitteilenswertes wusste, hatte er mich schon längst hintergangen, indem er es mir verschwieg. Ich dachte an unser Gespräch im Park und seine hartnäckigen Fragen. Dann sah ich mir noch einmal den Zettel an. Ziemlich alt, leicht vergilbt. Wenn dies ein echtes Rätsel war, besaß ich nicht genug Informationen, um es zu lösen. In dieses Vakuum schob sich ein abwegiger Gedanke. Das »k« auf unserem Lieferwagen war der fehlende Buchstabe, verkleidet als Putzfrau – genau wie ich. Ja, alles hing zusammen! Nun, da ich wirklich Blödsinn zusammenphantasierte, fühlte ich mich geradezu erleichtert.

Ich stand vom Bettrand auf. Ich war versucht, die Matratze wieder umzudrehen und mir den Blutfleck ein zweites Mal anzuschauen. Er war genau unter der Stelle, auf der ich eben gesessen hatte. War er so alt wie dieser Zettel? Ich wusste nicht, wie Blut alterte. Aber das brachte es auf den Punkt, das war die schlichteste Formulierung des Rätsels, der Kern meines Unbehagens: Hatten der Name der Insel und Tonys Initialen etwas mit dem Blut zu tun?

Ich schob das Papier in meine Schürzentasche, ging durch den Flur zur Toilette und hoffte, dass Shirley mir nicht über den Weg laufen würde. Ich schloss ab, kniete mich neben den Zeitungsstapel und begann ihn durchzublättern. Nicht jeder Tag war vorhanden – das sichere Haus musste zwischendurch immer wieder länger leer gestanden haben. Die Ausgaben reichten weit zurück. Die Olympischen Spiele in München waren im vergangenen Sommer gewesen, zehn Monate zuvor. Wer hätte das vergessen können, elf israelische Sportler, massakriert von palästinensischen Guerilla-Kämpfern? Ich fand die Ausgabe mit der fehlenden Ecke unten im Stapel, fast am Boden, und zog sie heraus. Da stand die erste Hälfte des Worts »Programm«. 25. August 1972. »Arbeitslosigkeit im August auf höchstem Stand seit 1939.« Ich erinnerte mich vage an den Artikel, nicht wegen der Schlagzeile, sondern wegen des Textes über meinen alten Helden Solschenizyn oben auf der Seite. Seine Nobelpreisrede von 1970 war eben erst veröffentlicht worden. Darin kritisierte er die Vereinten Nationen, weil sie die Anerkennung der Erklärung der Menschenrechte nicht zur Bedingung für die Mitgliedschaft gemacht hatten. Ich fand, er hatte recht, Tony fand es naiv. Mich bewegten die Passagen über die »Schatten der Gefallenen« und »die

Vision von Kunst, die aus dem Leid und der Einsamkeit der sibirischen Einöde entspringt«. Und besonders gefiel mir der Satz: »Wehe der Nation, deren Literatur durch den Eingriff der Macht unterbrochen wird.«

Ja, wir hatten tatsächlich lange über diese Rede diskutiert, einen kleinen Disput darüber gehabt. Wenig später folgte unsere Abschiedsszene auf dem Rastplatz. Ob Tony danach, als seine Rückzugspläne bereits Gestalt angenommen hatten, hierhergekommen war? Aber warum? Und wessen Blut war das? Ich hatte das Rätsel nicht gelöst, glaubte aber, Fortschritte zu machen, und fühlte mich clever. Und sich clever zu fühlen, fand ich immer, ist schon fast dasselbe wie Fröhlichsein. Da hörte ich Shirley kommen, rückte den Stapel rasch zurecht, spülte die Toilette, wusch mir die Hände und öffnete die Tür.

Ich sagte: »Toilettenpapier sollte auch noch auf die Einkaufsliste.«

Shirley stand weiter hinten im Flur und hatte mich vermutlich nicht gehört. Sie machte ein zerknirschtes Gesicht, und plötzlich wurde mir wieder warm ums Herz.

»Tut mir leid, das eben, Serena. Weiß auch nicht, warum ich das mache. Völlig bescheuert. Wenn ich recht behalten will, übertreibe ich immer maßlos.« Und als scherzhafte Abmilderung fügte sie hinzu: »Das mach ich doch nur, weil ich dich mag!«

Mir fiel auf, dass ihr Cockney-Akzent verflogen war, an sich schon eine leise Bitte um Entschuldigung.

Ich sagte: »Ist doch nichts passiert«, und meinte es auch so. Was da zwischen uns passiert war, war nichts im Vergleich zu dem, was ich gerade entdeckt hatte. Ich hatte schon beschlossen, kein Wort davon zu sagen. Ich hatte Shirley nie viel von Tony erzählt. Das hatte ich mir alles für Max aufgespart. Umgekehrt wäre vielleicht besser gewesen, aber mich ihr jetzt anzuvertrauen, hätte nichts gebracht. Der Zettel steckte tief unten in meiner Tasche. Wir plauderten zuerst noch eine Weile freundschaftlich miteinander und machten uns dann wieder an die Arbeit. Es war ein langer Tag, erst nach sechs waren wir mit Putzen und Einkaufen fertig. Die August-Ausgabe der *Times* steckte ich ein, vielleicht verriet sie mir doch noch mehr. Als wir den Lieferwagen abends in Mayfair abstellten und uns voneinander verabschiedeten, dachte ich, Shirley und ich seien wieder beste Freundinnen.

7

Am nächsten Morgen wurde ich für elf in Harry Tapps Büro bestellt. Ich rechnete immer noch mit einem Verweis für Shirleys Entgleisung während des Vortrags. Um zehn vor elf ging ich auf die Damentoilette, um einen Blick in den Spiegel zu werfen, und während ich mir die Haare kämmte, sah ich mich schon nach dem Rausschmiss im Zug nach Hause sitzen und für meine Mutter eine plausible Geschichte vorbereiten. Ob der Bischof meine Abwesenheit überhaupt mitbekommen hätte? Ich stieg zwei Etagen hoch in einen mir bis dahin unbekannten Teil des Gebäudes, der ein kleines bisschen weniger schäbig war – die Korridore waren mit Teppichboden ausgelegt, der cremeweiße und grüne Anstrich der Wände blätterte nicht. Zaghaft klopfte ich an die Tür. Ein Mann kam heraus – er sah noch jünger aus als ich – und bat mich auf eine nervöse, aber freundliche Art, doch bitte kurz zu warten. Er deutete auf einen der knallorangen Plastikstühle, die neuerdings in fast jeder Amtsstube standen. Eine Viertelstunde verging, ehe er sich wieder blicken ließ und mir die Tür aufhielt.

In gewisser Hinsicht fing die Geschichte hier an, in dem Augenblick, als ich dieses Büro betrat und meinen Auftrag erhielt. Tapp saß hinter seinem Schreibtisch und nickte mir mit ausdrucksloser Miene zu. Außer dem Mann, der mich hineingebeten hatte, waren noch drei weitere im Raum. Der weitaus Älteste von ihnen, mit zurückgekämmtem Silberhaar, lümmelte in einem abgewetzten Ledersessel, die anderen saßen auf harten Bürostühlen. Max spitzte zum Gruß die Lippen. Ich wunderte mich nicht, ihn zu sehen, und lächelte nur. In einer Ecke stand ein großer Tresor. Dichter Rauch und feuchte Atemwolken hingen in der Luft. Die Besprechung hatte schon eine ganze Weile gedauert. Niemand stellte sich vor.

Man wies mich auf einen der harten Stühle, dann rückten wir im Halbkreis vor dem Schreibtisch zusammen.

»Also, Serena«, sagte Tapp. »Haben Sie sich gut eingelebt bei uns?«

Ich antwortete, ich hätte mich gut eingelebt und sei mit der Arbeit zufrieden. Max wusste zwar, dass das nicht stimmte, aber das kümmerte mich nicht. Ich fügte hinzu: »Bin ich hier, weil Sie Grund zur Klage haben, Sir?«

Tapp sagte: »Da brauchte es nicht fünf Mann dazu, um Ihnen das mitzuteilen.«

Alles kicherte leise, und ich stimmte vorsichtshalber mit ein. Ein Ausdruck wie »Grund zur Klage« war mir noch nie zuvor über die Lippen gekommen.

Dann wurde Konversation gemacht. Einer erkundigte sich nach meiner Wohnung, ein anderer nach meinem Arbeitsweg. Wir beklagten die Unzuverlässigkeit der Northern Line. Das Kantinenessen wurde mit sanftem Spott bedacht. Je länger sich das alles hinzog, desto nervöser wurde ich. Der Mann im Sessel schwieg beharrlich, beobachtete mich jedoch über die Kirchturmspitze hinweg, die er mit seinen Fingern formte, die Daumen unters Kinn geklemmt. Ich versuchte, nicht zu ihm hinzusehen. Tapp lenkte die Unterhaltung nun auf das politische Tagesgeschehen. Unausweichlich kamen wir auf den Premierminister und die Bergarbeiter zu sprechen. Ich sagte, freie Gewerkschaften seien wichtige Institutionen. Aber ihre Aufgabe sei es, für bessere Löhne und Arbeitsbedingungen zu kämpfen. Sie dürften sich nicht für politische Zwecke einspannen lassen, sie hätten keinerlei Recht, demokratisch gewählte Regierungen zu stürzen. Das war die richtige Antwort. Man forderte mich auf, etwas zum kürzlichen Beitritt Großbritanniens zum Europäischen Binnenmarkt zu sagen. Ich sei dafür, erklärte ich, das sei gut für die Wirtschaft, es werde unsere Isolation abmildern, unsere Esskultur verbessern. Eigentlich hatte ich keine klare Meinung dazu, hielt es aber für ratsam, mich entschieden zu äußern. Diesmal hatte ich die anderen offensichtlich nicht auf meiner Seite. Dann kamen wir zum Tunnel unter dem Ärmelkanal. Ein Gesetzesentwurf war vorgelegt worden, und Heath und Pompidou hatten kürzlich einen Vorvertrag unterzeichnet. Ich war sehr dafür – man stelle sich vor, eine direkte Zugverbindung zwischen London und Paris! Ich staunte selbst über meinen Enthusiasmus. Wieder war ich allein damit. Der Mann im Sessel zog eine Grimasse und schaute weg. Vermutlich war er in seiner Jugend bereit gewesen, das Königreich unter Einsatz seines Lebens gegen die politischen Leidenschaften auf dem Kontinent zu verteidigen. Ein Tunnel stellte für ihn eine Sicherheitsbedrohung dar.

So ging es weiter. Ich wurde befragt, hatte aber keine Ahnung, zu welchem Zweck. Automatisch versuchte ich, es ihnen recht zu machen, umso mehr, wenn ich spürte, dass es mir nicht gelang. Ich nahm an, das ganze Schauspiel sei für den Silberhaarigen bestimmt. Bis auf diesen einen missfälligen Blick zeigte er keine Regung. Seine Hände verharrten weiterhin in Gebetshaltung, die Spitzen der Zeigefinger jetzt dicht an der Nase. Es kostete mich Überwindung, ihn nicht anzusehen. Dass mir so viel an seiner Zustimmung lag, ärgerte mich selbst. Was immer er für mich im Sinn hatte, ich wollte es auch. Ich wollte, dass er mich wollte. Ich konnte ihn nicht offen mustern, aber jedes Mal, wenn ich mich umwandte, um einem der anderen Männer im Raum in die Augen zu sehen, erhaschte ich einen kurzen Blick auf ihn, der mir wieder nichts verriet.

Die Unterhaltung versiegte. Tapp wies auf ein lackiertes Kästchen auf dem Schreibtisch, Zigaretten wurden herumgereicht. Ich rechnete damit, wie beim letzten Mal aus dem Zimmer geschickt zu werden. Aber der silberhaarige Gentleman musste irgendein stummes Signal ausgesandt haben, denn Tapp räusperte sich und ergriff das Wort. »Also dann, Serena. Wie wir von Max erfahren haben, kennen Sie sich nicht nur mit Mathematik aus, sondern auch mit moderner Literatur – Romane und dergleichen. Mit der – wie sagt man?«

»Zeitgenössischen Belletristik«, ergänzte Max.

»Genau, ausgesprochen belesen und immer auf dem Laufenden.«

Ich warf zögernd ein: »Ich lese gern in meiner Freizeit, Sir.«

»Das ›Sir‹ ist nicht nötig. Sie haben also Ahnung von diesem zeitgenössischen Zeug, das jetzt so auf den Markt kommt.«

»Ich lese hauptsächlich Romane, gebrauchte Taschenbuchausgaben, ein paar Jahre nachdem sie als Hardcover erschienen sind. Die Hardcovers kann ich mir nicht leisten.«

Diese haarspalterische Unterscheidung schien Tapp zu irritieren. Er lehnte sich auf seinem Stuhl zurück und schloss die Augen, um die Verwirrung kurz abebben zu lassen. Er öffnete sie erst wieder, als er schon mitten im nächsten Satz war. »Wenn ich Ihnen also Namen nenne wie Kingsley Amis oder David Storey oder...«, er blickte auf ein Blatt Papier vor ihm, »William Golding, wissen Sie genau, wovon ich rede.«

»Ich habe Bücher von diesen Schriftstellern gelesen.«

»Und Sie können etwas über sie sagen.«

»Ich denke schon.«

»Wie würden Sie sie einstufen?«

»Einstufen?«

»Ja doch, Bester, Zweitbester und so weiter.«

»Das sind sehr verschiedene Autoren... Amis schreibt satirische Romane, er ist ein brillanter Beobachter mit einem ziemlich erbarmungslosen Sinn für Humor. Storey ist ein Chronist des Lebens der kleinen Leute, auf seine Weise ganz wunderbar, und, äh, Golding ist schwerer zu charakterisieren, wahrscheinlich ist er ein Genie...«

»Also?«

»Wenn es ums reine Lesevergnügen geht, würde ich Amis an die Spitze setzen, dann Golding, denn er hat auf jeden Fall Tiefe, und Storey auf Platz drei.«

Tapp warf einen Blick auf seine Notizen und sah mit einem knappen Lächeln zu mir auf. »Genau so steht es hier.«

Meine Treffsicherheit entlockte der Runde beifälliges

Gemurmel. So imponierend fand ich das selber gar nicht. Es gab schließlich für eine solche Liste nur genau sechs Kombinationen.

»Und kennen Sie einen dieser Autoren persönlich?«

»Nein.«

»Kennen Sie überhaupt irgendwelche Schriftsteller oder Verleger oder andere Leute aus dieser Branche?«

»Nein.«

»Sind Sie jemals einem Schriftsteller begegnet oder mit einem Schriftsteller in einem Raum gewesen?«

»Nein, nie.«

»Oder haben einem vielleicht mal einen Fan-Brief geschrieben?«

»Nein.«

»Irgendwelche Freunde in Cambridge, die Schriftsteller werden wollen?«

Ich dachte gründlich nach. Unter den Anglistinnen in Newnham hatten etliche Ambitionen in die Richtung gehabt, aber soweit ich wusste, hatten sie sich am Ende für einen ordentlichen Job entschieden oder für eine Heirat oder eine Schwangerschaft oder die Flucht ins Ausland oder den haschischbenebelten Rückzug in die letzten Ausläufer der Gegenkultur – oder irgendeine Kombination daraus.

»Nein.«

Tapp sah erwartungsvoll auf. »Peter?«

Endlich ließ der Mann im Sessel die Hände sinken und sprach: »Ich bin übrigens Peter Nutting. Miss Frome, kennen Sie die Zeitschrift *Encounter*?«

Nun kam erstmals Nuttings Nase in Sicht, ein ziemlicher

Zinken. Seine Stimme war, überraschenderweise, ein heller Tenor. Ich glaubte, mal von einem Nudisten-Kontaktanzeigenblättchen mit diesem Titel gehört zu haben, war mir aber nicht sicher. Ehe ich etwas sagen konnte, fuhr Nutting fort: »Ob Sie die kennen oder nicht, spielt keine Rolle. *Encounter* erscheint monatlich, intellektuelles Zeug, Politik, Literatur, Kultur allgemein. Ziemlich gut, hochangesehen – früher jedenfalls –, mit einem breiten Meinungsspektrum. Sagen wir von Mitte links bis Mitte rechts, hauptsächlich Letzteres. Aber jetzt kommt's. Im Gegensatz zu den meisten Intellektuellenblättern hat man bei *Encounter* zum Kommunismus, insbesondere zum Sowjetkommunismus, stets eine skeptische bis ausgesprochen ablehnende Haltung bewahrt. Und sich für wenig zeitgemäße Werte eingesetzt – freie Meinungsäußerung, Demokratie und so weiter. Genau genommen ist das noch immer der Fall. Mit Kritik an der amerikanischen Außenpolitik hält man sich zurück. Klingelt es immer noch nicht? Nein? Vor fünf oder sechs Jahren kam es raus, es stand erst in einem obskuren amerikanischen Magazin und dann, glaube ich, in der *New York Times: Encounter* war von der CIA finanziert. Es gab einen Skandal, viel Gefuchtel und Geschrei, etliche Autoren ergriffen mitsamt ihrem Gewissen die Flucht. Der Name Melvin Lasky sagt Ihnen nichts? Muss auch nicht. Seit den späten Vierzigern sponsert die CIA ihre eigenen Vorstellungen von Hochkultur. Meist indirekt, über diverse Stiftungen. Die Idee dabei ist, europäische Linksintellektuelle von der marxistischen Perspektive wegzulocken und ein öffentliches Engagement für die freie Welt intellektuell salonfähig zu machen. Unsere Freunde haben da massenhaft Geld reingesteckt, über alle möglichen Kanäle. Schon mal vom Kongress für Kulturelle Freiheit gehört? Egal.

Das also war die amerikanische Methode, und seit der *Encounter*-Affäre kann man das vergessen. Wenn heute irgendwo ein Mr. X von einer stinkreichen Stiftung auftaucht und sechsstellige Beträge anbietet, rennt alles schreiend davon. Dennoch befinden wir uns auch in einem Kulturkrieg, es geht nicht nur um Politik und Militär, und der Einsatz lohnt sich. Die Sowjets wissen das, die finanzieren Austauschprogramme, Besuche, Tagungen, das Bolschoi-Ballett. Ganz abgesehen von dem Geld, das sie in die Streikkasse unserer Bergarbeitergewerkschaft pumpen…«

»Peter«, murmelte Tapp, »nicht schon wieder…«

»Na schön. Danke. Jetzt, wo der Staub sich legt, haben wir beschlossen, selbst so etwas auf die Beine zu stellen. Bescheidener Etat, keine internationalen Festivals, keine Erste-Klasse-Flüge, keine Orchestertourneen mit zwanzig Schwertransportern, keine kostspieligen Partys. Das können und wollen wir uns nicht leisten. Was uns vorschwebt, ist zielgerichtet, langfristig und billig. Und deshalb sind Sie hier. Irgendwelche Fragen bis jetzt?«

»Nein.«

»Vielleicht haben Sie schon mal vom Information Research Department gehört, der Informationsbeschaffungsabteilung drüben beim Außenministerium?«

Hatte ich nicht, nickte aber trotzdem.

»Dann wissen Sie ja, dass es da eine lange Vorgeschichte gibt. Das IRD hat jahrelang mit uns und dem MI6 zusammengearbeitet und Schriftsteller, Zeitungen und Verlage gefördert. George Orwell hat auf seinem Sterbebett dem IRD eine Liste mit achtunddreißig Sympathisanten der Kommunisten übergeben. Das IRD hat dafür gesorgt, dass *Farm der Tiere* in achtzehn Sprachen übersetzt wurde, und hat auch für *1984* einiges getan. Im Lauf der Jahre kamen ein paar großartige Verlage hinzu. Schon mal von Background Books gehört? – Den Laden hat auch das IRD betrieben, finanziert aus dem Sonderbudget. Erstklassige Sachen. Bertrand Russell, Guy Wint, Vic Feather. Aber heutzutage...«

Er sah seufzend in die Runde. Ich spürte einen kollektiven Gram.

»Das IRD hat sich verfranzt. Zu viele dumme Ideen, zu nah am MI6 – schließlich ist der Chef einer von denen. Ich verrate Ihnen was: In Carlton House Terrace wimmelt es von netten fleißigen Mädchen wie Ihnen, und wenn Besuch vom MI6 kommt, muss irgendein Idiot durch die Büros vorausrennen und rufen: ›Alle das Gesicht zur Wand!‹ Ist das zu fassen? Möchte wetten, dass die Mädchen auch mal durch die Finger spähen, was?«

Er blickte sich erwartungsvoll um. Man kicherte gehorsam.

»Also wollen wir noch mal von vorn anfangen. Wir wollen uns auf geeignete junge Autoren konzentrieren – vor allem Akademiker und Journalisten –, die am Anfang ihrer Karriere stehen und finanzielle Unterstützung brauchen. Typischerweise Leute, die ein Buch schreiben wollen und denen ein anstrengender Brotjob keine Zeit dazu lässt. Und wir dachten, es wäre doch ganz interessant, auch einen Romanschriftsteller auf der Liste zu haben...«

Harry Tapp warf ungewöhnlich aufgeregt ein: »Um die

Sache etwas weniger kopflastig zu machen, ein bisschen unbeschwerter. Luftiger. Jemand, für den sich die Zeitungen interessieren werden.«

Nutting fuhr fort. »Da Sie so was mögen, dachten wir, Sie wollen vielleicht mitmachen. Was uns nicht interessiert, ist modischer Pessimismus, der Niedergang des Westens, Fortschrittsskepsis und so weiter. Verstehen Sie, was ich meine?«

Ich nickte. Ja, ich dachte schon.

»Ihre Aufgabe wird besonders knifflig sein. Sie wissen so gut wie ich, es ist nicht einfach, die Ansichten eines Autors aus seinen Romanen abzuleiten. Also brauchen wir einen Schriftsteller, der auch journalistisch tätig ist. Wir suchen jemanden, der auch mal an seine bedrängten Brüder im Ostblock denkt, der vielleicht dort hinreist und seine Hilfe anbietet oder Bücher hinschickt, der Petitionen für verfolgte Schriftsteller unterschreibt, sich mit seinen verlogenen marxistischen Kollegen hier anlegt, keine Angst hat, öffentlich anzuprangern, dass Castro in Kuba Schriftsteller ins Gefängnis steckt. Kurz, einen, der gegen den orthodoxen Strom schwimmt. Dazu braucht es Mut, Miss Frome.«

»Ja, Sir. Ich meine, ja.«

»Besonders wenn man jung ist.«

»Ja.«

»Freie Meinungsäußerung, Versammlungsfreiheit, Rechtsstaatlichkeit, Demokratie – nicht gerade en vogue bei den Intellektuellen heutzutage.«

»Nein.«

»Wir müssen den richtigen Leuten Mut machen.«

»Ja.«

Schweigen senkte sich über den Raum. Tapp bot zuerst mir eine Zigarette aus seinem Kästchen an, dann den anderen. Wir alle rauchten und warteten auf Nutting. Ich spürte Max' Blick auf mir ruhen. Als ich ihm in die Augen sah, neigte er kaum merklich den Kopf, als wollte er sagen: »Weiter so.«

Nutting stemmte sich umständlich aus seinem Sessel, ging zu Tapps Schreibtisch und griff nach den Notizen. Er blätterte eine Weile darin herum, bis er fündig wurde.

»Wir suchen Leute aus Ihrer Generation. Die sind auf alle Fälle kostengünstiger. Mit dem Stipendium, das wir ihnen durch unsere Tarnorganisation zukommen lassen, können sie ein, zwei Jahre lang, vielleicht drei, ohne Brotjob auskommen. Wir dürfen nichts überstürzen, das ist uns bewusst, wir rechnen nicht schon nächste Woche mit Ergebnissen. Wir denken an insgesamt zehn Zielpersonen, aber Sie brauchen sich nur um diese eine zu kümmern. Und da ist ein Vorschlag, der ...«

Er spähte durch die Lesebrille, die an einer Schnur um seinen Hals hing.

»Sein Name ist Thomas Haley, oder T. H. Haley, wie er gerne zeichnet. Englisch-Abschluss an der Universität Sussex, mit Bestnote, ist dort geblieben, hat unter Peter Calvocoressi einen Master in Internationalen Beziehungen gemacht und schreibt jetzt an einer literaturwissenschaftlichen Doktorarbeit. Wir haben einen Blick in Haleys Krankengeschichte geworfen. Da steht nicht viel drin. Er hat ein paar Kurzgeschichten und Artikel veröffentlicht. Er sucht einen Verlag. Aber er braucht auch einen anständigen Job, wenn er mit der Uni fertig ist. Calvocoressi hält große Stücke auf ihn – was will man mehr. Benjamin hier hat eine Akte zusammengestellt, wir möchten wissen, was Sie davon halten. Ist Ihr Eindruck positiv, dann steigen Sie in den Zug nach Brighton und schauen sich den Mann mal an. Wenn Sie grünes Licht geben, nehmen wir ihn. Wenn nicht, sehen wir uns anderswo um. Wir verlassen uns auf Sie. Selbstverständlich werden Sie Ihren Besuch vorher brieflich ankündigen.«

Alle sahen mich an. Tapp, beide Ellbogen auf den Schreibtisch gestützt, hatte nun ebenfalls einen Fingerkirchturm errichtet. In dieser Stellung schlug er jetzt lautlos die Fingerspitzen aneinander.

Ich fühlte mich zu irgendeinem klugen Einwand verpflichtet. »Werde ich ihm nicht wie der sprichwörtliche Mr. X vorkommen, der plötzlich mit einem Scheckheft auftaucht? Womöglich sucht er gleich das Weite, wenn er mich sieht.«

»Wenn er Sie sieht? Das möchte ich bezweifeln, meine Liebe.«

Wieder allseitiges Kichern. Ich wurde rot und ärgerte mich. Nutting lächelte mir zu, und ich zwang mich zurückzulächeln.

Er sagte: »Es geht um attraktive Beträge. Wir schleusen das Geld über eine Strohfirma, eine bestehende Stiftung. Nicht besonders groß oder bekannt, aber wir haben dort zuverlässige Kontakte. Sollte Haley oder einer seiner Kollegen Nachforschungen anstellen, wird das Ergebnis recht überzeugend sein. Sobald die Sache eingefädelt ist, erfahren Sie den Namen der Stiftung. Sie werden natürlich als deren Vertreterin auftreten. Die sagen uns Bescheid, wenn Briefe für Sie eintreffen. Und wir besorgen Ihnen das entsprechende Briefpapier.«

»Könnte man denn nicht einfach ein paar freundliche Empfehlungen schicken an die, wie sagt man, an die Behörde, die Subventionen an Künstler verteilt?«

»Den Arts Council?« Nutting gab pantomimisch ein bitteres Lachen zum Besten. Alle anderen grinsten. »Meine Liebe. Ich beneide Sie um Ihre Unschuld. Aber Sie haben recht. Das sollte doch möglich sein! Die Sparte Literatur wird von einem Romanautor geleitet, Angus Wilson. Kennen Sie den? Auf dem Papier genau der Typ Mann, mit dem wir zusammenarbeiten könnten. Mitglied des Athenaeum Clubs, im Krieg Marineattaché, mit geheimen Aufträgen für die Dechiffriersektion im, aber, na ja, das darf ich Ihnen nicht sagen. Ich habe ihn zum Mittagessen eingeladen, dann eine Woche später in seinem Büro besucht. Fing gerade an, ihm zu erklären, was ich brauche. Und stellen Sie sich vor, Miss Frome, er hat mich praktisch zum Fenster hinausgeworfen.«

Er hatte die Geschichte schon oft erzählt und erzählte sie, mit Ausschmückungen, immer wieder mit Gusto.

»Eben noch saß er hinter seinem Schreibtisch, hübscher weißer Leinenanzug, lavendelfarbene Fliege, geistreiche Scherze, und plötzlich läuft er puterrot an, packt mich am Revers und schiebt mich aus seinem Büro. Seine Worte kann ich in Gegenwart einer Dame nicht wiederholen. Und tuntig wie ein Friseur. Weiß der Himmel, was die sich zweiundvierzig gedacht haben, ihn an Marinecodes ranzulassen.«

»Da haben wir's«, sagte Tapp. »Wenn *wir* so was machen, ist es schmutzige Propaganda, und wenn der Chor der Roten Armee auftritt, ist die Albert Hall ausverkauft.«

»Max hier hätte es natürlich gern gesehen, wenn Wilson mich tatsächlich aus dem Fenster geworfen hätte«, sagte Nutting und zwinkerte mir zu meiner Überraschung zu. »Stimmt's, Max?«

»Ich habe meine Meinung geäußert«, erwiderte Max. »Aber jetzt bin ich mit an Bord.«

»Gut.« Nutting nickte Benjamin zu, dem jungen Mann, der mich hineingebeten hatte. Der schlug die Mappe auf seinem Schoß auf.

»Das ist ziemlich sicher alles, was er je veröffentlicht hat. Manches davon war nicht einfach aufzuspüren. Ich empfehle Ihnen, sich zuerst die journalistischen Sachen anzusehen. Ich möchte Sie besonders auf einen Artikel für den *Listener* hinweisen, in dem er die Glorifizierung von Verbrechern in den Zeitungen kritisiert. Hauptsächlich geht es um den Großen Postzugraub – er stößt sich an dem Beiwort »groß« –, aber da ist auch ein ordentlicher Seitenhieb auf Burgess und Maclean, und all die Todesopfer, die ihr Verrat nach sich gezogen hat. Wie Sie sehen werden, ist er Mitglied der Stiftung Readers and Writers Educational Trust, die Dissidenten in Osteuropa unterstützt. Letztes Jahr hat er einen Text für deren Zeitschrift geschrieben. Sie sollten sich auch den längeren Artikel über den ostdeutschen Aufstand von 1953 ansehen, der in *History Today* erschienen ist. In *Encounter* war was ziemlich Gutes von ihm drin über die Berliner Mauer. Seine journalistischen Sachen sind durchweg in Ordnung. Aber anschreiben werden Sie ihn wegen seiner Kurzgeschichten, die liegen ihm am Herzen. Insgesamt fünf, wie Peter bereits sagte. Eine in *Encounter*, und dann in Zeitschriften, die kein Mensch kennt – *Paris Review, New American Review, Kenyon Review* und *Transatlantic Review*.«

»Genial, was diese kreativen Typen sich für Titel einfallen lassen«, sagte Tapp.

»Man beachte, dass die vier Letzteren in den Vereinigten Staaten herauskommen«, fuhr Benjamin fort. »Der Mann ist eingefleischter Atlantiker. Wir haben uns umgehört, man hält ihn für vielversprechend. Obwohl ein Insider uns sagte, das sei die Standardbezeichnung für jeden jungen Schriftsteller. Bei Penguin gibt es eine Anthologien-Reihe, da wurden seine Kurzgeschichten dreimal abgelehnt. Ebenfalls abgelehnt wurde er vom *New Yorker,* vom *London Magazine* und von *Esquire*.«

Tapp sagte: »Nur so aus Interesse: Wie sind Sie an all die Informationen gekommen?«

»Das ist eine lange Geschichte. Zunächst habe ich einen ehemaligen ...«

»Fahren Sie fort«, sagte Nutting. »Ich werde um halb zwölf oben erwartet. Und übrigens. Calvocoressi hat einem Freund erzählt, Haley sei eine angenehme Erscheinung, auch anständig gekleidet und so. Also ein gutes Vorbild für die Jugend. Entschuldigen Sie, Benjamin. Nur zu.«

»Ein renommierter Verlag findet die Kurzgeschichten gut, will sie aber erst veröffentlichen, wenn er einen Roman abliefert. Erzählungen verkaufen sich nicht. Solche Erzählbände bringen die Verlage normalerweise als Gefallen an ihre etablierten Autoren heraus. Er muss also was Längeres schreiben. Das ist wichtig zu wissen, weil man für einen

Roman viel Zeit braucht und das schwierig ist, wenn man einen Vollzeitjob hat. Und er will unbedingt einen Roman schreiben. Angeblich hat er schon eine Idee dafür. Noch etwas, er ist gerade auf der Suche nach einem Agenten.«

»Einem *Agenten*?«

»Nicht was Sie denken, Harry. Bringt das Buch bei einem Verlag unter, kümmert sich um die Verträge, kriegt Provision dafür.«

Benjamin übergab mir die Mappe. »Das wär's so in etwa. Und das sollten Sie natürlich nicht irgendwo rumliegen lassen.«

Der Mann, der bis jetzt geschwiegen hatte, ein hagerer, grauer Herr mit öligem Mittelscheitel, schaltete sich ein: »Können wir denn zumindest ein wenig Einfluss darauf nehmen, was diese Leute schreiben?«

Nutting sagte: »Das funktioniert nicht. Wir müssen unserer Auswahl vertrauen und können nur hoffen, dass Haley und die anderen sich gut entwickeln und, nun ja, wichtig werden. Das kann dauern. Wir wollen den Amerikanern zeigen, wie man so etwas macht. Aber es spricht nichts dagegen, dem einen oder anderen unterwegs unter die Arme zu greifen. Es gibt ja Leute, die uns einen Gefallen oder auch zwei oder drei schuldig sind. In Haleys Fall, nun, früher oder später wird einer von uns den Vorsitz in diesem neuen Booker-Prize-Komitee übernehmen. Und diese Sache mit den Agenten sollten wir uns vielleicht einmal grundsätzlich überlegen. Aber was die Texte selbst angeht, müssen die Autoren sich frei fühlen.«

Er erhob sich und blickte erst auf seine Uhr, dann zu mir. »Für weitere Fragen zum Hintergrund wenden Sie sich an

Benjamin. Für Operatives ist Max zuständig. Der Codename ist: Honig. Also dann. Das war's.«

Ich ging ein Risiko ein, aber inzwischen kam ich mir unentbehrlich vor. Vermutlich war es reiner Größenwahn. Doch wer in diesem Raum, außer mir, hatte im Erwachsenenalter je eine Kurzgeschichte gelesen? Ich konnte mich nicht bremsen. Ich war gespannt und gierig. »Das ist mir ein wenig unangenehm«, sagte ich, »und ich möchte Max nicht zu nahe treten, aber wenn ich direkt mit ihm arbeite, wäre es vielleicht hilfreich, wenn mir mein eigener Status ein wenig klarer ist.«

Peter Nutting nahm wieder Platz. »Meine Liebe. Wie meinen Sie das?«

Ich trat demütig vor ihn hin, wie früher vor meinen Vater in seinem Arbeitszimmer. »Das ist eine große Herausforderung, und es freut mich sehr, dass Sie an mich gedacht haben. Der Fall Haley ist faszinierend, und er ist heikel. Sie fordern mich praktisch auf, Haley zu führen. Ich fühle mich geehrt. Aber Agentenführung... na ja, ich wüsste doch gern etwas genauer, wo ich stehe.«

Es folgte ein betretenes Schweigen, wie es nur eine Frau in einem Raum voller Männer auslösen kann. Dann brummte Nutting: »Na ja, sicher...«

Er wandte sich verzweifelt an Tapp. »Harry?«

Tapp schob sein goldenes Zigarettenetui in die Innentasche seines Jacketts und stand auf. »Ganz einfach, Peter. Sie und ich reden nach dem Mittagessen mit der Personalverwaltung. Ich wüsste nicht, was dagegen spricht. Serena kann zur stellvertretenden Führungsbeamtin befördert werden. Wird ja auch Zeit.«

»Da haben Sie's, Miss Frome.«
»Ich danke Ihnen.«

Nun standen alle. Max sah mich, wie mir schien, mit neuer Hochachtung an. In meinen Ohren klang ein Singen, wie von einem vielstimmigen Chor. Ich mochte zu den Letzten meines Jahrgangs gehören, die befördert wurden, doch nach nur neun Monaten beim Geheimdienst war ich jetzt so weit gekommen, wie eine Frau überhaupt nur kommen konnte. Tony wäre sehr stolz auf mich gewesen. Er hätte mich zur Feier des Tages in seinen Club eingeladen. War Nutting nicht im selben Club? Während wir einer hinter dem anderen Tapps Büro verließen, nahm ich mir vor, wenigstens meine Mutter anzurufen und ihr zu erzählen, wie gut ich mich beim Gesundheits- und Sozialministerium schlug.

8

Ich ließ mich in meinen Sessel sinken, bog die neue Leselampe zurecht und nahm meinen Lesezeichenfetisch zur Hand. Ich hatte schon einen Bleistift gezückt, als würde ich mich auf ein Seminar vorbereiten. Mein Traum war Wirklichkeit geworden – ich studierte Englisch, nicht Mathe. Ich war von den Ansprüchen meiner Mutter befreit. Die Mappe lag auf meinem Schoß, gelbbraun, mit amtlichem Wasserzeichen und mit Kordelschlaufen verschlossen. Was für ein Regelverstoß, und welch ein Privileg, eine Akte mit nach Hause nehmen zu dürfen. Akten sind heilig, hatte man uns zu Beginn unserer Ausbildung eingehämmert. Nichts durfte aus einer Akte herausgenommen werden, keine das Gebäude verlassen. Benjamin hatte mich zum Haupteingang begleitet und die Mappe am Empfang vorzeigen und öffnen müssen zum Beweis, dass es sich nicht um eine Personenakte aus der Registratur handelte, obwohl sie dieselbe Farbe hatte. Das seien lediglich Hintergrundinformationen, hatte er dem Diensthabenden der Abteilung P erklärt. Doch an diesem Abend nannte ich sie zu meinem Privatvergnügen »die Haley-Akte«.

Diese ersten Stunden, die ich mit der Lektüre seiner Prosa verbrachte, zählen zu meinen glücklichsten beim MI5. Alle meine Bedürfnisse, bis auf die sexuellen, wurden auf einen Schlag befriedigt: Ich las, noch dazu für einen höheren Zweck, der mich stolz auf meinen Beruf machte, und außerdem würde ich den Autor bald persönlich kennenlernen. Hatte ich Zweifel oder moralische Bedenken? Zu diesem Zeitpunkt noch nicht. Ich war glücklich, dass man mich ausgewählt hatte. Ich fühlte mich der Aufgabe gewachsen und hoffte dabei, Lob aus den höheren Etagen ernten zu können – ich war ein Mädchen, das gelobt werden wollte. Auf Nachfrage hätte ich geantwortet, wir seien bloß eine Art geheimer Arts Council. Und die Fördermöglichkeiten, die wir boten, waren genauso gut wie die jeder anderen Kunststiftung.

Die Erzählung war im Winter 1970 in der *Kenyon Review* erschienen; ich hatte die Ausgabe vor mir, der Kassenzettel einer Fachbuchhandlung in Longacre, Covent Garden, steckte noch drin. In der Erzählung ging es um einen Professor für mittelalterliche Sozialgeschichte mit dem beeindruckenden Namen Edmund Alfredus, der, nach über zehn Jahren im Bezirksrat eines schwierigen Ost-Londoner Stadtteils, mit Mitte vierzig für Labour ins Parlament einzieht. Er gehört zum linken Flügel seiner Partei und gilt als *Unruhestifter, intellektueller Dandy, chronischer Ehebrecher und brillanter Redner* mit guten Beziehungen zu einflussreichen Leuten in der U-Bahn-Führer-Gewerkschaft. Er hat einen eineiigen, charakterlich weniger auffälligen Zwillingsbruder, Giles, der als Vikar der anglikanischen Kirche ein angenehmes Leben im ländlichen West Sussex führt, in Radfahrdistanz von Petworth House, wo Turner einst gemalt hat. Seine kleine, ziemlich überalterte Gemeinde versammelt sich in einer *pränormannischen Kirche*, *an deren verputzten Mauern die Palimpseste angelsächsischer Wandgemälde, die Christi Leiden darstellten, von einem Getümmel aufsteigender Engel überlagert wurden, deren bäurische Anmut und Schlichtheit für Giles von Mysterien kündete, zu denen das industrielle, wissenschaftliche Zeitalter keinen Zugang mehr hatte.*

Diesen Zugang hat auch Edmund nicht, der als strenger Atheist Giles' behagliches Leben und seine obskuren religiösen Überzeugungen insgeheim verachtet. Dem Vikar wiederum ist es peinlich, dass Edmund seine pubertären bolschewistischen Ansichten noch immer nicht abgelegt hat. Aber die Brüder mögen sich und vermeiden in der Regel religiöse oder politische Diskussionen. Als sie acht waren, starb ihre Mutter an Brustkrebs, worauf ihr gefühlskalter Vater sie in ein Internat steckte, eine Zeit, in der sie sich gegenseitig stützten und die sie fürs Leben zusammenschweißte.

Beide Männer haben mit Ende zwanzig geheiratet, beide haben Kinder. Aber ein Jahr nachdem Edmund ins Unterhaus gewählt wird, bringt eine weitere Affäre für seine Frau Molly das Fass zum Überlaufen, worauf sie ihn vor die Tür setzt. Vor diesem häuslichen Debakel, vor dem Scheidungsverfahren und dem aufkeimenden Interesse der Presse flüchtet Edmund für die Dauer eines verlängerten Wochenendes nach Sussex zu seinem Bruder, und hier im Pfarrhaus beginnt die eigentliche Geschichte. Auch Giles ist in einer Notlage. Bei seiner Predigt am Sonntag wird der Bischof von Ch– zugegen sein, der als notorisch reizbar und intolerant gilt. (Natürlich stellte ich mir meinen Vater in dieser Rolle vor.) Seine Exzellenz wird wenig erfreut sein zu vernehmen, dass der Vikar, den er begutachten will, sich eine üble Grippe zugezogen hat und eine Kehlkopfentzündung dazu.

Bei seiner Ankunft wird Edmund von der Frau des Vikars, seiner Schwägerin, sofort in das alte Kinderzimmer im oberen Stockwerk geführt, wo Giles in Quarantäne liegt. Auch mit Mitte vierzig noch, und trotz aller ihrer Differenzen, sitzt den Alfredus-Zwillingen der Schalk im Nacken. Die beiden – der schwitzende Giles kann sich nur krächzend verständlich machen – kommen nach einer halbstündigen Besprechung zu einem Entschluss. Für Edmund bedeutet es eine willkommene Ablenkung von seinen Eheproblemen, den ganzen nächsten Tag, es ist der Samstag, die Liturgie und Gottesdienstordnung auswendig zu lernen und über seine Predigt nachzudenken. Das Thema, dem Bischof im Voraus mitgeteilt, ist aus dem ersten Korintherbrief, Kapitel 13, die berühmten Verse über Glaube, Hoffnung und Liebe, wo es heißt: »... aber die Liebe ist die größte unter ihnen.« Als Mediävist ist Edmund bibelfest. Und über die Liebe spricht er ohnehin gern. Am Sonntagmorgen legt er das Chorhemd seines Bruders an, kämmt sein Haar zu Giles' akkuratem Seitenscheitel, schlüpft aus dem Haus und schreitet über den Friedhof zur Kirche.

Die Nachricht vom Besuch des Bischofs *hatte die Zahl der Kirchgänger auf fast vierzig anschwellen lassen.* Gebete und Lieder wechseln einander in der gewohnten Reihenfolge ab. Alles läuft wie am Schnürchen. Ein uralter Chorherr, *sein Blick von Osteoporose zu Boden gerungen,* assistiert beim Gottesdienst, ohne zu merken, dass Giles Edmund ist. Im richtigen Augenblick erklimmt Edmund die steinerne Kanzel. Selbst den betagten Stammgästen in den Bankreihen fällt auf, dass ihr sonst so leise sprechender Vikar einen ungewohnt selbstbewussten, geradezu freimütigen Eindruck macht, zweifellos will er den hohen Besuch beeindrucken. Aus dem Korintherbrief ist bereits gelesen worden, Edmund wiederholt nun zunächst einige Passagen daraus. Er intoniert die Sätze so geschliffen wie ein Schauspieler – allerdings hätte sich der eine oder andere Kirchgänger (fügt Haley nebenbei hinzu), wäre er jemals im Theater gewesen, durchaus an eine Parodie des berühmten Sir Laurence Olivier erinnert fühlen können. In der fast leeren Kirche hallen Edmunds Worte wider, genüsslich betont er die vielen »L«: *Die Liebe ist langmütig und freundlich, die Liebe eifert nicht, die Liebe treibt nicht Mutwillen, sie blähet sich nicht, sie stellet sich nicht ungebärdig, sie suchet nicht das Ihre, sie lässt sich nicht erbittern, sie rechnet das Böse nicht zu, sie freut sich nicht der Ungerechtigkeit, sie freut sich aber der Wahrheit...*

Dann hebt er zu einer glutvollen Eloge auf die Liebe an. Die Scham wegen seiner jüngsten Seitensprünge, die Sorge um seine Frau und die zwei Kinder, die Erinnerung an all die wunderbaren Frauen, die er gekannt hat – all dies befeuert ihn, ebenso wie das pure Vergnügen, das er als guter Redner bei dem Auftritt empfindet. Die großzügige Akustik und seine erhöhte Position oben auf der Kanzel tun das Ihre, er schwingt sich auf zu ungeahnten rhetorischen Finessen. Unter Einsatz derselben Argumentationstechniken, mit denen er die U-Bahn-Führer innerhalb von drei Wochen dreimal dazu gebracht hat, für einen Tag die Arbeit niederzulegen, führt er den Nachweis, dass Liebe, wie wir sie heutzutage kennen und feiern, eine christliche Erfindung ist. In der rauhen eisenzeitlichen Welt des Alten Testaments herrschten noch eine mitleidlose Moral und ein eifernder, gnadenloser Gott, für den Rache, Macht, Unterwerfung, Völkermord und Vergewaltigung die höchsten Werte waren. Hier sahen einige den Bischof trocken schlucken.

Vor diesem Hintergrund, sagt Edmund, wird deutlich, wie radikal die neue Religion war, indem sie die Liebe in den Mittelpunkt stellte. Zum ersten und einzigen Mal in der Geschichte der Menschheit setzte man auf ein vollkommen anderes Prinzip der gesellschaftlichen Organisation. Eine neue Zivilisation begann. So sehr die Praxis hinter diesen Idealen auch zurückbleiben mag, es ist doch eine neue Richtung eingeschlagen worden. Jesu Programm ist unwiderstehlich und unwiderruflich. Selbst Ungläubige müssen damit leben. Denn Liebe steht nicht allein, kann nicht allein stehen, *sie zieht dahin wie ein strahlender Komet und bringt andere leuchtende Güter mit sich – Vergebung, Güte, Toleranz, Fairness, Umgänglichkeit und Freundschaft, untrennbar verbunden mit der Liebe, die den Kern von Jesu Botschaft bildet.*

In einer anglikanischen Kirche in West Sussex gehört es sich nicht, nach einer Predigt zu applaudieren. Doch als Edmund – er hat inzwischen aus dem Gedächtnis Shakespeare, Robert Herrick, Christina Rossetti, Wilfred Owen und W. H. Auden zitiert – zum Ende kommt, kann das Publikum in den Bänken kaum an sich halten. Mit sonorer Stimme, die sich voller Weisheit und Trauer auf das Kirchenschiff niedersenkt, stimmt der Vikar ein Gebet an, und die Gemeinde fällt ein. Als der Bischof, der so angestrengt nach vorn gebeugt gelauscht hat, dass er einen roten Kopf hat, sich schließlich aufrichtet, strahlt er, und all die pensionierten Colonels und Pferdezüchter und der ehemalige Kapitän der Polomannschaft und ihre Frauen strahlen ebenfalls, und strahlen erneut, als sie einer nach dem andern aus der Kirche kommen und Edmund die Hand schütteln. Der Bischof will seine Hand gar nicht mehr loslassen, überschüttet ihn mit Lob und gibt zum Glück sein Bedauern darüber kund, dass er noch einen Termin hat und nicht zum Kaffee bleiben kann. Der Chorherr schlurft wortlos von dannen, und bald strebt jedermann zum Sonntagsessen nach Hause, und Edmund tänzelt im Hochgefühl seines Triumphs durch den Friedhof zum Pfarrhaus zurück, um seinem Bruder alles zu erzählen.

Hier, auf der achtzehnten von neununddreißig Seiten, gab es vor dem nächsten Absatz einige Leerzeilen, mit einem einzigen Sternchen darin. Ich starrte es an, damit mein Blick nicht weiterwanderte und mir verriet, was der Autor als Nächstes im Sinn hatte. Romantisch gestimmt, wie ich war, hoffte ich, Edmunds hochtrabendes Plädoyer für die Liebe werde ihn am Ende zu Frau und Kindern zurückführen – sehr unwahrscheinlich in einer modernen Erzählung. Oder er sei über seiner Predigt selbst wieder zum Christen geworden. Oder Giles könnte vom Glauben abfallen, wenn er hörte, wie seine Gemeinde sich von der raffinierten Rhetorik eines Atheisten mitreißen ließ. Reizvoll erschien mir auch die Möglichkeit, dem Bischof nach Hause zu folgen, wo er abends in der dampfenden Badewanne über das Gehörte nachdachte. Ich wollte nämlich nicht, dass mein Vater, der Bischof, einfach so aus der Geschichte verschwand. Das sakrale Dekor bezauberte mich – die normannische Kirche, die Gerüche nach Messingpolitur, Lavendelwachs, altem Gemäuer und Staub, die Haley beschwor, die schwarzen, weißen und roten Glockenseile hinter dem Taufbecken mit dem geborstenen Eichendeckel, der nur noch von Nieten und Eisenbändern zusammengehalten wurde, und vor allem das Pfarrhaus mit dem unaufgeräumten Flur hinter der Küche, wo Edmund seinen Koffer auf dem Schachbrettlinoleum abstellt, und das Kinderzimmer oben, genau wie bei uns. Ich bekam ein wenig Heimweh. Ich wünschte, Haley wäre ins Bad gegangen oder hätte Edmund dorthin geschickt, damit er das alles vor sich sähe: die hüfthohe, hellblau gestrichene Holzvertäfelung und die gewaltige, fest auf vier rostigen Löwenfüßen stehende Wanne mit den blaugrünen Algenflecken unter den Wasserhähnen. Und auf die Toilette, an deren Spülkette ein verblasstes Badeentchen hing. Primitivere Leser als mich konnte es nicht geben. Ich wollte nur meine eigene Welt – und mich selbst darin – in kunstvoller Gestalt und zugänglicher Form dargeboten bekommen.

Aus ähnlichen Gründen war mir der sanftmütige Giles eigentlich sympathischer, aber es war Edmund, den ich wollte. Wollte? Als Reisegefährten. Ich wollte, dass Haley mir Edmunds Gedankenwelt zeigte, sie für mich bloßlegte, sie mir erklärte, von Mann zu Frau. Edmund erinnerte mich an Max, an Jeremy. Und vor allem an Tony. Diese klugen, amoralischen, erfindungsreichen, zerstörerischen Männer, zielstrebig, egoistisch, gefühlskalt, unverfroren attraktiv. Ich glaube, die waren mir lieber als die Liebe Jesu.

Männer wie sie waren unentbehrlich, und nicht nur für mich. Ohne sie würden wir immer noch in Lehmhütten hausen und auf die Erfindung des Rades warten. Die Dreifelderwirtschaft wäre niemals eingeführt worden. Was für unzulässige Gedanken zu einer Zeit, da gerade die zweite Welle der Frauenbewegung heranrollte! Ich starrte auf das Sternchen hinab. Haley war mir unter die Haut gegangen, und ich fragte mich, ob er auch einer dieser unentbehrlichen Männer war. Er quälte mich, er machte mich heimwehkrank und neugierig, alles auf einmal. Bis jetzt hatte ich mit meinem Bleistift noch kein einziges Wort angestrichen. Es war nicht fair, dass so ein Mistkerl wie Edmund eine brillante, zynische Ansprache hielt und dafür auch noch gelobt wurde, aber es war richtig, es hatte etwas Wahrhaftiges. Wie er da beschwingt um die Gräber herumtänzelt, auf dem Rückweg zu seinem Bruder, dem er gleich von seinem Triumph erzählen wird, ließ auf Hochmut schließen. Damit gab Haley zu verstehen, dass Strafe oder sogar Fall unausweichlich waren. Ich wollte das nicht. Tony war schon bestraft worden, und das reichte mir. Schriftsteller waren ihren Lesern gegenüber zu Fürsorge und Barmherzigkeit verpflichtet. Das Sternchen in der *Kenyon Review* begann sich unter meinem starren Blick zu drehen. Ich blinzelte, bis es anhielt, und las weiter.

Ich wäre nie darauf gekommen, dass Haley mitten in der Geschichte noch eine weitere Hauptfigur einführen würde. Aber sie war, von Edmund unbemerkt, schon während der ganzen Messe da gewesen, hatte am Ende der dritten Bankreihe gesessen, direkt an der Wand neben den aufgestapelten Gesangbüchern. Ihr Name: Jean Alise. Der Leser erfährt bald, dass sie eine fünfunddreißigjährige Witwe aus dem Ort ist, ziemlich wohlhabend und sehr religiös, besonders seit ihr Mann bei einem Motorradunfall ums Leben gekommen ist. Früher einmal ist sie in psychiatrischer Behandlung gewesen, und natürlich ist sie schön. Edmunds Predigt wühlt sie bis ins Innerste auf. Sie liebt die Botschaft und begreift ihre Wahrheit, sie liebt die Poesie und fühlt sich stark zu dem Mann hingezogen, der sie vorträgt. Sie bleibt die ganze Nacht auf und fragt sich, was sie tun soll. Ohne es zu wollen, hat sie sich verliebt, und es steht fest, sie muss ins Pfarrhaus gehen und es ihm sagen. Sie kann nicht anders, sie ist bereit, die Ehe des Pfarrers zu zerstören.

Am nächsten Morgen um neun klingelt sie beim Pfarrhaus, und Giles kommt im Schlafrock an die Tür. Er befindet sich auf dem Weg der Besserung, ist aber immer noch blass und zittrig. Zu meiner Erleichterung erkennt Jean sofort, dass dieser Mann nicht der ist, auf den sie es abgesehen hat. Sie findet heraus, dass es einen Bruder gibt, und reist ihm hinterher nach London zu der Adresse, die Giles ihr arglos genannt hat: eine kleine möblierte Wohnung in Chalk Farm, wo Edmund sich vorübergehend einquartiert hat, bis die Scheidung durch ist.

In dieser angespannten Situation ist er nicht in der Lage, einer schönen Frau zu widerstehen, die offenbar darauf brennt, ihm alles zu geben, was er will. Sie bleibt zwei Wochen bei ihm, und die meiste Zeit verbringen sie im Bett – Haley schilderte das intime Treiben mit einer Detailfreude, die ich problematisch fand. Ihre Klitoris ist *monströs, groß wie der Penis eines vorpubertären Knaben*. Noch nie hat er eine so großzügige Geliebte gehabt. Jean kommt schon bald zu dem Schluss, dass sie den Rest ihres Lebens mit Edmund verbringen wird. Als sie erfährt, dass er Atheist ist, sieht sie sich vor die Aufgabe gestellt, ihn zum Lichte Gottes zu führen. Wohlweislich sagt sie ihm nichts davon und beschließt abzuwarten, bis die Zeit reif ist. Den blasphemischen Auftritt im Gewand seines Bruders verzeiht sie ihm schon nach wenigen Tagen.

Edmund liest unterdessen heimlich immer wieder einen Brief von Molly, der durchblicken lässt, dass sie einer Versöhnung nicht abgeneigt ist. Sie liebt ihn, und wenn er nur mit seinen Affären aufhören könnte, wäre eine Rückkehr in die Familie vielleicht möglich. Die Kinder vermissen ihn sehr. Es wird schwer für ihn werden, sich da herauszuwinden, aber er weiß, was er zu tun hat. Da trifft es sich günstig, dass Jean kurz nach Sussex muss, um ihre Pferde und Hunde zu versorgen und andere Dinge in ihrem Haus zu erledigen, das übrigens von einem Wassergraben umgeben ist. Edmund fährt zu seiner Familie und verbringt eine Stunde mit seiner Frau. Das Gespräch läuft gut, sie sieht hinreißend aus, er macht Versprechungen, die er halten zu können glaubt. Die Kinder kommen aus der Schule, und sie trinken zusammen Tee. Wie in alten Zeiten.

Als er tags darauf mit Jean bei einem üppigen Frühstück in einem Schnellrestaurant sitzt und ihr eröffnet, er werde zu seiner Frau zurückkehren, löst das einen beängstigenden psychotischen Schub aus. Bis dahin war ihm nicht klar, wie fragil ihr inneres Gleichgewicht ist. Sie zerschlägt seinen Teller und rennt kreischend aus dem Lokal, auf die Straße. Er beschließt, ihr nicht nachzulaufen. Stattdessen eilt er in seine Wohnung, packt seine Sachen, lässt einen, wie er glaubt, freundlichen Brief für Jean zurück und zieht wieder bei Molly ein. Das Glück der Versöhnung währt drei Tage, dann kehrt Jean mit aller Macht in sein Leben zurück.

Der Alptraum beginnt damit, dass sie bei ihm zu Hause auftaucht und ihm vor Molly und den Kindern eine Szene macht. Sie schreibt Briefe an Molly und auch an Edmund, sie belästigt die Kinder auf dem Schulweg, sie ruft mehrmals täglich an, oft in den frühen Morgenstunden. Jeden Tag steht sie vor dem Haus und wartet, dass einer aus der Familie sich nach draußen wagt, den sie ansprechen kann. Die Polizei unternimmt nichts, weil Jean angeblich gegen kein Gesetz verstößt. Jean folgt Molly zu ihrem Arbeitsplatz – sie ist Rektorin einer Grundschule – und macht ihr auf dem Pausenhof eine schreckliche Szene.

Zwei Monate vergehen. *Ein Stalker kann eine Familie ebenso leicht zusammenschweißen wie zerstören.* Doch in dieser Ehe sind die Bande noch zu schwach, der Schaden der vergangenen Jahre noch nicht repariert. Diese Heimsuchung, erklärt Molly Edmund in einer letzten offenen Aussprache, habe *er* über ihre Familie gebracht. Sie müsse nicht nur die Kinder schützen, sondern auch ihre eigene geistige Gesundheit und ihren Job. Ein zweites Mal fordert sie ihn auf zu gehen. Er gibt zu, dass die Situation unerträglich ist. Als er mit seinen Koffern das Haus verlässt, wartet draußen Jean auf ihn. Er winkt ein Taxi herbei. Nach heftigem Gerangel – Molly beobachtet es vom Fenster aus – zwängt Jean sich neben Edmund, dem sie das Gesicht zerkratzt hat, in den Wagen. Während der ganzen Fahrt nach Chalk Farm, zurück zu der Wohnung, die für Jean der Tempel ihrer Liebe ist, weint er um seine Ehe. So bekommt er gar nicht mit, dass Jean ihm tröstend den Arm um die Schulter legt und ihm verspricht, ihn immer zu lieben und immer bei ihm zu bleiben.

Nun, da sie zusammenleben, ist sie vernünftig, pragmatisch und liebevoll. Eine Zeitlang ist kaum vorstellbar, dass diese schrecklichen Dinge jemals passiert sind, und in seiner Not ist es für Edmund ein Leichtes, sich in Jeans fürsorgliche Arme sinken zu lassen und wieder ihr Geliebter zu werden. Aber gelegentlich *zog es sie doch hinauf zu den dunklen Wolken, in denen sich diese Gefühlswirbelstürme zusammenbrauten.* Auch seine rechtsgültige Scheidung trägt nichts zu Jeans Seelenfrieden bei. Edmund fürchtet ihre explosiven Ausbrüche und tut alles, um sie zu verhindern. Wann rastet sie aus? Wenn sie glaubt, dass er an eine andere Frau denkt, dass er eine andere Frau ansieht, wenn er spät von einer Nachtsitzung im Unterhaus zurückkommt, wenn er mit seinen linken Freunden trinken geht, wenn er den Termin für die standesamtliche Trauung ein weiteres Mal verschiebt. *Er hasste Streit und war von Natur aus faul, und so zwangen ihn ihre Eifersuchtsausbrüche nach und nach in die Knie.* Das vollzieht sich langsam. Es ist schlicht einfacher, sich von alten Geliebten, die zu Freundinnen geworden sind, fernzuhalten, ebenso wie von Kolleginnen; es ist einfacher, die Abstimmungsglocke und die Belange der Fraktion und seiner Wähler zu ignorieren, ja sogar einfacher, zu heiraten, als die Konsequenzen eines weiteren Aufschubs – diese beängstigenden Unwetter – zu ertragen.

Bei der Wahl von 1970, die Edward Heath an die Macht bringt, verliert Edmund seinen Sitz im Unterhaus; sein Büroleiter erklärt ihm unter vier Augen, beim nächsten Mal werde ihn die Partei nicht mehr aufstellen. Das frischvermählte Paar zieht nach Sussex in Jeans reizendes Haus. Er ist jetzt finanziell von ihr abhängig. Bei der U-Bahn-Führer-Gewerkschaft und anderen Freunden in der Linken ist er nicht mehr besonders gut angeschrieben. Umso besser, denn seine luxuriöse Umgebung ist ihm peinlich. Besuche seiner Kinder enden regelmäßig in hässlichen Szenen, und so reiht er sich nach und nach *in jenes klägliche Heer apathischer Männer ein, die ihre Kinder im Stich lassen, um ihre zweite Ehefrau bei Laune zu halten.* Es ist für ihn auch einfacher, wöchentlich in den Gottesdienst zu gehen, als noch mehr Streit über sich ergehen zu lassen. Nachdem er die fünfzig überschritten hat, beginnt er sich für die Rosen in seinem ummauerten Garten zu interessieren und wird zum Experten für die Karpfen im Wassergraben. Er lernt reiten, auch wenn er das Gefühl nie ganz loswird, zu Pferd eine lachhafte Figur abzugeben. Das Verhältnis zu seinem Bruder Giles allerdings ist so gut wie nie zuvor. Und was Jean betrifft, wenn sie in der Kirche während des Segens im Anschluss an Reverend Alfredus' Predigt unter halbgeöffneten Lidern verstohlen ihren Edmund ansieht, der neben ihr kniet, dann weiß sie: *Obwohl es ein steiniger Weg gewesen war und sie viel erdulden musste, so brachte sie ihren Mann dem Herrn Jesus immer näher, und diese mit Abstand größte Leistung ihres Lebens verdankte sich einzig und allein der erlösenden und beharrlichen Macht der Liebe.*

Das war's. Erst auf der letzten Seite fiel mir auf, dass ich den Titel der Erzählung übersehen hatte. *Das ist Liebe.* Er schien mir zu souverän, zu erfahren, dieser Siebenundzwanzigjährige, der meine ahnungslose Zielperson war. Der Mann wusste, was es hieß, eine zerstörerische Frau zu lieben, die unter heftigen Stimmungsschwankungen litt, er hatte den Eichendeckel auf einem alten Taufstein bemerkt, er wusste, dass die Reichen in ihren Wassergräben Karpfen hielten und die Geknechteten ihre Habseligkeiten in Supermarkt-Einkaufswagen mit sich führten – sowohl Supermärkte als auch Einkaufswagen gab es erst seit kurzem in Großbritannien. Wenn Jeans mutierte Genitalien keine Erfindung, sondern eine Erinnerung waren, fühlte ich mich bereits herabgesetzt, in den Schatten gestellt. War ich etwa ein wenig eifersüchtig auf seine Affäre?

Ich legte die Mappe weg, zu müde, um noch eine Geschichte zu lesen. Ich war auf eine sonderbare Form von mutwilligem erzählerischem Sadismus gestoßen. Alfredus mochte diese Verengung seines Lebenskreises zwar verdient haben, aber Haley hatte ihn regelrecht plattgemacht. Menschenfeindlichkeit oder Selbsthass – waren das zwei so unterschiedliche Dinge? – mussten in seiner Natur liegen. Ich entdeckte, dass es das Leseerlebnis verzerrt, wenn man den Autor kennt oder demnächst kennenlernen wird. Ich war in den Kopf eines Fremden hineingekrochen. Platte Neugier ließ mich rätseln, ob nicht jeder Satz eine geheime Absicht verriet oder verleugnete oder maskierte. Ich fühlte mich Tom Haley näher, als wenn er in den vergangenen neun Monaten mein Kollege in der Registratur gewesen wäre. Aber bei aller Vertrautheit, die ich empfand, war schwer zu ermessen, was genau ich eigentlich über ihn wusste. Ich brauchte ein Werkzeug, ein Messinstrument, das erzählerische Äquivalent zu einer Kompassnadel, um die Distanz zwischen Haley und Edmund Alfredus bestimmen zu können. Womöglich hatte der Autor sich in dieser Erzählung nur seine eigenen Dämonen vom Leib gehalten. Vielleicht verkörperte Alfredus – der sich letztlich doch als sehr entbehrlicher Mann erwiesen hatte – die Art Mensch, die Haley auf keinen Fall werden wollte. Oder er bestrafte Alfredus aus moralisch-sittlichen Gründen für seine Untreue und seine Anmaßung, in der Rolle eines Kirchenmanns aufzutreten. Haley konnte ein Puritaner sein, ein religiöser Puritaner, er konnte aber auch ein Mann mit vielen Ängsten sein. Wobei Puritanismus und Angst womöglich nur zwei Aspekte ein und derselben Charakterschwäche waren. Statt in Cambridge drei Jahre als schlechte Mathematikstudentin zu vergeuden, hätte ich vielleicht besser Englisch studiert und richtig lesen gelernt. Aber hätte ich dabei auch gelernt, T. H. Haley zu lesen?

9

Am nächsten Abend war ich mit Shirley zu einem Konzert von Bees Make Honey im Hope and Anchor in Islington verabredet. Ich kam eine halbe Stunde zu spät. Sie saß allein an der Bar, rauchend über ihr Notizbuch gebeugt, noch zwei Fingerbreit Bier in ihrem Pint-Glas. Draußen war es warm, aber es hatte stark geregnet, und feuchte Jeans und nasse Haare verbreiteten in dem Pub einen Geruch wie in einem Hundezwinger. Verstärkerlämpchen glühten in einer Ecke, wo ein einsamer Roadie die Anlage aufbaute. Kaum mehr als zwei Dutzend Leute waren da, darunter wahrscheinlich die Band und ihre Kumpels. In jenen Tagen umarmten sich, zumindest in meinen Kreisen, nicht einmal Frauen zur Begrüßung. Ich glitt auf den Barhocker neben Shirley und bestellte uns etwas zu trinken. Damals war es noch alles andere als selbstverständlich für ein Mädchen, einfach so in den Pub zu gehen und sich an die Bar zu setzen wie ein Mann. Im Hope and Anchor und einer Handvoll anderer Lokale störte sich niemand daran. Die Revolution hatte den Siegeszug angetreten, man kam damit durch. Wir taten so, als sei das völlig normal, aber es war immer noch ein besonderer Kick. Anderswo im Königreich hätte man uns für Huren gehalten oder uns so behandelt.

Auch wenn wir unsere Mittagspausen weiterhin zusammen verbrachten, war zwischen uns immer noch ein wenig Sand im Getriebe – Rückstände von jener kleinen Meinungsverschiedenheit. Wenn sie so infantile oder verbohrte politische Ansichten hatte, was konnte sie mir dann für eine Freundin sein? Andererseits glaubte ich, es sei bloß eine Frage der Zeit, bis ihre Ansichten reiften, nur schon durch schlichte Ansteckung seitens der Kollegen. Manchmal löst man ein Problem am besten, indem man *nichts* sagt. Die Tendenz zur ständigen »Wahrhaftigkeit« und Konfrontation richtete meiner Meinung nach großen Schaden an und ließ viele Freundschaften und Ehen zugrunde gehen.

Nicht lange vor diesem Abend war Shirleys Platz im Büro fast einen ganzen Tag und einen Teil des nächsten leer geblieben. Krank war sie nicht. Jemand hatte gesehen, wie sie in den Aufzug stieg und welchen Knopf sie drückte. Man munkelte, sie sei in die fünfte Etage bestellt worden, in die umwölkten Höhen, wo unsere Herren und Gebieter ihren undurchschaubaren Geschäften nachgingen. Man munkelte auch, Shirley, die so viel aufgeweckter war als wir anderen, stehe eine außergewöhnliche Beförderung bevor. Im großen Lager der Novizinnen provozierte das liebenswürdige Sticheleien à la »Ach, käme ich doch auch aus der Arbeiterklasse«. Ich prüfte meine eigenen Gefühle. Wäre ich eifersüchtig, wenn meine beste Freundin mich überholen würde? Vermutlich ja.

Als sie wieder auftauchte, ignorierte sie alle Fragen und sagte gar nichts, sie log nicht einmal, was die meisten als Bestätigung dafür ansahen, dass sie außer der Reihe befördert worden war. Ich war mir nicht so sicher. Das Mienenspiel ihres rundlichen Gesichts war manchmal schwer zu deuten, ihr subkutanes Fett war die Maske, hinter der sie lebte. Eigentlich ideal für dieses Metier, hätte man Frauen bloß andere Aufgaben gegeben, als Häuser zu putzen. Aber ich glaubte sie gut genug zu kennen. Da war kein Triumph. War ich ein kleines bisschen erleichtert? Vermutlich schon.

Es war unser erstes Treffen außerhalb der Arbeit seither. Ich war entschlossen, keine Fragen über die fünfte Etage zu stellen. Das wäre mir würdelos vorgekommen. Außerdem hatte ich ja nun auch meinen Spezialauftrag und meine Beförderung, selbst wenn sie von zwei Etagen tiefer stammten. Shirley stieg auf Gin und Orangensaft um, ein großes Glas, und ich bestellte das Gleiche. Die erste Viertelstunde tauschten wir im Flüsterton Bürotratsch aus. Jetzt, da wir nicht mehr zu den Neuen zählten, glaubten wir über manche Regeln hinwegsehen zu dürfen. Es gab eine echte Neuigkeit zu besprechen. Eine aus unserem Jahrgang, Lisa – Oxford High, St. Anne's College, klug und charmant –, hatte soeben ihre Verlobung mit einem Ressortleiter namens Andrew verkündet – Eton, King's College, jungenhaft und intellektuell. Die vierte derartige Verbindung binnen neun Monaten. Wäre Polen in die NATO eingetreten, es hätte kaum für mehr Aufregung sorgen können als diese bilateralen Allianzen. Wer würden wohl die Nächsten sein? »Wer wen?«, wie ein leninistischer Witzbold es ausdrückte. Max und ich waren schon ganz früh auf der Bank am Berkeley Square beobachtet worden, und ich erinnerte mich noch an das Kribbeln in meinem Bauch, wenn ich zufällig mitbekam, wie unsere Namen irgendwo durchgehechelt wurden, aber in letzter Zeit hatte man uns zugunsten aussichtsreicherer Kandidaten fallen lassen. Jedenfalls plauderten Shirley und ich über Lisa und den allgemeinen Konsens, dass zwischen Verlobung und Hochzeit zu viel Zeit liege, und kamen dann auf Wendys Eheaussichten – ihr Oliver war stellvertretender Sektionsleiter, das war womöglich ein paar Nummern zu groß für sie. Doch unser Gespräch kam mir etwas mechanisch und oberflächlich vor. Ich spürte, dass Shirley irgendwie um den heißen Brei herumredete. Sie hob zu häufig ihr Glas, als müsse sie sich Mut antrinken.

Und tatsächlich bestellte sie noch einen Gin Orange, nahm einen Schluck, zögerte kurz und sagte schließlich: »Ich muss dir was sagen. Aber vorher tu mir bitte einen Gefallen.«

»Gut.«

»Lächle, so wie eben.«

»Was?«

»Tu's einfach. Wir werden beobachtet. Setz ein Lächeln auf. Wir plaudern fröhlich vor uns hin. Okay?«

Ich verzog die Lippen.

»Das geht noch besser. Nicht so steif.«

Ich gab mir Mühe, nickte, hob die Schultern, versuchte, einen munteren Eindruck zu machen.

Shirley sagte: »Man hat mich gefeuert.«

»Nein!«

»Fristlos.«

»Shirley!«

»Immer lächeln. Du darfst das keinem erzählen.«

»Okay, aber warum?«

»Ich kann dir nicht alles verraten.«

»Das kann doch nicht sein. Das ist absurd. Du bist doch von uns allen die Beste.«

»Ich hätte es dir irgendwo unter vier Augen erzählen können. Aber unsere Zimmer sind nicht sicher. Und ich will, dass die sehen, wie ich mit dir rede.«

Der Lead-Gitarrist hatte seine Gitarre umgeschnallt. Er und der Drummer beugten sich zusammen mit dem Roadie über irgendein Gerät auf der Bühne. Feedback jaulte auf und wurde rasch abgewürgt. Ich starrte auf die Menschentrauben im Pub, hauptsächlich Männer, die uns den Rücken zuwandten und mit ihrem Bier in der Hand auf den Beginn des Konzerts warteten. Und da sollten Leute von Abteilung A4 dabei sein, Aufpasser? Ich war skeptisch.

Ich fragte: »Meinst du wirklich, du wirst beschattet?«
»Ich doch nicht. Du.«
Ich musste aufrichtig lachen. »Das ist doch albern.«
»Nein, im Ernst. Die Aufpasser. Von Anfang an. Wahrscheinlich waren sie in deinem Zimmer. Haben es verwanzt. Immer schön weiterlächeln, Serena.«

Ich drehte mich um. Bei Männern kam schulterlanges Haar damals schon aus der Mode, und die schrecklichen Schnurrbärte und dicken Koteletten lagen noch in der Zukunft. Also jede Menge undefinierbare Männer, jede Menge Kandidaten. Ich glaubte etwa ein halbes Dutzend ausmachen zu können. Und dann schienen mir plötzlich alle Anwesenden in Frage zu kommen.

»Aber warum, Shirley?«
»Ich dachte, das könntest du mir sagen.«
»Da ist nichts. Das bildest du dir doch alles nur ein.«
»Hör zu, ich muss dir was sagen. Ich habe etwas Dummes getan, und ich schäme mich dafür, wirklich. Ich weiß nicht, wie ich das sagen soll. Ich wollte gestern schon mit

dir reden, hab's aber nicht über mich gebracht. Aber ich muss ehrlich zu dir sein. Ich hab Mist gebaut.«

Sie holte tief Luft und griff nach der nächsten Zigarette. Ihre Hände zitterten. Wir sahen zur Band rüber. Der Drummer saß schon auf seinem Hocker, stellte die Hi-Hat ein und führte ein kleines Kunststück mit den Besen vor.

Schließlich begann Shirley: »Bevor wir dieses Haus putzen gegangen sind, haben die mich kommen lassen. Peter Nutting, Tapp und dieser unheimliche Typ, Benjamin soundso.«

»Mein Gott. Wozu denn?«

»Die haben dick aufgetragen. Haben mir erzählt, ich mach meine Sache gut, ich könnte befördert werden: Die wollten mich einwickeln. Dann haben sie gesagt, sie wissen, dass wir gute Freundinnen sind. Nutting hat gefragt, ob du jemals was Ungewöhnliches oder Verdächtiges gesagt hast. Ich hab nein gesagt. Dann wollten sie wissen, worüber wir so reden.«

»O Gott. Was hast du geantwortet?«

»Ich hätte sagen sollen, ihr könnt mich mal. Aber dazu war ich zu feige. Es gab ja auch nichts zu verbergen, also hab ich die Wahrheit gesagt: über Musik, Freundinnen, Familie, über früher, Tratsch und Klatsch, nichts Besonderes.« Und mit leisem Vorwurf in der Stimme: »Das hättest du auch getan.«

»Da bin ich mir nicht sicher.«

»Wenn ich nichts gesagt hätte, wären sie bloß noch misstrauischer geworden.«

»Na schön. Und dann?«

»Tapp hat gefragt, ob wir auch über Politik reden, und

ich hab nein gesagt. Er fand das ziemlich unglaubwürdig, und ich sagte, so ist es aber. Das ging eine Weile so hin und her. Dann sagten sie, okay, jetzt hätten sie eine heikle Frage. Aber es sei ganz wichtig, und sie wären mir zutiefst verbunden und so weiter, wenn ich ihnen da behilflich sein könnte, und noch mehr so Zeug, du kennst ja diese schmierige Art, wie die reden.«

»Ich glaub schon.«

»Die wollten, dass ich dich in eine politische Diskussion verwickle, ich sollte mich dabei wie eine heimliche Linke aufführen und dich provozieren, um rauszukriegen, wo du stehst, und ...«

»Es denen weitersagen.«

»Ja. Ich schäme mich. Aber sei nicht sauer. Ich versuche, aufrichtig zu dir zu sein. Und denk dran, immer lächeln.«

Ich starrte sie an, ihr feistes Gesicht und die Sommersprossen darin. Ich versuchte, sie zu hassen. Fast wäre es mir gelungen. »*Du* musst lächeln«, sagte ich. »Lügen ist doch *deine* Spezialität.«

»Tut mir leid.«

»Das heißt also, dieses ganze Gespräch ... da warst du im Dienst?«

»Hör zu, Serena, ich habe Heath gewählt. Also, ja, ich war im Dienst, und ich hasse mich selbst dafür.«

»Das Arbeiterparadies in der Nähe von Leipzig, das war frei erfunden?«

»Nein, da war ich wirklich mit der Schule. Stinklangweilig. Und ich hatte die ganze Zeit Heimweh, hab geheult wie ein Baby. Aber glaub mir, du hast alles richtig gemacht, immer die richtigen Sachen gesagt.«

»Und das hast du denen dann berichtet!«

Sie sah mich bekümmert an und schüttelte den Kopf. »Das ist es ja grade. Nein. Ich bin noch am selben Abend zu denen hin und hab gesagt, ich kann das nicht, ich mach da nicht mit. Ich hab ihnen nicht mal gesagt, dass wir miteinander gesprochen haben. Ich hab gesagt, ich verrate meine Freundin nicht.«

Ich wandte den Blick ab. Jetzt war ich wirklich verwirrt, denn letztlich wäre es mir lieber gewesen, sie hätte ihnen alles weitererzählt. Aber das konnte ich Shirley nicht sagen. Wir schwiegen eine halbe Minute und tranken unseren Gin. Jetzt war auch der Bassist auf der Bühne, und das Ding auf dem Boden, irgendeine Steckleiste, machte immer noch Schwierigkeiten. Ich sah mich um. Niemand im Pub schaute in unsere Richtung.

Ich sagte: »Wenn die wissen, dass wir Freundinnen sind, haben sie bestimmt mit der Möglichkeit gerechnet, dass du mir erzählst, was sie von dir verlangen.«

»Richtig. Die wollen dir damit was sagen. Vielleicht um dich von irgendetwas abzuhalten. Ich bin offen zu dir gewesen. Jetzt bist du dran. Warum interessieren die sich für dich?«

Ich hatte natürlich keinen Schimmer. Aber ich war wütend auf Shirley. Ich wollte nicht als die Ahnungslose dastehen – nein, mehr noch, ich wollte ihr weismachen, es gebe Dinge, die ich lieber für mich behielt. Außerdem war ich mir nicht sicher, ob ich ihr überhaupt glauben konnte.

Ich drehte den Spieß um. »Die haben dich also gefeuert, weil du dich geweigert hast, eine Kollegin zu bespitzeln? Das klingt mir nicht sehr plausibel.«

Sie suchte lange nach ihren Zigaretten, bot auch mir eine an, gab uns Feuer. Wir bestellten noch zwei Drinks. Ich wollte keinen Gin mehr, war aber so durcheinander, dass mir nichts anderes einfiel. Also noch mal das Gleiche. Ich hatte fast kein Geld mehr.

»Also«, sagte sie, »darüber möchte ich nicht reden. Jedenfalls war's das. Karriere beendet. Ich dachte sowieso nie, dass da was draus wird. Ich zieh wieder nach Hause und kümmer mich um meinen Dad. Der ist in letzter Zeit ein bisschen konfus. Ich werd ihm im Laden helfen. Und vielleicht schreib ich sogar was. Aber ich würde echt gern von dir wissen, was da läuft.«

In einer plötzlichen Gefühlsaufwallung, die die alten Tage unserer Freundschaft beschwor, packte sie den Kragen meiner Baumwolljacke. Sie rüttelte mich wach. »Du bist da in irgendwas reingeraten. Das ist Wahnsinn, Serena. Die sehen aus und klingen wie aufgeblasene Wichtigtuer, und genau das sind sie, aber sie können auch echt böse sein. Da sind sie sogar ziemlich gut drin. Ich sag dir, die sind böse.«

»Wir werden sehen«, erwiderte ich.

Ich war verunsichert und völlig ratlos, aber ich wollte sie bestrafen. Sie sollte sich Sorgen um mich machen. Fast hätte ich selbst geglaubt, dass ich wirklich ein Geheimnis hatte.

»Serena, du kannst es mir sagen.«

»Zu kompliziert. Und warum sollte ich dir irgendetwas erzählen? Was kannst du schon dran ändern? Du bist genauso ein kleines Licht wie ich. Oder warst es.«

»Sprichst du mit der anderen Seite?«

Die Frage schockierte mich. In diesem leichtsinnigen beschwipsten Augenblick wünschte ich mir geradezu, ich hätte einen russischen Führungsoffizier und ein Doppelleben und tote Briefkästen in Hampstead Heath, oder besser noch, ich wäre eine Doppelagentin und könnte nutzlose Wahrheiten und zersetzende Lügen in ein feindliches System einschleusen. Aber wenigstens hatte ich T. H. Haley. Und warum sollten sie mir den geben, wenn ich verdächtig war?

»Shirley, *du* bist die andere Seite.«

Ihre Antwort ging in den ersten Akkorden von *Knee Trembler* unter, einem unserer Lieblingssongs, doch diesmal hatten wir keine Freude daran. Unser Gespräch war beendet. Patt. Sie wollte mir nicht sagen, warum man sie gefeuert hatte, ich wollte ihr nicht das Geheimnis verraten, das ich nicht hatte. Eine Minute später glitt sie von ihrem Barhocker und ging grußlos und ohne auch nur zu winken. Ich hätte sowieso nicht reagiert. Ich blieb noch eine Weile sitzen, versuchte, das Konzert zu genießen, versuchte, mich zu beruhigen und vernünftig zu denken. Als ich meinen Gin ausgetrunken hatte, trank ich den Rest aus Shirleys Glas. Ich wusste nicht, was mich mehr aufbrachte, meine beste Freundin oder dass meine Arbeitgeber mir nachschnüffelten. Shirleys Verrat war unverzeihlich, der meiner Arbeitgeber beängstigend. Wenn ich unter Verdacht stand, musste das an irgendeinem bürokratischen Fehler liegen, aber das machte Nutting und Co. nicht weniger furchterregend. Und bestätigt zu kriegen, dass sie die Aufpasser in mein Zimmer geschickt hatten und irgendein Trottel mein Lesezeichen hatte fallen lassen, war auch kein Trost.

Die Band stürzte sich übergangslos in das zweite Stück,

My Rockin' Days. Wenn die Aufpasser sich wirklich unter das biertrinkende Publikum gemischt hatten, befanden sie sich viel näher an den Lautsprechern als ich. Das war vermutlich nicht gerade ihre Art von Musik. Diese stumpfsinnigen A4-Typen standen garantiert eher auf Easy Listening. Nicht auf so einen hämmernden Krach. Das war immerhin ein Trost, wenn auch ein schwacher.

Ich beschloss, nach Hause zu gehen und noch eine Erzählung zu lesen.

Niemand wusste, woher Neil Carder sein Geld hatte oder wieso er allein in einer Achtzimmervilla in Highgate lebte. Von den Nachbarn, die ihn gelegentlich auf der Straße antrafen, kannten die meisten nicht einmal seinen Namen. Ein unauffälliger Mensch, Ende dreißig, schmales, blasses Gesicht, sehr schüchtern und unbeholfen, ohne jedes Talent für die Art von Smalltalk, die nähere Bekanntschaften anbahnt. Aber er machte keinen Ärger und hielt Haus und Garten in Ordnung. Wenn sein Name einmal in Tratschgeschichten auftauchte, ging es zumeist um den großen weißen 1959er Bentley, der vor seinem Haus parkte. Was machte ein unscheinbarer Bursche wie Carder mit so einem auffälligen Schlitten? Spekuliert wurde auch über die junge, fröhliche, buntgekleidete nigerianische Haushälterin, die sechs Tage die Woche zu ihm ins Haus kam. Abeje erledigte die Einkäufe, machte die Wäsche, kochte, sie war attraktiv und bei den wachsamen Hausfrauen beliebt. Aber war sie auch Mr. Carders Geliebte? Das schien so unwahrscheinlich, dass manche tatsächlich zu dieser Annahme neigten. Diese blassen, stillen Männer, da konnte man nie wissen…

Andererseits wurden die beiden nie zusammen gesehen, Abeje saß nie in seinem Auto, sie ging immer kurz nach dem Tee und wartete am Ende der Straße auf den Bus nach Willesden. Falls Neil Carder ein Sexleben hatte, spielte es sich im Haus und ausschließlich zwischen neun und fünf ab.

Eine kurze Ehe und ihre Nachwehen, eine beträchtliche und unverhoffte Erbschaft sowie ein introvertiertes, wenig abenteuerlustiges Gemüt hatten Carders Leben jeglichen Inhalts beraubt. Es war ein Fehler gewesen, ein so großes Haus in einem Londoner Stadtteil zu kaufen, mit dem er nicht vertraut war, aber er konnte sich nicht dazu entschließen, ein anderes zu erwerben und umzuziehen. Was hätte das für einen Sinn gehabt? Seine wenigen Freunde und die Kollegen im Staatsdienst hatten sich von seinem plötzlichen, ungeheuren Reichtum abgestoßen gefühlt. Vielleicht waren sie neidisch. Wie auch immer, die Leute standen nicht gerade Schlange, um ihm zu helfen, sein Geld loszuwerden. Abgesehen von Haus und Auto hatte er keine großartigen materiellen Ansprüche, keine Hobbys, denen er endlich nachgehen konnte, keine philanthropischen Anwandlungen, und Auslandsreisen reizten ihn nicht. Abeje freilich war eine schöne Dreingabe, und sie brachte ihn auch zum Träumen, sehr sogar, aber sie war verheiratet und hatte zwei kleine Kinder. Ihr Mann, ebenfalls Nigerianer, hatte früher für die Fußballnationalmannschaft im Tor gestanden. Ein Blick auf einen Schnappschuss von ihm hatte Carder klargemacht: Da konnte er nicht mithalten, er war nicht Abejes Typ.

Neil Carder war ein langweiliger Mensch, und sein Leben machte ihn noch langweiliger. Er schlief lange, studierte sein Aktienportfolio und sprach mit seinem Börsenmakler, las ein bisschen, sah fern, spazierte gelegentlich in Hampstead Heath herum oder ging in Bars und Clubs, immer in der Hoffnung, dort jemanden kennenzulernen. Aber er war zu schüchtern, um fremde Frauen anzusprechen, und so ergab sich nie etwas. Er befand sich in der Schwebe, er wartete auf den Beginn eines neuen Lebens, sah sich aber außerstande, die Initiative zu ergreifen. Und als es endlich doch begann, geschah es auf höchst unspektakuläre Weise. Auf dem Heimweg von seinem Zahnarzt in der Wigmore Street kam er in der Oxford Street, unweit von Marble Arch, an einem Kaufhaus vorbei, in dessen riesigen Schaufenstern etliche Schaufensterpuppen in verschiedenen Abendkleidern und Posen aufgestellt waren. Er blieb kurz stehen und betrachtete sie, wurde verlegen, ging ein paar Schritte weiter, zögerte und kehrte wieder um. Die Puppen – bald sollte er diesen Ausdruck hassen – waren wie zu einer kultivierten Cocktailparty arrangiert. Eine Frau beugte sich vor, als wolle sie einer anderen ein Geheimnis verraten, die ihrerseits in amüsierter Skepsis einen steifen weißen Arm hob, während eine Dritte gelangweilt über die Schulter zu einer Tür blickte, wo ein rauher Bursche im Smoking mit seiner unangezündeten Zigarette stand.

Aber sie alle ließen Neil kalt. Was ihn faszinierte, war eine junge Frau, die sich von der Gruppe abgewandt hatte. Sie betrachtete einen Kupferstich – eine Ansicht von Venedig – an der Wand. Genau genommen sah sie knapp daran vorbei. Offenbar hatte der Schaufensterdekorateur nicht aufgepasst, oder, wie Neil sich plötzlich ausmalte, *die Frau selbst hatte den Kopf ein wenig abgedreht und sah jetzt nicht auf das Bild, sondern direkt in die Ecke. Sie verfolgte einen Gedanken, eine Idee, und es war ihr egal, welchen Eindruck sie machte.* Eigentlich wollte sie gar nicht da sein. Sie trug ein orangefarbenes Seidenkleid mit schlichtem Faltenwurf und war im Gegensatz zu den anderen barfuß. Ihre Schuhe – das mussten ihre Schuhe sein – lagen neben der Tür, als hätte sie sie beim Eintreten von den Füßen geschleudert. Sie liebte offenbar die Freiheit. In einer Hand hielt sie *eine kleine, schwarz-orange, mit Perlen bestickte Handtasche, die andere hing lässig herab, das Handgelenk nach außen gedreht, während sie ihrer Idee nachsann. Oder vielleicht auch einer Erinnerung. Den Kopf hielt sie leicht gesenkt, so dass ihr elegant geschwungener Nacken gut zur Geltung kam. Ihr Mund stand ein klein wenig offen, als setze sie zu einer Bemerkung an, forme ein Wort, einen Namen… Neil.*

Er riss sich aus seinem Tagtraum. So was Lächerliches, dachte er, ging zielstrebig weiter und sah auf die Uhr, wie um sich selbst zu beweisen, dass er tatsächlich ein Ziel hatte. Hatte er aber nicht. Ihn erwartete nichts als sein leeres Haus in Highgate. Wenn er dort ankam, wäre Abeje schon weg. Er konnte sich nicht einmal auf die neuesten Nachrichten von ihren kleinen Kindern freuen. Er zwang sich weiterzugehen, er spürte deutlich, dass er am Rande des Wahnsinns war, denn eine Idee nahm in seinem Kopf Gestalt an und wurde immer drängender. Es sprach für seine Willenskraft, dass er es bis zum Oxford Circus schaffte, ehe er kehrtmachte. Weniger gut war, dass er fast im Laufschritt zum Kaufhaus zurückeilte. Diesmal war es ihm nicht mehr peinlich, neben ihr zu stehen und sie in diesem ihrem höchst privaten Moment zu beobachten. Jetzt sah er auch ihr Gesicht. So gedankenverloren, so traurig, so schön. Sie stand so abseits, so allein. Um sie herum nur seichtes Gerede, das hatte sie alles schon mal gehört, das waren nicht ihre Leute, das war nicht ihr Milieu. Sie wollte fort, aber wie? Es war ein süßes, verlockendes Traumbild, und in diesem Stadium hatte Carder kein Problem, sich einzugestehen, dass es ein Traum war. Dieser Beweis seiner geistigen Gesundheit gab ihm erst recht die Freiheit, sich gehenzulassen, während der Strom der Passanten sich auf dem Bürgersteig an ihm vorbeidrückte.

Später konnte er sich nicht erinnern, ob er zuerst noch hin und her überlegt oder sich auf der Stelle entschieden hatte. Mit einem Gefühl von Schicksalhaftigkeit ging er in das Kaufhaus, sprach jemanden an, wurde an jemand anderen verwiesen, dann an einen ranghöheren Dritten, der ihm eine glatte Abfuhr erteilte. Vollkommen ausgeschlossen. Ein Betrag wurde genannt, eine Augenbraue hochgezogen, ein Vorgesetzter herbeigerufen, der Betrag verdoppelt und eine Einigung erzielt. Ende der Woche? Nein, jetzt sofort, und das Kleid, das sie anhatte, wollte er auch haben, dazu noch mehrere andere in der richtigen Größe. *Die Verkäuferinnen und Abteilungsleiter standen um ihn herum. Sie hatten es, und nicht zum ersten Mal, mit einem Exzentriker zu tun. Mit einem Verliebten. Alle wussten sie, hier bahnte sich ein gewaltiges Geschäft an.* Denn solche Kleider waren nicht billig, ebenso wenig wie die verschiedenen dazu passenden Schuhe oder die Unterwäsche aus changierender Seide. Fehlte noch – wie ruhig und entschlossen der Typ war – Schmuck. Und Parfum, fiel ihm ganz zum Schluss ein. Alles in zweieinhalb Stunden erledigt. Ein Lieferwagen wurde unverzüglich angefordert, die Adresse in Highgate notiert, die Zahlung geleistet.

Am Abend sah niemand sie, in den Armen des Fahrers, ins Haus kommen.

An dieser Stelle erhob ich mich aus meinem Lesesessel und ging nach unten, um mir Tee zu machen. Ich war immer noch ein bisschen betrunken, immer noch aufgewühlt nach dem Gespräch mit Shirley. Jetzt durfte ich bloß nicht anfangen, mein Zimmer nach einer Wanze zu durchsuchen, sonst müsste ich mir um meinen Verstand ernstlich Sorgen machen. Ich fürchtete, ich könnte genau wie Neil Carder den Bezug zur Wirklichkeit verlieren. War er die nächste verblendete Figur, die Haleys Erzählkunst in Grund und Boden stampfen würde? Widerstrebend trug ich meinen Tee nach oben, setzte mich auf die Bettkante und zwang mich, Haleys Geschichte wieder zur Hand zu nehmen. Der Leser sollte offensichtlich keine Gelegenheit bekommen, sich dem Wahnsinn des Millionärs zu entziehen, ihn von außen als das zu betrachten, was er war. Unmöglich, dass diese unappetitliche Story gut ausging.

Schließlich ließ ich mich wieder in den Sessel sinken und erfuhr, dass die Schaufensterpuppe Hermione hieß, was zufällig der Name von Carders Exfrau war. Sie hatte ihn nach nicht einmal einem Jahr eines Morgens verlassen. Während Hermione nun an diesem Abend nackt auf dem Bett lag, räumte er einen Schrank im Ankleidezimmer für sie aus und brachte ihre Kleider und Schuhe darin unter. Er duschte, dann zogen sie sich fürs Abendessen um. Er ging nach unten und verteilte das Essen, das Abeje für ihn zubereitet hatte, auf zwei Teller. Es musste nur noch aufgewärmt werden. Dann ging er ins Schlafzimmer zurück und brachte sie nach unten in den prächtigen Speiseraum. Sie aßen schweigend. Ja sie rührte ihr Essen nicht einmal an und wich seinem Blick beharrlich aus. Das konnte er verstehen. Die Spannung zwischen ihnen war beinahe unerträglich – einer der Gründe, warum er zwei Flaschen Wein trank. *Er war so betrunken, dass er sie nach oben tragen musste.*

Was für eine Nacht! Er gehörte zu den Männern, *denen die Passivität einer Frau ein Ansporn war, ein mächtiger Reiz.* Selbst im Taumel seiner Sinne nahm er die Langeweile in ihrem Blick wahr, die ihn zu neuen Gipfeln der Ekstase führte. Endlich, kurz vor Morgengrauen, ließen sie voneinander ab, vollkommen erschöpft und befriedigt. Stunden später weckte ihn die Sonne, die durch die Vorhänge schien, und er drehte sich auf die Seite. Es rührte ihn tief, dass sie die ganze Nacht auf dem Rücken geschlafen hatte. *Auch ihre stille Ruhe gefiel ihm. Ihre Insichgekehrtheit war so intensiv, dass sie in ihr Gegenteil umschlug und zu einer Macht wurde, die ihn überwältigte, ihn verzehrte und seine Liebe zur erotischen Obsession steigerte.* Was als müßige Träumerei vor einem Schaufenster begonnen hatte, war jetzt eine intakte Innenwelt, eine atemberaubende Realität, die er mit der Inbrunst eines religiösen Fanatikers verteidigte. Er konnte sich nicht erlauben, Hermione für leblos zu halten, weil seine Lust auf der masochistischen Voraussetzung beruhte, dass sie *nichts von ihm wissen wollte, ihn von oben herab ansah und ihrer Küsse, ihrer Zärtlichkeiten und selbst ihrer Unterhaltung nicht für würdig erachtete.*

Als Abeje das Schlafzimmer betrat, um dort Ordnung zu schaffen, erblickte sie zu ihrer Überraschung Hermione, die in einem zerrissenen Seidenkleid in einer Ecke stand und aus dem Fenster starrte. Aber dann entdeckte die Haushälterin in einem der Schränke zahlreiche elegante Damenkleider. Das freute sie. Sie war eine intelligente, bodenständige Frau, die wehmütig insistierenden Blicke ihres Arbeitgebers waren ihr nicht entgangen und ihr unangenehm gewesen. Jetzt hatte er eine Geliebte. Was für eine Erleichterung! Und wenn diese Frau eine Schaufensterpuppe mitbrachte, um ihre Kleider daran aufzuhängen – wen störte das schon? Das extrem zerwühlte Bettzeug sprach Bände – wie sie es am selben Abend auf Yoruba, ihrer Muttersprache, formulierte, um ihren muskulösen Gatten anzuspornen: *Die beiden singen wahrhaftig.*

Auch in Beziehungen, in denen die Liebe auf Gegenseitigkeit beruht und die Worte nur so strömen, ist es nahezu unmöglich, jenen anfänglichen Zustand der Verzückung länger als ein paar Wochen aufrechtzuerhalten. Historisch betrachtet, mag das nur einer Handvoll einfallsreicher Paare gelungen sein. *Doch wenn das sexuelle Terrain nur von einem einzigen Kopf beackert wird, eine einsame Gestalt die Wildnis rodet und sie urbar machen will, muss das Ende binnen Tagen kommen.* Eben das, was Carders Liebe nährte – Hermiones Schweigen –, musste sie auch zerstören. Hermione wohnte noch keine Woche bei ihm, als er einen Wechsel in ihrer Stimmung bemerkte, eine kaum merkliche Modifikation ihres Schweigens, eine beharrliche und fast unhörbare neue Note darin, die von Unzufriedenheit kündete. Von diesem Tinnitus des Zweifels angetrieben, gab er sich noch mehr Mühe, sie zufriedenzustellen. Als sie an diesem Abend im Schlafzimmer waren, kam ihm ein Verdacht, der sich zu einem Schauer des Entsetzens ausweitete – und es war wirklich ein Schauer. *Sie dachte an einen anderen.* Sie hatte denselben Blick wie damals im Schaufenster, als sie abseits von den anderen Gästen in eine Ecke starrte. Sie wollte woanders sein. Als er mit ihr schlief, verband sich der Schmerz dieser Erkenntnis untrennbar mit der Lust, die ihm, scharf wie das Skalpell eines Chirurgen, ins Herz schnitt. Aber es ist ja schließlich nur ein Verdacht, sagte er sich, als er sich in seine Betthälfte zurückzog. Sein Schlaf war tief in dieser Nacht.

Als Abeje ihm am nächsten Morgen das Frühstück servierte (Hermione blieb immer bis Mittag im Bett), bemerkte er an ihr eine ganz ähnliche Veränderung, was seine Zweifel wieder aufleben ließ. Die Haushälterin gab sich barsch und zugeknöpft. Sie wich seinem Blick aus. Der Kaffee war lauwarm und dünn, und als er sich darüber beklagte, fand er ihren Ton unwirsch. Sie brachte eine neue Kanne, heiß und stark, wie sie sagte – da hatte er eine Eingebung. Es war ganz einfach. Die Wahrheit war immer einfach. Die beiden liebten sich, Hermione und Abeje. Heimlich und hastig. Immer wenn er das Haus verließ. Wen sonst hatte Hermione seit ihrer Ankunft gesehen? Daher dieser fahrige, sehnsuchtsvolle Blick. Daher Abejes Schroffheit heute Morgen. Daher alles andere. Er war ein Idiot, ein ahnungsloser Idiot.

Die Trennung wurde rasch vollzogen. An diesem Abend war das Skalpell schärfer, es schnitt tiefer und drehte sich noch in der Wunde um. Und er wusste, dass Hermione es wusste. Das erkannte er an ihrem sprachlosen Entsetzen. *Ihr Verbrechen berechtigte ihn zu rücksichtslosem Vorgehen. Mit der ganzen Grausamkeit einer enttäuschten Liebe fiel er über sie her, und als er kam, als sie beide kamen, schlossen sich seine Finger fest um ihre Kehle. Und als er fertig war, hatten ihre Arme und Beine und ihr Kopf keine Verbindung mehr zu ihrem Rumpf, den er an der Schlafzimmerwand zertrümmerte. Sie lag in alle Ecken verstreut, eine zerstörte Frau.* Diesmal kam kein tröstender Schlaf. Am Morgen stopfte er Hermiones Körperteile in einen Plastiksack und trug ihn, mitsamt ihren Habseligkeiten, zur Mülltonne. Benommen schrieb er Abeje eine kurze Notiz (er war nicht in der Stimmung für eine weitere Konfrontation), in der er ihr ihre »fristlose« Kündigung mitteilte, und legte ihr den Lohn für den Rest des Monats auf den Küchentisch. Dann machte er einen langen, reinigenden Spaziergang in Hampstead Heath. Am Abend öffnete Abeje die Plastiktüten, die sie aus dem Müll geholt hatte, und führte ihrem Mann die Sachen vor – die Seidenkleider, den Schmuck und die Schuhe. Stockend erzählte sie ihm auf Kanuri, seiner Muttersprache (sie hatten über Stammesgrenzen hinweg geheiratet): *Sie hat ihn verlassen, und er ist daran zerbrochen.*

Danach zog Carder sich noch mehr zurück, kam allein »zurecht« und alterte mit einem Mindestmaß an Würde. Die ganze Erfahrung hatte ihn nichts gelehrt. Es gab keine Moral von der Geschichte, keine Lektion, *denn obwohl er, ein gewöhnlicher Mensch, die ungeheure Macht der Phantasie für sich entdeckt hatte, wollte er über das Geschehene nicht nachdenken. Er beschloss, die Geschichte vollständig aus seinen Gedanken zu verbannen, und so gründlich verschließt der menschliche Geist seine verschiedenen Schubladen und Fächer, dass es ihm gelang. Er vergaß sie ganz und gar. Und lebte nie wieder so intensiv.*

10

Max hatte mir erzählt, sein neues Büro sei kleiner als eine Besenkammer, tatsächlich aber war es ein wenig größer. Zwischen Schreibtisch und Tür hätten über ein Dutzend Besen senkrecht verstaut werden können, zwischen Stuhl und Wänden noch ein paar mehr. Für ein Fenster blieb jedoch kein Platz. Der Raum bildete ein spitzes Dreieck, in dessen Scheitelpunkt Max eingezwängt war, während ich mit dem Rücken zur Basis saß. Ganz ungestört konnte man nicht sprechen, denn die Tür ließ sich nicht richtig schließen. Sie ging nach innen auf, und hätte jemand hereinkommen wollen, hätte ich aufstehen und meinen Stuhl unter den Schreibtisch schieben müssen. Auf dem Tisch lag ein Stapel Briefpapier mit der Adresse der Stiftung ›Freedom International‹ in der Upper Regent Street und einer picassoesken aufflatternden Taube mit einem offenen Buch im Schnabel. Wir hatten beide die Broschüre der Stiftung vor uns, auf der vorne das Wort »Freiheit« schräg und in leicht verwackelten, wie gestempelten roten Buchstaben prangte. ›Freedom International‹, ein eingetragener Wohltätigkeitsverein, hatte sich der Förderung der »Exzellenz und der Freiheit der Künste in aller Welt« verschrieben. Die Stiftung war durchaus ernst zu nehmen. Sie hatte Autoren in Jugoslawien, Brasilien, Chile, Kuba, Syrien, Rumänien und Ungarn unterstützt, durch Zuschüsse, Übersetzungsförderung und anderweitige Maßnahmen, zudem eine Tanztruppe in Paraguay, Journalisten in Francos Spanien und Salazars Portugal und Dichter in der Sowjetunion. Sie hatte einem Schauspielerkollektiv in Harlem, New York, Geld gegeben und einem Barockorchester in Alabama, und sich mit Erfolg dafür eingesetzt, dass die Zensur des Lord Chamberlain über das britische Theater aufgehoben wurde.

»Ein anständiger Verein«, sagte Max. »Da stimmst du mir hoffentlich zu. Treten überall für ihre Werte ein. Ganz anderes Kaliber als diese Apparatschiks vom IRD. In jeder Hinsicht raffinierter.«

Er trug einen dunkelblauen Anzug. Stand ihm viel besser als das senfgelbe Jackett, das er sonst jeden zweiten Tag anhatte. Und weil er sich die Haare wachsen ließ, fielen seine abstehenden Ohren nicht mehr so auf. Die einzige Lichtquelle im Raum, eine Glühbirne unter einem Blechschirm, hob seine Wangenknochen und den Bogen seiner Lippen hervor. Seine elegante, schöne Erscheinung passte so gar nicht in dieses winzige Zimmer, in dem er hockte wie ein Tier in einem zu kleinen Käfig.

Ich sagte: »Warum wurde Shirley Shilling gefeuert?«

Mein abrupter Themenwechsel brachte ihn nicht aus der Fassung. »Ich hatte gehofft, du wüsstest vielleicht mehr.«

»Hat es mit mir zu tun?«

»Schau, in so einem Laden wie hier, das ist... man hat all diese Kollegen, angenehme, reizende Leute aus gutem Haus und so weiter. Aber wenn man nicht gerade gemeinsam an einer Operation arbeitet, dann weiß man nicht, was sie machen, worin ihre Arbeit besteht und ob sie gut darin sind oder nicht. Man weiß nicht, ob man es mit grinsenden Idioten oder freundlichen Genies zu tun hat. Plötzlich werden sie befördert oder gefeuert, und man hat keine Ahnung, warum. So ist das eben.«

Ich glaubte ihm nicht, dass er nichts wusste. Wir schwiegen und ließen das Thema auf sich beruhen. Seit Max mir am Ausgang vom Hyde Park erzählt hatte, dass er mich immer mehr ins Herz schließe, hatten wir sehr wenig Zeit miteinander verbracht. Ich spürte, dass er in der Hierarchie aufrückte und sich von mir entfernte.

Er sagte: »Bei der Besprechung neulich hatte ich den Eindruck, dass du über das IRD nicht richtig im Bilde bist. Information Research Department, das Ressort für Informationsbeschaffung. Offiziell existiert es gar nicht. 1948 gegründet, dem Außenministerium angegliedert, Büros in Carlton Terrace. Das IRD soll durch regierungsfreundliche Journalisten und Nachrichtenagenturen Informationen über die Sowjetunion in die Öffentlichkeit schleusen, Daten und Fakten zur Verfügung stellen, der Propaganda widersprechen, gewisse Publikationen fördern. Also das Übliche – Arbeitslager, kein Rechtsstaat, miese Lebensbedingungen, Unterdrückung Andersdenkender. Generell unterstützen sie die nicht-kommunistische Linke und tun alles, um die hiesigen Hirngespinste über das Leben im Osten zu entkräften. Aber das IRD verzettelt sich. Letztes Jahr haben sie der Linken einzureden versucht, wir müssten Europa beitreten. Lächerlich. Und Gott sei Dank ziehen wir sie jetzt von Nordirland ab. Früher haben sie gute Arbeit geleistet. Heute sind sie aufgebläht und plump. Und ziemlich irrelevant. Man munkelt, dass der Laden bald dichtgemacht wird. Aber hier im Haus stört man sich vor allem daran, dass das IRD zum Werkzeug des MI6 geworden ist und sich auf Desinformation verlegt hat, Täuschungsmanöver, die niemanden täuschen. Ihre Berichte stammen aus zwielichtigen Quellen. Mit Hilfe des IRD und seines sogenannten Action Desk lässt der MI6 den letzten Krieg wieder aufleben. Was die veranstalten, ist alberner Pfadfinderkram. Deswegen ist diese ›Gesicht zur Wand‹-Geschichte, die Peter Nutting erzählt hat, beim MI5 so beliebt.«

»Stimmt die denn?«, fragte ich.

»Wohl eher nicht. Aber sie lässt den MI6 wie einen Haufen aufgeblasener Idioten erscheinen, und das kommt hier gut an. Wie auch immer, mit Honig wollen wir selber was auf die Beine stellen, unabhängig vom MI6 oder den Amerikanern. Ein Romanschriftsteller war ursprünglich nicht vorgesehen, das ist eine nachträgliche Laune von Peter. Ich persönlich halte das für einen Fehler – zu unkalkulierbar. Aber wir machen es jetzt. Der Autor braucht kein fanatischer Kalter Krieger zu sein. Nur skeptisch, was Utopien im Osten und drohende Katastrophen im Westen betrifft – du weißt schon.«

»Was passiert, wenn der Schriftsteller dahinterkommt, dass wir seine Miete bezahlen? Da wird er doch stinksauer.«

Max sah weg. Ich dachte, ich hätte eine dumme Frage gestellt. Aber nach kurzem Schweigen antwortete er: »Die Verbindung zwischen uns und ›Freedom International‹ ist mehrfach getarnt. Selbst wenn man genau weiß, wo man nachsehen muss, wäre es nicht einfach herauszufinden. Falls irgendetwas ans Licht kommt, gehen wir davon aus, dass die Schriftsteller eine Blamage lieber vermeiden wollen und stillhalten. Und wenn nicht, erklären wir ihnen, wir könnten beweisen, dass sie schon immer über die Herkunft des Geldes Bescheid gewusst hätten. Und das Geld wird weiterfließen. Hat man sich erst einmal an einen gewissen Lebensstandard gewöhnt, verzichtet man ungern darauf.«

»Also Erpressung.«

Er zuckte die Schultern. »Schau, das IRD in seinen Glanzzeiten hat Orwell oder Koestler nie gesagt, was sie in ihren Büchern schreiben sollen. Aber es hat nach Kräften dafür gesorgt, dass ihre Ideen sich auf der ganzen Welt verbreiten konnten. Wir haben es mit freien Geistern zu tun. Wir sagen ihnen nicht, was sie denken sollen. Wir ermöglichen es ihnen, in Ruhe zu arbeiten. Drüben hat man freie Geister früher in die Gulags verschleppt. Heute ist in der Sowjetunion die Psychiatrie der neue Staatsterror. Wer gegen das System opponiert, gilt als gemeingefährlicher Irrer. Und hier wollen uns gewisse Labour-Leute, Gewerkschafter, Profs, Studenten und sogenannte Intellektuelle weismachen, die USA seien keinen Deut besser –«

»Bomben auf Vietnam.«

»Ja, sicher. Aber überall in der Dritten Welt gibt es ganze Völker, die meinen, sie könnten von der Sowjetunion etwas über Freiheit lernen. Der Kampf ist noch nicht vorbei. Wir wollen das Richtige und Gute fördern. Peter sieht es so, Serena: Du liebst die Literatur, du liebst dein Land. Er glaubt, die Sache ist wie für dich gemacht.«

»Aber du siehst das nicht so.«

»Ich denke, wir sollten uns auf Sachliteratur konzentrieren.«

Ich wurde nicht schlau aus ihm. Sein ganzes Benehmen

hatte etwas Unpersönliches. Honig, oder meine Rolle darin, gefiel ihm nicht, aber er blieb ruhig, geradezu nüchtern. Er wirkte wie ein gelangweilter Verkäufer, der mir zu einem Kleid riet, von dem er wusste, dass es mir nicht stand. Ich wollte ihn aus dem Konzept bringen, ihm wieder näherkommen. Er ging mit mir die Einzelheiten durch. Ich sollte meinen richtigen Namen verwenden. Ich sollte in die Upper Regent Street gehen und mit den Leuten von der Stiftung reden. Denen hatte man erzählt, dass ich für ›Word Unpenned‹ arbeitete, eine Organisation, die ›Freedom International‹ Gelder für ausgewählte Autoren zukommen ließ. Wenn ich dann später nach Brighton fuhr, sollte ich darauf achten, nichts mitzunehmen, das mit Leconfield House in Verbindung gebracht werden konnte.

Hielt mich Max denn für blöd? Ich unterbrach ihn: »Was, wenn mir Haley gefällt?«

»Prima. Dann nehmen wir ihn.«

»Ich meine, richtig gefällt?«

Er blickte gereizt von seiner Checkliste auf. »Wenn du das lieber doch nicht machen willst...« Sein Ton war eisig. Das freute mich.

»Max«, sagte ich, »das war ein Scherz.«

»Reden wir über deinen Brief an ihn. Du schreibst am besten einen Entwurf und zeigst ihn mir.«

Also besprachen wir den Brief und weitere Modalitäten, und mir wurde klar, dass wir in seinen Augen keine engen Freunde mehr waren. Ich konnte ihn nicht mehr bitten, mich zu küssen. Aber das wollte ich so nicht hinnehmen. Ich hob meine Handtasche vom Boden, machte sie auf und holte ein Päckchen Papiertaschentücher heraus. Erst im

Jahr zuvor hatte ich die Baumwolltaschentücher mit *broderie anglaise* und meinem Monogramm in Pink aussortiert – ein Weihnachtsgeschenk meiner Mutter. Papiertaschentücher verbreiteten sich damals gerade rasend schnell, genauso wie Einkaufswagen. Die Welt wurde rapide zu einer Wegwerfwelt. Während ich mir einen Augenwinkel abtupfte, versuchte ich zu einem Entschluss zu kommen. In meiner Tasche ruhte das dreieckige Stück Papier mit den Bleistiftbuchstaben. Ich hatte mich umentschieden. Es Max zu zeigen war genau das Richtige. Oder genau das Falsche. Dazwischen gab es nichts.

»Ist irgendwas?«

»Nur ein bisschen Heuschnupfen.«

Schließlich sagte ich mir, was ich mir schon oft gesagt hatte: Immer noch besser, oder zumindest interessanter, wenn Max mir Lügen auftischt, als wenn ich überhaupt nichts weiß. Ich nahm den Zeitungsschnipsel und schob ihn über den Schreibtisch. Er warf einen Blick darauf, drehte ihn um, legte ihn hin und starrte mich an.

»Nun?«

»Canning und die Insel, deren Namen du so clever erraten hast.«

»Wo hast du das her?«

»Wenn ich's dir sage, redest du dann offen mit mir?«

Er antwortete nicht, aber ich erzählte ihm trotzdem von dem sicheren Haus in Fulham und dem Einzelbett und der Matratze.

»Wer war mit dir dort?«

Ich sagte es ihm, und er hauchte ein leises »Ah« in seine Hände. Dann sagte er: »Deshalb hat man sie gefeuert.«

»Das heißt?«

Er breitete hilflos die Hände aus. Ich war nicht befugt, das zu erfahren.

»Darf ich das behalten?«

»Auf keinen Fall.« Ehe er zugreifen konnte, schnappte ich mir den Zettel und verstaute ihn in meiner Tasche.

Er räusperte sich leise. »Dann sollten wir zum nächsten Punkt kommen. Die Erzählungen. Was wirst du ihm sagen?«

»Ganz aufgeregt, großartiges neues Talent, außerordentliche Bandbreite, wunderbar geschmeidige Prosa, äußerst einfühlsam, insbesondere was Frauen betrifft, scheint sie von innen heraus zu kennen und zu verstehen, im Gegensatz zu den meisten Männern, möchte ihn unbedingt näher kennenlernen und –«

»Serena, das reicht!«

»Bin überzeugt, dass er eine große Zukunft vor sich hat, eine Zukunft, an der die Stiftung gern teilhaben möchte. Insbesondere, falls er einen Roman schreiben will. Wir zahlen ihm – wie viel?«

»Zweitausend im Jahr.«

»Für wie viele Jahre?«

»Zwei. Verlängerbar.«

»Mein Gott. Wie kann er da nein sagen?«

»Weil eine wildfremde Frau auf seinem Schoß sitzt und ihm das Gesicht abschleckt. Du musst kühler sein. Ihn auf dich zukommen lassen. Die Stiftung ist zwar interessiert, aber noch ist nichts entschieden, es gibt jede Menge andere Kandidaten, wie sehen seine Pläne für die Zukunft aus und so weiter.«

»Gut. Ich spiele die Spröde. Und dann gebe ich ihm alles.«

Max lehnte sich zurück, verschränkte die Arme, blickte zur Decke und sagte: »Serena, du bist aufgebracht und traurig, und das tut mir leid. Ich weiß ehrlich nicht, warum Shilling gefeuert wurde, und ich weiß auch nichts über deinen Zettel da. Punkt. Aber hör zu, da gibt es etwas, was ich dir wohl erzählen sollte. Über mich.«

Jetzt würde er also aussprechen, was ich seit langem vermutete: dass er homosexuell war. Ich schämte mich. Ich hatte ihm kein Geständnis abnötigen wollen.

»Ich verrate dir das, weil wir immer gute Freunde waren.«

»Ja.«

»Aber es darf diesen Raum nicht verlassen.«

»Niemals!«

»Ich bin verlobt.«

Der Bruchteil einer Sekunde, den ich brauchte, um meinen Gesichtsausdruck wieder in den Griff zu kriegen, gewährte ihm wohl einen Blick ins Herz meiner Verwirrung.

»Aber das ist ja eine wunderbare Neuigkeit. Wer ist –«

»Sie ist nicht beim MI5. Ruth ist Ärztin im Guy's Hospital. Unsere Familien sind schon seit Ewigkeiten befreundet.«

Die Worte entschlüpften mir. »Eine arrangierte Ehe!«

Max lachte nur schüchtern und schien sogar ein wenig rot zu werden, es war schwer zu erkennen in dem gelblichen Licht. Also lag ich vielleicht richtig, und die Eltern, die sein Studienfach ausgesucht hatten, die nicht wollten, dass er mit den Händen arbeitete, hatten ihm auch seine Frau ausgesucht. Ich musste daran denken, wie verletzlich ich ihn schon erlebt hatte, und da spürte ich den ersten Anflug von Schmerz. Ich hatte es vergeigt. Selbstmitleid überkam mich. Die Leute sagten mir immer wieder, ich sei schön, und ich glaubte ihnen. Eigentlich hätte ich mit jener besonderen Gnade der Schönheit durchs Leben schweben sollen und reihenweise Männern den Kopf verdrehen. Stattdessen ließen sie mich sitzen oder starben mir weg. Oder heirateten.

Max sagte: »Ich dachte, das solltest du wissen.«

»Ja. Danke.«

»Wir werden es erst in ein paar Monaten bekanntgeben.«

»Selbstverständlich.«

Max stieß den Stapel mit seinen Notizen zurecht. Die unerquickliche Angelegenheit war vom Tisch, jetzt konnten wir weitermachen. Er sagte: »Die Erzählungen, was hältst du wirklich von ihnen? Zum Beispiel die mit den Zwillingsbrüdern.«

»Die fand ich sehr gut.«

»Ich fand sie grässlich. Ein Atheist, der so bibelfest ist, das glaube ich nicht. Oder der sich als Vikar verkleidet und eine Predigt hält.«

»Bruderliebe.«

»Aber der ist doch zu keinerlei Art von Liebe fähig. Er ist ein Schuft, und schwach noch dazu. Warum sollte man am Schicksal eines solchen Menschen Anteil nehmen?«

Mir kam es vor, als sprächen wir in Wahrheit über Haley, nicht über Edmund Alfredus. Max' Tonfall hatte etwas Gezwungenes. Offenbar war es mir gelungen, ihn eifersüchtig zu machen. Ich sagte: »Ich fand ihn sehr attraktiv. Klug, brillanter Redner, Schalk im Nacken, wagemutig. Nur ist er ihr einfach nicht gewachsen – wie heißt sie noch? Jean.«

»Die fand ich völlig unglaubwürdig. Diese zerstörerischen, männermordenden Frauen gibt es doch nur in der Phantasie einer bestimmten Art von Männern.«

»Was für Männer denn?«

»Ach, was weiß ich. Masochistisch. Irgendwie schuldbeladen. Von Selbsthass zerfressen. Vielleicht kannst du es mir sagen, wenn du zurückkommst.« Er stand auf, um unser Gespräch zu beenden. War er wütend? Es blieb mir schleierhaft. Ich fragte mich, ob er auf eine verdrehte Art mir die Schuld dafür gab, dass er heiraten würde. Vielleicht ärgerte er sich aber auch über sich selbst. Oder meine Bemerkung zur arrangierten Ehe hatte ihn gekränkt.

»Meinst du wirklich, dass Haley der falsche Mann ist?«

»Das liegt in Nuttings Verantwortung. Seltsam ist nur, dass sie dich nach Brighton schicken. Normalerweise ziehen wir unsere Leute nicht direkt in so etwas rein. Im Normalfall würde man jemanden von der Stiftung hinschicken, wie immer über Mittelmänner operieren. Im Übrigen halte ich die ganze Sache, na ja, egal, das ist nicht mein, hm…«

Er stützte sich, die Finger gespreizt, auf dem Schreibtisch ab und deutete mit einer kaum merklichen Kopfbewegung zur Tür hinter mir. Ein Rauswurf mit geringstmöglichem Aufwand. Aber für mich war das Gespräch noch nicht zu Ende.

»Da gibt es noch etwas, Max. Du bist der Einzige, dem ich davon erzählen kann. Ich glaube, ich werde beschattet.«

»Wirklich? Nicht schlecht für deine Rangstufe.«

Ich ging über seinen Spott hinweg. »Ich rede nicht von der Moskauer Zentrale. Ich meine die Aufpasser. Jemand ist in meinem Zimmer gewesen.«

Seit meiner Unterhaltung mit Shirley war ich auf dem Nachhauseweg immer besonders wachsam gewesen, ohne irgendetwas Verdächtiges zu bemerken. Aber ich wusste ja auch nicht, worauf ich achten sollte. Das hatte nicht zu unserer Ausbildung gehört. Meine vagen Vorstellungen stammten aus Filmen, einmal hatte ich auf der Straße plötzlich kehrtgemacht und in Hunderte von Passantengesichtern gespäht. Ein andermal war ich in die U-Bahn ein- und gleich wieder ausgestiegen, mit dem einzigen Ergebnis, dass ich später als sonst in Camden ankam.

Aber jetzt erreichte ich meinen Zweck, denn Max setzte sich wieder, das Gespräch ging weiter. Seine Miene hatte sich verhärtet, er sah auf einmal älter aus.

»Woher willst du das wissen?«

»Na ja, manche Sachen waren nicht an ihrem Platz. Ich schätze, auch die Aufpasser sind mal tollpatschig.«

Er sah mich unverwandt an. Schon kam ich mir vor wie eine Idiotin.

»Serena, sei vorsichtig. Wenn du mehr zu wissen vorgibst, als du nach deinen paar Monaten in der Registratur eigentlich wissen kannst, erweckst du einen ganz falschen Eindruck. Seit den Cambridge Three und George Blake sind die Leute nervös und ein bisschen demoralisiert. Sie ziehen allzu voreilige Schlüsse. Hör also auf, so zu tun, als wüsstest du mehr, als du weißt. Weil du dann nämlich am Ende noch tatsächlich beschattet wirst. Mir scheint, genau das ist dein Problem.«

»Ist das eine Vermutung, oder weißt du davon?«

»Es ist eine freundschaftliche Warnung.«

»Also werde ich wirklich beschattet.«

»Ich bin hier nur eine relativ kleine Nummer. Ich würde als Allerletzter davon erfahren. Man hat uns zusammen gesehen …«

»Schon länger nicht mehr, Max. Vielleicht war unsere Freundschaft nicht gut für deine Karriereaussichten.«

Das war unterste Schublade. Ich konnte mir nicht eingestehen, wie sehr mich die Nachricht von seiner Verlobung verletzt hatte. Seine Selbstbeherrschung machte mich rasend. Ich wollte ihn provozieren, ihn bestrafen, und jetzt war es mir gelungen: Er sprang auf, er zitterte.

»Seid ihr Frauen denn wirklich unfähig, Berufliches und Privates auseinanderzuhalten? Ich versuche dir zu helfen, Serena. Du hörst mir nicht zu. Lass es mich anders formulieren. In unserem Job kann die Grenze zwischen dem, was Leute sich einbilden, und dem, was tatsächlich der Fall ist, sehr unscharf werden. Genau genommen ist diese Grenze eine graue Nebellandschaft, groß genug, um sich darin zu verirren. Du bildest dir was ein – und dann wird es plötzlich wahr. Die Gespenster werden real. Drücke ich mich jetzt verständlich aus?«

Ich fand nicht. Ich stand auf, bereit zu einer Retourkutsche, aber er hatte genug von mir. Ehe ich den Mund aufmachen konnte, sagte er etwas ruhiger: »Du gehst jetzt besser. Tu einfach deine Arbeit. Mach alles nicht unnötig kompliziert.«

Aus meinem stürmischen Abgang wurde nichts. Um den Raum zu verlassen, musste ich erst meinen Stuhl unter den Schreibtisch schieben und mich um ihn herum zwängen, und zuknallen konnte ich die verzogene Tür auch nicht.

II

Ich arbeitete in einer Bürokratie, und die Sache verzögerte sich wie auf Anweisung von oben. Mein Briefentwurf an Haley wurde Max vorgelegt, der an diesem wie auch an meinem zweiten Versuch einige Änderungen vornahm, und als ein dritter endlich an Peter Nutting und dann an Benjamin Trescott weitergeleitet worden war, wartete ich fast drei Wochen auf ihre Anmerkungen. Die wurden dann eingefügt, Max gab dem Ganzen den letzten Schliff, und fünf Wochen nach meiner ersten Fassung brachte ich die fünfte und endgültige zur Post. Ein Monat verging, und wir hörten nichts. Wir ließen Nachforschungen anstellen und erfuhren, dass Haley sich zu Recherchen im Ausland aufhielt. Erst Ende September bekamen wir seine Antwort, ein schiefes Gekritzel auf liniertem Papier, das aus einem Notizblock gerissen war. Es sah gewollt gleichgültig aus. Er schrieb, er würde gern mehr erfahren. Er verdiene seine Brötchen als Dozent an der Uni, habe also jetzt ein Büro auf dem Campus. Dort sollten wir uns treffen, schlug er vor, denn er wohne ziemlich beengt.

Ich hatte eine letzte kurze Besprechung mit Max.

Er fragte: »Was hältst du von dieser Geschichte in der *Paris Review*, der mit der Schaufensterpuppe?«

»Die fand ich interessant.«

»Serena! Die war vollkommen unglaubwürdig. Ein Typ mit solchen Wahnvorstellungen würde doch garantiert in der geschlossenen Abteilung einer Irrenanstalt landen.«

»Woher willst du wissen, dass das nicht passiert ist?«

»Dann hätte Haley es dem Leser sagen sollen.«

Bevor ich sein Büro verließ, erzählte mir Max noch, dass drei Honig-Autoren das Stipendium von ›Freedom International‹ bereits akzeptiert hätten. Ich solle weder ihn noch mich selbst enttäuschen, Nummer vier dürfe mir nicht durch die Lappen gehen.

»Ich dachte, ich soll die Spröde spielen.«

»Wir sind im Vergleich zu den anderen im Rückstand. Peter wird langsam ungeduldig. Auch wenn er nichts taugt, nimm ihn einfach unter Vertrag.«

Es war eine angenehme Abwechslung von meinem Alltag, als ich an einem ungewöhnlich warmen Morgen Mitte Oktober nach Brighton fuhr und aus der Höhle des Bahnhofs in die salzige Seeluft hinaustrat, wo Silbermöwen mich mit ihren fallenden Schreien begrüßten. Beim Anblick der Möwen musste ich an eine Freiluftaufführung von *Othello* denken, die ich einmal auf dem Rasen vor dem King's College gesehen hatte. »Möwe« war zu Shakespeares Zeiten ein Ausdruck für »Dummkopf«. Lief ich etwa einem Dummkopf nach? Bestimmt nicht. Ich nahm den klapprigen, aus drei Waggons bestehenden Regionalzug nach Lewes, stieg in Falmer aus und legte die Viertelmeile zu dem modernen Gebäudekomplex, der sich Universität von Sussex nannte (früher von der Presse auch gern als Balliol-by-the-Sea bezeichnet), zu Fuß zurück. Ich trug einen roten Minirock, eine schwarze Jacke mit hohem Kragen, schwarze Stöckelschuhe und eine Schultertasche aus weißem Lackleder mit kurzem Riemen. Ohne Rücksicht auf meine schmerzenden Füße stolzierte ich durch die Massen der Studenten über den gepflasterten Weg auf den Haupteingang zu, sah naserümpfend auf die Jungs herab – für mich waren es Jungs –, die fast alle schäbige Armeeparkas anhatten, und erst recht auf die Mädchen in ihren indischen Baumwollröcken, ungeschminkt, mit langen glatten Haaren und Mittelscheitel. Manche waren barfuß, vermutlich aus Solidarität mit den Bauern in den Entwicklungsländern. Allein schon das Wort »Campus« erschien mir als frivoler Import aus den USA. Selbstbewusst näherte ich mich dem Bauwerk, das Sir Basil Spence in diesem entlegenen Winkel der Sussex Downs aus dem Boden gestampft hatte, und brachte für die Idee von Universitätsneugründungen nur Verachtung auf. Zum ersten Mal in meinem Leben war ich stolz auf Cambridge und das Newnham College. Wie konnte eine ernstzunehmende Universität *neu* sein? Und wer wollte sich mir in den Weg stellen, wie ich da in meinem rot-weiß-schwarzen Outfit unwillig auf die Pförtnerloge zustrebte, wo ich mich nach dem Weg erkundigen wollte?

Ich gelangte auf einen Platz, der vermutlich als architektonische Anspielung auf einen College-Innenhof gedacht war. Eingefasst wurde er von seichten Wasserflächen, rechteckigen, mit glatten Flusskieseln umrandeten Teichen. Wenig Wasser war darin, dafür umso mehr Bierdosen und Papiertüten. Aus dem Ziegel- und Glasbau vor mir drang das Hämmern und Jaulen von Rockmusik. Ich erkannte die rauhe, keuchende Flöte von Jethro Tull. Hinter den großen Fenstern im Obergeschoss sah ich Gestalten, Spieler und

Zuschauer, über Reihen von Kickertischen gebeugt. Die Räume der Studentenschaft, was sonst. Überall ähnelten sie sich, diese Orte zum ausschließlichen Gebrauch stumpfsinniger Jungs, hauptsächlich Mathematiker und Chemiker. Mädchen und Ästheten gingen woandershin. Für eine Universität war es eine armselige Visitenkarte. Ich ging schneller und bemerkte zu meinem Ärger, dass ich unwillkürlich in den Rhythmus des donnernden Schlagzeugs gefallen war. Ich kam mir vor, als näherte ich mich einem Ferienlager.

Der gepflasterte Weg führte unter den Räumen der Studentenschaft hindurch und von dort durch eine Glastür in den Empfangsbereich. Zumindest die Pförtner in ihren Uniformen hinter dem langen Empfangstisch kamen mir vertraut vor – diese spezielle Sorte Männer mit ihrer müden Toleranz, ihrer grummeligen Gewissheit, klüger zu sein als alle Studenten zusammen. Während die Musik hinter mir verebbte, folgte ich ihrer Wegbeschreibung, überquerte einen weiten Platz, ging zwischen riesigen Rugbypfosten aus Beton hindurch in den geisteswissenschaftlichen Block A hinein und kam auf der anderen Seite, schon mit Blick auf Block B, wieder heraus. Warum konnten die ihre Gebäude nicht nach Künstlern oder Philosophen benennen? Drinnen bog ich in einen Korridor und ging an Türen zu Dozentenbüros vorbei, an die alles Mögliche geheftet war. Ein Kärtchen mit der Aufschrift: »Die Welt ist alles, was der Fall ist«, ein Black-Panther-Poster, ein Hegel-Zitat auf Deutsch, ein Merleau-Ponty-Zitat auf Französisch. Was für Angeber. Am Ende eines weiteren Korridors lag Haleys Zimmer. Bevor ich anklopfte, zögerte ich kurz.

Ich stand neben einem hohen schmalen Fenster, das auf

eine große Rasenfläche hinausging. In dem Licht konnte ich mein verwässertes Spiegelbild in der Scheibe sehen, also nahm ich einen Kamm, fuhr mir rasch damit durchs Haar und rückte meinen Kragen gerade. Meine leichte Nervosität kam daher, dass ich in den vergangenen Wochen mit meiner persönlichen Version von Haley sehr vertraut geworden war, ich hatte seine Gedanken über Sex und Verrat, Stolz und Versagen gelesen. Wir hatten bereits eine gemeinsame Basis, und ich wusste, die würde nun gleich entweder umformuliert oder zerstört werden. Was auch immer er in Wirklichkeit war, es würde eine Überraschung sein und wahrscheinlich eine Enttäuschung. Sobald wir uns die Hand gaben, würde unsere Vertrautheit ins Gegenteil umschlagen. Auf der Fahrt nach Brighton hatte ich noch einmal alle seine journalistischen Arbeiten gelesen. Im Gegensatz zu seinen Erzählungen waren das kühle, skeptische, im Ton recht schulmeisterliche Texte, als hätte Haley beim Schreiben an ideologisch eher unbedarfte Naturen gedacht. Der Artikel über den Aufstand des 17. Juni 1953 in der DDR begann mit »Soll niemand denken, der Arbeiterstaat liebe seine Arbeiter. Er hasst sie« und verhöhnte Brechts Gedicht über die Regierung, die das Volk auflöst und sich ein neues wählt. Denn Brechts erster Impuls war Haley zufolge gewesen, vor der DDR-Führung zu »kriechen«, indem er die brutale Unterdrückung der Streiks durch die Sowjets öffentlich befürwortete. Russische Soldaten hatten direkt in die Menge geschossen. Ohne viel über ihn zu wissen, hatte ich selbstverständlich angenommen, Brecht stehe auf der Seite der Guten. Ich wusste weder, ob Haley recht hatte, noch wie ich die Direktheit seiner journalistischen Texte mit der raffinierten Intimität seiner Erzählungen in Einklang bringen sollte, und ich ahnte, wenn wir uns erst einmal kennenlernten, würde ich noch weniger wissen.

Ein aggressiverer Artikel attackierte westdeutsche Autoren als prinzipienlose Feiglinge, weil sie in ihren Romanen die Berliner Mauer ignorierten. Natürlich verabscheuten sie deren Existenz, fürchteten aber, wenn sie dies aussprächen, als Sympathisanten der amerikanischen Außenpolitik zu erscheinen. Dabei, so Haley, sei das ein großartiges, ein unumgängliches Thema, in dem geopolitische und persönliche Tragödie zusammenfielen. Zu einer *Londoner* Mauer hätte doch sicherlich jeder britische Schriftsteller etwas zu sagen. Würde Norman Mailer eine Mauer ignorieren, die Washington teilte? Würde Philip Roth etwa wegsehen, wenn die Häuser von Newark entzweigeschnitten würden? Und würden John Updikes Figuren die Gelegenheit verschmähen, über die Grenze eines geteilten New England hinweg Heiratsbande zu knüpfen? Doch diese verhätschelte, übersubventionierte, von der *pax Americana* vor der sowjetischen Unterdrückung bewahrte literarische Kultur zog es vor, die Hand zu hassen, die ihr Freiheit garantierte. Westdeutsche Autoren täten so, als gebe es die Mauer nicht, und verlören damit jegliche moralische Autorität. Der Titel des Aufsatzes, veröffentlicht in *Index on Censorship*, lautete La Trahison des Clercs.

Mit einem meiner perlmuttrosa lackierten Nägel tickte ich leise an die Tür, und als von drinnen ein undeutlicher Murmel- oder Stöhnlaut kam, stieß ich sie auf. Ich hatte mich zu Recht auf eine Enttäuschung gefasst gemacht. Hinter dem Schreibtisch erhob sich ein schmächtiger Mann, der sich aber immerhin die Mühe machte, seinen etwas krummen Rücken gerade aufzurichten. Er war schlank wie ein Mädchen, hatte dünne Unterarme, und als ich seine Hand schüttelte, kam sie mir kleiner und weicher vor als meine eigene. Sehr blasser Teint, dunkelgrüne Augen, lange dunkelbraune Haare, zu einer Art Bob geschnitten. In den ersten Sekunden fragte ich mich, ob mir in seinen Erzählungen ein transsexuelles Element entgangen sei. Aber nun stand er vor mir, der Zwillingsbruder, der blasierte Vikar, der clevere Labour-Abgeordnete, der einsame Millionär, der sich in einen leblosen Gegenstand verliebt hatte. Er trug ein kragenloses Hemd aus gesprenkeltem weißem Flanell, enge Jeans mit breitem Gürtel und abgewetzte Lederstiefel. Eine irritierende Erscheinung. Die Stimme, die aus diesem zierlichen Körper kam, war tief, ohne regionale Färbung, rein und klassenlos.

»Lassen Sie mich das wegräumen, damit Sie sich setzen können.« Er nahm ein paar Bücher von einem Sessel ohne Armlehnen und demonstrierte mir damit, wie ich leicht verärgert registrierte, dass er für meinen Besuch keine besonderen Vorbereitungen getroffen hatte. »Hatten Sie eine gute Fahrt? Möchten Sie Kaffee?«

Die Fahrt sei ganz angenehm gewesen, sagte ich, und Kaffee sei nicht nötig.

Er setzte sich wieder an seinen Schreibtisch, schwenkte den Stuhl zu mir herum, schlug die Beine übereinander, lächelte dünn und breitete fragend die Hände auseinander. »Also, Miss Frome...«

»... reimt sich auf Ruhm. Aber sagen Sie bitte Serena zu mir.«

Er legte den Kopf schief und wiederholte meinen Namen. Dann sah er mir freundlich in die Augen und wartete. Mir fielen die langen Wimpern auf. Ich war gut vorbereitet und hatte keine Schwierigkeiten, ihm alles darzulegen. Wahrheitsgemäß. Die Arbeit von ›Freedom International‹, das weite Betätigungsfeld der Stiftung, ihre globale Ausrichtung, ihre vorurteilslose und unideologische Grundhaltung. Er hörte mir zu, den Kopf immer noch zur Seite geneigt, ein skeptisches Lächeln im Gesicht, ein leichtes Beben auf den Lippen, als wollte er gleich etwas sagen oder das Gespräch selbst in die Hand nehmen und meinen Ausführungen zustimmen oder sie korrigieren. Seine Miene war die eines Mannes, der sich einen langatmigen Witz anhört und mit gespitzten Lippen auf eine zündende Pointe wartet. Während ich die Autoren und Künstler aufzählte, die von der Stiftung unterstützt wurden, bildete ich mir ein, dass er mich längst durchschaut hatte, aber sich nichts anmerken lassen wollte. Ich sollte meine kleine Nummer abspulen, damit er einmal eine Lügnerin aus nächster Nähe beobachten konnte. Zur späteren Verwendung in einer seiner Geschichten. Entsetzt schob ich diese Vorstellung beiseite. Ich musste mich konzentrieren. Als Nächstes erzählte ich, woher die Stiftung ihr Geld hatte. Max war der Ansicht gewesen, Haley müsse von den enormen Mitteln erfahren, über die ›Freedom International‹ verfügte. Das Geld stammte von der kunstbegeisterten Witwe eines Bulgaren, der in die USA emigriert war und in den zwanziger und dreißiger Jahren durch Erwerb und Verwertung von Patenten ein Vermögen gemacht hatte. Nach seinem Tod hatte die Witwe im zerstörten Nachkriegseuropa impressionistische Gemälde zu Vorkriegspreisen aufgekauft. Im letzten Jahr ihres Lebens war sie in den Bann eines kulturbeflissenen Politikers geraten, der sich zu der Zeit mit Plänen für eine Stiftung trug. Und diesem seinem Projekt vermachte sie ihr Vermögen und das ihres Mannes.

Bis hierher hatten alle meine Ausführungen der Wahrheit entsprochen und ließen sich leicht nachprüfen. Jetzt tat ich den ersten vorsichtigen Schritt in die Lüge. »Ich will ganz offen zu Ihnen sein«, sagte ich. »Manchmal kommt es mir so vor, als hätte ›Freedom International‹ zu wenig Projekte für das viele Geld.«

»Wie schmeichelhaft für mich«, sagte Haley. Vielleicht sah er, wie ich errötete, denn er fügte hinzu: »Das war nicht unhöflich gemeint.«

»Sie verstehen mich falsch, Mr. Haley…«

»Tom.«

»Tom. Entschuldigen Sie. Ich habe mich schlecht ausgedrückt. Ich wollte sagen: Es gibt jede Menge Künstler, die von infamen Regimes eingesperrt und unterdrückt werden. Wir bemühen uns nach Kräften, diesen Leuten zu helfen und ihr Werk bekannt zu machen. Aber dass ein Schriftsteller oder Bildhauer zensiert wird, bedeutet natürlich noch lange nicht, dass er auch etwas taugt. Zum Beispiel unterstützen wir einen grottenschlechten polnischen Theaterautor, weil seine Stücke in seiner Heimat nicht aufgeführt werden dürfen. Und wir werden ihn auch weiterhin unterstützen. Wir haben einem inhaftierten abstrakten Impressionisten in Ungarn haufenweise stümperhafte Bilder abgekauft. Jedenfalls hat das Präsidium der Stiftung beschlossen, das Portfolio zu erweitern. Wir möchten Exzellenz fördern, wo immer wir sie finden, ob unterdrückt oder nicht. Unser besonderes Interesse gilt jungen Leuten am Anfang ihrer Karriere...«

»Und wie alt sind Sie, Serena?« Tom Haley beugte sich besorgt nach vorn, als erkundige er sich nach einer schlimmen Krankheit.

Ich sagte es ihm. Die Frage sollte mir deutlich machen, dass er sich nicht herablassend behandeln ließ. Tatsächlich war ich in meiner Nervosität in einen distanzierten, amtlichen Ton verfallen. Ich musste lockerer werden, weniger wichtigtuerisch, ich musste ihn mit Tom anreden. Mir wurde klar, dass ich kein Talent für so was hatte. Er fragte, ob ich studiert habe. Ich bejahte und nannte den Namen meines Colleges.

»Welches Fach?«

Ich zögerte, verhaspelte mich. Mit der Frage hatte ich nicht gerechnet, und plötzlich kam Mathematik mir suspekt vor. Ohne zu wissen, was ich tat, antwortete ich: »Anglistik.«

Er lächelte, offenbar erfreut, eine Gemeinsamkeit zu entdecken. »Ich nehme an, Sie haben einen hervorragenden Abschluss gemacht?«

»Eine Zwei.« Ich wusste nicht, was ich sagte. Eine Drei klang beschämend, und eine Eins hätte mich in die Bredouille bringen können. Ich hatte zweimal unnötig gelogen. Ganz schlecht. Wahrscheinlich ließ sich durch einen einzigen Anruf in Newnham feststellen, dass dort niemals eine Serena Frome Anglistik studiert hatte. Auf solche Fragen war ich nicht gefasst gewesen. Nicht einmal auf die simpelsten Dinge war ich vorbereitet. Warum hatte Max nicht daran gedacht, mit mir eine wasserdichte Legende auszuarbeiten? Ich verlor die Nerven und begann zu schwitzen, ich sah mich schon wortlos aufspringen, meine Tasche schnappen und aus dem Zimmer laufen.

Tom blickte mich auf seine eigentümliche Weise an, freundlich und ironisch zugleich. »Sie haben bestimmt mit einer Eins gerechnet. Aber ich sage Ihnen, eine Zwei ist auch nicht zu verachten.«

»Ich war schon enttäuscht«, sagte ich und kam wieder ein wenig zu mir. »Es gab da, hm, so einen allgemeinen...«

»Erwartungsdruck?«

Unsere Blicke verhakten sich mehr als nur zwei oder drei Sekunden lang, dann sah ich weg. Nachdem ich alles von ihm gelesen, einen Winkel seiner Seele allzu gut kennengelernt hatte, fiel es mir schwer, ihm länger in die Augen zu schauen. Ich ließ den Blick unter sein Kinn sinken und bemerkte ein zierliches Silberkettchen um seinen Hals.

»Sie sprachen von Schriftstellern am Anfang ihrer Karriere.« Wie souverän er jetzt die Rolle des freundlichen Professors spielte, der einer nervösen Bewerberin durch ihr Aufnahmegespräch half. Ich musste unbedingt wieder das Heft in die Hand bekommen.

Ich sagte: »Schauen Sie, Mr. Haley...«

»Tom.«

»Ich möchte Ihre Zeit nicht unnötig beanspruchen. Wir werden von sehr guten Leuten beraten, von Kapazitäten. Die geben ihre Empfehlungen nicht leichtfertig ab. Sie mögen Ihre journalistischen Arbeiten, und von Ihren Erzählungen sind sie begeistert. Absolut begeistert. Man erhofft sich...«

»Und Sie. Haben Sie sie gelesen?«
»Selbstverständlich.«
»Und was sagen Sie dazu?«
»Ich bin nur die Botin. Was ich denke, ist nebensächlich.«
»Für mich nicht. Also, was halten Sie davon?«
Der Raum schien sich zu verdunkeln. Ich sah an Haley vorbei aus dem Fenster. Da waren ein Grasstreifen und die Ecke eines anderen Gebäudes. Ich sah direkt in ein Zimmer wie das, in dem wir hier saßen, ein Kurs wurde darin abgehalten. Ein Mädchen, nicht viel jünger als ich, las ihre Arbeit vor. Neben ihr saß ein Junge in Bomberjacke, stützte sein bärtiges Kinn auf und nickte weise. Die Dozentin stand mit dem Rücken zu mir. Ich konzentrierte mich wieder auf unser Zimmer und fragte mich, ob ich es mit meiner Kunstpause nicht übertrieb. Wieder sahen wir uns in die Augen, und ich zwang mich, Haleys Blick standzuhalten. Was für ein seltsames Dunkelgrün, was für kindlich lange Wimpern und dichte schwarze Brauen. Aber in seinem Blick lag ein Zögern, gleich würde er ihn abwenden. Diesmal ginge der Sieg an mich.

Ich sagte ganz ruhig: »Ich halte Ihre Erzählungen für absolut phantastisch.«

Er zuckte zusammen, als habe ihm jemand den Finger in die Brust oder gar ins Herz gebohrt, und gab ein leises Glucksen von sich, nicht ganz ein Lachen. Er wollte etwas sagen, fand aber keine Worte. Er starrte mich an, lauernd, er wollte noch mehr hören über sich und sein Talent, aber ich hielt mich zurück. Ich fand, meine Worte hätten mehr Durchschlagskraft, je weniger ich sagte. Und ich war mir nicht sicher, ob mir überhaupt etwas Tiefschürfendes eingefallen wäre. Die Förmlichkeit zwischen uns war wie weggeblasen, und dahinter war ein peinliches Geheimnis zum Vorschein gekommen. Ich hatte seinen Hunger nach Anerkennung freigelegt, nach Lob, nach allem, was ich ihm geben konnte. Daran lag ihm wohl am meisten. Seine Erzählungen in den verschiedenen Zeitschriften waren vermutlich, abgesehen vom routinemäßigen Dank und Schulterklopfen irgendeines Redakteurs, sang- und klanglos untergegangen. Wahrscheinlich hatte keiner, zumindest kein Fremder, ihm jemals gesagt, wie phantastisch seine Prosa war. Jetzt hörte er es und erkannte, dass er das schon immer vermutet hatte. Ich hatte ihm eine umwerfende Nachricht überbracht. Wie konnte er wissen, dass er etwas taugte, wenn niemand es ihm bestätigte? Und jetzt wusste er es, es stimmte tatsächlich, und er war dankbar.

Sobald er sprach, verflog der Zauber, und das Zimmer sah wieder genauso aus wie vorher. »Hat Ihnen denn irgendeine besonders gefallen?«

Das war eine so dämliche, durchsichtige Frage, dass er mir in seiner ganzen Verwundbarkeit sympathisch wurde. »Bemerkenswert sind sie alle«, sagte ich. »Aber die über die Zwillingsbrüder, *Das ist Liebe,* finde ich die anspruchsvollste. Meiner Meinung nach hat sie sogar Roman-Format. Ein Roman über Glauben und Gefühl. Und diese Jean – was für eine wunderbare Figur, so unsicher und zerstörerisch und verlockend. Das ist ein großartiger Text. Haben Sie je daran gedacht, die Geschichte zu einem Roman auszuarbeiten, das Ganze sozusagen ein wenig zu strecken?«

Er sah mich neugierig an. »Nein, ich habe nie daran gedacht, das Ganze ein wenig zu strecken.« Die trockene Wiederholung meiner Worte alarmierte mich.

»Entschuldigen Sie, das war eine dumme...«

»Der Text hat genau die Länge, die mir vorschwebte. Rund fünfzehntausend Wörter. Aber es freut mich, dass er Ihnen gefallen hat.«

Er verzieh mir mit einem spöttisch süffisanten Lächeln, aber mein Vorteil war dahin. Dass man Literatur auf so technokratische Weise quantifizieren konnte, war mir vollkommen neu. Meine Ahnungslosigkeit lähmte mir die Zunge.

Ich sagte: »Und *Ein Liebespaar,* der Mann mit der Schaufensterpuppe – die Geschichte war so seltsam und dabei so überzeugend, dass alle ganz hingerissen waren.« Es war geradezu befreiend, ihm jetzt glatte Lügen aufzutischen. »Wir haben zwei Professoren und zwei bekannte Literaturkritiker im Vorstand. Die bekommen eine Menge neue Sachen zu lesen. Aber Sie hätten mal hören sollen, wie begeistert die bei unserem letzten Treffen waren. Ehrlich, Tom, die konnten gar nicht aufhören, von Ihren Erzählungen zu schwärmen. Am Ende gab es zum ersten Mal überhaupt ein einstimmiges Votum.«

Das schmale Lächeln war verschwunden. Er sah mich mit entrücktem Blick an, als hätte ich ihn hypnotisiert. Das ging ihm unter die Haut.

»Na ja«, sagte er und schüttelte den Kopf, um sich aus seinem Trancezustand zu reißen. »Das ist ja alles sehr erfreulich. Was soll ich sonst sagen?« Dann fügte er hinzu: »Wer sind die beiden Kritiker?«

»Leider muss ihre Anonymität strikt gewahrt bleiben.«
»Verstehe.«
Er wandte sich kurz von mir ab und schien seinen eigenen Gedanken nachzuhängen. Dann sagte er: »Also, was haben Sie mir anzubieten, und was verlangen Sie von mir?«
»Darf ich das mit einer Gegenfrage beantworten? Was werden Sie tun, wenn Sie Ihre Dissertation abgeschlossen haben?«
»Mich verschiedenenorts um eine Dozentenstelle bewerben, auch hier.«
»Vollzeit?«
»Ja.«
»Wir möchten es Ihnen ermöglichen, keinem Brotberuf nachgehen zu müssen. Stattdessen könnten Sie sich aufs Schreiben konzentrieren, auch Journalistisches, wenn Sie wollen.«
Er fragte, um wie viel Geld es gehe, und ich sagte es ihm. Er fragte, für wie lange, und ich antwortete: »Zwei oder drei Jahre.«
»Und wenn ich in der Zeit nichts schreibe?«
»Wären wir enttäuscht und würden uns den nächsten Kandidaten suchen. Wir werden das Geld nicht zurückverlangen.«
Er hörte sich das an, dann sagte er: »Und dafür soll ich Ihnen die Rechte an meinen Sachen übertragen?«
»Nein. Und wir verlangen auch nicht, dass Sie uns Ihre Arbeit vorlegen. Sie brauchen uns nicht einmal öffentlich zu danken. Die Stiftung hält Sie für ganz außerordentlich talentiert. Wenn Ihre Erzählungen und Artikel geschrieben, veröffentlicht und gelesen werden, sind wir zufrieden.

Sobald Sie künstlerisch und finanziell auf eigenen Füßen stehen, haben wir unser Ziel erreicht und ziehen uns aus Ihrem Leben zurück.«

Er stand auf, ging um den Schreibtisch herum zum Fenster, wandte mir den Rücken zu. Er fuhr sich durch die Haare und murmelte leise vor sich hin, »lächerlich« vielleicht oder »jetzt reicht's allmählich«. Er sah in denselben Raum auf der anderen Seite des Rasens hinüber. Jetzt las der bärtige Junge seinen Aufsatz vor, während seine Kommilitonin ausdruckslos ins Leere starrte. Merkwürdigerweise sprach die Dozentin derweil in einen Telefonhörer.

Tom setzte sich wieder und verschränkte die Arme. Er richtete den Blick auf eine Stelle über meiner Schulter und presste die Lippen zusammen. Offenbar wollte er einen gravierenden Einwand vorbringen.

Ich sagte: »Denken Sie ein paar Tage darüber nach, sprechen Sie mit Freunden... Lassen Sie sich Zeit.«

Er sagte: »Die Sache ist die...«, und verstummte. Er senkte den Blick und fuhr fort: »Folgendes. Dieses Problem beschäftigt mich Tag für Tag. Es ist für mich die wichtigste Frage überhaupt. Sie bereitet mir schlaflose Nächte. Es sind immer dieselben vier Schritte. Erstens, ich möchte einen Roman schreiben. Zweitens, ich bin pleite. Drittens, ich brauche einen Job. Viertens, der Job wird mir das Schreiben unmöglich machen. Ich sehe keinen Ausweg. Es gibt keinen. Und plötzlich klopft eine nette junge Frau an meine Tür und stellt mir einfach so ein dickes Stipendium in Aussicht, ohne Gegenleistung. Es ist zu schön, um wahr zu sein. Ich bin misstrauisch.«

»Tom, ganz so simpel, wie Sie es darstellen, ist es nicht.

Sie spielen bei der Sache nicht bloß eine passive Rolle. Den ersten Schritt haben Sie selbst getan. Sie haben diese brillanten Erzählungen geschrieben. In London redet man schon von Ihnen. Was glauben Sie, wie wir auf Sie gestoßen sind? Sie haben sich Ihr Glück selbst zu verdanken, Ihrem Talent und harter Arbeit.«

Ironisches Lächeln, Kopf zur Seite – Fortschritt.

Er sagte: »Es gefällt mir, wenn Sie brillant sagen.«

»Gut. Brillant, brillant, brillant.« Ich griff in meine Handtasche, die auf dem Boden stand, und nahm die Broschüre der Stiftung heraus. »Hier steht alles über unsere Arbeit. Sie können uns in der Upper Regent Street besuchen und mit den Leuten dort reden. Die werden Ihnen gefallen.«

»Sind Sie dann auch dort?«

»Mein Auftraggeber ist ›Word Unpenned‹. Wir arbeiten eng mit ›Freedom International‹ zusammen und stellen der Stiftung Fördermittel zur Verfügung. Die wiederum hilft uns bei der Suche nach Künstlern. Ich reise viel, ansonsten arbeite ich von zu Hause aus. Aber Sie können mich jederzeit über das Büro der Stiftung erreichen.«

Er sah auf seine Uhr und stand auf, also erhob ich mich ebenfalls. Ich war eine pflichtbewusste junge Frau, entschlossen, die in mich gesetzten Erwartungen zu erfüllen. Ich wollte Haleys Zusage jetzt, noch vor dem Mittagessen. Am Nachmittag würde ich Max anrufen und ihm von meinem Erfolg berichten, und gleich am nächsten Morgen würde ich hoffentlich einen schriftlichen Glückwunsch von Peter Nutting vorfinden, nichtssagend, unsigniert, von irgendwem getippt, mir aber wichtig.

»Sie müssen sich keineswegs jetzt gleich zu irgendetwas verpflichten«, sagte ich und hoffte, dass ich nicht allzu flehentlich klang. »Fühlen Sie sich vollkommen frei. Sobald Sie Ihre Einwilligung erteilt haben, kann ich die monatliche Zahlung veranlassen. Ich brauche nur noch Ihre Bankverbindung.«

Einwilligung erteilen? Den Ausdruck hatte ich noch nie im Leben benutzt. Er blinzelte zustimmend, aber das galt weniger dem Geld als meinen Worten allgemein. Wir standen keine zwei Meter auseinander. Er hatte schmale Hüften, und durch eine Lücke zwischen zwei Knöpfen seines Hemdes, das ein wenig verrutscht war, sah ich über seinem Nabel ein Stück Haut und flaumiges Haar.

»Danke«, sagte er. »Ich werde es mir gründlich überlegen. Am Freitag muss ich nach London. Da könnte ich bei Ihnen im Büro vorbeikommen.«

»Also dann«, sagte ich und hielt ihm meine Hand hin. Er nahm sie, aber ein Handschlag war das nicht. Er umschloss meine Finger und strich innen mit dem Daumen darüber, langsam, ein Mal. Sonst nichts. Und sah mir dabei fest in die Augen. Als ich meine Hand wegzog, strich ich mit dem Daumen an seinem Zeigefinger entlang. Vielleicht wären wir noch näher aufeinander zugegangen, hätte es nicht in diesem Augenblick kräftig, geradezu lächerlich laut an die Tür geklopft. Er trat zurück und rief: »Herein!« Die Tür schwang auf, und da standen zwei Mädchen, blondes Haar, Mittelscheitel, verblassende Sonnenbräune, Sandalen und lackierte Zehennägel, nackte Arme, erwartungsvolles Lächeln, unerträglich hübsch. Die Bücher und Papiere unter ihren Armen kamen mir völlig unglaubwürdig vor.

»Ah«, sagte Tom. »Unser *Faerie-Queene*-Tutorium.«

Ich schob mich an ihm vorbei zur Tür. »Das hab ich nie gelesen«, sagte ich.

Er lachte, die beiden Mädchen lachten auch, als hätte ich einen wunderbaren Witz gemacht. Wahrscheinlich glaubten sie mir nicht.

12

Auf der Rückfahrt nach London am frühen Nachmittag saß ich ganz allein in meinem Waggon. Während der Zug die South Downs hinter sich ließ und den Sussex Weald durchquerte, ging ich, um meine Erregung abzureagieren, im Gang auf und ab. Ich setzte mich für ein paar Minuten, dann war ich wieder auf den Beinen. Ich warf mir vor, nicht hartnäckig genug gewesen zu sein. Warum hatte ich nicht das Ende des Tutoriums abgewartet, Tom anschließend zu einem gemeinsamen Mittagessen überredet, alles noch einmal durchgesprochen und mir seine Zusage gesichert? Auch hatte ich mir noch nicht einmal seine Privatadresse geben lassen. Aber da war noch etwas anderes. Vielleicht, vielleicht war zwischen uns etwas passiert, nur eine kleine Berührung, gewiss – so gut wie nichts. Aber ich hätte bleiben sollen, ein wenig nur, und darauf aufbauen, eine Brücke zu unserer nächsten Begegnung spannen. Ein langer Kuss auf diesen Mund, der mir ständig ins Wort fallen wollte. Mich verfolgte die Erinnerung an seine Haut zwischen den Hemdknöpfen, an den blassen Haarwirbel um seinen Nabel, den zarten, schlanken, kindlichen Körper. Ich nahm eine von Toms Erzählungen hervor, um sie noch einmal zu lesen, konnte mich aber nicht lange konzentrieren. Ich überlegte, ob ich in Haywards Heath aussteigen und zurückfahren sollte. Wäre ich ebenso nervös gewesen, wenn er meine Finger nicht gestreichelt hätte? Wahrscheinlich schon. Konnte die Berührung mit dem Daumen rein zufällig gewesen sein? Ausgeschlossen. Er hatte mir damit gesagt: *Bleib.* Aber als der Zug hielt, rührte ich mich nicht von der Stelle. Ich traute mir nicht. Denk dran, was passiert ist, dachte ich, als du dich Max an den Hals geworfen hast.

Sebastian Morel ist Französischlehrer an einer großen Gesamtschule in Tufnell Park, im Norden Londons. Er und seine Frau Monica haben zwei Kinder, ein Mädchen und einen Jungen im Alter von sieben und vier Jahren, und wohnen in einem gemieteten Reihenhaus am Finsbury Park. Sebastians Arbeit ist *hart, sinnlos und schlecht bezahlt,* die Schüler sind frech und ungezogen. Manche Tage verbringt er nur mit dem vergeblichen Versuch, für Ordnung zu sorgen, und verhängt Strafen, an die er selbst nicht glaubt. Er staunt immer wieder, wie irrelevant sein Fach für das Leben dieser Kinder ist. *Er wollte sie mögen, doch ihre Unwissenheit und Aggressivität widerten ihn an, ihre Häme und ihre Schikanen gegenüber jedem aus ihren Reihen, der es wagte, etwas lernen zu wollen.* Fast alle werden die Schule verlassen, sobald sie können, und dann werden sie Hilfsarbeiter oder schwanger oder begnügen sich mit dem, was sie vom Sozialamt kriegen. Er möchte ihnen helfen. Manchmal tun sie ihm leid, manchmal kann er seine Verachtung kaum für sich behalten.

Er ist Anfang dreißig, *ein drahtiger, starker Mann.* Zu seinen Studienzeiten in Manchester war Sebastian begeisterter Bergsteiger gewesen und hatte Expeditionen in Norwegen, Chile und Österreich geleitet. Aber inzwischen kommt er nicht mehr in die Berge, sein Leben wird von Zwängen beherrscht, es fehlt das Geld, es fehlt die Zeit, die Stimmung ist gedrückt. *Seine Kletterausrüstung war in Leinentaschen in einem Schrank unter der Treppe verstaut, hinter Staubsauger, Schrubbern und Eimern.* Ständig gibt es Geldsorgen. Monica hat früher als Grundschullehrerin gearbeitet. Jetzt kümmert sie sich um den Haushalt und die Kinder. Sie macht das gut, sie ist eine liebevolle Mutter, die Kinder sind entzückend, aber auch Monica hat Anfälle von Unruhe und Frustration, die denen Sebastians in nichts nachstehen. Die Miete für das kleine Haus in der heruntergekommenen Straße ist unverschämt hoch, ihre Ehe öde nach neun Jahren voller Sorgen und harter Arbeit, das Einerlei gelegentlich unterbrochen von einem Streit – meist um Geld.

Eines dunklen Spätnachmittags im Dezember, drei Tage vor den Schulferien, wird Sebastian auf der Straße überfallen. Über Mittag war er auf Monicas Bitte hin bei der Bank und hat siebzig Pfund von ihrem gemeinsamen Konto abgehoben, damit sie Geschenke und Weihnachtsplätzchen kaufen kann. Das sind fast ihre gesamten Ersparnisse. Schon biegt er in seine Straße ein, die schmal und schlecht beleuchtet ist, nur noch hundert Meter trennen ihn von seiner Haustür, da hört er Schritte hinter sich, und jemand klopft ihm auf die Schulter. Er dreht sich um, *und vor ihm stand ein karibischer Junge von etwa sechzehn Jahren, in einer Hand ein Küchenmesser, ein großes Ding mit Wellenschliff. Ein paar Sekunden lang standen sie so da, keinen Meter voneinander entfernt, und starrten sich schweigend an.* Was Sebastian beunruhigt, ist die Aufgeregtheit des Jungen, die zitternde Hand mit dem Messer, die Panik in seinem Gesicht. Das Ganze könnte leicht außer Kontrolle geraten. Mit leiser, bebender Stimme verlangt der Junge sein Portemonnaie. Sebastian greift langsam in die Innentasche seines Mantels. Er ist drauf und dran, die Weihnachtsgeschenke seiner Kinder wegzugeben. Er weiß, er ist stärker als der Junge, und während er ihm das Portemonnaie hinhält, überlegt er, ihm einen Schlag auf die Nase zu verpassen und das Messer zu entreißen.

Aber Sebastian hält sich zurück, und nicht nur, weil der Junge so aufgeregt ist. *Im Lehrerzimmer herrschte die Meinung, die Ursachen von Verbrechen, insbesondere von Einbrüchen und Überfällen, seien in sozialer Ungerechtigkeit zu suchen.* Diebe sind arm, und da sie im Leben nie eine wirkliche Chance bekommen haben, kann man es ihnen kaum verübeln, wenn sie sich nehmen, was ihnen nicht gehört. Sebastian teilt diese Meinung, obwohl er nie groß darüber nachgedacht hat. Im Grunde ist es keine Meinung, sondern eine allgemeine Atmosphäre der Toleranz, in der sich anständige, gebildete Leute bewegen. Diejenigen, die sich über zunehmende Kriminalität beklagen, beklagen sich auch über Graffiti und Müll auf den Straßen und hegen allerlei unappetitliche Vorurteile über Einwanderer und Gewerkschaften, Steuern, Krieg und Todesstrafe. *Aus Gründen der Selbstachtung war es daher geboten, sich nicht allzu viel daraus zu machen, wenn man ausgeraubt wurde.*

Also gibt er seine Börse her, und der Dieb läuft davon. Statt nun direkt nach Hause zu gehen, macht Sebastian kehrt, sucht die Polizeiwache in der High Street auf und erstattet Anzeige. Während er mit dem Diensthabenden spricht, kommt er sich wie ein Schuft vor, ein Denunziant, denn natürlich ist die Polizei eine Handlangerin des Systems, das Menschen zu Dieben macht. Sein Unbehagen wächst angesichts der besorgten Miene des Polizisten, der immer wieder nach dem Messer und der Länge der Klinge fragt, und ob Sebastian vielleicht auch den Griff beschreiben könne. Selbstverständlich ist bewaffneter Raub ein schweres Delikt. Dieser Junge könnte für Jahre ins Gefängnis wandern. Selbst als der Polizist ihm erzählt, erst einen Monat zuvor sei eine alte Dame, die ihre Handtasche nicht loslassen wollte, erstochen worden, will Sebastians Unbehagen nicht weichen. Er hätte das Messer nicht erwähnen sollen. Auf dem Rückweg bereut er seinen Reflex, den Vorfall sofort anzuzeigen. Langsam wird er alt und bürgerlich. Er ist nicht mehr der Mann, der sein Leben riskiert, der senkrechte Granitwände hinaufklettert und sich dabei auf seine Gewandtheit, seine Kraft und Erfahrung verlässt.

Da er sich schwach fühlt und seine Knie zittern, geht er in einen Pub und kann sich von dem Kleingeld in seiner Hosentasche gerade noch einen großen Scotch leisten. Er kippt ihn runter und geht nach Hause.

Der Überfall ist der Anfang vom Ende seiner Ehe. Auch wenn Monica das nie ausspricht, ist klar, dass sie ihm nicht glaubt. Es ist die alte Geschichte. Er kommt mit einer Schnapsfahne nach Hause und beteuert, ein Räuber sei mit dem Weihnachtsgeld auf und davon. Das Fest ist ruiniert. Sie müssen sich Geld von Monicas hochnäsigem Bruder leihen. Ihr Misstrauen kränkt Sebastian, sie gehen auf Distanz zueinander, am Weihnachtstag spielen sie den Kindern zuliebe die fröhlichen Eltern, was die Spannung zwischen ihnen zusätzlich auflädt, bis sie kaum noch miteinander reden. *Der Gedanke, dass sie ihn für einen Lügner hielt, fraß wie Gift an seinem Herzen.* Er arbeitet hart, er ist treu und zuverlässig und hat keine Geheimnisse vor ihr. Wie kann sie es wagen, ihm zu misstrauen! Eines Abends, Naomi und Jake sind schon im Bett, verlangt er von Monica, ihm zu sagen, dass sie ihm glaubt. Aufgebracht weigert sie sich, auch nur ein Wort dazu zu sagen. Stattdessen wechselt sie das Thema, ein rhetorischer Trick, denkt er verbittert, den sie besonders gut beherrscht und den er selbst einmal lernen sollte. Sie habe ihr Leben satt, sagt sie, sie habe es satt, finanziell von ihm abhängig zu sein, den ganzen Tag zu Hause eingesperrt zu sein, während er draußen seine Karriere voranbringe. Warum haben sie nie die Möglichkeit in Betracht gezogen, dass er sich um Hausarbeit und Kinder kümmert und sie wieder in ihren Beruf einsteigt?

Noch während ihrer Tirade denkt er bei sich: Was für eine verlockende Aussicht. Er müsste sich nicht mehr mit diesen Rabauken abgeben, die niemals den Mund halten oder im Unterricht ruhig auf den Stühlen sitzen. Er müsste nicht mehr so tun, als interessierte es ihn, ob sie jemals ein Wort Französisch lernten. Außerdem ist er gern mit seinen Kindern zusammen. Er würde sie zur Schule und in den Kindergarten bringen, und dann hätte er ein paar Stunden für sich – vielleicht würde er sich einen alten Wunsch erfüllen und ein wenig schreiben –, bevor er Jake abholte und für ihn Mittagessen kochte. Nachmittags auf den Kleinen aufpassen und ein bisschen Hausarbeit. Paradiesisch. Soll Monica doch die Lohnsklavin sein. Aber sie sind gerade mitten in einem Streit, und er ist nicht in der Stimmung, einen Vorschlag zur Güte zu machen. Gereizt kommt er wieder auf den Überfall zu sprechen. Wieder fordert er Monica heraus, ihn einen Lügner zu nennen, sagt, sie solle zur Polizei gehen und seine Aussage lesen. Worauf sie aus dem Zimmer stürmt und die Tür hinter sich zuknallt.

Ein mürrischer Frieden herrscht, die Ferien enden, und Sebastian geht wieder zur Arbeit. In der Schule ist es so schlimm wie eh und je. Ein wenig großmäulige Rebellion, das ist alles, was die Schüler vom Zeitgeist übernehmen. *Hasch, Schnaps und Tabak war die Schulhofwährung,* und die Lehrer, auch der Direktor, sind verwirrt. Einerseits werten sie diese aufrührerische Stimmung als Beleg für ebendie Freiheit und Kreativität, die sie den Schülern vermitteln sollen, andererseits wissen sie, dass hier weder gelehrt noch gelernt wird und die Schule vor die Hunde geht. Die »Sechziger«, was auch immer das war, sind in einer unheilvollen neuen Verkleidung in dieses Jahrzehnt eingedrungen. *Dieselben Drogen, die der Mittelschicht-Jugend angeblich Frieden und Erleuchtung bringen sollten, schmälerten jetzt die Aufstiegschancen der armen städtischen Unterschicht.* Fünfzehnjährige kommen bekifft oder betrunken oder beides in Sebastians Unterricht. Noch Jüngere haben auf dem Schulhof LSD geschluckt und müssen nach Hause geschickt werden. Ehemalige Schüler verkaufen Drogen vor den Schultoren, stehen da ungeniert mit ihrer Handelsware neben den Müttern und ihren Kinderwagen. Der Direktor ist ratlos, alle sind ratlos.

Abends ist Sebastian oft heiser, weil er tagsüber in der Schule so viel schreien musste. Sein einziger Trost ist es, langsam zu Fuß nach Hause zu gehen, da kann er, auf dem Weg von dem einen trostlosen Ort zum anderen, mit seinen Gedanken allein sein. Zum Glück besucht Monica viermal die Woche Abendkurse – Yoga, Deutsch, Angelologie. Wenn sie da ist, weichen sie einander wortlos aus, und wenn sie doch einmal reden, dann ausschließlich über Haushaltsdinge. Er schläft im Gästezimmer, den Kindern erklärt er, bei seinem Schnarchen könne Mummy nicht schlafen. Er wäre bereit, seine Arbeit aufzugeben, damit sie wieder arbeiten kann. Aber er kann nicht vergessen, dass sie ihn für fähig hält, die Weihnachtsgeschenke seiner Kinder zu vertrinken. Und dann auch noch zu lügen. Offenbar liegt das eigentliche Problem viel tiefer. Sie haben das Vertrauen zueinander verloren, ihre Ehe steht auf der Kippe. Der von ihr vorgeschlagene Rollentausch wäre rein kosmetisch. Der Gedanke an Scheidung erfüllt ihn mit Entsetzen. *All das Gezänk, all der Stumpfsinn, den das zur Folge hätte! Wie konnten sie Naomi und Jake so viel Schmerz und Kummer zumuten?* Er und Monica müssen eine Lösung finden, das ist ihre Verantwortung. Aber er weiß nicht, wo er anfangen soll. Jedes Mal, wenn er an diesen Burschen und das Küchenmesser in seiner Hand denkt, kehrt der alte Zorn zurück. Monicas Weigerung, ihm zu glauben, hat ein lebenswichtiges Band zerrissen, sie erscheint ihm als ungeheurer Verrat.

Und dann das Geld: Nie ist genug Geld da. Im Januar braucht ihr zwölf Jahre altes Auto eine neue Kupplung. Dies wiederum verzögert die Rückzahlung an Monicas Bruder – die Schuld wird erst Anfang März beglichen. Eine Woche später sitzt Sebastian mittags im Lehrerzimmer, als die Schulsekretärin zu ihm tritt. Seine Frau sei am Telefon und müsse ihn dringend sprechen. *Vor Angst war ihm speiübel, als er ins Sekretariat lief. Noch nie zuvor hatte sie ihn in der Schule angerufen, es konnten nur schlimme Neuigkeiten sein, vielleicht war etwas mit Naomi oder Jake passiert.* Zu seiner nicht geringen Erleichterung erzählt sie ihm aber nur, am Vormittag sei im Haus eingebrochen worden. Nachdem sie die Kinder weggebracht hatte, war sie zu ihrem Arzttermin und anschließend einkaufen gegangen. Als sie zurückkam, stand die Haustür halb offen. Der Einbrecher hatte sich hinten in den Garten geschlichen, dort eine Scheibe eingeschlagen und die Verriegelung geöffnet, war durchs Fenster gestiegen, hatte alle möglichen Sachen zusammengerafft und das Haus durch die Vordertür verlassen. Was für Sachen? *Sie zählte alles tonlos auf.* Seine kostbare 1930er Rolleiflex, vor Jahren von dem Preisgeld gekauft, das er bei einem Französischwettbewerb in Manchester gewonnen hatte. Dann ihr Transistorradio, sein Leica-Fernglas und ihr Föhn. Sie hält kurz inne, dann teilt sie ihm in demselben Ton mit, dass auch seine gesamte Kletterausrüstung verschwunden ist.

An dieser Stelle muss er sich setzen. Die Sekretärin, die bis dahin neben ihm gestanden hat, verlässt taktvoll das Büro und schließt die Tür. *So viele gute Stücke, im Lauf der Jahre geduldig angesammelt, so vieles von Erinnerungswert, darunter ein Seil, mit dem er bei einem Abstieg während eines Sturms in den Anden einem Freund das Leben gerettet hatte.* Selbst wenn die Versicherung für den gesamten Schaden aufkommt, was Sebastian bezweifelt, wird er seine Bergsteigerausrüstung nie mehr ersetzen. Zu viele

Einzelteile waren es, zu viele andere Prioritäten gibt es jetzt. Man hat ihm seine Jugend gestohlen. *Er war mit seiner redlichen, gutmütigen Toleranz am Ende, er hatte Lust, den Dieb mit bloßen Händen zu erwürgen.* Dann schüttelt er den Kopf, um das Bild loszuwerden. Monica erzählt, die Polizei sei schon da gewesen. An der zerbrochenen Fensterscheibe sei Blut. Aber anscheinend habe der Dieb Handschuhe getragen, es gebe keine Fingerabdrücke. Er sagt, das müssten mindestens zwei Einbrecher gewesen sein, einer allein hätte seine ganze Ausrüstung nicht aus dem Schrank räumen und aus dem Haus tragen können. *Ja, stimmte sie teilnahmslos zu, es müssen wohl zwei gewesen sein.*

Abends, zu Hause, kann er nicht widerstehen, er öffnet den Schrank unter der Treppe und starrt selbstquälerisch auf die leeren Regale. *Er stellte die verstreuten Eimer und Schrubber und Bürsten wieder an ihren Platz, dann ging er nach oben und warf einen Blick in die Sockenschublade, in der er seine Kamera aufbewahrt hatte.* Die Diebe haben gewusst, was sie wollten, auch wenn der Föhn weniger schlimm ist, da sie noch einen zweiten haben. Dieser neue Schicksalsschlag, dieser Angriff auf ihre Häuslichkeit, bringt Sebastian und Monica einander jedoch nicht wieder näher. Nach kurzer Diskussion beschließen sie, den Kindern nichts von dem Einbruch zu erzählen, dann geht Monica zu ihrem Kurs. An den folgenden Tagen fühlt Sebastian sich so niedergeschlagen, dass er sich kaum dazu aufraffen kann, die Unterlagen für die Versicherung auszufüllen. Die Hochglanzbroschüre prahlt mit »umfassendem Schutz«, aber das Kleingedruckte auf dem Formular spricht von nichts anderem als Geiz. Der Wert der Kamera ist nur zu einem Bruchteil gedeckt, die Kletterausrüstung so gut wie gar nicht, weil er die Sachen nicht einzeln spezifiziert hat.

Ihre triste Koexistenz setzte sich fort. Einen Monat nach dem Einbruch sucht die Schulsekretärin Sebastian während einer Pause auf und teilt ihm mit, im Sekretariat warte ein Mann auf ihn. Wie sich herausstellt, steht er, einen Regenmantel überm Arm, schon im Korridor. Er stellt sich als Polizeiinspektor Barnes vor und erklärt, er habe etwas mit ihm zu besprechen. Ob Mr. Morel nach der Arbeit auf die Wache kommen könne?

Ein paar Stunden später steht Sebastian am gleichen Schalter, wo er vor Weihnachten den Überfall angezeigt hat. Es vergeht eine halbe Stunde, bis Barnes Zeit für ihn hat. Der Inspektor entschuldigt sich dafür, dass er ihn so lange hat warten lassen, und führt ihn über drei Betontreppen hinauf in einen kleinen abgedunkelten Raum. *An einer Wand hing eine Leinwand, auf einer Art Barhocker in der Mitte des Raums stand, ein wenig wacklig, ein Filmprojektor. Barnes bot Sebastian einen Stuhl an und begann seinen Bericht von einem erfolgreichen Coup.* Vor einem Jahr habe die Polizei einen heruntergekommenen Gebrauchtwarenladen in einer Nebenstraße gemietet und mit zwei Zivilbeamten besetzt. Es sei darum gegangen, Diebe zu filmen, die gestohlene Sachen zum Verkauf anboten. Da inzwischen mehrere Verfahren eingeleitet worden seien, habe die Tarnung nicht mehr aufrechterhalten werden können, der Laden musste geschlossen werden. Aber ein paar Fragen seien noch ungeklärt. Barnes macht das Licht aus.

Eine versteckte Kamera ist so hinter dem »Verkäufer«

installiert, dass sie die Eingangstür und den Ladentisch im Visier hat. Sebastian vermutet, er werde gleich den jungen Burschen zu sehen bekommen, der ihn überfallen hat. Wenn er ihn identifizieren kann, kommt er wegen bewaffneten Raubüberfalls in den Knast – von ihm aus. Aber Sebastian liegt völlig daneben. Die Person, die mit einer Reisetasche den Laden betritt und ein Radio, eine Kamera und einen Föhn auf die Theke legt, ist seine Frau. Sie trägt den Mantel, den er ihr vor einigen Jahren zum Geburtstag geschenkt hat. Einmal blickt sie zufällig in Richtung Kamera, als habe sie Sebastian bemerkt und fordere ihn auf: Sieh genau hin! Tonlos wechselt sie ein paar Worte mit dem Verkäufer, daraufhin gehen beide nach draußen und kommen mit drei schweren Leinentaschen wieder herein. Sie muss direkt vor dem Laden geparkt haben. Der Verkäufer guckt in jede der drei Taschen rein, kehrt hinter den Ladentisch zurück und sieht sich die anderen Sachen an. Dann wird offenbar über den Preis verhandelt. *Monicas Gesicht wurde von einer Neonröhre beleuchtet. Sie wirkte beschwingt, auf eine nervöse Art geradezu euphorisch. Sie lächelte viel, und einmal lachte sie sogar über einen Scherz des Zivilbeamten.* Man einigt sich auf einen Preis, Banknoten werden abgezählt, und Monica wendet sich zum Gehen. *An der Tür drehte sie sich noch einmal um und sagte etwas zum Abschied, etwas Längeres als nur ›auf Wiedersehen‹, dann war sie weg, und die Leinwand wurde schwarz.*

Der Inspektor schaltet den Projektor aus und macht das Licht an. Er druckst ein wenig herum. Man hätte ohne weiteres ein Verfahren einleiten können, sagt er. Irreführung der Polizei, Missbrauch der Justiz, etwas in der Art. Aber da es sich hier eindeutig um eine heikle häusliche Angelegenheit handle, solle Sebastian selbst entscheiden, was zu tun sei. Die zwei Männer gehen nach unten und auf die Straße hinaus. Der Inspektor gibt Sebastian die Hand und sagt, es tue ihm schrecklich leid, er verstehe, dies sei eine schwierige Situation, und er wünsche ihm alles Gute. Bevor er in die Wache zurückgeht, fügt er hinzu, *die Polizisten, die in dem Laden gearbeitet und das Gespräch mit dem Verkäufer aufgezeichnet hätten, seien der Meinung, dass* »Mrs. Morel wahrscheinlich Hilfe brauche«.

Auf dem Heimweg – ist er jemals langsamer gegangen? – hätte er am liebsten wieder einen Zwischenhalt im Pub eingelegt, um sich Mut anzutrinken, aber sein Geld reicht nicht einmal für ein kleines Bier. Auch gut. Was er jetzt nötig hat, ist ein klarer Kopf und frischer Atem. Für die knappe Meile bis nach Hause braucht er eine Stunde.

Als er heimkommt, ist sie mit den Kindern in der Küche. *Er blieb in der Küchentür stehen und sah seiner kleinen Familie beim Kuchenbacken zu. Was für ein trauriger Anblick, wie Jake und Naomi eifrig den gemurmelten Anweisungen ihrer Mutter lauschten und die Köpfchen reckten.* Er geht nach oben, legt sich auf das Bett im Gästezimmer und starrt an die Decke. Er fühlt sich schwer und müde und fragt sich, ob er unter Schock steht. Aber trotz der furchtbaren Wahrheit, die er soeben erfahren hat, beunruhigt ihn jetzt etwas Neues und gleichermaßen Schockierendes. Schockierend? Ist das der richtige Ausdruck?

Vorhin, als er Monica und die Kinder beobachtete, hat sie einmal kurz über die Schulter in seine Richtung gesehen. Ihre Blicke trafen sich. Er kennt sie gut genug, er hat diesen Blick schon oft gesehen, jedes Mal mit Freuden. So verheißungsvoll. Eine stumme Aufforderung, später, wenn die Kinder schlafen, die Gelegenheit zu nutzen und alle Gedanken an häusliche Pflichten beiseitezuschieben. Unter den neuen Umständen, angesichts der Enthüllung eben, hätte er das abstoßend finden müssen. Tatsächlich aber hat es ihn erregt. Denn dieser Blick kam von einer Fremden, von einer Frau, über die er, abgesehen von ihrem offensichtlichen Hang zur Zerstörung, absolut nichts weiß. *Er hatte sie in einem Stummfilm gesehen und erkannte jetzt, dass er sie nie verstanden hatte.* Er hatte sie völlig missverstanden. Da war keinerlei Vertrautheit mehr. In der Küche *hatte er sie mit neuen Augen gesehen, hatte auf einmal, wie zum ersten Mal, erkannt, wie schön sie war. Schön und wahnsinnig. Eine Frau, die ihm gerade erst, vielleicht auf einer Party, in einem Raum voller Menschen aufgefallen war, die Art von Frau, die mit einem einzigen Blick eine gefährliche und aufregende Einladung ausspricht.*

Er ist immer ein unerschütterlich treuer Ehemann gewesen. Jetzt erscheint seine Treue nur wie ein weiterer Aspekt der allgemeinen Beengtheit und Misere seines Lebens. Seine Ehe ist am Ende, es gibt keinen Weg zurück, denn wie kann er jetzt mit Monica leben? Wie kann er einer Frau vertrauen, die ihn bestohlen und belogen hat? Es ist aus. Aber hier bietet sich die Chance für eine Affäre. Eine Affäre mit dem Wahnsinn. Wenn sie Hilfe braucht, dann hat er etwas für sie.

An diesem Abend spielt er mit den Kindern, mistet mit ihnen den Hamsterkäfig aus, steckt sie in ihre Schlafanzüge und muss ihnen dreimal vorlesen, einmal beiden zusammen, dann Jake allein, dann Naomi. In Augenblicken wie diesen hat sein Leben einen Sinn. Wie wohltuend der Duft von sauberem Bettzeug und frischem Zahnpasta-Atem, während seine Kinder gespannt den Abenteuern von Phantasiegestalten lauschen, und wie rührend, ihre Augenlider schwer werden zu sehen, während sie krampfhaft die kostbaren letzten Minuten des Tages festzuhalten versuchen und schließlich kapitulieren. Und die ganze Zeit hört er unten seine Frau hantieren, hört mehrmals das typische Klacken der Backofentür und gerät in Wallung ob der simplen, erregenden Logik: Wenn es gleich Essen gibt, wenn sie gemeinsam essen, gibt es anschließend Sex.

Als er nach unten kommt, ist ihr kleines Wohnzimmer hübsch hergerichtet, das übliche Gerümpel vom Esstisch geräumt, Kerzen brennen. Art Blakey auf dem Plattenteller, auf dem Tisch eine Flasche Wein und ein Brathähnchen im Römertopf. *Als er an den Polizeifilm dachte – seine Gedanken kehrten ständig dorthin zurück –, hasste er sie. Als sie, frisch umgezogen, mit zwei Weingläsern aus der Küche kam, begehrte er sie.* Was jetzt fehlt, ist Liebe, oder die schuldbewusste Erinnerung daran, oder das Bedürfnis danach, und das ist eine Befreiung. Sie ist zu einer anderen Frau geworden, verschlagen, hinterhältig, lieblos, geradezu grausam, und bald wird er mit ihr ins Bett gehen.

Während des Abendessens verlieren sie kein Wort über das Unbehagen, das ihre Ehe seit Monaten erstickt. Sie reden nicht einmal, wie sonst so oft, über die Kinder. Stattdessen reden sie über gelungene Familienferien in der Vergangenheit und über Reisen, die sie mit den Kindern unternehmen werden, wenn Jake ein wenig älter ist. Das alles ist verlogen, nichts davon wird je geschehen. *Dann sprachen sie über Politik, über die Streiks und den Ausnahmezustand und das allgemeine Gefühl im Parlament, in den Städten, in der Selbstwahrnehmung des Landes, kurz vor einer Katastrophe zu stehen – sie sprachen von allen möglichen Katastrophen, nur nicht von der eigenen.* Er beobachtet sie beim Sprechen genau und weiß, dass jedes ihrer Worte eine Lüge ist. Findet sie es nicht ebenso merkwürdig wie er, dass sie nach all diesem Schweigen jetzt so tun, als sei nichts geschehen? Sie baut darauf, dass Sex alles ins Lot bringt. Er begehrt sie nur umso mehr. Und sogar noch mehr, als sie beiläufig nach dem Versicherungsfall fragt und sich besorgt zeigt. *Erstaunlich. Was für eine grandiose Schauspielerin. Es war, als sei sie allein und er beobachte sie durch ein Loch in der Wand.* Er hat nicht vor, sie zur Rede zu stellen. Denn dann käme es garantiert zum Streit. Sie würde alles leugnen oder behaupten, ihre finanzielle Abhängigkeit zwinge sie zu verzweifelten Maßnahmen. Und er würde darauf hinweisen müssen, dass alle ihre Konten auf sie beide lauten und er genauso wenig Geld hat wie sie. So aber werden sie miteinander schlafen, und zumindest er wird wissen, dass es das allerletzte Mal ist. *Er würde mit einer Lügnerin und Diebin ins Bett gehen, mit einer Frau, die er niemals richtig kennenlernen würde. Und sie wiederum würde sich einreden, dass sie mit einem Lügner und Dieb ins Bett ging. Und zwar im Geiste der Vergebung.*

Meiner Meinung nach verweilte Tom Haley zu lange bei diesem Abschiedshähnchenessen, das mir jetzt, beim Wiederlesen, besonders langatmig vorkam. Welches Gemüse sie aßen oder dass es sich bei dem Wein um einen Burgunder handelte, musste ich nicht wissen. Mein Zug näherte sich bereits Clapham Junction, als ich weiterblätterte, um den Schluss zu finden. Vielleicht schenkte ich ihn mir diesmal aber auch komplett. Ich beanspruchte keinerlei Raffinement – ich war eine unbedarfte Leserin und neigte von meinem Naturell her dazu, Sebastian mit Tom gleichzusetzen. Ich nahm an, Tom habe seine sexuelle Leistungsfähigkeit ebenso wie seine sexuellen Ängste auf Sebastian übertragen. Ich wurde unruhig, sooft eine seiner Männergestalten mit einer Frau intim wurde, mit einer *anderen* Frau. Aber ich war auch neugierig, ich wollte dabei zusehen. Wenn Monica hinterhältig und durchgeknallt war (was sollte das mit diesem Angelologie-Kurs?), so hatte Sebastian etwas Dumpfes und Dunkles. Sein Entschluss, seine Frau nicht zur Rede zu stellen, mochte rohe Machtausübung zu sexuellen Zwecken bedeuten oder schlicht Feigheit – die typisch englische Neigung, Szenen um jeden Preis vermeiden zu wollen. Auf Tom warf das kein gutes Licht.

Jahrelang eheliche Routine hat den Vorgang optimiert, *Ruckzuck lagen sie nackt auf dem Bett.* Sie sind lange genug verheiratet, um die Bedürfnisse des anderen gründlich zu kennen, und die Wochen der Kälte und Enthaltsamkeit, die nun zu Ende gehen, tun sicher das Ihre, sind aber allein keine Erklärung für die Leidenschaft, die sie jetzt überwältigt. *Ihre gewohnten kameradschaftlichen Rhythmen gingen über Bord.* Sie sind ausgehungert, wild, zügellos und laut. Einmal stößt die kleine Naomi im Zimmer nebenan *im Schlaf einen Schrei aus, ein reines, silberhelles Wimmern in der Dunkelheit, das sie anfangs einer Katze zuschrieben.* Das Paar erstarrt und wartet, dass das Kind sich beruhigt.

Die letzten Zeilen von *Racheakte* ließen die beiden Hauptfiguren in schwindelerregender Höhe zurück, auf dem Gipfel der Ekstase. Das kommende Elend war schon spürbar, aber jenseits der Erzählung. Das Schlimmste blieb dem Leser erspart.

Das Wimmern klang so trostlos und kalt, dass ihm war, als habe seine Tochter im Traum die unausweichliche Zukunft gesehen, all den Kummer und all die Verwirrungen, die ihnen bevorstanden, und vor Entsetzen wurde er schlaff. Aber es ging vorüber, und bald sanken Sebastian und Monica wieder hin, oder sie stiegen auf, denn der Raum, durch den sie schwammen oder stürzten, schien keine physischen Dimensionen zu haben, nur Gefühl gab es hier, nur Lust, so konzentriert, so scharf gebündelt, dass es fast weh tat.

13

Als ich ins Büro zurückkam, war Max im Urlaub, eine Woche Taormina mit seiner Verlobten, deshalb musste die Einsatzbesprechung erst einmal verschoben werden. Ich lebte in einer Art Schwebezustand. Es wurde Freitag, und noch immer hatte ich nichts von Tom Haley gehört. Falls er an diesem Tag die Stiftung in der Upper Regent Street aufgesucht hatte, sagte ich mir, hatte er sich wohl explizit dagegen entschieden, mich zu sehen. Am Montag holte ich einen Brief aus einem Postfach in der Park Lane. Eine Sekretärin von ›Freedom International‹ teilte mir mit, Mr. Haley sei am Freitagvormittag gekommen und eine Stunde geblieben, habe viele Fragen gestellt und sich von der Arbeit der Stiftung beeindruckt gezeigt. Das hätte mir Mut machen sollen, und bis zu einem gewissen Grad tat es das auch. In erster Linie aber fühlte ich mich übergangen. Haleys Daumennummer, befand ich, war ein Reflex, eine Anmache, die er bei jeder Frau probierte, wenn er sich Chancen ausrechnete. Schmollend malte ich mir Rachephantasien aus: Haley sagte mir endlich, dass er das Geld der Stiftung anzunehmen geruhe, und dann machte ich seine Chancen zunichte und erzählte Max, er habe abgelehnt und wir müssten uns nach jemand anderem umsehen.

Im Büro gab es nur ein Thema, den Krieg im Nahen Osten. Selbst das leichtsinnigste Partygirl unter den Sekretärinnen war gebannt von den dramatischen Ereignissen. Jetzt, raunten manche, wo sich die Amerikaner hinter Israel stellten und die Sowjets hinter Ägypten, Syrien und die Palästinenser, komme es zu genau der Art von Stellvertreterkrieg, die uns an den Rand eines atomaren Schlagabtausches bringen könnte. Eine neue Kubakrise! In unserem Korridor wurde eine Weltkarte aufgehängt, kleine Plastikperlen auf Stecknadeln stellten die feindlichen Divisionen dar und Pfeile deren aktuelle Bewegungen. Die Israelis, erst noch ganz benommen von dem Überraschungsangriff an Yom Kippur, mobilisierten allmählich ihre Kräfte, die Ägypter und Syrer machten ein paar taktische Fehler, die USA belieferten ihren Verbündeten aus der Luft mit Waffen, Moskau stieß Drohungen aus. Das alles hätte mich eigentlich stärker bewegen, dem Alltag mehr akute Spannung verleihen müssen. Der Zivilisation drohte ein Atomkrieg, und ich grübelte über einen Fremden nach, der mit seinem Daumen meine Handfläche gestreichelt hatte. Monströser Solipsismus.

Aber ich dachte nicht nur an Tom. Ich machte mir auch Sorgen um Shirley. Seit dem Bees-Make-Honey-Konzert waren sechs Wochen vergangen. An einem Freitag hatte sie ihren Schreibtisch in der Registratur geräumt, ohne sich von irgendwem zu verabschieden. Drei Tage später hatte eine Neue ihren Platz eingenommen. Einige der Mädchen, die einst missgünstig Shirleys Beförderung prophezeit hatten, behaupteten jetzt, man habe sie entlassen, weil sie *keine von uns* sei. Ich war zu wütend auf meine alte Freundin gewesen, um mich bei ihr zu melden. Anfangs war ich erleichtert, dass sie sich ohne viel Aufhebens davongeschlichen hatte. Aber im Lauf der Wochen verblasste das Gefühl, von ihr verraten worden zu sein. Bald wurde mir klar, dass ich an ihrer Stelle dasselbe getan hätte. Vielleicht sogar noch bereitwilliger, bei meinem Hunger nach Anerkennung. Vermutlich hatte sie sich ohnehin geirrt, und ich wurde gar nicht verfolgt. Aber sie fehlte mir, ihr lautes Lachen, ihre schwere Hand auf meinem Handgelenk, wenn sie mir etwas anvertrauen wollte, ihre unbekümmerte Begeisterung für Rockmusik. Verglichen mit ihr waren wir in der Abteilung alle schüchtern und zugeknöpft, selbst wenn wir tratschten und einander neckten.

Meine Abende waren jetzt öde. Ich kam von der Arbeit nach Hause, holte aus »meiner« Ecke des Kühlschranks Esswaren heraus und kochte mir etwas, saß, falls die Anwältinnen mal da waren, ein wenig mit ihnen zusammen, ging dann in mein Zimmer, las in dem klobigen kleinen Sessel bis um elf und legte mich schlafen. In diesem Oktober fesselten mich die Kurzgeschichten von William Trevor. Die Beengtheit, in der seine Figuren lebten, ließ mich grübeln, wie mein eigenes Dasein in seiner Beschreibung aussehen würde. Eine junge Frau, allein in ihrem möblierten Zimmer; sie wäscht sich die Haare im Waschbecken und träumt vor sich hin, denkt an einen Mann aus Brighton, der sich nicht meldet, an ihre beste Freundin, die aus ihrem Leben verschwunden ist, an einen anderen Mann, in den sie mal verknallt war und der ihr morgen, wenn sie ihn beruflich treffen muss, von seinen Hochzeitsvorbereitungen erzählen wird. Wie grau, wie traurig.

Eine Woche nach meinem Besuch bei Haley ging ich,

den Kopf voller törichter Hoffnungen und zurechtgelegter Entschuldigungen, von Camden zu Fuß zur Holloway Road. Aber Shirley war aus ihrem Zimmer ausgezogen und hatte keine Adresse hinterlassen. Diejenige ihrer Eltern in Ilford kannte ich nicht, und im Büro wollte man sie mir nicht geben. Ich fand Bedworld in den Gelben Seiten und sprach mit einem wenig entgegenkommenden Verkäufer. Mr. Shilling könne nicht ans Telefon kommen, seine Tochter arbeite nicht im Betrieb und sei vielleicht zu Hause oder auch nicht. Einen Brief könne man ihr vielleicht weiterleiten, vielleicht auch nicht. Ich schrieb eine Postkarte, gespielt munter, als sei nichts zwischen uns geschehen. Ich bat sie, sich bei mir zu melden. Mit einer Antwort rechnete ich nicht.

Ich sollte Max am ersten Tag nach seinem Urlaub treffen. Der Weg zur Arbeit war an diesem Morgen eine Tortur. Nicht nur für mich. Der Großstadtregen prasselte so ausdauernd und erbarmungslos nieder, als wolle er damit zu verstehen geben, es könne noch wochenlang so weitergehen. Auf der Victoria-Linie der U-Bahn gab es einen Bombenalarm. Die Provisorische IRA hatte bei einer Zeitung angerufen und ein bestimmtes Codewort genannt. Also ging ich die letzte Meile zu Fuß, vorbei an aussichtslos langen Warteschlangen vor den Bushaltestellen. Der Stoff meines Schirms hatte sich teilweise von den Speichen gelöst, ich sah aus wie Chaplins Tramp. Durch Risse im Leder meiner Pumps drang Feuchtigkeit ein. Sämtliche Zeitungen an den Kiosken hatten die OPEC und ihren »Ölpreisschock« auf der Titelseite. Der Westen wurde für seine Unterstützung Israels mit einer saftigen Preiserhöhung bestraft. Es gab ein Embargo gegen Ölexporte in die USA. Die Führer der Bergarbeitergewerkschaft trafen sich zu einer Sondersitzung, um zu besprechen, wie sie die Situation am besten ausnutzen konnten. Wir waren dem Untergang geweiht. Der Himmel verfinsterte sich über den Massen von Menschen, die sich in Regenmänteln durch die Conduit Street schoben, bemüht, einander mit ihren Regenschirmen nicht die Augen auszustechen. Es war erst Oktober und nur noch knapp über null Grad – ein Vorgeschmack auf den langen Winter, der vor uns lag. Ich erinnerte mich bedrückt an den Vortrag, den ich mit Shirley besucht hatte, alle Unkenrufe des Brigadiers bewahrheiteten sich. Als ich an die vorwurfsvollen Blicke und meine Blamage dachte, flackerte meine alte Wut wieder auf, und meine Laune verfinsterte sich noch mehr. Shirley hatte nur so getan, als wäre sie meine Freundin, und ich war prompt darauf reingefallen, ich war für diesen Job wirklich nicht geeignet. Ich wollte nur noch zurück in mein durchgelegenes Bett und meinen Kopf unters Kissen stecken.

Obwohl ich schon spät dran war, sah ich noch kurz beim Postfach nach, bevor ich im Laufschritt um die Ecke zum Leconfield House bog. In der Damentoilette versuchte ich eine Viertelstunde lang, an der Handtuchrolle meine Haare zu trocknen und die Spritzflecken von meiner Strumpfhose zu reiben. Max war für mich verloren, aber hier ging es um meine Würde. Als ich mich mit zehn Minuten Verspätung in sein dreieckiges Büro zwängte, waren meine Füße immer noch nass und eiskalt. Er saß hinter seinem Schreibtisch und ordnete betont geschäftig seine Papiere. Sah er anders aus, nach einer Woche Taormina und Sex mit Dr. Ruth? Er war beim Friseur gewesen, seine Ohren standen jetzt wieder ab wie Henkel von einem Krug. Kein neues, selbstbewusstes Strahlen in seinen Augen, auch keine dunklen Ringe darunter. Abgesehen von dem neuen weißen Hemd, einer Krawatte in einem etwas dunkleren Blau und einem neuen dunklen Anzug schien er mir unverändert. Hatten sie vielleicht getrennte Zimmer gehabt, um sich für die Hochzeitsnacht aufzusparen? Konnte das sein? Nach allem, was ich von Medizinern und ihren endlosen und chaotischen Lehrjahren wusste, eher nicht. Selbst in dem unwahrscheinlichen Fall, dass Max' Mutter eine Direktive ausgegeben und Max sich gehorsam Zurückhaltung auferlegt hatte, hätte Dr. Ruth ihn doch sicherlich vernascht. Das schwache Fleisch war ihr Beruf. Na schön, ich wollte Max immer noch, aber ich wollte auch Tom Haley, und das bot einen gewissen Schutz, wenn ich einmal davon absah, dass ich Haley vollkommen gleichgültig war.

»Also«, begann Max schließlich. Er blickte von der Honig-Akte auf und wartete.

»Wie war's in Taormina?«

»Ob du's glaubst oder nicht, es hat die ganze Zeit geregnet.«

Mit anderen Worten: Sie hatten die ganze Zeit im Bett verbracht. Wie zur Bestätigung fügte er eilig hinzu: »Also haben wir eine Menge Kirchen, Museen und dergleichen von innen gesehen.«

»Klingt toll«, sagte ich matt.

Er sah mich scharf an, als wittere er Ironie, nahm aber wohl keine wahr.

Er sagte: »Hat sich Haley gemeldet?«

»Noch nicht. Das Treffen lief gut. Das Geld hat er dringend nötig. Er kann sein Glück nicht fassen. Vorige Woche ist er nach London gekommen, um sich die Stiftung anzusehen. Denkt noch drüber nach, nehme ich an.«

Seltsam, aber mich so reden zu hören, munterte mich auf. Ja, dachte ich. Ich sollte versuchen, vernünftiger zu sein.

»Wie war er?«

»Recht umgänglich.«

»Nein, ich meine, wie *ist* er?«

»Kluger Kopf. Hochgebildet, lebt ganz offensichtlich für die Literatur. Die Studenten beten ihn an. Attraktiv, aber auf unkonventionelle Art.«

»Ich habe ein Foto von ihm gesehen«, sagte Max. Vielleicht bereut er jetzt sein Versäumnis, überlegte ich. Er hätte mit mir schlafen und erst *dann* seine Verlobung bekanntgeben können. Ich glaubte es meiner Selbstachtung schuldig zu sein, mit Max zu flirten, ihm unter die Nase zu reiben, was er verpasst hatte.

»Ich hatte auf eine Postkarte von dir gehofft.«

»Entschuldige, Serena. Mache ich nie – ist einfach nicht mein Ding.«

»Wart ihr glücklich?«

Die unverblümte Frage überraschte ihn. Ich genoss seine Verwirrung. »Ja, ja, das waren wir. Sehr glücklich sogar. Aber...«

»Aber?«

»Da ist noch eine Sache...«

»Ja?«

»Über den Urlaub und so weiter können wir später reden. Noch mal kurz zu Haley. Gib ihm eine Woche, dann schreib ihm, dass wir sofort Bescheid wissen müssen, sonst ziehen wir das Angebot zurück.«

»Gut.«

Er klappte die Akte zu. »Die Sache ist die. Erinnerst du dich an Oleg Lyalin?«

»Du hast ihn mal erwähnt.«

»Ich dürfte davon eigentlich gar nichts wissen. Und du erst recht nicht. Aber solche Klatschgeschichten sprechen sich schnell herum. Da kann ich es dir genauso gut erzählen. Er war ein ganz großer Fang für uns. Wollte einundsiebzig überlaufen, aber offenbar haben wir ihn dann noch ein paar Monate auf seinem Posten hier in London belassen. Der MI5 hatte alles organisiert, wollte ihn schon bald zu uns rüberholen, da wurde er von der Polizei in Westminster verhaftet, wegen Trunkenheit am Steuer. Wir schnappten ihn uns, bevor die Russen an ihn rankamen – die hätten ihn mit Sicherheit getötet. Jedenfalls ist er zu uns übergelaufen, zusammen mit seiner Sekretärin, seiner Geliebten. Er war ein KGB-Mann, zuständig für Sabotage. Ne kleine Nummer, eher eine Art Gangster, aber unbezahlbar. Hat unsere schlimmsten Alpträume bestätigt: Wir hatten Dutzende von sowjetischen Agenten hier im Land, die unter dem Schutz der diplomatischen Immunität operierten. Wir haben dann hundertfünf von ihnen ausgewiesen – Heath hat das übrigens großartig gedeichselt, egal was man heute über ihn sagt. Die Moskauer Zentrale war offenbar vollkommen überrascht. Wir haben nicht mal den Amerikanern vorher davon erzählt, und das führte zu einem Krach, der bis heute noch nicht ganz beigelegt ist. Aber entscheidend war das Ergebnis: Wir wussten, dass wir nun keinen Maulwurf mehr hatten, zumindest an keiner wichtigen Stelle. Keinen seit George Blake. Großes Aufatmen allenthalben.

Wahrscheinlich werden wir mit Lyalin bis ans Ende seines Lebens Gespräche führen. Es bleiben immer irgendwelche Kleinigkeiten offen, Dinge aus der Vergangenheit, alte Geschichten mit neuen Aspekten, Fragen zu Abläufen, Strukturen, Gefechtsformationen und so weiter. Da gibt es zum Beispiel ein kleines Rätsel, ein Kryptonym, das niemand knacken konnte, weil die Informationen zu schwammig waren. Ein Engländer, Codename Volt, der ganz am Ende der Vierziger aktiv war, bis 1950. Hat für uns gearbeitet, nicht für den MI6. Es ging um die Wasserstoffbombe. Nicht direkt unser Feld. Auch nichts Spektakuläres wie Fuchs, nichts Technisches. Nicht einmal langfristige Planung oder Logistik. Lyalin hatte das Volt-Material noch zu seiner Zeit in Moskau gesehen. Besonders aufschlussreich war es nicht, aber er wusste, die Quelle war beim MI5. Es war spekulatives Zeug, Was-wäre-wenn-Gedankenspiele – was die Amerikaner Szenarios nennen. *Wir* nennen das ein Luxuswochenende auf dem Land. Heiße Luft. Was, wenn die Chinesen die Bombe kriegen, wie teuer kommt uns ein Präventivschlag, wie groß ist das optimale Raketenarsenal, wenn wir von Kostenbeschränkungen abstrahieren, und sei doch so lieb und reich mir den Port.«

An dieser Stelle ahnte ich, was jetzt kam. Oder mein Körper wusste es. Mein Herz schlug ein wenig schneller.

»Unsere Leute waren monatelang an der Sache dran, aber wir wussten zu wenig über Volt, um ihn mit irgendwem auf unserer Lohnliste identifizieren zu können. Dann ist letztes Jahr jemand in Buenos Aires zu den Amerikanern übergelaufen. Keine Ahnung, was unsere Freunde alles von ihm erfahren haben. Ich weiß aber, dass sie nicht richtig damit rausrücken wollten, vermutlich immer noch eingeschnappt wegen der Ausweisungen. Doch das bisschen, was sie uns gegeben haben, hat schon gereicht.«

Er hielt kurz inne. »Du weißt, worauf das hinausläuft, oder?«

Ich wollte »Ja« sagen, aber meine Zunge versagte mir den Dienst. Ich brachte nur ein Grunzen zustande.

»Also, Folgendes. Vor gut zwanzig Jahren hat Canning Informationen an einen Kontaktmann weitergegeben. Etwa fünfzehn Monate lang. Falls noch brisanteres Zeug dabei war, wissen wir nichts davon. Wir wissen auch nicht, warum es dann aufgehört hat. Vielleicht war es für alle Beteiligten eine Enttäuschung.«

Während ich, damals noch ein Einzelkind, mit einem hübschen Mützchen auf dem Kopf in meinem gutgefederten, königsblauen Kinderwagen mit den silbernen Speichen vom Pfarrhaus zu den Dorfläden kutschiert wurde, verhandelte Tony also mit einem Kontaktmann und ließ in seiner großspurigen Art ein paar russische Redewendungen einfließen. Ich sah ihn vor mir, in einer Imbissbude an einer Bushaltestelle, wie er einen gefalteten braunen Umschlag aus der Innentasche seines Zweireihers zog. Vielleicht ein bedauerndes Lächeln, ein Achselzucken, weil das Material nicht erstklassig war – er war immer gern der Beste. Aber sein Gesicht sah ich nicht richtig. In den vergangenen Monaten war es mir jedes Mal entglitten, wenn ich sein Bild heraufbeschwor. Vielleicht hatte ich deswegen nicht mehr so gelitten. Oder umgekehrt: Das Nachlassen meiner Trauer hatte seine Züge ausgelöscht.

Aber nicht seine Stimme. Das innere Ohr ist das feinere Organ. Ich konnte Tonys Stimme in meinem Kopf abspielen wie ein Radio. Seine Art, den Ton bei einer Frage erst im allerletzten Moment zu heben, sein irgendwie verwaschenes »r«, bestimmte skeptische Formulierungen – »Wenn du meinst«, »Das würde ich so nicht sagen«, »Nun ja, in gewisser Weise« und »Moment mal« –, seine sonore Stimme, die nach Cambridge und teurem Bordeaux klang, seine felsenfeste Überzeugung, dass ihm niemals etwas Dummes oder Extremes über die Lippen kommen würde. Nur wohlüberlegte, ausgewogene Ansichten. Deshalb konnte ich buchstäblich hören, wie er mir das beim Frühstück im Cottage alles erklärt hätte, während die Frühsommersonne durch die offene, mit unzähligen, unerklärlichen Nieten beschlagene Haustür die Steinplatten im Esszimmer beschien und dessen kalkweiß getünchte Rückwand erstrahlen ließ, an der das Churchill-Aquarell hing. Auf dem Tisch zwischen uns trüber Kaffee, nach Tonys Spezialmethode ohne Filter in der Kanne aufgebrüht, zusammen mit einer Prise Salz, und auf dem blassgrünen Teller mit der spinnwebartig gesprungenen Glasur Stapel von Toastscheiben, bleich wie altbackenes Brot, und daneben ein Glas hausgemachte bittere Orangenmarmelade mit groben Stücken, ein Geschenk der Schwester der Haushälterin.

Ich vernahm sie klar und deutlich, Tonys Rechtfertigung, in einem Ton, der besagte, nur eine Närrin könnte da widersprechen. Meine Liebe. Du erinnerst dich doch hoffentlich an unsere erste Lektion. Diese furchterregenden neuen Waffen sind nur durch ein Gleichgewicht der Kräfte zu bändigen, durch wechselseitige Furcht, wechselseitigen Respekt. Selbst wenn das bedeutet, Geheimnisse an eine Diktatur zu verraten: immer noch besser als die einseitige Herrschaft der Amerikaner und ihrer Arroganz. Denk doch bitte an die Jahre nach 1945 zurück, an die Forderungen aus der amerikanischen Rechten nach einer atomaren Vernichtung der Sowjetunion, solange die noch nicht zum Gegenschlag gerüstet sei. Wie diese heimtückische Logik ignorieren? Wenn Japan so eine Waffe gehabt hätte, wäre es niemals zum Horror von Hiroshima gekommen. Nur ein Gleichgewicht der Kräfte kann den Frieden aufrechterhalten. Ich habe getan, was ich tun musste. Der Kalte Krieg brach an. Die Welt hatte sich in zwei feindliche Lager geteilt. Ich stand mit meinen Ansichten nicht allein. Mochten in der Sowjetunion noch so groteske Missstände herrschen, sie sollte dennoch über das gleiche Waffenarsenal verfügen. Kleingeister können mir ruhig Vaterlandsverrat vorwerfen – wer nüchtern denkt, handelt für den Weltfrieden und den Fortbestand der Zivilisation.

»Nun«, fragte Max. »Hast du nichts zu sagen?«

In seinem Ton schwang der Vorwurf mit, ich sei mitschuldig oder irgendwie mitverantwortlich. Ich schwieg ein wenig, um die Frage zu neutralisieren. Dann sagte ich: »Hat man ihn vor seinem Tod zur Rede gestellt?«

»Das weiß ich nicht. Ich kenne auch nur die Gerüchte, die aus der fünften Etage nach unten gesickert sind. Zeit hätte man reichlich gehabt – etwa sechs Monate.«

Ich dachte an das Auto, dem die zwei Männer im Anzug entstiegen waren, an meinen erzwungenen Waldspaziergang und an unsere überstürzte Rückkehr nach Cambridge. In den ersten Minuten nach Max' Enthüllung empfand ich nicht viel. Ihre Tragweite war mir klar, ich wusste, mich würden heftige Gefühle bestürmen, aber um mich ihnen zu stellen, musste ich allein sein. Vorläufig verschanzte ich mich hinter einem widersinnigen Groll gegen Max: Ich gab dem Boten die Schuld. An Tom Haley ließ er kein gutes Haar, und jetzt zog er meinen ehemaligen Geliebten in den Schmutz; offenbar wollte er alle Männer aus meinem Leben radieren. Er hätte die Sache mit Canning für sich behalten können. Es war nur ein Gerücht, und selbst wenn es stimmte, gab es keinen einsatzrelevanten Grund, mir davon zu erzählen. Ein seltener Fall von zeitgleicher Eifersucht im Vor- und im Nachhinein. Wenn er mich nicht haben konnte, dann auch kein anderer, nicht einmal in der Vergangenheit.

Ich sagte: »Tony war kein Kommunist.«

»Vermutlich hat er in den dreißiger Jahren ein bisschen damit geliebäugelt, wie alle anderen auch.«

»Er war in der Labour Party. Er hat die Schauprozesse und Säuberungen gehasst. Er hat immer gesagt, bei der Pazifismus-Debatte in der Oxford Union hätte er für König und Vaterland gestimmt.«

Max hob die Schultern. »Ich verstehe schon, das ist sicher hart für dich.«

Aber er verstand gar nichts, so wenig wie ich im Augenblick.

Von Max' Büro ging ich direkt an meinen Schreibtisch, entschlossen, mich mit den anstehenden Aufgaben zu betäuben. Zum Nachdenken war es noch zu früh. Besser gesagt, ich wagte nicht nachzudenken. Ich stand unter Schock und erledigte meine Pflichten wie ein Automat. Inzwischen arbeitete ich mit einem Führungsbeamten namens Chas Mount zusammen, einem freundlichen Ex-Soldaten und ehemaligen Computerverkäufer, der mir bereitwillig Verantwortung übertragen hatte. Auch ich durfte mich jetzt endlich mit Irland befassen. Wir hatten zwei Agenten bei der Provisorischen IRA – vielleicht auch mehr, aber ich wusste nur von diesen beiden. Und die beiden wussten nichts voneinander. Sie waren Schläfer, eigentlich sollten sie sich ein paar Jahre Zeit lassen und in der militärischen Hierarchie aufsteigen, aber von dem einen hatten wir praktisch sofort eine Flut von Informationen über Waffennachschubquellen bekommen. Wir mussten die Akten erweitern und umstrukturieren, Unterkategorien anlegen und neue Akten für die Lieferanten und Mittelsmänner eröffnen, mit Kreuzverweisen und genügend Durchschlägen, damit fehlgeleitete Anfragen doch noch an der richtigen Stelle landeten. Wir wussten nichts über unsere Agenten – für uns waren sie nur »Helium« und »Pik«, aber ich dachte oft an sie und an die ständige Gefahr, in der sie schwebten. Wie behütet war ich dagegen hier in meinem schmutzigen Büro, über das ich mich so oft beklagte. Die beiden, ziemlich sicher irische Katholiken, gingen zu Versammlungen in winzigen Wohnzimmern in Bogside oder in Hinterzimmern von Pubs, immer im Bewusstsein, dass sie beim kleinsten Patzer, bei der geringsten widersprüchlichen Bemerkung mit einer Kugel im Hinterkopf enden konnten. Und ihre Leichen auf der Straße, damit jeder sah, was Denunzianten blühte. Wenn sie glaubhaft sein wollten, mussten sie ihre Rolle bis zur letzten Konsequenz spielen. Pik hatte bereits, um seine Tarnung zu wahren, bei einem Hinterhalt zwei britische Soldaten schwer verwundet und war auch in die Tötung einiger Ulster-Constabulary-Leute und die Folterung und Ermordung eines Polizeispitzels involviert gewesen.

Pik, Helium und jetzt Volt. Nachdem ich mich zwei Stunden lang bemüht hatte, Tony aus meinen Gedanken zu verdrängen, ging ich zur Damentoilette, schloss mich in eine Kabine ein, blieb dort ein Weilchen sitzen und versuchte die Neuigkeit zu verarbeiten. Ich wäre am liebsten in Tränen ausgebrochen, andererseits gab es in meinem Gefühlsaufruhr auch trockene Elemente von Wut und Enttäuschung. Das war alles so lange her, und er war tot, aber seine Tat erschien mir so frisch, als sei sie erst gestern geschehen. Ich glaubte zu wissen, was für Argumente er angeführt hätte, aber akzeptieren konnte ich sie nicht. Du hast deine Freunde und Kollegen verraten, hörte ich mich bei jenem sonnenhellen Frühstück sagen. Das war unehrenhaft, und wenn es einmal ans Licht kommt, und irgendwann kommt es ans Licht, dann wird es das Einzige sein, was man von dir in Erinnerung behält. Alles, was du sonst geleistet hast, wird daneben verblassen. Nur noch das verbindet man dann mit deinem Namen, denn letztlich ist Realität gesellschaftlich konstituiert, wir leben immer mit und unter anderen Menschen, und ihr Urteil zählt. Auch, und sogar erst recht, wenn wir tot sind. Für die Lebenden wird deine gesamte Existenz auf etwas Schäbiges und Infames reduziert sein. Man wird überzeugt sein, dass du noch mehr Schaden anrichten wolltest, als du tatsächlich angerichtet hast, dass du auch komplette Konstruktionspläne weitergegeben hättest, wenn du da rangekommen wärst. Wenn du wirklich geglaubt hast, dass du edel und vernünftig handelst – warum hast du das dann nicht öffentlich bekannt, deine Argumente vorgetragen und die Konsequenzen auf dich genommen? Wenn Stalin schon um der Revolution willen zwanzig Millionen seiner Landsleute ermorden und verhungern ließ, woher willst du dann wissen, dass er bei einem atomaren Schlagabtausch nicht noch viel mehr dafür opfern würde? Wenn ein Diktator Menschenleben so viel geringer achtet als ein amerikanischer Präsident, wo bleibt dann dein Gleichgewicht der Kräfte?

In einer Toilettenkabine mit einem Toten zu streiten ist eine klaustrophobische Erfahrung. Ich ging hinaus, spritzte mir am Waschbecken kaltes Wasser ins Gesicht, schminkte mich nach und kehrte an meinen Schreibtisch zurück. In der Mittagspause musste ich dringend an die frische Luft. Es hatte aufgehört zu regnen, die Bürgersteige glänzten blitzblank im unverhofften Sonnenschein. Aber bei dem schneidenden Wind war an einen Spaziergang im Park nicht zu denken. Raschen Schritts und voller irrationaler Gedanken ging ich die Curzon Street entlang. Ich war wütend auf Max, weil er mir das erzählt hatte, wütend auf Tony, weil er nicht mehr lebte, weil er mich mit der Last seiner Verfehlungen allein gelassen hatte. Und da er mich in dieses Metier geschleust hatte – inzwischen war das für mich mehr als nur ein Job –, blieb etwas von seiner Illoyalität an mir hängen. Sein Name stand nun auf einer unrühmlichen Liste mit Nunn May, den Rosenbergs und mit Fuchs, aber anders als sie hatte er noch nicht einmal irgendetwas Wichtiges weitergegeben. Er war eine Fußnote in der Geschichte der Atomspionage, und ich war eine Fußnote zu seinem Verrat. Ich schrumpfte dadurch. Zumindest in den Augen von Max, so viel war klar. Noch ein Grund, wütend auf ihn zu sein. Und ich war wütend auf mich selbst, dass ich Närrin mir jemals eingebildet hatte, dieser verklemmte Idiot mit den Henkelohren könnte mich glücklich machen. Ein Segen, dass seine lachhafte Verlobung mich von dem Wahn kuriert hatte.

Ich überquerte den Berkeley Square, wo wir uns den Nachtigall-Song ins Gedächtnis gerufen hatten, und bog dann rechts ab in Richtung Picadilly, in die Berkeley Street. An der U-Bahn-Station Green Park sah ich die Zeitungsschlagzeilen der Mittagsausgaben. Benzinrationierung, Energiekrise, baldige Rede von Heath an die Nation. War mir alles egal. Ich steuerte auf Hyde Park Corner zu. Die Wut hatte meinen Hunger vertrieben. Meine Fußballen prickelten so komisch, am liebsten wäre ich losgerannt oder hätte um mich getreten. Oder Tennis gespielt mit einem erbitterten Gegner, einem, den ich vom Platz fegen konnte. Ich wollte irgendwen anbrüllen – das war's, ich wollte einen richtigen Streit mit Tony, und dann wollte ich ihn verlassen, ehe er mich verlassen konnte. Der Wind blies mir noch schärfer ins Gesicht, als ich in die Park Lane einbog. Wolken türmten sich über Marble Arch, bereit, noch einmal auf mich niederzuregnen. Ich beschleunigte den Schritt.

Mein Weg führte an der Post vorbei, und ich ging hinein, nicht zuletzt, um der Kälte zu entfliehen. Ich hatte ja erst vor wenigen Stunden im Postfach nachgesehen und rechnete nicht damit, etwas vorzufinden, aber auf einmal war da ein Brief, abgestempelt in Brighton, Datum vom Vortag.

Hastig wie ein Kind an Weihnachten riss ich den Umschlag auf. Bitte wenigstens eine gute Nachricht heute, dachte ich und ging zum Lesen vor die Glastür. *Liebe Serena.* Die Nachricht war tatsächlich gut. Sogar mehr als gut. Tom entschuldigte sich, dass er sich erst jetzt zurückmelde. Unser Treffen habe er in guter Erinnerung, er habe gründlich über mein Angebot nachgedacht und nehme es an. Er sei dankbar, das Stipendium sei ein echter Glücksfall. Und dann begann ein neuer Absatz. Ich hielt mir den Brief dicht vor die Augen. Er schrieb mit Füllfederhalter, ein Wort war durchgestrichen, die Tinte verschmiert. Er stellte eine Bedingung.

Wenn Sie nichts dagegen haben, würde ich mit Ihnen gern in regelmäßigem Kontakt bleiben – aus zwei Gründen. Erstens wäre es mir lieb, wenn diese großzügige Stiftung ein menschliches Antlitz hat und das Geld, das mir monatlich zufließt, nicht bloß eine unpersönliche, bürokratische Angelegenheit ist. Zweitens haben Ihre anerkennenden Worte mir viel bedeutet, mehr, als ich in einem Brief wie diesem sagen kann. Ich würde Ihnen gerne von Zeit zu Zeit meine Arbeit zeigen. Ich versichere Ihnen, dass ich nicht nur auf Lob und Ermunterung aus bin. Mich interessiert Ihre aufrichtige Meinung. Natürlich müsste es mir dabei freistehen, Ihre Kritikpunkte, sofern sie mich nicht überzeugen, zu ignorieren. Aber die Hauptsache wäre, dass ich dank Ihrer gelegentlichen Rückmeldungen nicht ins Leere schreiben würde, und das ist sehr wichtig, wenn ich tatsächlich einen Roman in Angriff nehme. Diese Art Händchenhalten wäre für Sie nicht allzu aufwendig. Nur ein Kaffee ab und zu. Der Gedanke, etwas Längeres zu schreiben, macht mich nervös, umso mehr, als man jetzt gewisse Erwartungen in mich setzt. Sie investieren in mich, und ich möchte mich würdig erweisen. Die Leute in der Stiftung, die mich ausgewählt haben, sollen stolz auf ihre Entscheidung sein können.

Ich komme am nächsten Samstagmorgen nach London. Wir könnten uns um zehn in der National Portrait Gallery treffen, vor Severns Keats-Porträt. Keine Sorge, wenn ich nichts von Ihnen höre und Sie nicht da sind, werde ich keine voreiligen Schlüsse ziehen.

Herzliche Grüße, Tom Haley

14

Um fünf Uhr an diesem Samstag waren wir ein Liebespaar. Es lief nicht glatt, es gab keine erleichterte und verzückte Explosion, als Körper und Seelen einander begegneten. Keine Ekstase wie bei Sebastian und Monica, der diebischen Gattin. Jedenfalls nicht am Anfang. Wir waren verlegen und unbeholfen, irgendwie theatralisch, als seien wir uns der Erwartungen eines unsichtbaren Publikums bewusst. Und das Publikum war real. Als ich die Haustür von Nummer 70 öffnete und Tom hineinließ, standen meine drei Hausgenossinnen mit Teetassen in der Hand unten an der Treppe und plauderten, eine kurze Pause, ehe sie wieder in ihre Zimmer gingen und den Rest des Nachmittags Jura büffelten. Ich warf die Haustür geräuschvoll ins Schloss. Tom blieb auf der Fußmatte stehen, und die Frauen aus dem Norden beäugten ihn mit unverhohlenem Interesse. Mir blieb nichts anderes übrig, ich musste ihnen meinen neuen Freund vorstellen, was sie mit vielsagendem Grinsen und gegenseitigem Anstupsen quittierten. Wären wir fünf Minuten später gekommen, hätte uns niemand gesehen. Pech.

Statt Tom unter ihren Blicken in mein Schlafzimmer zu lotsen, ging ich mit ihm in die Küche und wartete, dass sie sich zerstreuten. Aber sie blieben. Während ich Tee machte, hörte ich sie im Flur miteinander flüstern. Ich hätte sie gern ignoriert und mich mit Tom unterhalten, doch mein Kopf war völlig leer. Tom, der mein Unbehagen spürte, füllte das Schweigen, indem er mir von Dickens' Darstellung von Camden Town in *Dombey und Sohn* erzählte, von der Eisenbahnstrecke nördlich der Euston Station, dem kolossalen Keil, den irische Hilfsarbeiter mitten durch die ärmsten Wohnviertel getrieben hatten. Er konnte sogar ein paar Zeilen auswendig, und sie passten genau auf meinen verwirrten Zustand. »Hunderttausend unvollendete Formen und Substanzen, wild untereinandergemengt, das Unterste zuoberst gekehrt, bald in die Erde tauchend, bald in die Luft hinausstrebend oder im Wasser modernd, zeigten sich allenthalben wie die unverständlichen Bilder eines Traumes.«

Endlich begaben sich meine Mitbewohnerinnen wieder an ihre Schreibtische, und wenig später stiegen wir mit unseren Teetassen die knarrende Treppe hinauf. Die Stille hinter den drei Türen, an denen wir auf dem Weg nach oben vorbeikamen, schien äußerst angespannt. Ich versuchte mich zu erinnern, ob mein Bett ebenfalls knarrte und wie dick die Wände meines Schlafzimmers waren – keine sehr erotischen Gedanken. Als Tom dann in meinem Lesesessel und ich auf dem Bett saß, schien es mir besser, das Gespräch erst einmal fortzusetzen.

Zumindest darin hatten wir beide schon Übung. In der National Portrait Gallery waren wir etwa eine Stunde geblieben und hatten uns unsere Lieblingsbilder gezeigt. Meins war Cassandra Austens Skizze von ihrer Schwester, seins William Strangs Bildnis von Thomas Hardy. Mit einem Fremden Bilder anzuschauen ist eine unaufdringliche

Form gegenseitigen Kennenlernens und sanfter Verführung. Wir kamen zwanglos von ästhetischen auf biographische Fragen zu sprechen – auf das Leben der Porträtierten, natürlich, aber auch der Maler, sofern wir etwas über sie wussten. Und Tom wusste wesentlich mehr als ich. Im Grunde war das bloß Klatsch und Tratsch. Gewürzt mit ein wenig Imponiergehabe: das und das gefällt mir, so ein Mensch bin ich. Es verpflichtete zu nichts, wenn man sagte, dass Branwell Brontës Porträt seiner Schwestern alles andere als schmeichelhaft war oder dass Hardy zu behaupten pflegte, er werde oft für einen Detektiv gehalten. Irgendwann zwischen zwei Bildern hakten wir uns unter. Von wem das ausging, war nicht klar. Ich sagte: »Jetzt hat das Händchenhalten angefangen.« Er lachte. In diesem Augenblick, als wir uns bei der Hand nahmen, ahnten wir vermutlich schon beide, dass wir in meinem Zimmer landen würden.

Er erwies sich als unkompliziert. Es drängte ihn nicht wie viele Männer bei einem Rendezvous (denn jetzt war es eins), einen bei jeder Gelegenheit zum Lachen zu bringen, oder auf irgendetwas hinzuweisen und sich in ernsten Monologen zu ergehen, oder einen mit höflichen Fragen zu bestürmen. Er war neugierig, er hörte zu, er erzählte und ließ sich erzählen. Im Hin und Her der Unterhaltung war er ganz entspannt. Wir waren wie Tennisspieler, die sich aufwärmten, wir standen jeder fest an seiner Grundlinie, schlugen schnelle, aber einfache Bälle auf die Vorhand unseres Gegners, stolz auf unsere zuvorkommende Präzision. Ja, meine Gedanken waren beim Tennis. Dabei hatte ich seit fast einem Jahr nicht mehr gespielt.

Wir gingen auf ein Sandwich ins Museumscafé, und hier hätte alles schon vorzeitig enden können. Die Unterhaltung hatte sich von der Malerei entfernt – mein Repertoire war sehr überschaubar –, und jetzt sprach er über Gedichte. Das war heikel. Ich hatte ihm erzählt, ich hätte Literatur studiert und mit guten Noten abgeschlossen, und jetzt wusste ich nicht einmal mehr, wann ich zuletzt ein Gedicht gelesen hatte. Ich kannte niemanden, der Gedichte las. Selbst in der Schule war mir das erspart geblieben. Wir hatten keine Gedichte »durchgenommen«. Romane, das schon, und ein paar Shakespeare-Stücke. Ich nickte aufmunternd, als er mir erzählte, was er gerade wiedergelesen hatte. Ich wusste, was jetzt kam, und versuchte mir eine Antwort zurechtzulegen, mit der Folge, dass ich ihm nicht richtig zuhörte. Wenn er fragte, sollte ich dann sagen: Shakespeare? In diesem Augenblick hätte ich nicht ein einziges Gedicht von ihm nennen können. Gewiss, es gab ja auch noch Keats, Byron, Shelley, aber was hatten die geschrieben, das mir womöglich gefiel? Es gab moderne Dichter, die ich vom Namen her kannte, doch meine Nervosität blies mir wie ein Schneesturm alle Gedanken aus dem Kopf. Konnte ich die These vertreten, die Kurzgeschichte sei eigentlich auch eine Art Gedicht? Selbst wenn mir ein Dichter in den Sinn kam, müsste ich dazu ein entsprechendes Werk von ihm nennen. So sah es aus. Doch mir fiel beim besten Willen kein einziges Gedicht ein. Jedenfalls nicht in diesem Augenblick. Tom hatte etwas gefragt, er sah mich an, er wartete. Plötzlich ein Vers aus der Schulzeit, aus *Casabianca* von Felicia Hemans: *The boy stood on the burning deck…* Dann wiederholte er seine Frage.

»Was hältst du von ihm?«

»Er ist nicht so direkt mein ...« Ich brach ab. Mir blieben zwei Möglichkeiten – ich konnte als Schwindlerin entlarvt werden oder ein Geständnis ablegen. »Hör zu, ich muss dir etwas beichten. Das wollte ich dir sowieso irgendwann sagen. Also kann ich es auch gleich tun. Ich habe dich belogen. Ich habe keinen Abschluss in Englisch.«

»Du hast direkt nach der Schule angefangen zu arbeiten?« Er sagte das aufmunternd und bedachte mich mit jenem zugleich freundlichen und spöttischen Blick, den ich von unserer ersten Begegnung in Erinnerung hatte.

»Ich habe einen Abschluss in Mathematik.«

»Aus Cambridge? Mein Gott. Warum solltest du das verheimlichen wollen?«

»Ich dachte, dann würde dir meine Meinung zu deinen Texten weniger bedeuten. Das war dumm, ich weiß. Ich habe mich als die Person ausgegeben, die ich früher einmal werden wollte.«

»Und was war das für eine Person?«

Also erzählte ich ihm die ganze Geschichte von meiner obsessiven Schnelllleserei, von meiner Mutter, die mir das Anglistik-Studium ausgeredet hatte, von meinem akademischen Elend in Cambridge. Ich sagte ihm auch, dass ich immer weitergelesen hatte und heute noch las. Dass ich hoffte, er könne mir verzeihen. Und dass ich seine Sachen wirklich gut fand.

»Ein Mathestudium ist doch viel anspruchsvoller. Du hast noch jahrzehntelang Zeit, Gedichte zu lesen. Wir können mit dem Dichter anfangen, von dem ich eben gesprochen habe.«

»Ich habe seinen Namen schon wieder vergessen.«

»Edward Thomas. Und das Gedicht – richtig schön altmodisch. Nichts, was die Lyrik revolutioniert. Aber es ist reizend, eins der bekanntesten und beliebtesten in unserer Sprache. Wunderbar, dass du es nicht kennst. Du hast noch so viel vor dir!«

Wir hatten das Essen bereits bezahlt. Abrupt stand er auf, nahm meinen Arm und schob mich aus dem Gebäude und die Charing Cross Road entlang. Was eine Katastrophe hätte werden können, brachte uns näher zusammen, auch wenn das bedeutete, dass mein Begleiter jetzt wie ein typischer Mann auf mich einredete. Wir standen im Keller eines Antiquariats am St. Martin's Court, und Tom hielt mir eine alte Hardcover-Ausgabe von Thomas' Gedichten hin, schon an der richtigen Stelle aufgeschlagen.

Gehorsam las ich und blickte auf. »Sehr hübsch.«

»Das kannst du nicht in drei Sekunden gelesen haben. Noch mal langsam.«

Aber da war nicht viel. Vier Strophen zu je vier kurzen Versen. Ein Zug hält außerplanmäßig an einem kleinen Bahnhof, niemand steigt ein oder aus, jemand räuspert sich, ein Vogel singt, es ist heiß, es gibt Blumen und Bäume, Heu auf den Feldern und noch jede Menge andere Vögel. Das war's.

Ich schloss das Buch und sagte: »Schön.«

Er neigte den Kopf und lächelte nachsichtig. »Du verstehst das nicht.«

»Doch, natürlich.«

»Dann sag's mir.«

»Was denn?«

»Woran du dich erinnern kannst, sag's mir.«

Also zählte ich ihm alles auf, fast Zeile für Zeile, die Heuhaufen, die Wölkchen, die Weiden, das Mädesüß, Oxfordshire und Gloucestershire. Er schien beeindruckt und sah mich seltsam an, als habe er eine Entdeckung gemacht.

Er sagte: »Dein Gedächtnis funktioniert tadellos. Jetzt versuch dich aber an die Gefühle zu erinnern.«

Wir waren die einzigen Kunden im Keller des Ladens, Fenster gab es nicht, nur zwei nackte Glühbirnen. Dazu ein angenehm einschläfernder Staubgeruch, als hätten die Bücher den größten Teil der Luft verbraucht.

Ich sagte: »Ich bin mir ziemlich sicher, dass kein einziges Gefühl erwähnt wird.«

»Wie lautet das erste Wort des Gedichts?«

»Ja.«

»Gut.«

»Es beginnt mit: ›Ja, ich erinnere mich an Adlestrop.‹«

Er kam näher. »Die Erinnerung an einen Namen, an nichts anderes. Nur die Stille, die Schönheit, der ungeplante Halt, Vogelgesang über zwei Grafschaften hinweg, das Gefühl reiner Existenz, das Gefühl, in Raum und Zeit zu schweben, am Vorabend eines verheerenden Kriegs.«

Ich hob den Blick, seine Lippen streiften meine. Ich sagte ganz leise: »In dem Gedicht wird kein Krieg erwähnt.«

Er nahm mir das Buch aus der Hand, und wir küssten uns. Ich erinnerte mich an den ersten Kuss zwischen Neil Carder und seiner Schaufensterpuppe: *Ihre Lippen waren hart und kalt vom lebenslangen Misstrauen gegen alles und jeden.*

Ich ließ meine Lippen weich werden.

Später gingen wir über den Trafalgar Square Richtung St. James's Park. Dort schlenderten wir zwischen Kleinkindern umher, die über die Wege wackelten, Brot für die Enten in den kleinen Fäusten, und sprachen von unseren Schwestern. Seine, Laura, einst eine große Schönheit, war sieben Jahre älter als Tom, hatte Jura studiert und eine glänzende Zukunft vor sich gehabt, dann kamen der eine oder andere schwierige Fall, dazu der eine oder andere schwierige Ehemann, und nach und nach war sie zur Alkoholikerin geworden und verlor alles. Ihr Abstieg glich einem komplizierten Auf und Ab, sie probierte es mit Entziehungskuren, kehrte heroisch in den Gerichtssaal zurück, wurde vom Alkohol wieder nach unten gezogen. Nach etlichen unschönen Szenen war die Geduld der Familie erschöpft. Dann kam es auch noch zu einem Autounfall, bei dem das jüngste ihrer Kinder, ein fünfjähriges Mädchen, einen Fuß verlor. Laura hatte drei Kinder von zwei Vätern. Sie war durch jedes Sicherheitsnetz gefallen, das ein moderner liberaler Staat aufspannen konnte. Jetzt lebte sie in einem Wohnheim in Bristol, aber man drohte sie dort rauszuwerfen. Die Kinder wurden von ihren Vätern und Stiefmüttern versorgt. Es gab noch eine jüngere Schwester, Joan, die mit einem Vikar der anglikanischen Kirche verheiratet war und ebenfalls tatkräftig mithalf, und zwei- oder dreimal im Jahr fuhr Tom mit seinen zwei Nichten und dem Neffen in die Ferien.

Auch seine Eltern kümmerten sich rührend um ihre Enkel. Aber Mr. und Mrs. Haley hatten zwanzig Jahre voller Schrecken, falscher Hoffnungen, Ratlosigkeit und nächtlicher Notfälle hinter sich. Sie lebten in ständiger Angst vor Lauras nächstem Anruf, sie waren traurig, machten sich endlose Vorwürfe. So sehr sie Laura liebten, so sehr sie die Erinnerung an die junge Frau, die sie einmal gewesen war, mit silbergerahmten Fotos von ihrem zehnten Geburtstag, ihrer Examensfeier und ihrer ersten Hochzeit auf dem Kaminsims wachzuhalten versuchten, konnten auch sie nicht verleugnen, dass sie zu einer furchtbaren Person geworden war, furchtbar anzusehen, anzuhören und zu riechen. Furchtbar, sich an ihre kühle Intelligenz zu erinnern und sich dann ihr kriecherisches Selbstmitleid, ihre Lügen und sturzbetrunkenen Versprechungen anhören zu müssen. Die Familie hatte alles versucht, erst mit gutem Zureden, dann mit sanften und schließlich harten Vorwürfen, mit Kliniken und Therapien und verheißungsvollen neuen Medikamenten. Die Haleys hatten praktisch alles, was ihnen an Tränen und Zeit und Geld zur Verfügung stand, für sie hingegeben, und jetzt blieb ihnen nichts anderes mehr, als sich mit ihrer Liebe und ihren Mitteln auf die Kinder zu konzentrieren und abzuwarten, dass Laura in eine geschlossene Anstalt kam und starb.

Bei einer so rasanten und steilen Talfahrt wie der von Laura konnte meine Schwester Lucy nicht mithalten. Sie hatte ihr Medizinstudium abgebrochen und lebte jetzt wieder in der Nähe unserer Eltern, auch wenn sie inzwischen, im Laufe einer Therapie, einen bitteren Groll auf unsere Mutter in sich entdeckt hatte, der auf die Abtreibung zurückging. In jeder Stadt gibt es einen Grundstock von Leuten, die sich entweder weigern oder es einfach nicht schaffen, in ihrem Leben den nächsten Schritt zu tun, und manchmal sogar recht zufrieden damit sind. Lucy fand eine nette Gruppe alter Schulfreunde, die allzu bald von ihren Ausflügen ins Hippieleben oder ihren Kunstakademien oder Universitäten zurückgekehrt waren und sich als Außenseiter in ihrer behaglichen Heimatstadt niedergelassen hatten. Trotz all der Krisen waren das gute Jahre, wenn man nicht arbeiten wollte. Der Staat zahlte einem, ohne groß Fragen zu stellen, die Miete und gewährte Künstlern, arbeitslosen Schauspielern, Musikern, Mystikern, Therapeuten und einem Kreis von Bürgern, für die der Konsum von Cannabis und das Reden darüber eine zeitaufwendige Beschäftigung, ja geradezu eine Berufung war, eine Grundrente. Dieses wöchentliche Almosen wurde als hart errungenes Recht grimmig verteidigt, obwohl alle, sogar Lucy, im Grunde ihres Herzens wussten, dass es ursprünglich nicht dazu gedacht gewesen war, der Mittelschicht ein Leben in Muße zu ermöglichen.

Jetzt, wo ich selbst ein kümmerliches Einkommen hatte und Steuern zahlte, sah ich meine Schwester noch skeptischer. Sie war gescheit, in der Schule ein Ass in Biologie und Chemie, sie war liebenswürdig, sie konnte gut mit Menschen umgehen. Ich wollte, dass sie Ärztin wurde. Ich wollte, dass sie wollte, was sie immer gewollt hatte. Sie lebte zusammen mit einer Jonglierlehrerin mietfrei in einem von der Gemeinde renovierten viktorianischen Reihenhaus. Sie meldete sich arbeitslos, rauchte Dope und stand jeden Samstagvormittag drei Stunden in einer Bude auf dem Markt und verkaufte regenbogenbunte Kerzen. Bei meinem letzten Besuch hatte sie von der neurotischen, leistungsorientierten »normalen« Welt gesprochen, die sie hinter sich gelassen habe. Als ich andeutete, dies sei die Welt, die ihre arbeitsfreie Existenz finanziere, lachte sie und sagte: »Serena, du bist so was von rechts!«

Während ich Tom diese Geschichte in allen Einzelheiten erzählte, war mir vollkommen klar, dass auch er demnächst, und in größerem Stil, auf Staatskosten leben würde – finanziert aus dem Sonderbudget, jenem Teil der Regierungsausgaben, zu dem das Parlament keine Fragen stellen darf. Aber T. H. Haley würde hart dafür arbeiten und keine Regenbogenkerzen oder Batik-T-Shirts, sondern großartige Romane produzieren. Mir war, während wir unsere drei oder vier Runden im St. James's Park drehten, ein wenig mulmig ob all der Informationen, die ich ihm verschwieg, doch beruhigte ich mich mit dem Gedanken, dass er unsere Tarnorganisation, die Stiftung, besucht und für gut befunden hatte. Niemand würde ihm sagen, was er zu denken oder zu schreiben hatte oder wie er leben sollte. Ich hatte dazu beigetragen, einem echten Künstler Freiheit zu verschaffen. Vielleicht hatten die großen Mäzene der Renaissance sich ähnlich gefühlt. Großzügig, über alle unmittelbaren weltlichen Interessen erhaben. Falls Ihnen das etwas übertrieben vorkommt, bedenken Sie, dass mein Rausch nach unserem ausgedehnten Kuss im Keller des Antiquariats noch nicht verflogen war. Ihm ging es nicht anders. Indem wir über unsere vom Glück weniger begünstigten Schwestern sprachen, priesen wir unbewusst unser eigenes Glück und versuchten, auf dem Teppich zu bleiben. Andernfalls hätten wir uns womöglich in die Lüfte erhoben und wären über die Horse Guards Parade und Whitehall und den Fluss entschwebt, besonders nachdem wir unter einer Eiche, die ihr dürres rostfarbenes Laub noch nicht abschütteln wollte, stehen geblieben waren und er mich an den Stamm gedrückt und ein weiteres Mal geküsst hatte.

Diesmal schlang ich die Arme um ihn und fühlte unter seinen enggegürteten Jeans die schmale, kompakte Taille und seine harten Gesäßmuskeln. Mir war flau und übel, meine Kehle war wie ausgedörrt, als hätte ich mir eine Erkältung eingefangen. Ich wollte nur noch neben ihm liegen und ihm ins Gesicht schauen. Wir beschlossen, zu mir zu gehen, aber der Gedanke an öffentliche Verkehrsmittel schreckte uns, und ein Taxi konnten wir uns nicht leisten. Also gingen wir zu Fuß. Tom trug meine Bücher, den Band von Edward Thomas und sein anderes Geschenk, das *Oxford Book of English Verse*. Am Buckingham Palace vorbei zum Hyde Park Corner, die Park Lane hinunter, an der Straße vorbei, in der mein Büro lag – worauf ich nicht hinwies –, dann die endlose Edgware Road mit den neuen arabischen Restaurants hinauf, irgendwann nach rechts in die St. John's Wood Road, vorbei am Lord's Cricketstadion, schließlich am Regent's Park entlang und nach Camden Town hinein. Es gibt weitaus kürzere Wege, aber das störte uns nicht. Wir wussten, worauf wir uns zubewegten. Nicht daran zu denken machte das Gehen wesentlich einfacher.

Wie unter frisch Verliebten üblich, sprachen wir von unseren Familien, erklärten uns gegenseitig unseren Platz in der Welt und verglichen, wie gut es das Schicksal mit uns gemeint hatte. Einmal sagte Tom, er verstehe gar nicht, wie ich ohne Gedichte leben könne.

Ich sagte: »Na, du kannst mir ja dann zeigen, dass es ohne Gedichte nicht geht.« Schon als ich das sagte, ermahnte ich mich, dass der Zauber morgen schon vorbei sein konnte und ich darauf gefasst sein sollte.

Ich kannte die groben Umrisse seiner Familiengeschichte bereits aus den Unterlagen, die Max mir gegeben hatte. Tom war vom Schicksal recht gnädig bedacht worden, wenn man von Laura und einer unter Platzangst leidenden Mutter einmal absah. Wir waren beide als behütete Nachkriegskinder in wohlhabenden Familien aufgewachsen. Sein Vater war Architekt und arbeitete für die Stadtplanungsabteilung der Grafschaft Kent, demnächst würde er in Ruhestand gehen. Wie ich hatte Tom ein gutes Gymnasium besucht. Sevenoaks. Er hatte in Sussex und nicht Oxford oder Cambridge studiert, weil ihm der Lehrplan mehr zusagte (»konzentrierter, nicht so ausufernd«) und weil er eine Lebensphase erreicht hatte, wo es ihn reizte, Erwartungen zu unterlaufen. Ich glaubte ihm nicht recht, als er behauptete, dass er die Entscheidung nicht bereue. Seine Mutter hatte sich außer Haus als Klavierlehrerin betätigt, bis ihre zunehmende Angst, vor die Tür zu treten, sie dazu zwang, nur noch zu Hause Stunden zu geben. Ein kurzer Blick in den Himmel, schon der Anblick einer Wolke reichte, um sie an den Rand einer Panikattacke zu bringen. Niemand wusste sich zu erklären, was diese Agoraphobie ausgelöst hatte. Lauras Trinkerei fing erst später an. Toms Schwester Joan war vor ihrer Ehe mit dem Vikar Modezeichnerin gewesen – daher also die Schaufensterpuppe und Reverend Alfredus, dachte ich, sprach es aber nicht aus.

Seine Magisterarbeit, im Fach Internationale Beziehungen, hatte Tom über das Problem der Gerechtigkeit bei den Nürnberger Prozessen geschrieben, seine Dissertation über

The Faerie Queene. Edmund Spensers Dichtkunst war ihm heilig, er glaubte jedoch, ich sei noch nicht bereit dafür. Wir befanden uns inzwischen auf der Prince Albert Road, in Hörweite des Zoos. Er hatte seine Doktorarbeit im Sommer beendet und sie in einen festen Einband mit goldgeprägten Lettern binden lassen. Sie umfasste eine Danksagung, eine Zusammenfassung, Fußnoten, eine Bibliographie, ein Register und vierhundert Seiten minutiöser Erörterungen. Er war erleichtert und freute sich jetzt auf die relative Freiheit des Schreibens. Ich erzählte noch ein wenig von meiner Familie, und auf dem Parkway und dem oberen Stück der Camden Road verfielen wir in ein geselliges Schweigen, das zwischen zwei einander noch so Fremden schon ungewöhnlich war.

Ich dachte an mein klappriges Bett und ob es unser beider Gewicht aushalten würde. Aber eigentlich war es mir egal. Sollte es ruhig durch den Fußboden auf Tricias Schreibtisch krachen, immerhin läge ich mit Tom zusammen darin. Ich war in einer merkwürdigen Verfassung. Heftiges Verlangen, gemischt mit Traurigkeit und einem gedämpften Triumphgefühl. Die Traurigkeit kam daher, dass wir beinahe an meinem Büro vorbeigegangen waren, was mich an Tony erinnert hatte. Schon die ganze Woche hatte mich sein Tod wieder umgetrieben, diesmal freilich auf andere Weise. War er allein gewesen, den Kopf voller tosender Selbstrechtfertigungen bis zuletzt? Hatte er gewusst, was Lyalin unseren Leuten erzählt hatte? Vielleicht war jemand aus der fünften Etage nach Kumlinge hinausgefahren, um ihm im Tausch gegen alles, was er wusste, die Absolution zu erteilen. Oder jemand von der anderen Seite war unangekündigt aufgetaucht und hatte ihm den Lenin-Orden ans Revers seiner alten Windjacke geheftet. Ich gab mir Mühe, ihn nicht noch posthum mit meinem Sarkasmus zu verfolgen, umsonst. Ich fühlte mich doppelt verraten. Er hätte mir von den zwei Männern erzählen können, die damals aus dem schwarzen Auto gestiegen waren, er hätte mir sagen können, dass er krank war. Ich hätte ihm geholfen, ich hätte alles getan, was er von mir verlangt hätte. Ich wäre zu ihm auf diese Ostseeinsel gezogen.

Mein kleiner Triumph war Tom. Ich hatte bekommen, was ich wollte, einen getippten Einzeiler von oben, in dem mir Peter Nutting für den »vierten Mann« dankte. Sein kleiner Scherz. Ich hatte den vierten Autor für Honig an Land gezogen. Ich sah kurz zu ihm rüber, wie er gertenschlank, mit weitausholenden Schritten, die Hände tief in seinen Jeanstaschen vergraben, neben mir herlief, den Blick zur Seite gewandt, vielleicht einer Idee nachsinnend. Schon da war ich stolz auf ihn, und auch ein wenig stolz auf mich selbst. Wenn er nicht wollte, würde er nie mehr an Edmund Spensers *Fairie Queene* denken müssen. Die Honig-Märchenfee hatte Tom aus der akademischen Tretmühle befreit.

Jetzt waren wir also endlich im Haus, in meinem vier mal vier Meter großen möblierten Zimmer, Tom auf meinem Flohmarktsessel und ich auf der Bettkante. Erst mal noch ein Weilchen weiterreden. Wenn meine Mitbewohnerinnen unsere Stimmen hörten, würden sie bald das Interesse verlieren. Und Gesprächsthemen hatten wir reichlich, denn im Zimmer, auf dem Fußboden und auf der Kommode, stapelten sich zweihundertfünfzig Stichwörter in Form von Taschenbüchern. Endlich sah er mit eigenen Augen, dass ich eine Leseratte war und nicht bloß irgendein hirnloses junges Ding, das sich nichts aus Gedichten machte. Zur Entspannung, zur dezenten Annäherung an das Bett, auf dem ich saß, plauderten wir zwanglos über Literatur, ohne unbedingt recht behalten zu wollen, wenn wir, was häufig geschah, verschiedener Meinung waren. Die Schriftstellerinnen, an denen mir etwas lag, ließ er links liegen – seine Hand strich achtlos an meinen Byatts und Drabbles vorbei, an Monica Dickens und Elizabeth Bowen, all diesen Romanen, in denen ich mich so wohl gefühlt hatte. Dagegen hielt er bei Muriel Spark inne und lobte ihren Roman *Töte mich!*. Ich sagte, mir sei der zu schematisch, *Die Blütezeit der Miss Jean Brodie* gefalle mir besser. Er nickte, aber nicht zustimmend, wie mir schien, eher wie ein Therapeut, der jetzt meinem Problem auf die Spur gekommen war. Ohne vom Sessel aufzustehen, reckte er sich nach vorn, zog *Der Magus* von John Fowles heraus und sagte, das sei stellenweise ganz großartig, wenn auch nicht durchgängig wie *Der Sammler* und *Die Geliebte des französischen Leutnants*. Ich sagte, ich möge solche literarischen Kniffe nicht, ich möge Bücher, in denen das Leben, so wie ich es kenne, beschrieben werde. Er sagte, ohne literarische Kniffe lasse sich das Leben gar nicht beschreiben. Er erhob sich, ging zur Kommode und nahm B. S. Johnsons *Albert Angelo* zur Hand, das Buch mit den Löchern in den Seiten. Auch das gefalle ihm sehr, sagte er. Ich sagte, ich fände es abscheulich. Verblüfft erspähte er Alan Burns' *Celebrations* – bei weitem der beste experimentelle Autor des Landes, lautete sein

Urteil. Ich sagte, damit hätte ich noch nicht angefangen. Er bemerkte eine Handvoll Bücher, die bei John Calder erschienen waren. Der beste Verlag überhaupt derzeit. Ich ging zu ihm rüber und gestand, ich sei bei keinem weiter als zwanzig Seiten gekommen. Und so schrecklich gedruckt! Darauf fragte er, was ich von J. G. Ballard halte – er wies auf die drei Bücher, die ich von ihm hatte. Unerträglich, sagte ich, zu apokalyptisch. Er liebte jedes Wort von Ballard. Das sei ein kühner, funkelnder Geist. Wir lachten. Tom versprach, mir ein Gedicht von Kingsley Amis vorzulesen, *A Bookshop Idyll,* in dem es um die ungleichen Vorlieben von Männern und Frauen gehe. Zum Schluss werde es etwas schmalzig, sagte er, aber es sei komisch und wahr. Ich sagte, wahrscheinlich werde es mir nicht gefallen, bis auf den Schluss. Er küsste mich, und damit war die literarische Diskussion beendet. Wir gingen zum Bett.

Es war peinlich. Wir hatten stundenlang geredet und so getan, als dächten wir nicht unablässig an diesen Augenblick. Wir waren wie Brieffreunde, die erst geschwätzige, dann vertrauliche Briefe in ihrer jeweiligen Sprache austauschen, sich dann zum ersten Mal begegnen und erkennen, dass sie noch einmal von vorne anfangen müssen. Seine Art war mir neu. Ich saß wieder auf der Bettkante. Nach einem einzigen Kuss und ohne weitere Zärtlichkeiten beugte er sich über mich und begann mich auszuziehen, energisch und routiniert, als mache er ein Kind fürs Bett zurecht. Es hätte mich nicht gewundert, wenn er dabei vor sich hin gesummt hätte. Unter anderen Umständen, wenn wir uns schon besser gekannt hätten, wäre das als Rollenspiel vielleicht reizvoll gewesen. Aber jetzt geschah es schweigend.

Ich wusste nicht, was das zu bedeuten hatte, mir war nicht wohl dabei. Als er mir über die Schultern griff, um meinen BH aufzuhaken, hätte ich Tom berühren können und war auch kurz davor, ließ es dann aber. Er schob mich sanft nach hinten aufs Bett, wobei er mir den Kopf stützte, und zog mir dann den Slip aus. Nichts davon war für mich in irgendeiner Weise prickelnd. Es wurde mir zu viel. Ich musste eingreifen.

Ich sprang auf und sagte: »Jetzt du.« Gehorsam tauschte er mit mir den Platz. Ich stellte mich vor ihn, so dass meine Brüste dicht vor seinem Gesicht waren, und knöpfte sein Hemd auf. Ich sah, dass er hart war. »Zeit für große Jungs, ins Bett zu gehen.« Als er meine Brustwarze in den Mund nahm, dachte ich, es wird alles gut. Ich hatte das Gefühl fast vergessen, scharf, elektrisierend, alles durchdringend rann es vom Halsansatz abwärts bis zum Perineum. Aber als wir die Decke zurückschlugen und uns hinlegten, sah ich, dass er jetzt schlaff war, irgendetwas hatte ich wohl falsch gemacht. Auch etwas anderes überraschte mich – er hatte kaum Schamhaar, und das wenige war glatt und seidig, wie das auf seinem Kopf. Wir küssten uns wieder – darin war er gut –, doch als ich seinen Schwanz in die Hand nahm, war er immer noch weich. Ich drückte seinen Kopf hinab zu meinen Brüsten, weil das vorhin schon funktioniert hatte. Ein neuer Partner. Es war wie ein neues Kartenspiel lernen. Aber er ging noch viel weiter hinab und brachte mich mit seiner Zunge gekonnt zum Höhepunkt. Ich kam in weniger als einer Minute und stieß einen kleinen Schrei aus, den ich wegen der Anwältinnen unten als erstickten Husten tarnte. Als ich wieder zu mir kam, sah ich erleichtert, wie erregt er war. Meine Lust hatte seine geweckt. Und so zog ich ihn zu mir heran, und es ging los.

Es war für uns beide kein großartiges Erlebnis, aber wir hielten durch, wir wahrten den Schein. Mich hemmte zweierlei: zum einen, wie gesagt, die Anwesenheit der drei anderen im Haus, die mangels eines eigenen Liebeslebens nun begierig auf das Quietschen der Bettfedern und noch mehr auf menschliche Laute dazwischen lauschen würden. Zum andern, dass Tom so still war. Er sagte nichts Zärtliches oder Liebevolles oder Anerkennendes. Nicht einmal sein Atem schien rascher zu gehen. Ich wurde den Gedanken nicht los, dass er unser Liebesspiel zu künftiger Verwendung memorierte, dass er sich im Geiste Notizen machte, Formulierungen ersann und korrigierte, nach Einzelheiten suchte, die aus dem Rahmen des Gewöhnlichen fielen. Wieder dachte ich an die Geschichte von dem falschen Vikar, an Jean und ihre »monströse« Klitoris, so groß wie der Penis eines kleinen Jungen. Was hatte Tom von meiner gedacht, als seine Zunge vorhin an ihr Maß nahm? Völlig durchschnittlich, nicht der Erinnerung wert? Als Edmund und Jean in der Wohnung in Chalk Farm wieder zusammenfinden und miteinander schlafen, stößt Jean beim Orgasmus eine Reihe hoher Töne aus, *so rein und gleichmäßig wie das Zeitzeichen der BBC*. Was waren dagegen meine höflich gedämpften Laute? Aus solchen Fragen ergaben sich andere, ungesunde Gedanken. Neil Carder berauscht sich an der »stillen Ruhe« seiner Schaufensterpuppe, ihn erregt, dass sie ihn verachten und verschmähen könnte. War Tom etwa darauf aus? Auf die totale Passivität einer Frau, eine Insichgekehrtheit, *die in ihr Gegenteil umschlug und zu einer Macht wurde, die ihn überwältigte*? Sollte ich vollkommen still liegen, die Lippen öffnen und an die Decke starren? Nein, und die Vorstellung fand ich alles andere als komisch.

Zur Steigerung meiner Pein malte ich mir aus, wie er, sobald wir fertig wären, Notizbuch und Bleistift aus seiner Jacke nehmen würde. Natürlich würde ich ihn rauswerfen! Aber diese selbstquälerischen Gedanken waren nur ein schlechter Traum. Er lag auf dem Rücken, mein Kopf auf seinem Arm. Es war nicht kalt, dennoch zogen wir Decke und Laken über uns. Wir dösten ein wenig ein. Ich schreckte auf, als unten die Haustür zuschlug und ich die leiser werdenden Stimmen meiner Mitbewohnerinnen auf der Straße hörte. Wir waren allein im Haus. Ohne es sehen zu können, spürte ich, dass Tom ebenfalls aufwachte. Er blieb noch eine Weile still, dann fragte er, ob er mich in ein gutes Restaurant einladen dürfe. Sein Stiftungsgeld sei noch nicht eingetroffen, aber es werde bestimmt bald kommen. Ich bestätigte das wortlos. Max hatte die Zahlung vor zwei Tagen angewiesen.

Wir gingen ins White Tower am südlichen Ende der Charlotte Street und aßen Kleftiko mit Bratkartoffeln und tranken drei Flaschen Retsina. Die schafften wir mühelos. Wie exotisch, auf Kosten des Sonderbudgets zu tafeln und das nicht sagen zu können. Ich fühlte mich sehr erwachsen. Tom erzählte, im Krieg habe es in diesem berühmten Restaurant Dosenfleisch *à la grecque* gegeben. Wir scherzten, diese Zeiten kämen bald wieder. Er hielt mir einen Vortrag über die literarische Historie des Lokals, dem ich mit einem zerstreuten Lächeln lauschte, weil wieder einmal eine

Musik in meinem Kopf spielte, diesmal eine Symphonie, ein majestätisch langsamer Satz im erhabenen Stil Gustav Mahlers. In diesem Raum hier, sagte Tom gerade, hätten Ezra Pound und Wyndham Lewis ihre »vortizistische« Zeitschrift *Blast* gegründet. Die Namen sagten mir gar nichts. Wir gingen zu Fuß von Fitzrovia nach Camden Town zurück, Arm in Arm und betrunken, und redeten Unsinn. Als wir am nächsten Morgen in meinem Zimmer aufwachten, konnte ich bei dem neuen Kartenspiel locker mithalten. Es war die reine Wonne.

15

Ende Oktober wurden nach alljährlichem Ritual die Uhren zurückgestellt, der Deckel der Dunkelheit senkte sich noch drückender auf unsere Nachmittage, und die Stimmung der Nation fiel auf einen Tiefpunkt. Der November brachte einen weiteren Kälteeinbruch und fast täglich Regen. Alle sprachen von der »Krise«. Benzin wurde rationiert, die Regierung ließ Bezugsscheine drucken. Das hatte es seit dem letzten Krieg nicht mehr gegeben. Wir steuerten auf etwas Schlimmes zu, so die allgemeine Empfindung, auf etwas Unvorhersehbares und Unvermeidliches.

Man befürchtete die »Auflösung der gesellschaftlichen Strukturen«, auch wenn niemand wusste, was das genau hieß. Ich aber war glücklich und geschäftig, ich hatte endlich einen Geliebten und versuchte, nicht mehr an Tony zu denken. Meine Wut auf ihn wurde verdrängt oder zumindest überlagert von Schuldgefühlen, denn ich war schon sehr hart mit ihm ins Gericht gegangen. Ich durfte jenes ferne Idyll, unseren edwardianischen Sommer in Suffolk, nicht aus dem Blick verlieren. Seit ich mit Tom zusammen war, fühlte ich mich beschützt und konnte es mir erlauben, unsere gemeinsame Zeit in einem nostalgischen, nicht nur in einem tragischen Licht zu betrachten. Tony mochte sein Land verraten haben, mir aber hatte er zum Start ins Leben verholfen.

Ich wurde wieder zu einer regelmäßigen Zeitungsleserin. Vor allem die Meinungsseiten faszinierten mich, die Anklagen und Lamentos, die man im Fachjargon, so erfuhr ich, die Warum-nur-Stücke nannte. Zum Beispiel: Warum nur bejubeln Universitätsintellektuelle die Massaker der Provisorischen IRA und romantisieren die Angry Brigade und die Rote-Armee-Fraktion? Das britische Empire, unser Sieg im Zweiten Weltkrieg treiben uns um und beschämen uns Heutige, aber warum nur diese elende Stagnation in den Trümmern unserer großen Vergangenheit? Die Kriminalitätsrate schießt in die Höhe, die allgemeinen Umgangsformen sind im Niedergang, die Straßen verdreckt, Wirtschaft und Moral liegen darnieder, unser Lebensstandard ist unter den der kommunistischen DDR gesunken, wir sind gespalten, zerstritten und bedeutungslos. Unruhestifter träumen von Aufruhr und demontieren unsere demokratischen Traditionen, im Fernsehen wird nur entsetzlich albernes Zeug gezeigt, Farbfernseher sind zu teuer, und alle sind sich einig: Es gibt keine Hoffnung, das Land ist am Ende, unsere Ära in der Geschichte ist vorüber. Warum nur, warum?

Ich verfolgte auch das deprimierende Tagesgeschehen. Mitte des Monats waren die Ölimporte im Keller. Die staatliche Behörde für den Kohlebergbau hatte den Bergarbeitern eine Lohnerhöhung von 16,5 Prozent angeboten, die aber ergriffen die von der OPEC gebotene Gelegenheit beim Schopf und beharrten auf 35 Prozent. Als Druckmittel hörten sie auf, Überstunden zu leisten. Kinder wurden nach

Hause geschickt, weil die Schulen nicht beheizt waren, Straßenlaternen abgeschaltet, um Energie zu sparen, es gab wilde Gerüchte, dass wegen der Stromknappheit alle nur noch drei Tage die Woche arbeiten sollten. Die Regierung rief den fünften Ausnahmezustand aus. Gebt den Bergarbeitern das Geld, sagten die einen, die anderen sagten: Zum Teufel mit den Erpressern. Ich verfolgte das alles und entdeckte, dass ich ein Faible für Ökonomie hatte. Ich kannte die Zahlen, ich kannte mich aus in dieser Krise. Aber sie ließ mich im Grunde kalt. Pik und Helium hielten mich auf Trab, ich versuchte Volt zu vergessen, und mein Herz gehörte Honig, das heißt, meiner privaten Portion davon. So fuhr ich an den Wochenenden von Amts wegen nach Brighton zu Tom, der zuoberst in einem schmalen weißen Haus in der Nähe des Bahnhofs eine Zweizimmerwohnung hatte. Die Häuser in der Clifton Street glichen einer Reihe glasierter Weihnachtstorten, die Luft war sauber, wir waren ungestört, das Bett hatte ein modernes Kiefernholzgestell, die Matratze war geräuschlos und fest. Binnen Wochen fühlte ich mich dort zu Hause.

Das Schlafzimmer war nur wenig größer als das Bett. Die Tür des Kleiderschranks ließ sich gerade mal zwanzig Zentimeter weit öffnen. Man musste einen Arm hineinstrecken und nach den Kleidern tasten. Manchmal weckte mich frühmorgens das Geräusch von Toms Schreibmaschine nebenan. Sein Arbeitszimmer, das auch als Küche und Wohnzimmer diente, wirkte geräumiger. Toms Vermieter, ein ehrgeiziger Handwerker, hatte die Decke entfernt, so dass man die Dachsparren sah. Das ungleichmäßige Klappern der Tasten und die Schreie der Möwen – ich erwachte zu diesen Geräuschen, hielt die Augen geschlossen und schwelgte in der Verwandlung, die mein Leben erfahren hatte. Wie einsam war ich in Camden gewesen, besonders seit Shirleys Verschwinden. Wie ich das genoss, wenn ich nach einer anstrengenden Woche freitags um sieben aus dem Zug stieg und im Schein der Straßenlaternen die paar hundert Meter den Hügel hinaufging; ich roch das Meer, Brighton kam mir von London so weit weg vor wie Nizza oder Neapel, und ich wusste, Tom hatte eine Flasche Wein in seinem winzigen Kühlschrank und die Gläser schon auf dem Tisch. Unsere Wochenenden waren einfach. Wir liebten uns, wir lasen, wir gingen am Meer und manchmal im Hinterland spazieren, wir aßen in Restaurants – meist in den Lanes, der Altstadt von Brighton. Und Tom schrieb.

Er hatte eine Reiseschreibmaschine, eine Olivetti, die auf dem grünen Filz eines Kartentisches in der Zimmerecke stand. Nachts oder im Morgengrauen schlich er dorthin, arbeitete bis gegen neun und kam anschließend wieder ins Bett. Wir liebten uns, und er schlief dann bis Mittag, während ich mir am Open Market ein Frühstück mit Kaffee und Croissant genehmigte. Croissants waren damals in England etwas ganz Neues und machten mir unseren Winkel von Brighton noch exotischer. Ich las die Zeitung von vorn bis hinten – nur den Sportteil ließ ich aus – und ging dann Eier, Speck und Würstchen für unseren Brunch einkaufen.

Toms Stiftungsgeld traf immer pünktlich ein – wie hätten wir es uns sonst leisten können, bei Wheeler's zu essen und den Kühlschrank mit Chablis zu füllen? In diesem November und Dezember gab Tom seine letzten Seminare und arbeitete an zwei Erzählungen. Er hatte in London den Dichter und Herausgeber Ian Hamilton kennengelernt, der gerade dabei war, eine Literaturzeitschrift zu gründen, die *New Review*. Hamilton bat Tom um einen Beitrag für eine der ersten Nummern. Er hatte alles gelesen, was Tom bisher veröffentlicht hatte, und ihm in einer Kneipe in Soho gesagt, er finde die Sachen »ganz gut« oder »nicht schlecht« – anscheinend ein hohes Lob aus seinem Munde.

Selbstgefällig, wie frisch Verliebte sind, hatten wir uns in einen Kokon aus intimen Gewohnheiten, Redewendungen und Fetischen eingesponnen, und unsere Samstagabende folgten einem festen Muster. Oft liebten wir uns am frühen Abend – unsere »Hauptmahlzeit«. Das frühmorgendliche »Kuscheln« zählte nicht richtig. In postkoitaler Euphorie und Klarheit zogen wir uns für den Abend an und leerten, bevor wir die Wohnung verließen, fast eine Flasche Chablis. Etwas anderes tranken wir zu Hause nicht, auch wenn wir beide von Wein nicht die geringste Ahnung hatten. Wir hatten uns aus Witz dafür entschieden, anscheinend trank James Bond gerne Chablis. Tom ließ auf seiner neuen Stereoanlage Musik laufen, meist Bebop, für meine Ohren ein unrhythmischer Schwall zufälliger Töne, aber es klang irgendwie schick und großstädtisch. Dann traten wir in die eisige Seeluft hinaus und schlenderten den Hügel hinunter zu den Lanes, meist zum Fischrestaurant Wheeler's. Tom hatte den Kellnern in halbbetrunkenem Zustand oft schon saftige Trinkgelder gegeben, so dass wir stets überschwenglich begrüßt und an »unseren« Tisch an der Seite geführt wurden, von dem aus wir die anderen Gäste gut beobachten und bespötteln konnten. Vermutlich waren wir unausstehlich. Als Vorspeise ließen wir uns immer demonstrativ »das Übliche« auftragen – zwei Gläser Champagner und ein Dutzend Austern. Ich bin mir nicht sicher, ob sie uns wirklich schmeckten, aber uns gefiel das Bild: diese uralte Lebensform in den Muschelkalkschalen, im Oval angeordnet mit Petersilie und Zitronenhälften dazwischen, das fürstliche Glitzern des Eisbetts im Kerzenlicht, die silberne Platte, das glänzende Kännchen mit Chilisauce.

Wenn wir nicht über uns redeten, dann blieb uns das weite Feld der Politik – die nationale Krise, der Nahe Osten, Vietnam. Eigentlich hätte ein Krieg gegen die Ausbreitung des Kommunismus ambivalentere Gefühle bei uns hervorrufen sollen, aber auch wir vertraten die orthodoxe Ansicht unserer Generation. Das Ganze war mörderisch, grausam und ein offensichtliches Fiasko. Wir verfolgten auch den Watergate-Skandal, diese Seifenoper aus Machtmissbrauch und Torheit; Tom wusste allerdings, wie die meisten Männer, die ich kannte, über die Akteure, die Daten, jede einzelne historische Wendung der Ereignisse und kleinste verfassungsrechtliche Konsequenz so gut Bescheid, dass ich für seine Empörung kaum das richtige Gegenüber war. An sich hätte uns auch das Feld der Literatur zur Verfügung stehen müssen. Er zeigte mir die Gedichte, die er liebte, und das war kein Problem – die gefielen mir auch. Aber es gelang ihm nicht, mich für die Romane von John Hawkes, Barry Hannah oder Williams Gaddis zu begeistern, und meine Heldinnen Margaret Drabble, Fay Weldon und Jennifer Johnston (meine neuste Flamme) ließen ihn kalt. Ich fand seine Idole zu trocken, ihm waren meine zu »triefend«, nur Elizabeth Bowen ließ er allenfalls gelten.

Einig waren wir uns in dieser Zeit bloß über einen einzigen, kurzen Roman, von dem er ein gebundenes Rezensionsexemplar besaß, William Kotzwinkles *Schwimmer im dunklen Strom*. Er fand das Buch wunderbar komponiert, ich fand es weise und traurig.

Er sprach nicht gern über seine Arbeit, bevor sie fertig war. Als er eines Samstagnachmittags zu Recherchen in die Bibliothek ging, hielt ich es daher für vertretbar, wenn nicht gar für meine Pflicht, einmal einen Blick hineinzuwerfen. Ich ließ die Tür offen, damit ich seine Schritte auf der Treppe hören würde. Da gab es eine Geschichte, in einer ersten Fassung Ende November abgeschlossen, die von einem sprechenden Affen erzählt wurde, der sich in sorgenvollen Reflexionen über seine Geliebte ergeht – eine Schriftstellerin, die sich gerade mit ihrem zweiten Roman abmüht. Für ihren ersten hat sie viel Lob eingeheimst. Kann sie noch einen ebenso guten Roman schreiben? Allmählich kommen ihr Zweifel. Der Affe sitzt ihr ständig im Nacken, ungehalten und gekränkt, dass sie ihn wegen ihrer Arbeit vernachlässigt. Erst auf der letzten Seite stellte ich fest, dass es sich bei der Geschichte, die ich las, just um die handelte, die die Schriftstellerin in der Geschichte schreibt. Den Affen gibt es nicht, er ist ein Gespenst, ein Geschöpf ihrer überreizten Phantasie. *Nein.* Und nochmals nein. Bloß nicht so was. Abgesehen von der grotesken und weithergeholten Sache mit dem Sex zwischen verschiedenen Spezies hegte ich ein instinktives Misstrauen gegen solche literarischen Kniffe. Ich wollte Boden unter den Füßen haben. Meiner Ansicht nach gab es so etwas wie einen ungeschriebenen

Vertrag zwischen Leser und Autor, an den der Autor sich zu halten hatte. Kein einziges Element einer erfundenen Welt und keine der Figuren darin durfte sich einfach so, aus einer Schriftstellerlaune heraus, in Luft auflösen. Das Erfundene musste so stabil und in sich widerspruchsfrei sein wie das Wirkliche. Dieser Vertrag war auf gegenseitiges Vertrauen gegründet.

Die erste Geschichte war eine Enttäuschung, die zweite verblüffte mich schon, bevor ich zu lesen anfing. Sie war über hundertvierzig Seiten lang, unter dem letzten Satz stand in Handschrift ein Datum von voriger Woche. Der erste Entwurf eines kurzen Romans, und er hatte mir nichts davon erzählt. Ich wollte mich gerade an die Lektüre machen und fuhr zusammen, als die Wohnungstür mit lautem Knall zuschlug – es zog durch die undichten Fenster. Ich stand auf und klemmte ein zusammengerolltes, öliges Seil in die Tür, mit dem Tom einmal eigenhändig den Kleiderschrank die Treppe hinaufbefördert hatte. Dann machte ich die Lampe an, die von den Dachsparren hing, und begann mit schlechtem Gewissen und in gewohntem Tempo zu lesen.

Aus dem Tiefland von Somerset schilderte die Reise eines Mannes und seiner neunjährigen Tochter durch eine verwüstete Landschaft mit niedergebrannten Dörfern und Städtchen; Ratten, Cholera und Beulenpest wüten überall, das Wasser ist verseucht, Nachbarn kämpfen bis aufs Blut um eine alte Fruchtsaftdose, man schätzt sich glücklich, wenn man zu einem Festmahl eingeladen ist, bei dem ein Hund und ein paar dürre Katzen über offenem Feuer geröstet werden. Noch trostloser ist das Bild, als Vater und

Tochter nach London kommen. Im Chaos verfallender Wolkenkratzer, rostiger Autos und unbewohnbarer Straßenzüge, in denen es von Ratten und wilden Hunden wimmelt, herrschen Bandenchefs, deren Männer sich die Gesichter mit Primärfarben beschmieren und die verarmte Bevölkerung terrorisieren. Elektrizität gibt es schon lange nicht mehr. Das einzige, was noch ansatzweise funktioniert, ist die Regierung. Eines der Ministerien, ein mächtiges Hochhaus, erhebt sich über einer weiten Ebene von rissigem und unkrautüberwuchertem Beton. Auf dem Weg zu einem Amt, wo sie sich in die Schlange der Wartenden einreihen werden, überqueren Vater und Tochter im Morgengrauen diese Ebene, die übersät ist mit *verfaultem und breitgetretenem Gemüse, zu Schlafplätzen flachgedrückten Pappkartons, kalten Feuerstellen und den Kadaverresten gebratener Tauben, verrosteten Dosen, Erbrochenem, abgefahrenen Reifen, giftgrünen Pfützen, Menschen- und Tierkot. Nichts erinnerte mehr an den alten Traum von horizontalen Linien, die sich zu aufstrebendem Stahl und einem lotrechten Glaswürfel bündelten.*

Dieser Platz, auf dem sich der Hauptteil des Romans abspielt, ist der gigantische Mikrokosmos einer traurigen neuen Welt. In seiner Mitte steht ein stillgelegter Brunnen, die Luft darüber ist *grau von Fliegen. Täglich kamen die Männer und Jungen dorthin, um sich auf den breiten Betonrand zu hocken und sich zu entleeren. Sie kauerten dort wie federlose Vögel.* Später am Tag herrscht auf dem Platz ein Gewimmel wie in einem Ameisenhaufen, die Luft ist voller Rauch, der Lärm ohrenbetäubend, Leute breiten auf bunten Decken ihre kläglichen Waren aus, der Vater feilscht um ein uraltes, gebrauchtes Stück Seife, obwohl frisches Wasser kaum aufzutreiben ist. Alles, was auf dem Platz zum Verkauf angeboten wird, ist vor langer Zeit hergestellt worden, und niemand weiß mehr, wie. Später begegnet der Mann (dessen Namen wir ärgerlicherweise nie erfahren) einer alten Freundin, die ein eigenes Zimmer hat, ein Privileg. Sie ist eine Sammlerin. Auf ihrem Tisch steht ein Telefon, *das Kabel nach zehn Zentimetern abgeschnitten, dahinter, an die Wand gelehnt, eine Kathodenstrahlröhre. Das Holzgehäuse des Fernsehers, Bildschirm und Kontrollknöpfe waren längst abgerissen, und Bündel grellbunter Kabel schlängelten sich über das stumpfe Metall.* Diese Gegenstände, erzählt sie ihm, liegen ihr am Herzen, weil sie *das Werk menschlicher Gestaltungskraft und Erfindungsgabe sind. Und wer sich nicht um Dinge kümmert, der kümmert sich bald auch nicht mehr um Menschen.* Er aber hält ihr kleines Museum für sinnlos. *Ohne ein Telefonsystem sind Telefone wertloser Müll.*

Die industrielle Zivilisation mit all ihrer Technik und Kultur verschwindet aus dem kollektiven Gedächtnis. Die Menschheit reist rückwärts durch die Zeit, zurück in eine grausame Vergangenheit, wo der ewige Kampf um knappe Ressourcen wenig Spielraum für Freundlichkeit und Erfindungsgeist lässt. Die alten Zeiten sind unwiederbringlich dahin. *Ich kann kaum glauben, dass wir es waren, die damals dort gewesen sind, so sehr hat sich alles verändert*, sagt die Frau, als sie über ihre gemeinsame Vergangenheit sprechen. *Das hier ist es, worauf wir seit jeher zugesteuert sind*, sagt ein barfüßiger Philosoph zu dem Vater. An anderer Stelle wird klar, dass der Zusammenbruch der Zivilisation mit den Ungerechtigkeiten, Konflikten und Widersprüchen des zwanzigsten Jahrhunderts begonnen hat.

Wohin der Mann und das kleine Mädchen eigentlich wollen, erfährt der Leser erst auf den allerletzten Seiten. Sie sind auf der Suche nach seiner Frau, der Mutter des Mädchens. Es gibt weder Kommunikationssysteme noch eine Bürokratie, die ihnen helfen könnten. Das einzige Foto, das sie von ihr besitzen, zeigt sie als Kind. Sie müssen sich durchfragen, folgen vielen falschen Fährten, ihre Suche ist zum Scheitern verurteilt, spätestens, als die beiden an der Beulenpest erkranken. Vater und Tochter sterben Arm in Arm in den Katakomben der verfallenen Zentrale einer ehemals berühmten Bank.

Nach eineinviertel Stunden war ich mit der Lektüre fertig. Ich legte die Blätter neben die Schreibmaschine zurück, achtete darauf, sie so unordentlich auszubreiten, wie ich sie vorgefunden hatte, schob die Seilrolle beiseite und schloss die Tür. Dann setzte ich mich an den Küchentisch und versuchte, meine verwirrten Gedanken zu ordnen. Ich konnte mir mühelos vorstellen, was Peter Nutting und seine Kollegen gegen diesen Roman einzuwenden hätten. Hier war sie, die negative Utopie, die wir nicht wollten, die modische Apokalypse, die alles anklagte und verwarf, was wir jemals ersonnen oder aufgebaut oder geliebt hatten, und die genüsslich ausmalte, wie unsere gesamte Zivilisation in Schutt und Asche versank. Hier war er, der wohlgenährte Mann mit dem privilegierten Luxusleben, der für die Fortschrittshoffnungen des Rests der Menschheit nur Hohn und Spott übrighatte. Was schuldete T. H. Haley schon einer Welt, die ihn gütig ernährt, ihm eine kostenlose Ausbildung spendiert, ihn nicht in den Krieg geschickt hatte, die ihn ohne Hungersnöte oder schaurige Rituale oder Angst vor rachsüchtigen Göttern zum Mann heranwachsen ließ, die ihn in seinen Zwanzigern mit einem ansehnlichen Gehalt ausstattete und ihm Meinungs- und Redefreiheit ohne jegliche Einschränkung gewährte. Ein wohlfeiler Nihilismus war das, der unsere sämtlichen Errungenschaften kategorisch für nichtig erklärte, der nicht daran dachte, Alternativen aufzuzeigen, der nirgends einen Hoffnungsschimmer sah, weder in Freundschaft und Liebe noch in freien Märkten, Industrie, Technik, Handel, Kunst und Wissenschaft.

Sein Roman (fuhr der Phantom-Nutting in meinem Kopf fort) macht sich Samuel Becketts Weltsicht zu eigen, in der die *conditio humana* auf ein einsames Ich am Ende aller Dinge reduziert ist, nur sich selbst verpflichtet und ohne jede Hoffnung an einem Kieselstein lutschend. Ein Ich, das keine Ahnung von den Schwierigkeiten der Regierungsarbeit in einer Demokratie hat, keine Ahnung, wie schwierig es ist, für Millionen anspruchsvoller, anspruchsberechtigter, frei denkender Individuen zu sorgen, ein Ich, das sich nicht darum schert, wie weit wir in nur fünfhundert Jahren eine grausame, bettelarme Vergangenheit hinter uns gelassen haben.

Andererseits ... was war gut an dem Roman? Er würde sie alle vor den Kopf stoßen, insbesondere Max, allein schon deswegen war er großartig. Max würde sich ärgern und zugleich in seiner Meinung bestätigt sehen, dass es ein Fehler gewesen war, einen Romanautor mit an Bord zu nehmen. Paradoxerweise würde Honig dadurch aufgewertet, es bewies, wie unabhängig dieser Schriftsteller von seinen Zahlmeistern war. *Aus dem Tiefland von Somerset* war die Verkörperung des Gespensts, das hinter jeder Schlagzeile lauerte, ein Blick in den Abgrund, ein literarisch gestalteter GAU – London wird zu Herat, Delhi, São Paulo. Aber was hielt ich wirklich davon? Die Geschichte hatte mich deprimiert, sie war so finster, so ohne jeden Lichtschimmer. Wenn er wenigstens das Kind verschont und dem Leser zumindest die Hoffnung auf eine bessere Zukunft gelassen hätte. Mein Phantom-Nutting hatte vermutlich nicht ganz unrecht – dieser Pessimismus hatte etwas Modisches, er war nur eine ästhetische, eine literarische Maske, eine Attitüde. Das war nicht Tom, oder höchstens ein winziger Teil von ihm, und deshalb war es unaufrichtig. Es gefiel mir überhaupt nicht. Und am Ende würde man T. H. Haley als meine Wahl betrachten, und ich müsste den Kopf hinhalten. Wieder einmal negativ aufgefallen.

Ich blickte hinüber zu Toms Schreibmaschine und der leeren Kaffeetasse daneben und dachte nach. Erwies sich der Mann, mit dem ich eine Affäre hatte, womöglich als unfähig, das frühe Versprechen seines Talents zu erfüllen – wie die Frau mit dem Affen im Nacken? Wenn seine beste Zeit bereits hinter ihm lag, hätte ich mich in meinem Urteil peinlich getäuscht. So würde der Vorwurf lauten, auch wenn in Wahrheit *sie* ihn mir, in Form seiner Akte, auf dem Silbertablett serviert hatten. Ich hatte mich in die Erzählungen verliebt und dann in den Mann. Es war eine arrangierte Ehe, eine Ehe, die in der fünften Etage gestiftet worden war, und jetzt war es zu spät, ich war die Braut, die nicht mehr davonlaufen konnte. Trotz meiner Enttäuschung würde ich zu ihm halten, zu ihm stehen, und nicht nur aus Eigennutz. Denn ich glaubte noch an ihn, ohne Frage. Ein paar schwache Geschichten würden meine Überzeugung nicht erschüttern, dass er eine neue Stimme war, ein brillanter Kopf – und mein wundervoller Geliebter. Er war mein Projekt, mein Fall, meine Mission. Seine Kunst, meine Arbeit und unsere Affäre waren eins. Wenn er versagte, versagte ich. Also ganz einfach – wir würden gemeinsam glänzen.

Es war kurz vor sechs. Tom war noch immer nicht zurück, die Seiten seines Romans lagen unverdächtig um die Schreibmaschine verteilt, die Freuden des Abends erwarteten uns. Ich ließ ein stark parfümiertes Bad einlaufen. Das Badezimmer maß 1,5 x 1,2 Meter (wir hatten es mal ausgemessen) und war mit einer raumsparenden Sitzwanne ausgestattet, in der man wie Michelangelos *Il Penseroso* auf einem Vorsprung im Wasser hockte. Und so hockte und schmorte ich und dachte weiter nach. Eine harmlose Möglichkeit wäre die folgende: Wenn dieser Herausgeber, Hamilton, so scharfsinnig war, wie Tom behauptete, würde er vielleicht beide Texte ablehnen und gute Gründe dafür nennen. In diesem Fall würde ich gar nichts sagen und abwarten. Schließlich war das die Idee: ihn finanziell unabhängig machen, ihm freie Bahn lassen und auf das Beste hoffen. Und doch... und doch, ich hielt mich für eine gute Leserin. Meiner Ansicht nach machte er einen Fehler, dieser monochrome Pessimismus kam seinem Talent nicht entgegen, erlaubte ihm weder so raffinierte Wendungen wie etwa in der Geschichte von dem falschen Vikar noch Doppelbödigkeiten wie bei dem Mann, der leidenschaftlichen Sex mit seiner Frau hat, von der er ganz genau weiß, dass sie eine Lügnerin ist. Tom schätzte mich genug, glaubte ich, um auf mich zu hören. Andererseits hatte ich klare Anweisungen. Ich durfte meinem Drang, mich einzumischen, nicht nachgeben.

Als ich mich zwanzig Minuten später neben der Wanne abtrocknete, immer noch unschlüssig und den Kopf voller widersprüchlicher Gedanken, hörte ich Schritte auf der Treppe. Er klopfte an, kam in mein dampfendes Boudoir, und wir umarmten uns wortlos. Ich konnte die kalte Straßenluft in den Falten seines Mantels spüren. Perfektes Timing. Ich war nackt, duftend und bereit. Er führte mich ins Schlafzimmer, alles war gut, alle quälenden Gedanken verflogen. Etwa eine Stunde später zogen wir uns für den Abend an, tranken von unserem Chablis und hörten *My Funny Valentine* von Chet Baker. Ein Mann, der sang wie eine Frau, der Hauch von Bebop in seinem Trompetensolo war sanft und zärtlich. Vielleicht konnte ich Jazz doch noch etwas abgewinnen. Wir ließen die Gläser klingen und küssten uns, dann drehte sich Tom um, ging mit seinem Weinglas an den Kartentisch und sah minutenlang auf sein Manuskript hinab. Er hob ein Blatt nach dem anderen, suchte eine bestimmten Stelle, fand sie, nahm einen Bleistift und notierte etwas. Stirnrunzelnd spannte er das Blatt in die Maschine, drehte die Walze, wobei die Mechanik bedächtig und vielsagend klickte, und las es nochmals. Als er zu mir aufblickte, wurde ich nervös.

Er sagte: »Ich muss dir was erzählen.«

»Was Gutes?«

»Ich erzähl's dir beim Essen.«

Er kam zu mir, und wieder küssten wir uns. Er hatte sein Jackett noch nicht angezogen und trug eins der drei Hemden, die er sich in der Jermyn Street hatte schneidern lassen. Sie waren alle gleich, aus feiner weißer ägyptischer Baumwolle und an Schultern und Armen großzügig geschnitten, was ein wenig piratenhaft wirkte. Er hatte einmal gesagt, jeder Mann sollte eine »Bibliothek« weißer Hemden haben. Ich war mir nicht sicher, ob ich den Schnitt mochte, aber es gefiel mir, seinen Körper unter der Baumwolle zu spüren, und es gefiel mir, wie er sich an das Geld gewöhnte. Die Stereoanlage, die Restaurants, die Globetrotter-Koffer, demnächst eine elektrische Schreibmaschine – er ließ das Studentenleben hinter sich, und zwar mit Stil und ohne schlechtes Gewissen. Bis Weihnachten hatte er zudem noch sein Dozentengehalt. Er war gut bei Kasse und freigebig. Er kaufte mir Geschenke – ein Seidenjäckchen, Parfum, eine Aktentasche aus weichem Leder für die Arbeit, die Gedichte von Sylvia Plath, Romane von Ford Madox Ford, alle in gebundenen Ausgaben. Er bezahlte mir auch die Zugfahrt hin und zurück, die mehr als ein Pfund kostete. An den Wochenenden vergaß ich mein spartanisches Londoner Leben, meinen kläglichen Lebensmittelvorrat in einer Kühlschrankecke und das morgendliche Abzählen des Kleingelds für U-Bahn und Mittagessen.

Wir tranken die Flasche aus und schwankten schon ein wenig, als wir die Queen's Road hinuntergingen, am Clock Tower vorbei und dann in die Lanes hinein. Ein indisches Paar mit einem Baby auf dem Arm – es hatte eine Hasenscharte – fragte uns nach dem Weg, und Tom gab ihnen

Auskunft. Über den engen Straßen lag der triste Mief der Nebensaison, salzig-feucht und verlassen, das Pflaster tückisch glatt. Tom neckte mich fröhlich mit meinen »anderen« Autoren, den anderen Stipendiaten der Stiftung. Das hatten wir schon so oft durchgespielt, dass es schon eine kleine Tradition geworden war. Er kokettierte dabei sowohl mit einer sexuellen als auch mit einer schriftstellerischen Eifersucht und Rivalität.

»Sag mir nur eins. Sind es vor allem junge Autoren?«
»Vor allem unsterbliche.«
»Bitte. Sag schon. Sind Alte, Berühmte dabei? Anthony Burgess? John Braine? Frauen?«
»Was soll ich mit Frauen?«
»Kriegen die mehr Geld als ich? Das kannst du mir doch sagen.«
»Sie kriegen alle mindestens doppelt so viel wie du.«
»Serena!«
»Schon gut. Alle kriegen das Gleiche.«
»Wie ich.«
»Wie du.«
»Bin ich der Einzige, der noch kein Buch veröffentlicht hat?«
»Ich sage kein Wort mehr.«
»Hast du mit denen auch geschlafen?«
»Mit einigen.«
»Und du arbeitest die Liste immer noch ab?«
»Das weißt du doch.«

Lachend zog er mich in den Eingang eines Juweliergeschäfts und küsste mich. Er zählte zu den Männern, für die es zuweilen einen pikanten Reiz hat, sich ihre Geliebte mit einem anderen Mann vorzustellen. In gewissen Stimmungen erregte ihn die Phantasie, ein Hahnrei zu sein, auch wenn er in der Realität angewidert, verletzt oder wütend gewesen wäre. Eindeutig der Ursprung von Carders Obsession mit seiner Schaufensterpuppe. Ich verstand das überhaupt nicht, hatte aber gelernt mitzuspielen. Manchmal, wenn wir uns liebten, bat er mich flüsternd darum, und folgsam erzählte ich ihm von dem Mann, mit dem ich mich traf, und was ich mit ihm anstellte. Schriftsteller waren Tom dabei am liebsten, und je unwahrscheinlicher, je namhafter, desto größer seine köstliche Qual. Saul Bellow, Norman Mailer, der pfeiferauchende Günter Grass, ich ließ mich nur mit den Besten ein. Oder vielmehr seinen Besten. Selbst damals schon war mir klar, dass diese bewussten, gemeinsamen Phantasien dabei halfen, meine eigenen unvermeidlichen Unwahrheiten zu verschleiern. Es war nicht einfach, mit einem Mann, dem ich so nahe war, über meine Arbeit für die Stiftung zu reden. Der Hinweis auf meine Schweigepflicht war ein Ausweg, diese halb augenzwinkernde erotische Fiktion ein anderer. Aber es reichte beides nicht. Das war der kleine dunkle Fleck auf meinem Glück.

Natürlich wussten wir ganz genau, warum wir bei Wheeler's so freundlich begrüßt wurden, warum man sich so eifrig nach Miss Serenas Woche, Mr. Toms Gesundheit und unseren Wünschen erkundigte, warum man uns so geflissentlich die Stühle zurechtrückte und Servietten auf den Schoß legte, aber es machte uns dennoch glücklich und ließ uns beinahe glauben, dass man uns wirklich bewunderte und respektierte, und zwar weit mehr als die langweiligen älteren Gäste. Zu jener Zeit hatten junge Leute, von ein paar Popstars abgesehen, nicht so viel Geld in der Tasche. Und so trugen die missbilligenden Blicke, die uns bis an unseren Tisch verfolgten, noch zur Steigerung unseres Vergnügens bei. Wir waren etwas ganz Besonderes. Wenn die gewusst hätten, dass sie unser Essen mit ihren Steuern bezahlten! Wenn wenigstens Tom das gewusst hätte. Während andere, die vor uns gekommen waren, noch auf ihre Bestellung warteten, hatten wir binnen einer Minute unseren Champagner, und dann kam auch schon die Silberplatte, randvoll mit Eis und harten Schalen, in denen die Fladen der salzigen Eingeweide schimmerten, von denen wir tapfer immer wieder aufs Neue schwärmten. Der Trick bestand darin, sie in einem Rutsch hinunterzukippen, so bekam man den Geschmack kaum mit. Wir kippten auch den Champagner hinunter und ließen uns nachschenken. Wie so oft schon nahmen wir uns vor, das nächste Mal eine ganze Flasche zu bestellen. Da könnten wir ordentlich Geld sparen.

In der feuchten Wärme des Restaurants hatte Tom das Jackett ausgezogen. Er griff über den Tisch und legte seine Hand auf meine. Das Kerzenlicht ließ seine Augen noch grüner leuchten und überhauchte seine Blässe mit einem gesunden, rötlichen Braun. Den Kopf hatte er wie immer ein wenig zur Seite geneigt, die Lippen wie üblich halb geöffnet und gespitzt, nicht um etwas zu sagen, sondern eher, um meine Worte vorwegzunehmen oder gleichzeitig mit mir auszusprechen. Schon leicht beschwipst, dachte ich in diesem Augenblick, dass ich noch nie einen so schönen Mann gesehen hatte. Ich verzieh ihm sein maßgeschneidertes Piratenhemd. Liebe wächst nicht langsam und gleichmäßig, sondern schubweise, in jähen Aufwallungen, wilden Sprüngen, und das war so ein Schub. Den ersten hatte ich im White Tower erlebt. Dieser hier war sehr viel mächtiger. Wie Sebastian Morel in *Racheakte* taumelte ich durch ein dimensionsloses Vakuum, während ich gleichzeitig sittsam lächelnd in einem Brightoner Fischrestaurant saß. Und doch war da an den äußersten Rändern meiner Gedanken die ganze Zeit dieser winzige Fleck. Meistens versuchte ich ihn zu ignorieren, und bei meiner Aufgeregtheit gelang das auch oft. Dann war mir wieder zumute wie einer Frau, die einen Abgrund hinunterstürzt und im Fall nach einem Grasbüschel greift, das viel zu mickrig ist, um Halt zu bieten, und mir stand klar vor Augen, dass Tom nicht wusste, wer ich war und was ich wirklich machte, und dass ich es ihm jetzt sagen musste. *Letzte Chance! Tu es, sag's ihm, jetzt!* Aber es war zu spät. Die Wahrheit wog zu schwer, sie würde uns vernichten. Er würde mich in alle Ewigkeit hassen. Ich stürzte bereits den Abgrund hinunter und konnte nicht mehr zurück. Ich konnte mir all die Segnungen aufzählen, die ich in sein Leben gebracht hatte, die künstlerische Freiheit, die er mir verdankte, doch Tatsache war: Wenn ich ihn nicht verlieren wollte, musste ich bei meinen Lügenmärchen bleiben.

Seine Hand schloss sich um mein Handgelenk. Der Kellner trat heran und schenkte uns nach.

»Das ist der richtige Augenblick, es dir zu sagen«, verkündete Tom. Er hob sein Glas, ich tat es ihm sogleich nach. »Du weißt, ich schreibe diese Geschichten für Ian Hamilton. Eine davon wurde auf einmal länger und länger, und plötzlich ist mir klargeworden, das ist der kurze Roman, der mir schon seit einem Jahr vorschwebt. Ich war so aufgeregt, ich wollte es dir gleich erzählen, ich wollte ihn dir zeigen. Aber ich habe mich nicht getraut, es hätte ja auch schiefgehen können. Letzte Woche habe ich einen ersten Entwurf beendet, einen Teil davon fotokopiert und diesem Verleger geschickt, von dem mir alle ständig erzählen. Tom Mischler. Nein, Maschler. Heute früh kam ein Brief von ihm. So bald hatte ich nicht mit einer Reaktion gerechnet. Ich habe den Brief erst am Nachmittag geöffnet, als ich in der Stadt war. Serena, er will das Buch! Dringend. Er will bis Weihnachten eine brauchbare Endfassung haben.«

Der Arm tat mir weh, weil ich immer noch mein Glas hochhielt. Ich sagte: »Tom, das ist ja phantastisch. Gratuliere! Auf dich!«

Wir tranken einen ordentlichen Schluck. Er sagte: »Es ist ziemlich finster. Spielt in der nahen Zukunft, alles ist in Trümmern. Ein bisschen wie bei Ballard. Aber ich glaube, es wird dir gefallen.«

»Wie endet es? Geht es gut aus?«

Er lächelte mich nachsichtig an. »Natürlich nicht.«

»Wundervoll.«

Man brachte uns die Speisekarten, und wir bestellten Seezunge und dazu statt Weißwein einen kräftigen Rioja, um zu beweisen, dass wir freie Geister waren. Tom sprach weiter von seinem Roman und von seinem neuen Verleger, der auch Joseph Heller, Philip Roth und Gabriel García Márquez im Programm hatte. Ich überlegte, wie ich Max die Neuigkeit beibringen sollte. Eine kapitalismusfeindliche Antiutopie. Während andere Honig-Autoren Sachbuch-Variationen von *Farm der Tiere* ablieferten. Aber immerhin war mein Autor ein kreativer Kopf, der seinen eigenen Weg ging. Das würde ich dann auch tun, nach meiner Entlassung.

Lächerlich. Jetzt war Zeit zum Feiern, denn an Toms Roman, den wir inzwischen »die Novelle« nannten, konnte ich ja nichts mehr ändern. Wir tranken und aßen und redeten und stießen auf alle möglichen guten Aussichten an. Gegen Ende des Abends, als nur noch ein halbes Dutzend Gäste übrig waren und die Kellner gähnend um uns herumlungerten, bemerkte Tom in gespielt vorwurfsvollem Ton: »Ich erzähle dir dauernd von Gedichten und Romanen, aber du hast mir noch nie was über Mathematik erzählt. Wird allmählich Zeit.«

»Ich war nicht besonders gut darin«, sagte ich. »Ich hab das alles hinter mir gelassen.«

»Das reicht nicht. Ich möchte, dass du mir was... was Interessantes erzählst, nein, was Kontra-Intuitives, Paradoxes. Du schuldest mir eine gute Mathe-Geschichte.«

Nichts an der Mathematik war mir jemals kontra-intuitiv vorgekommen. Entweder verstand ich es, oder ich verstand es nicht, seit meinem ersten Tag in Cambridge hauptsächlich Letzteres. Aber die Herausforderung reizte mich. »Lass mir ein paar Minuten«, sagte ich. Tom begann von seiner neuen elektrischen Schreibmaschine zu sprechen, und wie schnell er damit arbeiten würde. Dann fiel mir etwas ein.

»Das hat damals unter den Mathematikern in Cambridge die Runde gemacht. Soweit ich weiß, hat bis jetzt niemand etwas darüber geschrieben. Es ist ein Wahrscheinlichkeitsproblem, und zwar in Form einer Frage. Stammt aus einer amerikanischen Gameshow, *Let's Make a Deal*. Der Moderator damals hieß Monty Hall. Nehmen wir an, du bist Kandidat in seiner Show. Vor dir stehen drei verschlossene Kisten, eins, zwei und drei, und in einer davon, du weißt nicht, in welcher, befindet sich ein großer Preis – zum Beispiel...«

»Ein schönes Mädchen, das ein Riesenstipendium zu vergeben hat.«

»Genau. Im Gegensatz zu dir weiß Monty, in welcher Kiste sich dein Stipendium befindet. Du musst dich entscheiden. Sagen wir, du nimmst Kiste eins, aber die bleibt erst mal zu. Monty, der ja weiß, wo das Stipendium versteckt ist, öffnet nun eine Kiste, von der er weiß, dass sie leer ist. Sagen wir, Kiste drei. Jetzt weißt du also, dass dein lebenslanges Riesenstipendium sich entweder in der Kiste befindet, die du gewählt hast, Kiste eins, oder in Kiste zwei. Nun gibt dir Monty die Chance, dich umzuentscheiden, du kannst Kiste zwei wählen oder bei deiner ersten Wahl bleiben. In welcher Kiste ist dein Stipendium mit größerer Wahrscheinlichkeit? Solltest du wechseln oder bei deiner ersten Wahl bleiben?«

Unser Kellner brachte die Rechnung auf einem Silberteller. Tom griff schon nach seinem Portemonnaie, ließ die Hand dann aber sinken. Nach all dem Wein und Champagner wirkte er noch erstaunlich klar. Ich auch. Beide wollten wir einander beweisen, dass wir einiges vertrugen.

»Das liegt doch auf der Hand. Bei Kiste eins hatte ich am Anfang eine Chance von einem Drittel. Wenn Kiste drei geöffnet wird, steigt meine Chance auf ein halb. Dasselbe muss für Kiste zwei gelten. Die Chancen, dass das riesige Stipendium in jeder der beiden Kisten ist, sind gleich groß. Es ist egal, ob ich wechsle oder nicht. Serena, wie unerträglich schön du gerade aussiehst.«

»Danke. Mit dieser Konklusion bist du in guter Gesellschaft. Aber du irrst dich. Wenn du die andere Kiste nimmst, verdoppelst du deine Chance, nie mehr arbeiten zu müssen.«

»Unsinn.«

Ich sah zu, wie er sein Portemonnaie herausnahm, um die Rechnung zu begleichen. Fast dreißig Pfund. Er warf noch zwanzig Pfund Trinkgeld drauf, und die Nonchalance dieser Geste zeigte mir, wie betrunken er war. Das war mehr als ein Wochenlohn von mir. Aber er saß in der Präzedenzfall-Falle und kam da nicht mehr raus.

Ich sagte: »Deine Chance, die Kiste mit dem Stipendium gewählt zu haben, ist nach wie vor ein Drittel. Die Summe der Wahrscheinlichkeiten muss eins ergeben. Also ist die Wahrscheinlichkeit, dass es sich in einer der beiden anderen Kisten befindet, zwei Drittel. Kiste drei ist nun offen und leer, also befindet es sich mit einer Wahrscheinlichkeit von zwei Dritteln in Kiste zwei.«

Er sah mich mitleidig an, als sei ich eine fanatisierte Anhängerin einer radikalen Sekte. »Monty hat eine Kiste geöffnet, dadurch hat er mir zusätzliche Information gegeben. Vorher standen meine Chancen eins zu zwei. Jetzt stehen sie halbe-halbe.«

»Das würde nur stimmen, wenn du erst reingekommen wärst, nachdem er die Kiste geöffnet hat, und er dich *dann* auffordern würde, dich zwischen den beiden anderen Kisten zu entscheiden. Dann stünden deine Chancen tatsächlich halbe-halbe.«

»Serena. Du überraschst mich. Du siehst das einfach nicht.«

In mir stieg eine ganz bestimmte, ungewohnte Freude auf, die etwas Befreiendes hatte. In einem Teil des geistigen Raums, einem ziemlich großen Teil womöglich, war ich also tatsächlich klüger als Tom. Wie eigenartig. Was für mich so klar und einfach war, überstieg offenbar sein Fassungsvermögen.

»Betrachte es mal so«, sagte ich. »Von Kiste eins zu Kiste zwei zu wechseln ist nur dann eine schlechte Idee, wenn deine erste Wahl die richtige war und dein Stipendium sich in Kiste eins befindet. Und die Wahrscheinlichkeit dafür ist ein Drittel. Also ist Wechseln in einem Drittel aller Fälle eine schlechte Idee, und das heißt, in zwei Dritteln aller Fälle ist es eine gute Idee.«

Er runzelte angestrengt die Stirn. Er hatte einen kurzen Blick auf die Wahrheit erhascht, dann hatte er geblinzelt, und weg war sie.

»Ich weiß, dass ich recht habe«, sagte er. »Ich kann es nur nicht so gut erklären. Dieser Monty hat ganz willkürlich bestimmt, in welche Kiste mein Stipendium kommt. Es kann nur in einer der beiden übriggebliebenen Kisten sein, also ist die Wahrscheinlichkeit für beide gleich groß.« Er wollte aufstehen, sank aber wieder auf seinen Stuhl zurück. »Mir wird ganz schwindlig, wenn ich darüber nachdenke.«

»Gehen wir die Frage nochmals anders an«, sagte ich. »Angenommen, wir haben eine Million Kisten. Dieselben Regeln. Sagen wir, du wählst Kiste siebenhunderttausend.

Monty öffnet eine Kiste nach der anderen, alle leer. Die Kiste mit deinem Preis lässt er konsequent aus. Am Ende sind nur noch zwei geschlossene Kisten übrig, deine und, sagen wir, Nummer fünfundneunzig. Wie stehen die Chancen jetzt?«

»Genau gleich«, sagte er mit gedämpfter Stimme. »Halbe-halbe für jede der beiden Kisten.«

Ich gab mir Mühe, nicht wie mit einem Kind zu sprechen. »Tom, die Chance, dass der Preis in deiner Kiste ist, steht eins zu einer Million, umgekehrt ist es nahezu sicher, dass er in der anderen ist.«

Wieder schien ihn die Erkenntnis zu streifen, dann war sie wieder weg. »Also, nein, ich glaube, das stimmt nicht, ich meine, ich... Ich glaub, ich muss kotzen.«

Er stand taumelnd auf und hastete ohne Abschiedsgruß an den Kellnern vorbei. Als ich ihn draußen einholte, lehnte er an einem Auto und starrte auf seine Schuhe. Die kalte Luft hatte ihm gutgetan, und er hatte sich doch nicht übergeben müssen. Arm in Arm machten wir uns auf den Heimweg.

Als er mir wieder einigermaßen erholt vorkam, sagte ich: »Wenn es dir hilft, können wir das mit Spielkarten empirisch überprüfen. Wir könnten...«

»Serena, Liebling, genug. Wenn ich weiter darüber nachdenke, kommt's mir wirklich hoch.«

»Du wolltest doch etwas Kontra-Intuitives.«

»Ja. Entschuldige. Ich werde dich nie wieder so etwas fragen. Bleiben wir lieber bei Pro-Intuitivem.«

Also wechselten wir das Thema. Oben in der Wohnung legten wir uns gleich ins Bett und schliefen sofort ein. Aber am frühen Sonntagmorgen rüttelte Tom mich aus wirren Träumen, er war ganz aufgeregt.

»Ich hab's! Serena, ich verstehe jetzt, wie das funktioniert. Alles, was du gesagt hast, glasklar. Plötzlich hab ich's gesehen, wie bei einer Kippfigur, wie der Würfel von diesem – wie heißt er noch?«

»Necker.«

»Und ich kann daraus sogar etwas machen.«

»Ja, warum nicht ...«

Das Rattern seiner Schreibmaschine im Nebenzimmer wiegte mich in den Schlaf, erst drei Stunden später wachte ich wieder auf. An diesem Sonntag erwähnten wir Monty Hall so gut wie nicht mehr. Während Tom arbeitete, machte ich uns einen Braten zum Mittagessen. Vielleicht lag es am Kater, aber die Aussicht, in mein einsames Zimmer in der St. Augustine's Road zurückzukehren, meinen kleinen Heizofen anzuwerfen, mir die Haare im Waschbecken zu waschen und eine Bluse für die Arbeit zu bügeln, stimmte mich noch trauriger als sonst.

Im düsteren Nachmittagslicht brachte Tom mich zum Bahnhof. Als wir uns auf dem Bahnsteig umarmten, war ich den Tränen nahe. Doch ich riss mich zusammen, ich glaube nicht, dass er es gemerkt hat.

16

Drei Tage später kam seine Geschichte mit der Post. An das Deckblatt war eine Postkarte vom West Pier geheftet, auf deren Rückseite stand: »Habe ich den Dreh jetzt raus?«

Ich machte mir einen Tee und las *Vermutlich Ehebruch* in der eiskalten Küche, bevor ich zur Arbeit ging. Die kinderlose Ehe des Londoner Architekten Terry Mole leidet beträchtlich unter den ständigen Seitensprüngen seiner Frau Sally. Sie hat keinen Job, keine Kinder, eine Putzhilfe, die den Haushalt erledigt, und kann sich daher *unbekümmert und unentwegt dem Ehebruch widmen.* Zudem kifft sie täglich und gönnt sich vor dem Mittagessen einen großen Whisky oder zwei. Unterdessen schuftet Terry siebzig Stunden die Woche und entwirft kostengünstige Wohnsilos, die wahrscheinlich binnen fünfzehn Jahren wieder abgerissen werden. Sally trifft sich mit Männern, die sie kaum kennt. *Ihre Lügen und Ausflüchte waren beleidigend durchsichtig, aber überführen konnte er sie nie. Dazu fehlte ihm die Zeit.* Als aber eines Tages ein paar Baustellentermine ausfallen, beschließt der Architekt, seiner Frau in diesen freien Stunden ein wenig nachzuspionieren. *Von Schwermut und Eifersucht zerfressen, musste er sie mit einem anderen Mann sehen, um sich in seinem Elend zu suh-*

len und seinen Entschluss zu stärken, sie zu verlassen. Sie hat ihm erzählt, dass sie den Tag bei ihrer Tante in St. Albans verbringen wird. Stattdessen geht sie zur Victoria Station, und Terry ihr hinterher.

Sie steigt in den Zug nach Brighton, er steigt ebenfalls ein, zwei Waggons hinter ihr. Er folgt ihr durch die Stadt, über die Old Steine und durch die Nebenstraßen von Kemp Town, bis zu einem kleinen Hotel in Upper Rock Gardens. Vom Bürgersteig aus sieht er sie im Foyer mit einem Mann, einem, wie Terry denkt, zum Glück recht schmächtigen Kerl. Das Paar lässt sich vom Portier einen Schlüssel geben und verschwindet die enge Treppe hinauf. Terry betritt das Hotel und geht, vom Portier unbemerkt oder ignoriert, ebenfalls die Treppe hoch. Er hört ihre Schritte über sich. Als sie die vierte Etage erreichen, bleibt er stehen. Er hört eine Tür auf- und dann zugehen. Er tritt in den Flur. Dort gibt es nur drei Zimmer, 401, 402 und 403. Er nimmt sich vor zu warten, bis das Paar im Bett liegt, dann will er die Tür eintreten, seine Frau bloßstellen und dem Zwerg die Fresse polieren.

Aber er weiß nicht, in welchem Zimmer sie sind.

Er steht auf dem Flur und horcht. *Er lechzte nach dem kleinsten Geräusch, einem Stöhnen, einem Wimmern, einem Quietschen der Bettfedern, alles wäre ihm recht gewesen. Aber es kam nichts.* Minuten vergehen, er muss eine Wahl treffen. Er entscheidet sich für Zimmer 401, weil es das nächste ist. Die Türen machen keinen sonderlich stabilen Eindruck, ein ordentlicher Tritt wird reichen. Gerade will er Anlauf nehmen, da geht Tür 403 auf, und heraus tritt ein indisches Paar mit einem Baby, das eine

Hasenscharte hat. Sie lächeln schüchtern, als sie an ihm vorbeigehen.

Terry sieht sie im Treppenhaus verschwinden und denkt noch einmal nach. Nun wird es spannend, die Geschichte steuert auf ihren Höhepunkt zu. Als Architekt und Amateurmathematiker kennt er sich mit Zahlen aus. Er beginnt hektisch zu rechnen. Die Wahrscheinlichkeit, dass seine Frau in Zimmer 401 ist, hat von Anfang an ein Drittel betragen. Folglich betrug die Wahrscheinlichkeit, dass sie in 402 oder 403 ist, bis eben noch zwei Drittel. Wie sich jetzt herausgestellt hat, ist 403 leer, also befindet sich Sally mit einer Wahrscheinlichkeit von zwei Dritteln in 402. *Nur ein Idiot würde an seiner ersten Entscheidung festhalten, denn die ehernen Gesetze der Wahrscheinlichkeitsrechnung sind unabänderlich wahr.* Er nimmt Anlauf, er springt, die Tür von 402 kracht auf, und da liegen die beiden im Bett, sie sind nackt und wollen gerade loslegen. *Er verpasste dem Mann einen kräftigen Kinnhaken, warf seiner Frau einen Blick kalter Verachtung zu,* dann fährt er zurück nach London, wo er die Scheidung einreichen und ein neues Leben beginnen wird.

Den ganzen Mittwoch über war ich damit beschäftigt, Dokumente zu einem gewissen Joe Cahill von der Provisorischen IRA zu sortieren und abzulegen; es ging um seine Verbindungen zu Oberst Ghaddafi und um eine Schiffsladung Waffen aus Libyen, die der MI6 aufgespürt und die irische Marine Ende März vor Waterford abgefangen hatte. Cahill war an Bord des Schiffes und ahnte von nichts, bis er auf einmal den Lauf einer Pistole im Nacken spürte. Soweit ich das aus angehefteten Nachträgen schließen konnte, waren unsere Leute nicht eingeweiht gewesen und entsprechend verärgert. »So ein Fehler«, hieß es in einer wütenden Aktennotiz, »darf nicht noch einmal passieren.« Recht interessant, in gewisser Weise. Aber ein anderer Schauplatz interessierte mich weit mehr als das brave Schiff ›Claudia‹ – der Kopf meines Geliebten. Ich war gereizt, beunruhigt. In jeder Arbeitspause kehrten meine Gedanken zu den Türen in der vierten Etage eines Brightoner Hotels zurück.

Toms Geschichte war gut. Vielleicht nicht eine seiner besten, doch er war wieder in Form, in der richtigen Form. Aber als ich sie an jenem Morgen las, wusste ich sofort, dass sie nicht aufging. Sie beruhte auf trügerischen Annahmen, untauglichen Parallelen und falscher Mathematik. Er hatte weder mich noch das Problem verstanden. Sein Hochgefühl, sein Necker-Würfel-Moment, hatte ihn mit sich fortgerissen. Ich schämte mich für seine jungenhafte Euphorie, schämte mich dafür, dass ich an dem Morgen wieder eingeschlafen war und nach dem Aufwachen nicht mehr mit ihm darüber geredet hatte. Ihn hatte die Idee begeistert, das Monty-Hall-Paradox in einer Erzählung darzustellen. Sein Vorhaben war ambitiös – ein mathematisches Problem zu dramatisieren und ihm auf diese Weise eine moralische Dimension zu verleihen. Seine Botschaft auf der Postkarte war klar. Bei seinem heroischen Versuch, die Kluft zwischen Kunst und Logik zu überbrücken, war er auf mich angewiesen, und ich hatte ihn in die falsche Richtung losrennen lassen. Seine Geschichte hinkte, sie war unlogisch, und es rührte mich, dass er das nicht erkannte. Aber wie konnte ich ihm sagen, dass seine Geschichte nichts taugte, wenn ich selbst – zumindest teilweise – dafür verantwortlich war?

Denn die schlichte, für mich so selbstverständliche und für ihn so nebulöse Wahrheit war die: Das indische Paar aus Zimmer 403 erhöht die Chancen für 402 in keiner Weise. Die beiden können nicht dieselbe Rolle spielen wie Monty Hall in seiner Fernsehshow. Dass sie aus diesem Zimmer kommen, ist reiner Zufall, während Montys Entscheidungen eingeschränkt sind, durch den jeweiligen Kandidaten determiniert. Monty lässt sich nicht durch einen Zufallsgenerator ersetzen. Hätte Terry sich für 403 entschieden, hätten die Inder und ihr Baby sich nicht einfach in ein anderes Zimmer zaubern können, um dann aus einer anderen Tür zu kommen. Nach ihrem Auftauchen ist die Wahrscheinlichkeit dafür, dass sich Terrys Frau in Zimmer 402 befindet, gleich groß wie für 401. Terry könnte als genauso gut bei seiner ursprünglichen Wahl bleiben und die erste Tür eintreten.

Doch später am Vormittag, als ich über den Flur ging, um mir beim Servierwagen einen Tee zu holen, begriff ich plötzlich, woher Toms Denkfehler kam. Ich war schuld! Ich blieb abrupt stehen und hätte die Hand vor den Mund geschlagen, wäre mir in dem Augenblick nicht ein Mann entgegengekommen, der eine Tasse mit Untertasse trug. Ich sah ihn, war aber zu abgelenkt, zu schockiert von meiner Erkenntnis, um ihn richtig wahrzunehmen. Ein gutaussehender Mann mit abstehenden Ohren, der jetzt seinen Schritt verlangsamte und mir den Weg versperrte. Max natürlich, mein Chef, mein einstiger Vertrauter. Stand noch eine Einsatzbesprechung an?

»Serena. Alles in Ordnung?«

»Ja. Entschuldige. Ich war in Gedanken...«

In merkwürdig buckliger Haltung blieb er stehen, vielleicht lag es an der Art, wie das übergroß geschnittene Tweedjackett über seine knochigen Schultern fiel. Er sah mich eindringlich an. Seine Tasse klapperte auf der Untertasse, bis er sie mit seiner freien Hand zurechtrückte.

Er sagte: »Ich finde, wir sollten mal miteinander reden.«

»Sag mir wann, dann komme ich in dein Büro.«

»Nicht hier. Nach der Arbeit, bei einem Drink, oder wir gehen essen oder so.«

Ich schob mich an ihm vorbei. »Gerne.«

»Freitag?«

»Freitag kann ich nicht.«

»Dann Montag.«

»Ja, in Ordnung.«

Nach ein paar Metern drehte ich mich halb um, winkte ihm mit den Fingern kurz zu, ging weiter und vergaß ihn auf der Stelle. Denn mir fiel jetzt wieder ein, was ich am Wochenende im Restaurant gesagt hatte. Ich hatte Tom gesagt, dass Monty, nachdem der Kandidat seine Wahl getroffen hat, unter den beiden verbliebenen Kisten *willkürlich* eine leere auswählt. Und das konnte natürlich in zwei Dritteln aller Fälle nicht stimmen. Monty kann nur eine leere, vom Kandidaten nicht gewählte Kiste öffnen. In zwei von drei Fällen ist die Wahl des Kandidaten auf eine leere Kiste gefallen. Und dann bleibt Monty nur noch eine, die er nehmen muss. Nur wenn der Kandidat richtig geraten und die Kiste mit dem Preis genommen hat, bleiben Monty zwei leere Kisten, zwischen denen er sich willkürlich entscheiden kann. Natürlich wusste ich das alles, hatte es aber nicht gut erklärt. Toms Geschichte war missglückt, und ich war schuld. Ich hatte ihn auf die Idee gebracht, dass das Schicksal die Rolle eines Gameshow-Moderators übernehmen könne.

Nun fühlte ich mich doppelt schuldig, und mir wurde klar, dass ich Tom nicht einfach sagen konnte, seine Geschichte funktioniere nicht. Es lag an mir, eine Lösung zu finden. Statt in der Mittagspause wie üblich aus dem Haus zu gehen, blieb ich an meiner Schreibmaschine sitzen und nahm Toms Geschichte aus der Handtasche. Während ich ein neues Blatt Papier einspannte, stieg leise Freude in mir auf, und als ich zu tippen anfing, Begeisterung. Ich hatte eine Idee, ich wusste jetzt, wie Tom das Ende der Geschichte so umschreiben konnte, dass Terry die Tür eintritt, die seine Chancen, seine Frau mit einem anderen Mann im Bett zu überraschen, tatsächlich verdoppelt. Als Erstes strich ich die Inder und ihr Baby mit der Hasenscharte raus. So sympathisch sie waren, in diesem Drama hatten sie nichts verloren. Und dann: Als Terry gerade Anlauf nehmen will, um die Tür von Zimmer 401 einzutreten, hört er ein Stockwerk tiefer zwei Zimmermädchen reden. Ihre Stimmen dringen deutlich zu ihm hoch. Eine sagt: »Ich geh jetzt rauf und mach eins der beiden leeren Zimmer.« Und die andere sagt: »Denk an das Pärchen, die sind auf ihrem üblichen Zimmer.« Sie kichern wissend.

Terry hört das Zimmermädchen die Treppe heraufkommen. Als Amateurmathematiker erkennt er sofort die einmalige Gelegenheit, die sich ihm bietet. Er muss rasch nachdenken. Wenn er sich vor irgendeine der drei Türen stellt, zum Beispiel 401, zwingt er das Zimmermädchen, eine der beiden anderen zu wählen. Sie weiß, in welchem Zimmer sich das Paar befindet. Ihn selbst wird sie entweder für einen neuen Gast halten, der gerade in sein Zimmer will, oder für einen Freund des Paares, der vor der Tür auf die beiden wartet. Egal in welches Zimmer sie geht, Terry wird das andere nehmen und so seine Chancen verdoppeln. Und genau so geschieht es. Das Zimmermädchen, das von dem Baby die Hasenscharte geerbt hat, sieht Terry, nickt und geht in Zimmer 403. Terry entscheidet sich um, nimmt Anlauf, tritt Tür 402 ein und ertappt Sally und ihren Liebhaber *in flagranti*.

Nun war ich in Fahrt und befand, Tom könne ruhig noch einige offene Fragen klären. Warum bricht Terry nicht einfach alle Türen auf, zumal er ja jetzt weiß, dass zwei Zimmer leer sind? Weil das Paar ihn dann hören würde und er nicht auf das Überraschungsmoment verzichten will. Warum wartet er nicht ab, bis das Mädchen mit dem Zimmer fertig ist und vielleicht gleich das nächste putzt – schließlich wüsste er dann genau, wo seine Frau zu finden ist? Weil schon zu Beginn darauf hingewiesen wird, dass er noch einen wichtigen Termin auf der Baustelle hat und bald nach London zurückmuss.

Nach vierzig Minuten hatte ich drei Seiten getippt. Von Hand schrieb ich noch einen kleinen Begleitbrief dazu und erklärte auf möglichst einfache Weise, warum das mit dem indischen Paar nicht ging. Ich nahm einen neutralen Umschlag ohne das Emblem der Staatsdruckerei, fand ganz unten in meiner Handtasche eine Briefmarke und schaffte es gerade noch zum Briefkasten in der Park Lane, ehe ich wieder an die Arbeit musste. Wie stumpfsinning es mir nach Toms Geschichte erschien, mich mit der illegalen Fracht der ›Claudia‹ zu befassen, fünf Tonnen Sprengstoff, Waffen und Munition, ein relativ enttäuschender Fang. Eine Aktennotiz äußerte die Vermutung, Ghaddafi habe der Provisorischen IRA nicht getraut, eine andere wiederholte, dass der »MI6 den Bogen überspannt« habe. Was ging mich das an.

So zufrieden wie an diesem Abend war ich in Camden die ganze Woche nicht zu Bett gegangen. Mein kleiner Koffer stand schon bereit, am nächsten Abend würde ich ihn für meine freitägliche Fahrt nach Brighton packen. Nur noch zwei Arbeitstage zu überstehen. Wenn ich bei Tom ankäme, hätte er meinen Brief schon gelesen. Ich würde ihm noch einmal sagen, wie gut seine Geschichte war, ich würde ihm die Wahrscheinlichkeitsverteilung noch einmal und diesmal besser erklären. Dann könnten wir uns wieder unseren Gewohnheiten und Ritualen widmen.

Bei den Wahrscheinlichkeitsberechnungen handelte es sich ja letztlich nur um technische Details. Die Stärken der Geschichte lagen woanders. Während ich im Dunkeln auf den Schlaf wartete, streifte mich eine Ahnung davon, was Erfindung war. Als Leserin, als Schnellleserin, setzte ich das als etwas Gegebenes voraus, ich hatte mir über diesen Vorgang nie Gedanken gemacht. Man nahm ein Buch aus dem Regal und hatte eine erfundene, mit Menschen bevölkerte Welt in der Hand, so einleuchtend wie die, in der man lebte. Wie Tom im Restaurant, als er sich über Monty Hall den Kopf zerbrach, glaubte ich nun zu erkennen, worin der Trick bestand, zumindest ansatzweise. Es war so ähnlich wie Kochen, dachte ich schläfrig. Nur dass nicht Hitze die Zutaten umwandelte, sondern reine Erfindung, ein Funke, eine geheimnisvolle Ingredienz. Das Ergebnis war mehr als die Summe seiner Teile. Ich versuchte sie aufzuzählen: Tom hatte Terry mit meinen Kenntnissen der Wahrscheinlichkeitsrechnung ausgestattet und zugleich seine eigene heimliche Erregung bei der Vorstellung, ein Hahnrei zu sein, auf ihn übertragen. Zuvor aber hatte er sie in etwas Akzeptableres verwandelt – rasende Eifersucht. Etwas vom chaotischen Leben von Toms Schwester war auf Sally übergegangen. Dann die vertraute Zugfahrt, die Straßen von Brighton, diese unfassbar winzigen Hotels. Die Inder und ihr Baby mit der Hasenscharte wurden als Bewohner von Zimmer 403 engagiert. Ihre freundliche, verletzliche Erscheinung diente als Kontrast zu dem brünstigen Paar im Zimmer nebenan. Tom hatte ein Thema aufgegriffen, von dem er so gut wie nichts verstand (»Nur ein Idiot würde an seiner ersten Entscheidung festhalten«!); er wollte es sich zu eigen machen, und wenn er meine Vorschläge übernahm, dann würde ihm das auch gelingen. Mit einem Kunstgriff hatte er aus Terry einen besseren Mathematiker gemacht, als sein Schöpfer einer war. Auf der einen Ebene sah man ganz deutlich, wie diese verschiedenen Elemente zusammengeschüttet und eingesetzt wurden. Doch es blieb ein Geheimnis, wie sie sich zu etwas Zusammenhängendem und Plausiblem verbanden, wie aus den Zutaten ein so köstliches Gericht entstand. Der Gedanke zerstob, und während ich den Gestaden des Schlafs zutrieb, glaubte ich dem Trick fast auf die Spur gekommen zu sein.

Etwas später klingelte es an der Tür, ein Geräusch, das in meinem Traum den Höhepunkt einer komplizierten Abfolge von merkwürdigen Zufällen markierte. Der Traum verflog, und ich hörte es noch einmal klingeln. Ich rührte mich nicht, in der Hoffnung, die anderen würden nach unten gehen. Schließlich lagen ihre Zimmer näher an der Haustür. Beim dritten Klingeln machte ich Licht und sah auf meinen Wecker. Zehn vor Mitternacht. Ich hatte eine Stunde geschlafen. Wieder klingelte es, nachdrücklicher jetzt. Ich zog Morgenmantel und Pantoffeln an und ging die Treppe hinunter, zu müde, mich zu fragen, warum ich mich eigentlich beeilen sollte. Vermutlich hatte eine der drei anderen ihren Schlüssel vergessen. Wäre nicht das erste Mal. Unten im Flur spürte ich die Kälte des Linoleums durch meine Pantoffelsohlen. Ich legte die Sicherheitskette vor, dann öffnete ich die Tür einen Spalt weit. Ein Mann stand auf der Türstufe, aber ich sah sein Gesicht nicht. Er trug einen gangsterhaften Filzhut und einen gegürteten Regenmantel, auf seinen Schultern glänzten Regentropfen im Licht der Straßenlaterne hinter ihm. Erschrocken drückte ich die Tür zu. Da hörte ich eine vertraute Stimme leise sagen: »Entschuldigen Sie die Störung. Ich muss mit Serena Frome sprechen.«

Ich hakte die Kette aus und öffnete die Tür. »Max. Was soll das?«

Er hatte getrunken. Er schwankte leicht, und seine sonst so beherrschten Züge waren ganz aufgelöst. Als er sprach, roch es nach Whisky.

»Du weißt, warum ich hier bin«, sagte er.

»Nein, das weiß ich nicht.«

»Ich muss mit dir reden.«

»Morgen, Max, bitte.«

»Es ist dringend.«

Ich war jetzt hellwach und wusste, wenn ich ihn fortschickte, würde ich nicht wieder einschlafen können; also ließ ich ihn rein und führte ihn in die Küche. Ich machte auf dem Gasherd zwei Flammen an. Es war die einzige Wärmequelle.

Er setzte sich an den Tisch und nahm den Hut ab. An den Hosenbeinen, unterhalb der Knie, hatte er Schlammspritzer. Vermutlich war er zu Fuß quer durch die Stadt gekommen. Er machte einen leicht verstörten Eindruck, seine Mundwinkel hingen herab, die Haut unter den Augen war bläulich schwarz. Ich überlegte, ob ich ihm etwas Heißes zu trinken machen sollte, entschied mich aber dagegen. Es ärgerte mich, dass er sich als mein Vorgesetzter aufspielte, der das Recht hatte, mich aus dem Bett zu klingeln. Ich setzte mich ihm gegenüber und sah zu, wie er mit dem Handrücken sorgfältig den Regen von seinem Hut wischte. Er schien darauf bedacht, nicht betrunken zu wirken. Ich war angespannt und fröstelte, und zwar nicht nur wegen der Kälte. Ich nahm an, Max werde mir noch mehr Schlechtes von Tony erzählen. Aber der war tot und ein Verräter, was sollte da noch Schlimmeres kommen?

»Du musst doch wissen, warum ich hier bin«, sagte er.

Ich schüttelte den Kopf. Er belächelte, was er für eine lässliche kleine Lüge hielt.

»Als wir uns heute im Flur getroffen haben, da wusste ich, dass du genau dasselbe gedacht hast wie ich.«

»Ach ja?«

»Serena, gib's zu. Wir haben es beide gewusst.«

Er sah mich ernst und inständig an, und plötzlich glaubte ich zu wissen, was jetzt kam, und sackte innerlich zusammen vor Überdruss: jetzt musste ich es mir anhören, nein sagen und das dann alles klären. Und zukünftig irgendwie damit umgehen.

Trotzdem sagte ich: »Ich kann dir nicht folgen.«

»Ich musste meine Verlobung lösen.«

»Musste?«

»Du hast deine Gefühle deutlich gezeigt, als ich dir davon erzählt habe.«

»Habe ich das?«

»Die Enttäuschung war dir anzumerken. Das hat mir leidgetan, aber ich musste es ignorieren. Gefühle dürfen uns bei der Arbeit nicht in die Quere kommen.«

»Das sehe ich genauso, Max.«

»Aber ich weiß, jedes Mal, wenn wir uns begegnen, denken wir beide daran, was hätte sein können.«

»Hör zu ...«

»Und weißt du, all die ...«

Er griff nach seinem Hut und betrachtete ihn eingehend.

»... die Hochzeitsvorbereitungen. Unsere beiden Familien hatten schon damit angefangen. Aber ich musste immerzu an dich denken ... Ich dachte, ich drehe durch. Als ich dich heute früh gesehen habe, da traf es uns beide wie ein Schlag. Du sahst aus, als würdest du gleich in Ohnmacht fallen. Ich bestimmt auch. Serena, sich so zu verstellen ... dieser Irrsinn, nichts zu sagen. Ich habe vorhin mit Ruth gesprochen und ihr die Wahrheit gestanden. Sie ist außer sich. Aber darauf steuern wir schon seit langem zu, du und ich, es führt kein Weg daran vorbei. Wir können das einfach nicht mehr ignorieren!«

Sein Anblick war mir unerträglich. Wie er seine eigenen wechselhaften Impulse einer unpersönlichen Schicksalsmacht zuschrieb, machte mich wütend. Ich will das, also... ist es Vorsehung! Warum hatten Männer nur solche Schwierigkeiten mit den Grundregeln der Logik? Ich blickte über meine Schulter hinweg zu den zischenden Gasflammen. In der Küche wurde es allmählich warm, und ich lockerte den Kragen meines Morgenmantels.

Um klarer denken zu können, strich ich mir die zerzausten Haare aus dem Gesicht. Er wartete darauf, dass ich das Richtige sagte, dass ich meine Wünsche mit den seinen in Einklang brachte, dass ich ihn in seinem Solipsismus bestätigte und mich ihm anschloss. Aber vielleicht war ich zu streng mit ihm. Vielleicht war das alles nur ein Missverständnis. Zumindest nahm ich mir vor, es so darzustellen.

»Es stimmt, deine Verlobung kam aus heiterem Himmel. Du hattest Ruth vorher noch nie erwähnt, und das hat mich tatsächlich ein wenig verärgert. Aber ich bin jetzt drüber hinweg, Max. Ich hatte gehofft, du lädst mich zu deiner Hochzeit ein.«

»Die ist abgeblasen. Wir können noch einmal von vorn anfangen.«

»Nein. Das geht nicht.«

Er sah mich entgeistert an. »Wie meinst du das?«

»Wir können nicht noch mal von vorn anfangen.«

»Warum?«

Ich zuckte die Schultern.

»Du hast einen anderen.«

»Ja.«

Seine Reaktion war beängstigend. Er sprang auf und stieß dabei den Stuhl um, der mit Getöse auf den Boden schlug. Der Lärm hatte die anderen bestimmt geweckt. Schwankend stand er vor mir, sein Gesicht sah gespenstisch aus, grünlich im gelben Licht der nackten Glühbirne, seine Lippen glänzten feucht. Ich machte mich darauf gefasst, zum zweiten Mal in einer Woche von einem Mann zu hören, er müsse sich gleich übergeben.

Doch er hielt sich tapfer, wenn auch ein wenig wankend, und sagte: »Aber du hast den Eindruck vermittelt, dass... dass du, nun ja, mit mir zusammen sein willst.«

»Tatsächlich?«

»Jedes Mal, wenn du zu mir ins Büro gekommen bist. Du hast mit mir geflirtet.«

Da war etwas Wahres dran. Ich dachte kurz nach und sagte: »Aber nicht mehr, seit ich Tom kenne.«

»Tom? Doch hoffentlich nicht Tom Haley?«

Ich nickte.

»O Gott. Das ist also dein Ernst. Wie kann man nur so dumm sein!« Er stellte den Stuhl wieder auf und ließ sich schwer darauf sinken. »Machst du das, um mich zu bestrafen?«

»Ich mag ihn.«

»Absolut unprofessionell.«

»Ach, hör auf. Wir wissen doch alle, wie das hier läuft.«

Genau genommen wusste ich gar nichts. Ich kannte nur – womöglich frei erfundene – Klatschgeschichten über Führungsbeamte, die sich mit Agentinnen einließen. Bei all dem Stress und der engen Zusammenarbeit, warum auch nicht?

»Er wird herausfinden, wer du bist. Garantiert.«

»Nein.«

Er hockte da, den Kopf in die Hände gestützt. Er blies die Backen auf und schnaufte. Schwer zu sagen, wie betrunken er war.

»Warum hast du mir nichts gesagt?«

»Ich dachte, Gefühle sollten uns bei der Arbeit nicht in die Quere kommen.«

»Serena! Wir sprechen gerade von Honig! Haley gehört zu uns. Genau wie du.«

Allmählich fragte ich mich, ob ich nicht doch im Unrecht war. Deshalb ging ich zum Angriff über. »Du hast mich ermuntert, auf dich zuzugehen, Max. Und dabei warst du die ganze Zeit kurz davor, deine Verlobung bekanntzugeben. Warum soll ich mir von dir sagen lassen, mit wem ich zusammen sein darf?«

Er hörte nicht zu. Er presste stöhnend einen Handballen an die Stirn. »O Gott«, flüsterte er. »Was habe ich nur getan?«

Ich wartete. Meine Schuldgefühle waren eine formlose schwarze Masse, die immer größer wurde und mich zu verschlingen drohte. Ich hatte mit ihm geflirtet, ihn angemacht, ihn dazu gebracht, seine Verlobte in die Wüste zu schicken, sein Leben ruiniert. Es würde nicht einfach sein, standhaft zu bleiben.

Abrupt sagte er: »Hast du was zu trinken da?«

»Nein.«

Hinter dem Toaster stand eine Miniflasche Sherry. Davon würde ihm nur schlecht, außerdem wollte ich ihn bald aus dem Haus haben.

»Sag mir eins. Was war das heute Morgen auf dem Flur?«

»Keine Ahnung. Nichts.«

»Du hast mit mir gespielt, Serena. So eine bist du nämlich.«

Das war keine Antwort wert. Ich starrte ihn nur an. Von seinem Mundwinkel hing ein Speichelfaden herab. Er bemerkte meinen Blick und fuhr sich mit dem Handrücken über die Lippen.

»Damit wirst du Honig kaputtmachen.«

»Tu nicht so, als ob es dir darum gehen würde. Du hältst doch sowieso nichts von der ganzen Sache.«

Zu meiner Überraschung sagte er: »Da hast du verdammt recht.« Das war die grobe Offenheit eines Betrunkenen, und jetzt wollte er mir weh tun. »Die Frauen in deiner Abteilung, Belinda, Anne, Hilary, Wendy und die anderen. Schon mal gefragt, was für Abschlüsse die haben?«

»Nein.«

»Schade. Alles erstklassig, lauter Einsen, *summa cum laude*. Altphilologie, Geschichte, Anglistik.«

»Schlauer Verein.«

»Sogar deine Freundin Shirley.«

»Sogar?«

»Schon mal überlegt, warum man dich genommen hat? Mit einer Drei? In Mathe?«

Er wartete, aber ich antwortete nicht.

»Canning hat dich rekrutiert. Also dachte man sich, besser, du bist drin, mal sehen, ob es jemanden gibt, dem du was weitererzählst. Man weiß ja nie. Man hat dich ein bisschen beschattet, einen Blick in dein Zimmer geworfen. Das Übliche. Man hat dir Honig gegeben, weil das eine eher läppische Aktion ist, harmlos. Hat dich Chas Mount zugeteilt, weil der eine Flasche ist. Aber du warst eine Enttäuschung, Serena. Du hattest keinen auf der anderen Seite. Du warst bloß irgendein Mädchen, so dumm wie der Rest, froh, einen Job zu haben. Canning hat dir da einen Gefallen getan. Meine Theorie ist, er wollte was wiedergutmachen.«

Ich sagte: »Ich glaube, er hat mich geliebt.«

»Na, da hast du's ja. Er wollte dich einfach glücklich machen.«

»Hat dich schon mal jemand geliebt, Max?«

»Du miese Schlampe.«

Die Beleidigung machte es mir leichter. Es wurde Zeit, dass er ging. In der Küche war es jetzt erträglich, aber die Wärme, die die Gasflammen abgaben, war irgendwie klamm. Ich stand auf, zog den Morgenmantel fest um mich und drehte das Gas ab.

»Und warum verlässt du dann deine Verlobte für mich?«

Aber wir waren noch nicht ganz am Ende angelangt, denn plötzlich schlug seine Stimmung um. Er weinte. Oder wurde jedenfalls weinerlich. Seine Lippen verzogen sich zu einem abscheulichen Grinsen.

»O Gott«, rief er mit gepresster Stimme. »Verzeih mir, verzeih. Ich nehm das zurück. Du hast das nicht gehört, ich hab das nicht gesagt. Serena, es tut mir leid.«

»Schon gut«, sagte ich. »Schon vergessen. Aber du solltest jetzt gehen.«

Er stand auf und wühlte in seiner Hosentasche nach einem Taschentuch. Er schneuzte sich ausgiebig, noch immer weinend. »Ich habe alles kaputtgemacht. Ich bin ein verdammter Idiot.«

Ich führte ihn durch den Flur zurück zur Haustür und machte sie auf.

Auf den Stufen vor der Tür kam es zu einem letzten Wortwechsel. Er sagte: »Versprich mir eins, Serena.«

Er griff nach meinen Händen. Er tat mir leid, aber ich wich zurück. Das war nicht der Moment, Händchen zu halten.

»Versprich mir, noch einmal darüber nachzudenken. Bitte. Nur das. Wenn ich es mir anders überlegen konnte, kannst du es auch.«

»Ich bin furchtbar müde, Max.«

Er schien sich zu fangen. Er holte tief Luft. »Hör zu. Es kann sein, dass du einen schweren Fehler machst mit Tom Haley.«

»Geh da lang und nimm dir auf der Camden Road ein Taxi.«

Er stand auf der unteren Stufe und sah flehentlich und anklagend zu mir hoch, als ich die Tür zumachte. Ich blieb unschlüssig dahinter stehen, und obwohl ich ihn dann weggehen hörte, legte ich, ehe ich ins Bett zurückging, die Sicherheitskette vor.

17

An einem Brighton-Wochenende im Dezember gab Tom mir *Aus dem Tiefland von Somerset* zu lesen. Ich ging damit ins Schlafzimmer und las es noch einmal sorgfältig durch. Er hatte etliche Kleinigkeiten geändert, aber mein Eindruck war nach wie vor derselbe. Ich sah unserem Gespräch darüber mit Bangen entgegen, denn ich würde mich nicht verstellen können, das wusste ich. Am Nachmittag machten wir einen Spaziergang in den Sussex Downs. Ich sprach über die Gleichgültigkeit des Romans gegenüber dem Schicksal von Vater und Tochter, über die moralische Verkommenheit der Nebenfiguren, das Elend der Städter, die Verwahrlosung der verarmten Landbevölkerung, die allgemeine Hoffnungslosigkeit, die grausame, freudlose Atmosphäre, die deprimierende Wirkung all dessen auf den Leser.

Toms Augen leuchteten. Ich hätte ihm kein größeres Lob aussprechen können. »Genau!«, sagte er immer wieder. »Richtig. Ganz richtig. Du hast es erfasst!«

Ich hatte ein paar Tippfehler und Wiederholungen angestrichen, wofür er sich fast schon übertrieben bedankte. Im Lauf der nächsten Woche machte er noch einen leichten Überarbeitungsdurchgang – und dann war er fertig. Er fragte, ob ich ihn begleiten wolle, wenn er das Buch zu seinem Verleger bringe, und ich sagte, es werde mir eine Ehre sein. An Heiligabend, dem ersten meiner drei freien Tage, kam er am Vormittag nach London. Wir trafen uns an der U-Bahn-Station Tottenham Court Road und gingen zusammen zum Bedford Square. Ich sollte den Manuskriptpacken tragen, das werde ihm Glück bringen. Hundertsechsunddreißig Seiten, erklärte er mir stolz, zweizeilig auf altmodisches Kanzleipapier getippt. Auf dem Weg musste ich ständig an die Schlussszene denken, wo das kleine Mädchen unter Qualen auf dem nassen Fußboden eines ausgebrannten Kellers stirbt. Eigentlich wäre es meine Pflicht gewesen, den Umschlag mit dem Elaborat in die nächste Mülltonne zu stopfen. Aber gleichzeitig war ich ebenso aufgeregt wie er und barg die düstere Geschichte wie mein – wie unser – Baby sorgsam an meiner Brust.

Am liebsten hätte ich Weihnachten gemütlich zu zweit mit Tom in der Brightoner Wohnung verbracht, aber ich war nach Hause bestellt worden und mein Zug fuhr am Nachmittag. Ich war seit Monaten nicht mehr bei meinen Eltern gewesen. Meine Mutter hatte am Telefon kategorisch darauf bestanden, sogar der Bischof hatte ins selbe Horn gestoßen. Ich war nicht rebellisch genug, um ihnen das abzuschlagen, schämte mich aber, als ich Tom davon erzählte. Schon über zwanzig und ich hatte mich von meiner Kindheit noch immer nicht ganz abgenabelt. Er jedoch, als freier, erwachsener Mann Ende zwanzig, hatte für meine Eltern Verständnis. Natürlich wollten sie mich sehen, natürlich sollte ich fahren. Es sei meine Pflicht als Erwachsene, das Weihnachtsfest mit ihnen zu verbringen. Er selbst wollte am fünfundzwanzigsten zu seiner Familie nach Sevenoaks und war entschlossen, seine Schwester Laura aus dem Wohnheim in Bristol zu holen, ihre Kinder und sie um den elterlichen Weihnachtstisch zu versammeln und zu versuchen, sie vom Trinken abzuhalten.

Während ich den Umschlag nach Bloomsbury trug, dachte ich daran, dass wir nur ein paar Stunden hatten und uns dann mehr als eine Woche nicht sehen würden, da ich am siebenundzwanzigsten gleich wieder zur Arbeit musste. Unterwegs brachte er mich auf den neusten Stand. Ian Hamilton von der *New Review* hatte sich gemeldet. Tom hatte *Vermutlich Ehebruch* nach meinen Vorschlägen umgearbeitet und zusammen mit der Geschichte vom sprechenden Affen eingeschickt. In seinem Antwortbrief schrieb Hamilton, *Vermutlich Ehebruch* sei nichts für ihn, »das ganze logische Zeug« sei ihm zu hoch und er bezweifle, dass »außer einem Mathegenie irgendjemand etwas damit anfangen« könne. Den redseligen Affen hingegen finde er »nicht schlecht«. Tom war sich nicht sicher, ob dies eine Zusage war. Er wollte sich im neuen Jahr mit Hamilton treffen und nachfragen.

Tom Maschlers Büro, oder Bibliothek, lag im ersten Stock einer georgianischen Villa mit Blick auf den Bedford Square. Man hieß uns dort warten. Als der Verleger beinahe im Laufschritt hereinstürmte, war ich es, die ihm den Roman überreichte. Er warf ihn auf den Schreibtisch hinter sich, gab mir feuchte Küsse auf beide Wangen und Tom überschwenglich die Hand, beglückwünschte ihn, geleitete ihn zu einem Stuhl und begann ihn auszufragen, wobei er die Antwort auf eine Frage kaum abwartete, eher er die nächste stellte. Wovon er lebe, wann wir denn heiraten würden, ob Tom Russell Hoban gelesen habe, ob ihm bewusst sei, dass erst tags zuvor der sonst so zurückgezogene Thomas Pynchon auf ebendiesem Stuhl gesessen habe, ob er Martin Amis kenne, den Sohn von Kingsley, ob er Madhur Jaffrey kennenlernen möchte? Maschler erinnerte mich an einen italienischen Tennislehrer, der einmal zu uns in die Schule gekommen war und einen Nachmittag lang ebenso ungeduldig wie jovial meine Rückhand mit mir trainiert hatte. Der Verleger war schlank und braungebrannt, wissensdurstig und angenehm aufgekratzt, als liege ihm ständig ein Witz auf der Zunge oder als könnte ihn irgendeine zufällige Bemerkung im nächsten Moment auf eine revolutionäre neue Idee bringen.

Dankbar, nicht ins Gespräch gezogen zu werden, ging ich auf die andere Seite des Raums und blickte auf die winterlichen Bäume auf dem Bedford Square hinaus. Ich hörte Tom, meinen Tom, sagen, er lebe von seiner Dozententätigkeit, er habe weder *Hundert Jahre Einsamkeit* noch Jonathan Millers Buch über McLuhan gelesen, wolle das aber tun, und, nein, er habe noch keine klare Vorstellung von seinem nächsten Roman. Die Frage nach der Hochzeit überging er. Er halte Philip Roth ebenfalls für ein Genie und *Portnoys Beschwerden* für ein Meisterwerk, und die englischen Übersetzungen von Nerudas Sonetten seien in der Tat bemerkenswert. Tom sprach wie ich kein Spanisch und konnte das überhaupt nicht beurteilen. Roths Roman hatten wir zu diesem Zeitpunkt beide noch nicht gelesen. Seine Antworten waren zurückhaltend bis nichtssagend, und mir wäre es nicht anders ergangen – wir waren naive Landeier, überwältigt vom schieren Tempo und Anspielungsreichtum von Maschlers Redeschwall, und so schien es nur recht und billig, dass wir nach zehn Minuten verabschiedet wurden. Wir waren zu langweilig. Er begleitete uns noch bis zur Treppe. Er hätte uns gern zum Lunch bei seinem Lieblingsgriechen in der Charlotte Street eingeladen, sagte er zum Abschied, aber er pflege nun einmal mittags nicht essen zu gehen. Und schon standen wir, ein wenig benommen, wieder auf dem Bürgersteig. Im Weitergehen beschäftigte uns noch eine ganze Weile die Frage, ob das Treffen nun »gut gelaufen« sei oder nicht. Tom meinte, im großen Ganzen ja, und ich stimmte ihm zu, obwohl das eigentlich nicht mein Eindruck gewesen war.

Aber das spielte keine Rolle, der Roman, der schreckliche Roman, war abgeliefert, wir würden bald auseinandergehen, es war Weihnachten – das musste gefeiert werden. Wir gingen Richtung Trafalgar Square, kamen an der National Portrait Gallery vorbei und schwelgten wie ein seit dreißig Jahren verheirates Paar in der Erinnerung an unser erstes Treffen dort: Hatten wir beide gedacht, das sei nur etwas für eine Nacht? Hätte sich einer von uns vorstellen können, was sich daraus ergeben würde? Dann machten wir kehrt, gingen zu Sheekey's und bekamen sogar, obwohl wir nicht reserviert hatten, einen Tisch. Ich wollte nichts trinken. Ich musste nach Hause, packen, dann an der Liverpool Street Station den Fünf-Uhr-Zug noch erreichen und unterwegs meine Rolle als Geheimagentin ablegen und wieder zur pflichtbewussten Tochter werden, die sich im Gesundheits- und Sozialministerium fleißig nach oben arbeitete.

Aber lange vor der Seezunge kam ein Eiskübel und gleich

darauf eine Flasche Champagner, und schon war sie leer, und bevor die nächste gebracht wurde, griff Tom über den Tisch nach meiner Hand und sagte, er habe mir etwas zu beichten, zwar wolle er mich vor dem Abschied nicht beunruhigen, aber er müsse es mir sagen, sonst würde er kein Auge mehr zumachen können. Folgendes. Er habe keine Idee, nicht einmal den Ansatz einer Idee, für einen weiteren Roman und bezweifle, dass ihm jemals noch etwas einfallen würde. *Aus dem Tiefland von Somerset* – wir sprachen nur noch von *Aus dem Tiefland* – sei ein Glückstreffer gewesen, er sei da zufällig hineingestolpert, als er eine Kurzgeschichte über etwas ganz anderes zu schreiben geglaubt habe. Und kürzlich sei ihm, als er am Brighton Pavilion vorbeispazierte, eine einzelne, an sich belanglose Zeile aus einem Sonnett von Spenser in den Sinn gekommen – *in Porphyr und Marmor treten sie vor uns hin* –, Spenser in Rom, beim Betrachten der Altertümer der Stadt. Aber vielleicht müsse es ja nicht notwendig Rom sein. Auf einmal hatte Tom den Plan zu einem Artikel im Kopf gehabt, über die Beziehung der Dichtkunst zur Großstadt, durch die Jahrhunderte. Dabei hatte er die Wissenschaft eigentlich hinter sich gelassen, und es hatte ja durchaus auch Zeiten gegeben, da seine Doktorarbeit ihn zur Verzweiflung getrieben hatte. Doch jetzt erwachte eine gewisse Nostalgie in ihm, und er sehnte sich nach der stillen Integrität und den präzisen Regeln wissenschaftlichen Arbeitens zurück und vor allem nach Spensers hinreißenden Versen. Er kannte sie so gut, die Wärme hinter ihrer strengen Form – das war eine Welt, in der er leben konnte. Die Idee für den Artikel war originell und kühn, geradezu aufregend, ein Brückenschlag zwischen unterschiedlichen Disziplinen. Geologie, Städtebau, Archäologie. Bei einer Fachzeitschrift kannte er einen Herausgeber, der jederzeit gern etwas von ihm bringen würde. Vor zwei Tagen hatte Tom auf einmal überlegt, ob er sich für eine offene Dozentenstelle an der Universität Bristol bewerben sollte. Sein Master in Internationalen Beziehungen war ein Ablenkungsmanöver gewesen. Die Schriftstellerei vielleicht auch? Er sah seine Zukunft in Lehre und Forschung. Das Gespräch mit Maschler vorhin am Bedford Square war ein einziger Krampf gewesen, er war sich wie ein Betrüger vorgekommen. Es war durchaus möglich, dass er nie mehr einen Roman schreiben würde, nicht einmal mehr eine Kurzgeschichte. Wie konnte er das Maschler gegenüber zugeben, dem angesehensten Belletristikverleger der Stadt?

Oder mir gegenüber. Ich zog meine Hand zurück. Es war zwar mein erster freier Montag seit Monaten, aber in Sachen Honig war ich immer im Dienst. Ich sagte Tom, es sei eine wohlbekannte Tatsache, dass Schriftsteller sich nach der Vollendung eines Werks oft ausgebrannt fühlen. Fachmännisch erklärte ich ihm, man könne durchaus Romane schreiben und nebenher gelegentlich einen wissenschaftlichen Aufsatz, das schließe sich nicht aus. Ich suchte nach irgendeinem berühmten Schriftstellernamen als Beispiel, aber mir fiel keiner ein. Die zweite Flasche kam, und ich setzte zu einer Lobrede auf Toms Werk an. Es sei der ungewöhnliche psychologische Blickwinkel, die merkwürdige Intimität seiner Geschichten in Verbindung mit seinen weltläufigen Artikeln über den Aufstand in Ostdeutschland oder den Großen Postzugraub, es sei diese enorme

Bandbreite, die ihn auszeichne, und genau deshalb sei die Stiftung so stolz auf ihn, genau deshalb kursiere der Name T. H. Haley in literarischen Kreisen als Geheimtipp und wollten zwei ihrer wichtigsten Exponenten, Hamilton und Maschler, ihn als Autor für sich gewinnen.

Tom lauschte meiner Rede mit jenem knappen, nachsichtig skeptischen Lächeln, das mich manchmal auf die Palme brachte.

»Du hast mir doch erzählt, du könntest nicht gleichzeitig schreiben und lehren. Wärst du mit dem Gehalt eines Assistenzprofessors zufrieden? Achthundert Pfund im Jahr? Vorausgesetzt, du bekommst überhaupt eine Stelle.«

»Als ob ich daran nicht selbst gedacht hätte.«

»Neulich hast du gesagt, du möchtest für *Index on Censorship* einen Artikel über den rumänischen Staatssicherheitsdienst schreiben. Wie heißt der doch gleich?«

»Securitate. Aber eigentlich geht es um Gedichte.«

»Ich dachte, es geht um Folter.«

»Nebenbei auch.«

»Du hast gesagt, vielleicht wird daraus eine Erzählung.«

Seine Augen leuchteten auf. »Vielleicht. Nächste Woche treffe ich mich wieder mit meinem Dichterfreund Traian. Ohne seine Zustimmung kann ich nichts machen.«

Ich sagte: »Es gibt keinen Grund, warum du den Spenser-Aufsatz nicht auch schreiben solltest. Du bist vollkommen frei, genau darum geht es der Stiftung doch. Du kannst tun, was immer du willst.«

Danach verlor er offenbar das Interesse und wollte das Thema wechseln. Also redeten wir über die Themen, über die alle redeten – die energiesparende Dreitagewoche, die laut Regierungsbeschluss von Silvester an gelten sollte, die Verdoppelung des Ölpreises am Vortag, die Bombenanschläge in Kneipen und Geschäften überall in der Stadt, »Weihnachtsgeschenke« der Provisorischen IRA. Wir wunderten uns darüber, dass viele Leute mit einer merkwürdigen Freude Energie sparten, bei Kerzenlicht aßen zum Beispiel, als ob die Not dem Leben wieder einen Sinn gäbe. Zumindest uns schien das, nachdem wir die zweite Flasche geleert hatten, durchaus wahr.

Es war kurz vor vier, als wir uns vor der U-Bahn-Station Leicester Square voneinander verabschiedeten. Wir umarmten und küssten uns, umschmeichelt von einer warmen Brise, die aus dem U-Bahn-Schacht zu uns hochwehte. Dann machte Tom sich, um den Kopf freizubekommen, zu Fuß zur Victoria Station auf, während ich nach Camden fuhr, um meine paar Kleider und kümmerlichen Weihnachtsgeschenke einzupacken, im trüben Bewusstsein, dass ich meinen Zug unmöglich erwischen und daher zu spät zum Heiligabend-Essen eintreffen würde, das meine Mutter immer Tage selbstloser Vorbereitung kostete. Sie würde nicht erfreut sein.

Ich nahm den Sechs-Uhr-dreißig-Zug, kam kurz vor neun am Bahnhof an und machte mich zu Fuß auf den Weg, über den Fluss und dann bei hellem Halbmond den beinah ländlichen Uferpfad entlang, an dunklen vertäuten Booten vorbei, und atmete die reine, eiskalte Luft, die von Sibirien her über East Anglia wehte. Ihr Geruch erinnerte mich an meine Jugend, an Langeweile und Sehnsucht, an unsere kleinen Rebellionen, die von dem Verlangen, sich bei bestimmten Lehrern mit glänzenden Aufsätzen beliebt zu machen, gebremst oder durchkreuzt worden waren. Ach, die edle Enttäuschung einer Eins minus, scharf und eisig wie ein Nordwind! Der Pfad führte an den Rugbyplätzen der Jungenschule vorbei, und schon kam in der Ferne der Kirchturm in Sicht, der Kirchturm meines Vaters, mit sahnehellem Licht beleuchtet. Ich bog vom Uferpfad ab, ging über das Spielfeld und an den Umkleideräumen vorbei, deren herber Geruch für mich damals alles verkörpert hatte, was mich an Jungen faszinierte, und gelangte durch ein altes Eichentor, das früher niemals abgeschlossen war, auf das Gelände der Kathedrale. Es gefiel mir, dass es auch heute nicht verschlossen war und noch immer in den Angeln quietschte. Dieser Gang durch eine längst vergangene Zeit berührte mich mehr, als ich erwartet hatte. Vier, fünf Jahre – das war doch gar nichts. Aber niemand über dreißig verstand mehr diese so bedeutungsschwere und dichte Zeit zwischen den letzten Teenagerjahren und den frühen Zwanzigern, eine Lebensphase, die einen Namen brauchte, vom Schulabschluss bis zum Eintritt ins Arbeitsleben, mit Studium und Liebesaffären und Tod und wichtigen Entscheidungen zwischendrin. Ich hatte vergessen, dass meine Kindheit gerade erst hinter mir lag und mir einst doch so lang und unentrinnbar vorgekommen war. Wie erwachsen und wie unverändert ich doch war.

Ich weiß nicht, warum mein Herz heftiger schlug, als ich auf das Haus zuging. Kurz davor verlangsamte ich meinen Schritt. Ich hatte vergessen, wie ungeheuer groß das Haus war, und wunderte mich jetzt, dass ich diesen blassroten Queen-Anne-Palast jemals als normales Zuhause betrachtet hatte. Ich bewegte mich zwischen den kahlen Konturen zurückgeschnittener Rosensträucher und Buchsbaumeinfassungen, die in von massiven Yorkstone-Platten eingefassten Beeten standen. Ich zog an der Glocke, und zu meiner Verwunderung schwang die Tür fast im selben Augenblick auf, und dahinter erschien, mit einer grauen Jacke über seinem Purpurhemd und Priesterkragen, der Bischof. Er würde nachher noch die Mitternachtsmesse lesen. Offenbar war er gerade durch die Vorhalle gegangen, als ich läutete, denn die Tür aufzumachen war etwas, das ihm sonst niemals in den Sinn gekommen wäre. Er war ein stattlicher Mann mit vage freundlichem Gesicht und einer jungenhaften, aber komplett weißen Stirnlocke, die er ständig zur Seite schob. Manch einer fühlte sich bei seinem Anblick an einen gutmütigen Kater erinnert. Während er in Würde seine Fünfziger durchschritt, war sein Bauch immer dicker geworden, was gut zu seinem bedächtigen, selbstversunkenen Habitus passte. Meine Schwester und ich hatten uns hinter seinem Rücken oft über ihn lustig gemacht, manchmal sogar recht hämisch, aber nicht, weil wir ihn nicht mochten – ganz im Gegenteil –, sondern weil wir nie, oder nie lange, seine Aufmerksamkeit auf uns ziehen konnten. Unser Leben war für ihn weit entfernt und voller läppischer Dinge. Dass Lucy und ich als Teenager um ihn kämpften, bekam er nicht mit. Wir sehnten uns jede für sich danach, ihn ganz für uns zu haben, und sei es auch nur für zehn Minuten in seinem Arbeitszimmer, und argwöhnten beide, dass die andere ihm lieber sei. Meine Schwester mit ihrem Chaos aus Drogen, ungewollter Schwangerschaft und Gesetzeskonflikten war in den Genuss vieler solcher privilegierter Minuten gelangt. Wenn ich am Telefon davon hörte, empfand ich trotz aller

Sorge um Lucy einen Stich der alten Eifersucht. Wann kam ich mal an die Reihe?

Jetzt.

»Serena!« Er sprach meinen Namen in freundlich abfallendem Singsang und mit einem winzigen Hauch gespielter Überraschung aus, ehe er mich in die Arme schloss. Ich ließ meine Tasche zu Boden fallen und schmiegte mich in die Umarmung, und als ich mein Gesicht an sein Hemd drückte und den vertrauten Duft von Imperial-Leather-Seife und Kirchenkerzen – Lavendelwachs – einsog, brach ich in Tränen aus. Ich weiß auch nicht warum, es überkam mich einfach, und ich heulte los. Ich bin sonst nicht so nah am Wasser gebaut und war genauso überrascht wie er. Aber ich kam nicht dagegen an. Es war ein hemmungs- und hoffnungsloses Schluchzen, wie man es sonst von müden Kindern kennt. Ich glaube, es war seine Stimme, der Tonfall, mit dem er meinen Namen aussprach, der mir die Tränen in die Augen trieb.

Ich spürte, wie mein Vater erstarrte, obwohl er mich weiter in den Armen hielt. Er murmelte: »Soll ich deine Mutter holen?«

Ich glaubte zu wissen, was er dachte – jetzt hatte es seine ältere Tochter erwischt, Schwangerschaft oder irgendeine andere moderne Katastrophe, und was für weibliche Kalamitäten auch immer jetzt sein frischgebügeltes Purpurhemd benetzten, sie wären in den Händen einer Frau wohl besser aufgehoben. Er musste die Angelegenheit delegieren und endlich in sein Arbeitszimmer gehen, um vor dem Abendessen seine Weihnachtspredigt durchzusehen.

Aber er sollte mich nicht loslassen. Ich klammerte mich

an ihn. Wäre mir doch nur ein von mir begangenes Verbrechen eingefallen, ich hätte ihn angefleht, die Zaubermächte der Kathedrale heraufzubeschwören, auf dass mir verziehen würde.

Ich sagte: »Nein, nein. Ist schon gut, Daddy. Ich bin nur so, so froh, wieder hier zu sein, wieder ... zu Hause.«

Er entspannte sich. Aber es stimmte nicht. Mir war nicht froh zumute. Was genau es war, konnte ich nicht sagen. Es hatte mit meinem Weg vom Bahnhof nach Hause zu tun, und mit dem Zurücklassen meines Londoner Lebens. Erleichterung vielleicht, aber mit einem bitteren Beigeschmack, so etwas wie Gewissensbisse oder gar Verzweiflung. Später redete ich mir ein, der Alkohol zum Mittagessen hätte mich rührselig gemacht.

Dieser Augenblick auf der Schwelle kann nicht länger als dreißig Sekunden gedauert haben. Ich riss mich zusammen, hob meine Tasche auf, trat ein und entschuldigte mich beim Bischof, der mich immer noch argwöhnisch ansah. Dann gab er mir einen Klaps auf die Schulter und setzte seinen Weg durch die Halle zu seinem Arbeitszimmer fort, und ich ging ins Bad – das locker so groß war wie mein Zimmer in Camden –, um meine rotgeschwollenen Augen mit kaltem Wasser zu kühlen. Ich hatte keine Lust, von meiner Mutter ausgefragt zu werden. Auf dem Weg zu ihr in die Küche begegnete mir alles wieder, was mich früher erstickt hatte und mir jetzt tröstlich erschien – der Bratengeruch, die flauschige Wärme des Teppichs, das Schimmern von Eiche, Mahagoni, Silber und Glas, die von meiner Mutter geschmackvoll schlicht arrangierten Vasen mit kahlen Hasel- und Hartriegelzweigen, dezent mit Silberfarbe besprüht, um ein wenig Rauhreif anzudeuten. Als Lucy fünfzehn und wie ich darauf aus gewesen war, kultiviert und erwachsen zu wirken, war sie einmal an einem Heiligabend nach Hause gekommen, hatte auf die Zweige gezeigt und gerufen: »Durch und durch protestantisch!«

Dafür erntete sie den mürrischsten Blick, den ich jemals vom Bischof gesehen habe. Er ließ sich selten zu einem Tadel herbei, aber diesmal bemerkte er kühl: »Das nimmst du zurück, junge Dame, oder du gehst auf dein Zimmer.«

Als ich Lucy reumütig etwas sagen hörte wie »Mummy, die Dekoration ist wirklich sehr hübsch«, musste ich mir den Bauch halten vor Lachen und befand, dass *ich* vielleicht besser den Raum verließ. »Durch und durch protestantisch« wurde für uns beide zum rebellischen Schlagwort, das wir aber nur außer Hörweite des Bischofs zu flüstern pflegten.

Beim Essen waren wir zu fünft. Lucy hatte ihren langhaarigen irischen Freund mitgebracht, Luke, gut eins neunzig groß, Gärtner in den städtischen Grünanlagen und aktives Mitglied der vor kurzem gegründeten ›Troops Out‹-Bewegung, deren Ziel der Abzug der britischen Soldaten aus Nordirland war. Sobald ich das hörte, beschloss ich, mich auf keinerlei Diskussionen einzulassen. Das gelang mir mühelos, denn trotz seiner affektierten amerikanischen Sprechweise erwies Luke sich als sympathischer und humorvoller Zeitgenosse, und nach dem Essen fanden wir sogar ein Thema, bei dem wir gleicher Meinung waren und auf das wir uns mit einer Art empörter Begeisterung stürzten: die Greueltaten der Loyalisten, von denen ich fast genauso viele aufzählen konnte wie er. Während der Mahlzeit beugte sich der Bischof, der sich für Politik wenig interessierte, einmal weit vor und erkundigte sich mit sanfter Stimme, ob Luke denn nicht mit einem Massaker an der katholischen Minderheit rechne, falls seine Protestbewegung ihr Ziel erreiche und die britische Armee sich zurückziehe. Luke erwiderte, seiner Meinung nach habe die britische Armee nie sonderlich viel für die Katholiken im Norden getan, die würden schon für sich selbst sorgen können.

»Aha«, gab mein Vater zurück, ganz als würde ihn das beruhigen, »dann also ein Blutbad auf beiden Seiten.«

Luke reagierte verwirrt. Er wusste nicht, ob er auf den Arm genommen wurde. Aber das war keineswegs der Fall. Der Bischof wollte nur höflich sein und brachte das Gespräch jetzt auf ein anderes Thema. Auf politische oder auch theologische Debatten ließ er sich grundsätzlich nicht ein, weil ihm die Meinungen anderer Leute in Wahrheit gleichgültig waren und er keinen Drang verspürte, sich mit ihnen auseinanderzusetzen oder ihnen gar zu widersprechen.

Wie sich herausstellte, war es meiner Mutter durchaus recht gewesen, den Braten erst um 22 Uhr zu servieren, Hauptsache, ich war dabei. Sie war nach wie vor stolz auf meine Arbeit und die finanzielle Unabhängigkeit, die sie mir immer gewünscht hatte. Um ihre Fragen nach meinem angeblichen Ministerium beantworten zu können, hatte ich vorab wieder einmal ein wenig Recherche betrieben. Vor einiger Zeit war ich dahintergekommen, dass fast alle meine Kolleginnen ihren Eltern erzählt hatten, für wen sie arbeiteten – unter der Bedingung, dass sie nicht nach weiteren Einzelheiten fragten. Ich hingegen hatte eine komplizierte und gutrecherchierte Legende erfunden und allzu viele unnötige Märchen aufgetischt. Jetzt konnte ich nicht mehr zurück. Hätte meine Mutter die Wahrheit erfahren, hätte sie Lucy davon erzählt, und die hätte womöglich nie wieder ein Wort mit mir gesprochen. Ich wollte auch nicht, dass Luke erfuhr, was ich wirklich machte. Also langweilte ich mich selbst mit umständlichen Ausführungen zu den Plänen des Ministeriums für eine Reform des Sozialversicherungssystems und konnte nur hoffen, dass meine Mutter das genauso einschläfernd fand wie der Bischof und Lucy und möglichst bald aufhören würde, mich mit gescheiten Fragen zu löchern.

Zu den Segnungen unseres Familienlebens und vielleicht der anglikanischen Kirche im Allgemeinen gehörte es, dass man nicht von uns erwartete, den Gottesdiensten unseres Vaters beizuwohnen. Ihm war es völlig egal, ob wir da waren oder nicht. Ich war seit meinem siebzehnten Lebensjahr nicht mehr mitgegangen. Lucy wohl schon seit ihrem zwölften. Für den Bischof war jetzt Hauptsaison, und so stand er kurz vor dem Nachtisch abrupt auf, wünschte uns allen frohe Weihnachten und entschuldigte sich. Meine Tränen hatten, soweit ich das sehen konnte, auf seinem Kirchenhemd keine Spuren hinterlassen. Fünf Minuten später hörten wir das vertraute Rascheln seiner Soutane, als er auf dem Weg zur Haustür am Esszimmer vorbeieilte. Ich war damit aufgewachsen, seine beruflichen Verpflichtungen waren für mich Normalität, aber jetzt, nach längerer Abwesenheit aus meinem Londoner Leben wieder heimgekehrt, kam es mir höchst sonderbar vor, einen Vater zu haben, der sich täglich mit dem Übernatürlichen befasste und spätabends, Hausschlüssel in der Tasche, zur Arbeit in einen schönen steinernen Tempel ging und dort in unser aller Namen einen Gott mit Dank oder Lobpreis oder demütigen Bitten überhäufte.

Meine Mutter ging nach oben in das kleine, auch als Packzimmer bekannte Gästezimmer, um die letzten Geschenke einzuwickeln, während Lucy, Luke und ich den Tisch abräumten und Geschirr spülten. Lucy stellte das Küchenradio an, es lief die John-Peel-Show mit progressivem Rock, wie ich ihn seit Cambridge nicht mehr gehört hatte. Die Musik sagte mir nichts mehr. Was einst das Zusammengehörigkeitsgefühl einer befreiten Jugend symbolisiert, eine neue Welt verheißen hatte, war jetzt zu bloßen Songs verkommen, in denen es zumeist um Liebeskummer und manchmal um Fernweh ging. Auch diese Musiker waren ehrgeizig und versessen darauf, sich einen Namen zu machen, und die Konkurrenz war groß. Aus Peels gutunterrichteten Kommentaren zwischen den Songs war das herauszuhören. Nicht einmal die eine oder andere Pub-Rock-Nummer zwischendurch riss mich mit. Offenbar werde ich alt, dachte ich, während ich die Backformen meiner Mutter schrubbte. Beim nächsten Geburtstag schon dreiundzwanzig. Dann fragte meine Schwester, ob ich mit ihr und Luke ein bisschen im Kathedralenviertel spazieren gehen wolle. Sie wollten rauchen, und im Haus duldete der Bischof das nicht, zumindest nicht von Familienmitgliedern – eine Haltung, die damals ungewöhnlich war, und repressiv, wie wir fanden.

Der Mond stand jetzt höher und ließ den Rauhreif auf dem Gras silbern schimmern, dezenter noch als die von unserer Mutter besprühten Zweige. Die von innen beleuchtete Kathedrale sah einsam und fehl am Platz aus, wie ein gestrandeter Ozeandampfer. Von weitem hörten wir eine behäbige Orgel die Anfangstakte von *Hark! The herald angels sing!* spielen und dann die Gemeinde tapfer den Gesang anstimmen. Das klang, als sei die Messe gut besucht, und ich freute mich für meinen Vater. Aber Erwachsene, die einträchtig und ohne jede Ironie von *Engeln* sangen... Plötzlich schwindelte mir, als hätte ich jäh in einen gähnenden Abgrund geblickt. Ich glaubte an so gut wie nichts – weder an Weihnachtslieder noch an Rockmusik. Wir schlenderten zu dritt nebeneinander den schmalen Weg entlang, der an den anderen eleganten Häusern auf dem Gelände vorbeiführte. Da gab es Anwaltskanzleien und ein oder zwei Praxen von Kieferchirurgen. Das Kathedralenviertel war ein weltlicher Ort, und die Kirche verlangte hohe Mieten.

Wie sich zeigte, wollten meine Begleiter nicht bloß Tabak rauchen. Luke zog aus seinem Mantel einen Joint von der Größe eines Knallbonbons hervor und zündete ihn im Gehen an. Sodann zelebrierte er ein umständliches Ritual, klemmte das Ding zwischen zwei Fingerknöchel, schloss die Hände zusammen, setzte die Lippen an die Lücke zwischen den Daumen, saugte mit lautem Zischen Luft und Rauch ein und sprach ohne auszuatmen weiter, wobei er sich wie die Puppe eines Bauchredners anhörte – albernes Getue, das ich längst vergessen hatte. Wie provinziell mir das vorkam. Die Sechziger waren doch vorbei! Aber als Luke mir sein Knallbonbon hinhielt – geradezu drohend, wie ich fand –, nahm ich ein paar höfliche Züge, um nicht als Lucys verklemmte große Schwester dazustehen. Aber genau das war ich. Für mein Unbehagen gab es zwei Gründe. Erstens wirkte mein Schwächemoment vor der Haustür noch nach. Vielleicht doch eher die Folge von beruflicher Überlastung als von zu viel Champagner? Ich wusste, mein Vater würde nicht mehr darauf zu sprechen kommen oder mich fragen, was mit mir los sei. Das hätte ich ihm übelnehmen sollen, tatsächlich aber war ich erleichtert. Ich hätte sowieso nicht gewusst, was ich ihm antworten sollte. Und zweitens hatte ich einen Mantel an, den ich lange nicht mehr getragen hatte, und als wir zu unserem Rundgang aufbrachen, ertastete ich in der Tasche ein Stück Papier. Ich fuhr mit den Fingern daran entlang und wusste genau, was es war. Der längst vergessene Zettel, den ich in dem sicheren Haus gefunden hatte. Und der erinnerte mich an vieles andere, das chaotisch und unaufgeräumt war, lauter verstreuter seelischer Unrat – Tonys Schmach, Shirleys Verschwinden, die Möglichkeit, dass man mich nur wegen Tonys Doppelspiel genommen hatte, die Aufpasser in meinem Zimmer und, das Schlimmste von allem, der Streit mit Max. Seit seinem Besuch bei mir zu Hause waren wir uns aus dem Weg gegangen. Ich hatte ihm meinen Honig-Bericht noch nicht abgeliefert. Wenn ich an Max dachte, bekam ich Schuldgefühle, die jedes Mal sogleich von Entrüstung verdrängt wurden. Er hatte mich wegen seiner Verlobten abserviert und dann, zu spät allerdings, seine Verlobte meinetwegen. Er war sich selbst der Nächste. Was hatte ich denn falsch gemacht? Aber sooft meine Gedanken zu ihm zurückkehrten, kehrten auch die Schuldgefühle zurück, und wieder musste ich mich vor mir selbst herausreden.

Das alles hing an diesem Stückchen Papier wie der Schwanz eines unförmigen Kinderdrachens. Wir gingen um die Westseite der Kathedrale herum und standen im tiefen Schatten der hohen steinernen Pforte, die hinaus in den Ort führte; meine Schwester und ihr Freund ließen den Joint zwischen sich hin und her gehen. Ich horchte über Lukes transatlantisches Geleier hinweg nach der Stimme meines Vaters, doch aus der Kathedrale drang nur Schweigen. Wahrscheinlich wurde gerade gebetet. In der anderen Waagschale meines Schicksals lag, abgesehen von meiner Beförderung, Tom. Ich wollte Lucy von ihm erzählen, ich sehnte mich nach einem Schwatz unter Schwestern. Gelegentlich kamen wir dazu, jetzt aber stand Lukes Riesengestalt zwischen uns, und wie viele Männer, die Cannabis rauchen, erlag er dem unverzeihlichen Drang, in einem fort davon zu reden – irgendwelches berühmtes Gras aus einem bestimmten Dorf in Thailand, der schreckliche Abend, als er nur knapp einer Verhaftung entgangen war, die Aussicht über einen gewissen heiligen See bei Sonnenuntergang nach einem Joint, ein komisches Missverständnis an einer Bushaltestelle und andere einschläfernde Anekdoten. Was stimmte nicht mit unserer Generation? Unsere Eltern hatten den Krieg, mit dem sie uns langweilen konnten. Und wir hatten das.

Nach einer Weile verstummten wir Mädchen vollends, während Luke sich in seiner Euphorie immer tiefer in den Irrtum hineinsteigerte, er sei interessant und wir würden ihm gebannt lauschen. Und fast im selben Augenblick traf mich die gegenteilige Erkenntnis. Glasklar. Natürlich. Lucy und Luke warteten nur darauf, dass ich ging, sie wollten allein sein. Jedenfalls hätte ich das gewollt, wenn Tom und ich in der Situation gewesen wären. Luke gab vorsätzlich und systematisch den Langweiler, um mich loszuwerden. Wie unsensibel von mir, das erst jetzt zu bemerken. Der Ärmste trug in seinem Übereifer viel zu dick auf und verdarb damit die ganze Vorstellung. Derart langweilig war im wirklichen Leben niemand. Aber auf seine umständliche Art versuchte er nur, freundlich zu sein.

Also reckte und streckte ich mich, gähnte herzhaft in die Finsternis hinein, unterbrach ihn kurzerhand mit der Bemerkung: »Du hast völlig recht, ich sollte langsam gehen«, und ließ die beiden stehen. Binnen Sekunden fühlte ich mich besser und ohne weiteres in der Lage, Lucys Rufe zu ignorieren. Befreit von Lukes Anekdoten, ging ich eilig den Weg zurück, den wir gekommen waren, und spürte, als ich die Abkürzung über den Rasen nahm, das angenehme Knirschen des Rauhreifs unter meinen Füßen. Im Kreuzgang, wo das Licht des Halbmonds nicht hindrang, fand ich dann im Dunkeln einen Vorsprung, auf den ich mich setzen konnte, und schlug den Kragen meines Mantels hoch.

Ich hörte von drinnen eine einzelne Stimme, leisen Gesang, konnte aber nicht erkennen, ob es der Bischof war. Bei Anlässen wie diesem stand ihm eine große Mannschaft zur Seite. In schwierigen Situationen tut es gut, sich die Frage zu stellen, was man eigentlich am dringlichsten will, und dann zu überlegen, wie man es erreichen kann. Wenn das nicht geht, nimmt man das Zweitbeste. Ich wollte mit Tom zusammen sein, im Bett mit ihm, an einem Tisch ihm gegenüber, auf der Straße seine Hand halten. Und wenn das nicht ging, wollte ich wenigstens an ihn denken. Und das tat ich dann, an diesem Heiligabend, eine halbe Stunde lang, ich lobpreiste ihn, ich dachte an unsere Wochenenden, an seinen kräftigen und gleichzeitig knabenhaften Körper, an das Wachsen unserer Liebe, an seine Arbeit und wie ich ihm helfen könnte. Das Geheimnis, das ich ihm verschwieg, versuchte ich zu verdrängen. Stattdessen dachte ich an die Freiheit, die ich ihm gebracht hatte, und daran, dass ich ihm bei *Vermutlich Ehebruch* geholfen hatte und ihm noch bei viel mehr helfen würde. So großartig alles. Ich nahm mir vor, ihm diese Gedanken in einem Brief mitzuteilen, in einem lyrischen, leidenschaftlichen Brief. Ich würde ihm erzählen, wie ich vor der Tür meines Elternhauses zusammengebrochen und weinend an die Brust meines Vaters gesunken war.

Es war keine gute Idee gewesen, bei Frost reglos auf einem Stein sitzen zu bleiben. Ich begann zu zittern. Dann hörte ich wieder von irgendwo auf dem Gelände meine Schwester nach mir rufen. Sie klang besorgt, und allmählich kam ich zur Besinnung und erkannte, wie unfreundlich ihr mein Verhalten erschienen sein musste. Die paar Züge an dem Knallbonbon waren schuld. Jetzt kam es mir völlig absurd vor, dass Luke mit Absicht langweiliges Zeug gefaselt haben könnte, um ein paar Augenblicke mit Lucy allein zu sein. Fehlurteile ließen sich schwer durchschauen, wenn die Instanz, die sie durchschauen sollte, der Kopf, benebelt war. Jetzt dachte ich klar. Ich trat auf das mondhelle Gras hinaus, sah meine Schwester und ihren Freund hundert Meter vor mir auf dem Pfad und eilte ihnen entgegen, um mich zu entschuldigen.

18

Im Leconfield House waren die Thermostate auf 15 Grad heruntergestellt, ein Grad tiefer als in anderen Regierungsabteilungen: Man wollte mit gutem Beispiel vorangehen. Wir arbeiteten in Mantel und Handschuhen, und einige der wohlhabenderen Mädchen hatten aus dem Skiurlaub gestrickte Wollmützen mit Bommeln mitgebracht. Man gab uns Filzmatten, die wir auf den Boden unter unsere Füße legen sollten, um sie vor der Kälte zu schützen. Das beste Mittel, die Hände warm zu halten, war pausenloses Tippen. Die Lokführer machten zur Unterstützung der Bergarbeiter Dienst nach Vorschrift, und man rechnete damit, dass den Kraftwerken bis Ende Januar die Kohle ausgehen würde, so wie dem Land das Geld ausging. Idi Amin ließ in Uganda Spenden sammeln und bot den gebeutelten ehemaligen Kolonialherren eine Lastwagenladung Gemüse an, allerdings unter der Bedingung, dass die Royal Air Force persönlich anrückte und sie abholte.

Als ich von meinen Eltern nach Camden zurückkam, erwartete mich ein Brief von Tom. Er wollte sich das Auto seines Vaters ausborgen und Laura nach Bristol zurückbringen. Das würde nicht einfach werden. Sie hatte der Familie erklärt, sie wolle ihre Kinder mitnehmen. Beim Weihnachtstruthahn hatte es lauten Streit gegeben. Aber das

Wohnheim nahm nur Erwachsene auf, und Laura war, wie üblich, ohnehin nicht in der Verfassung, sich um ihre Kinder zu kümmern.

Danach wollte er nach London kommen und mit mir zusammen das neue Jahr begrüßen. Aber am 30. kam ein Telegramm aus Bristol. Er könne Laura noch nicht allein lassen. Er werde ein bisschen bei ihr bleiben und ihr helfen, sich wieder einzuleben. Also begrüßte ich 1974 mit meinen drei Mitbewohnerinnen auf einer Party in Mornington Crescent. Ich war die einzige Nichtjuristin in der brechend vollen, ziemlich verwahrlosten Wohnung. Ich stand gerade an einer Art Tapeziertisch und schenkte mir lauwarmen Weißwein in einen gebrauchten Pappbecher ein, als jemand mich doch tatsächlich in den Hintern kniff, und zwar kräftig. Ich fuhr wütend herum, beschimpfte aber vermutlich den Falschen. Ich machte mich früh aus dem Staub, um eins war ich bereits im Bett, lag in der eisigen Dunkelheit auf dem Rücken und suhlte mich in Selbstmitleid. Bevor ich einschlief, dachte ich an Toms Bemerkung vor einiger Zeit, wie großartig die Betreuer in Lauras Wohnheim seien. Da war es schon seltsam, dass er noch zwei ganze Tage in Bristol bleiben musste. Aber das hatte wohl nichts zu bedeuten, und ich schlief so fest, dass ich kaum mitbekam, wie meine Juristenfreundinnen um vier betrunken ins Haus stolperten.

Das neue Jahr begann, und mit ihm die Dreitagewoche, wir aber arbeiteten weiter an allen fünf Tagen, denn unser Dienst war offiziell als unabdingbar eingestuft worden. Am 2. Januar wurde ich zu einer Besprechung in Harry Tapps Büro in der zweiten Etage bestellt. Ohne Vorwarnung, ohne Hinweis auf das Thema. Um zehn ging ich hin, an der Tür stand Benjamin Trescott und hakte Namen auf einer Liste ab. Zu meiner Überraschung drängten sich über zwanzig Personen in dem Raum, darunter zwei, die mit mir angefangen hatten. Alle waren wir im Rang zu weit unten, als dass wir uns anmaßen durften, auf einem der Plastikstühle Platz zu nehmen, die in gedrängter Hufeisenform um Tapps Schreibtisch herum aufgestellt waren. Peter Nutting kam herein, warf einen Blick in die Runde und verzog sich wieder. Harry Tapp stand von seinem Schreibtisch auf und folgte ihm nach draußen. Ich schloss daraus, dass es um Honig gehen sollte. Alle rauchten, flüsterten, warteten. Ich zwängte mich in eine vierzig Zentimeter breite Lücke zwischen einem Aktenschrank und dem Tresor. Im Gegensatz zu früher störte es mich nicht, dass ich niemanden zum Reden hatte. Ich lächelte zu Hilary und Belinda hinüber. Sie zuckten die Schultern und verdrehten die Augen, zum Zeichen, dass sie auch nicht wussten, was das ganze Tamtam sollte. Offenbar hatten sie ihre eigenen Honig-Autoren, Akademiker oder irgendwelche anderen Schreiberlinge, die dem Geld der Stiftung erlegen waren. Aber sicher keinen von T. H. Haleys Kaliber.

Zehn Minuten vergingen, die Plastikstühle füllten sich allmählich. Max kam herein und setzte sich auf einen in der Mitte. Ich stand hinter ihm, so dass er mich nicht gleich bemerkte. Er wandte den Kopf und sah sich suchend um, nach mir, wie ich annahm. Unsere Blicke trafen sich nur kurz, dann drehte er sich wieder nach vorn und zückte einen Kugelschreiber. Meine Sicht war nicht gut, aber mir schien, dass seine Hand zitterte. Ich glaubte zwei Herren aus der fünften Etage zu erkennen. Aber nicht den Generaldirektor – dafür war Honig viel zu unbedeutend. Dann kamen Tapp und Nutting wieder herein, gefolgt von einem kleinen muskulösen Mann mit Hornbrille, kurzgeschorenen grauen Haaren, gutgeschnittenem blauem Anzug und einer Seidenkrawatte mit etwas dunkleren blauen Pünktchen. Tapp nahm an seinem Schreibtisch Platz, während die beiden anderen im Stehen geduldig warteten, bis Ruhe eintrat.

Nutting sagte: »Pierre hier ist in London stationiert und hat sich freundlicherweise bereit erklärt, uns ein wenig von seiner Arbeit zu erzählen und wie sie für uns relevant sein könnte.«

Die Kürze dieser Einführung sowie Pierres Akzent ließen uns vermuten, er sei von der CIA. Franzose war er jedenfalls nicht. Er sprach mit heller Stimme und wohltuend unaufdringlich. Man gewann den Eindruck, dass er seine Ansichten, sollte eine davon widerlegt werden, umstandslos wieder mit den Tatsachen in Übereinstimmung bringen würde. Wie mir nach und nach aufging, steckte hinter seinem eulenhaften, fast schon kleinlauten Auftreten grenzenloses Selbstvertrauen. Es war meine erste Begegnung mit einem Amerikaner aus der Oberschicht, Spross einer alteingesessenen Familie aus Vermont, wie ich später erfuhr, und Verfasser eines Buchs über die Hegemonie der Spartaner und eines weiteren über Agesilaos den Zweiten und die Enthauptung von Tissaphernes in Persien.

Pierre wurde mir immer sympathischer. Als Erstes sagte er, er werde uns etwas »über den sanftesten, lieblichsten Aspekt des Kalten Krieges« erzählen, »den einzig wirklich interessanten Aspekt, nämlich den Krieg der Ideen«. Das wolle er mit drei Stimmungsbildern illustrieren. Stellen Sie sich New York in den Jahren vor dem Zweiten Weltkrieg vor, forderte er uns auf, und rezitierte die ersten Zeilen eines berühmten Auden-Gedichts, das Tony mir einmal vorgelesen hatte und das auch Tom liebte, wie ich wusste. Mit dieser Berühmtheit war es für mich nicht weit her, und es hatte mir bis zu diesem Zeitpunkt nicht viel bedeutet, aber jetzt, als ich die Verse eines Engländers aus dem Mund eines Amerikaners vernahm, berührte es mich tief. *Ich sitze in einer der Höhlen / In der zweiundfünfzigsten Straße, / Unsicher und ängstlich...* und dieses Ich war auch Pierre im Jahr 1940, neunzehn Jahre alt und zu Besuch bei einem Onkel in Manhattan: Angeödet von der Aussicht, demnächst aufs College zu gehen, betrank er sich in einer Bar. Nur dass er nicht ganz so unsicher war wie W. H. Auden. Er wünschte nichts mehr, als dass sein Land in den Krieg in Europa eintrat und ihn dabei mitmachen ließ. Er wollte Soldat werden.

Dann beschwor Pierre für uns das Jahr 1949 herauf: Kontinentaleuropa, Japan und China lagen in Trümmern oder waren geschwächt, Großbritannien nach einem langen heldenhaften Krieg ausgelaugt, Sowjetrussland zählte seine Toten nach Millionen – und Amerika, mit seiner vom Krieg gemästeten und angekurbelten Wirtschaft, wurde sich seiner ungeheuren neuen Verantwortung als oberster Hüter der menschlichen Freiheit auf diesem Planeten bewusst. Bei diesen Worten breitete er bedauernd oder um Nachsicht bittend die Hände aus. Vielleicht meinte er aber auch etwas anderes.

Sein drittes Stimmungsbild war ebenfalls von 1949. Hier finden wir Pierre wieder, die Feldzüge in Marokko und Tunesien, die Normandie, die Schlacht am Hürtgenwald und die Befreiung Dachaus liegen hinter ihm, inzwischen ist er außerordentlicher Professor für Altgriechisch an der Brown University; auf dem Weg ins Waldorf Astoria Hotel in der Park Avenue muss er an einer bunt zusammengewürfelten Schar von Demonstranten vorbei, amerikanische Patrioten, katholische Nonnen und rechte Spinner.

»Drinnen«, sagte Pierre theatralisch und hob eine Hand, »wurde ich Zeuge eines Wettstreits, der mein Leben verändern sollte.«

Es war eine Konferenz unter dem unauffälligen Motto Kultur- und Wissenschaftskonferenz zum Weltfrieden, nominell von einer amerikanischen Standesorganisation veranstaltet, tatsächlich aber eine Initiative des sowjetischen Kominform. Gekommen waren tausend Delegierte aus aller Welt, die sich von Schauprozessen, dem Nazi-Sowjet-Pakt, Unterdrückung, Säuberungen, Folter, Mord und Arbeitslagern noch nicht, oder jedenfalls nicht vollständig, in ihrem Glauben an das kommunistische Ideal hatten erschüttern lassen. Anwesend war auch, auf Weisung Stalins und gegen seinen Willen, der große russische Komponist Dimitri Schostakowitsch. Zu den Delegierten auf amerikanischer Seite zählten Arthur Miller, Leonard Bernstein und Clifford Odets. Diese und andere Berühmtheiten standen einer amerikanischen Regierung, die von ihren Bürgern verlangte, einen noch vor kurzem unschätzbaren Verbündeten als gefährlichen Feind zu behandeln, kritisch oder misstrauisch gegenüber. Viele hielten die marxistische Analyse trotz der chaotischen Entwicklung der Ereignisse immer noch für zutreffend. Zumal diese Ereignisse von der amerikanischen Presse, die in den Händen gieriger Konzerne war, grob verzerrt dargestellt wurden. Wenn die Politik der Sowjets etwas grobschlächtig oder aggressiv wirkte, wenn sie ihre inneren Kritiker ein wenig unter Druck setzte, so musste man das als Verteidigungsmaßnahme sehen, da der Westen der Sowjetunion von Anfang an feindselig gegenübergestanden und sie nach Kräften sabotiert hatte.

Kurz und gut, sagte Pierre, die ganze Veranstaltung war ein Propaganda-Coup des Kremls. Der Kreml hatte sich in der Kapitale des Kapitalismus eine Bühne geschaffen, auf der er als Stimme des Friedens und der Vernunft, wenn nicht gar der Freiheit, auftreten konnte, und er hatte Scharen prominenter Amerikaner auf seiner Seite.

»Aber!« Pierre hob einen Arm, wies mit starrem Zeigefinger nach oben und bannte uns alle sekundenlang mit seinem theatralischen Schweigen. Weit oben, fuhr er dann fort, in einer Luxussuite im zehnten Stock des Hotels, hatte sich eine subversive Freiwilligenarmee versammelt, eine von dem Philosophen Sidney Hook zusammengetrommelte Schar von Intellektuellen, zumeist nichtkommunistische Linke, demokratisch gesinnte Ex-Kommunisten oder Ex-Trotzkisten, die fest entschlossen waren, die Konferenz zu stören und auch nicht zuzulassen, dass die extreme Rechte das Monopol der Kritik an der Sowjetunion an sich riss. Über Schreibmaschinen, Vervielfältigungsapparate und eigens installierte Telefone gebeugt, hatten sie, gestärkt durch reichlich Snacks und Alkoholika vom Zimmerservice, die ganze Nacht hindurch gearbeitet. Ihr Plan war, die Konferenz unten zu sprengen, was sie durch unangenehme Zwischenfragen im Plenum, insbesondere zur Freiheit der

Kunst, und eine Flut von Presseerklärungen erreichen wollten. Auch sie konnten sich auf gewichtige, sogar noch beeindruckendere Unterstützer berufen. Mary McCarthy, Robert Lowell, Elizabeth Hardwick sowie aus der Ferne internationale Berühmtheiten wie T. S. Eliot, Igor Strawinsky, Bertrand Russell und viele andere.

Die Gegenveranstaltung wurde zum Erfolg, sie schaffte es, die Medien auf ihre Seite zu ziehen und die Schlagzeilen zu dominieren. Alle wichtigen Fragen wurden in die Konferenz hineingeschleust. Schostakowitsch wurde nach seiner Meinung zu einem Artikel in der *Prawda* gefragt, in dem Strawinsky, Hindemith und Schönberg als »dekadente bürgerliche Formalisten« verunglimpft wurden. Der große russische Komponist erhob sich langsam von seinem Sitz, murmelte seine Zustimmung zu dem Artikel und offenbarte damit seine klägliche Lage, eingeklemmt zwischen seinem Gewissen und der Angst vor dem Zorn seiner KGB-Aufpasser und vor dem, was Stalin mit ihm machen würde, wenn er nach Hause kam.

Zwischen den Sitzungen lernte Pierre, der in der Suite oben mit Schreibmaschine und Telefon in einem Winkel neben dem Bad hockte, die Kontaktleute kennen, die sein Leben verändern sollten, die ihn am Ende dazu brachten, seine Professur aufzugeben und sich ganz der CIA und dem Krieg der Ideen zu verschreiben. Denn selbstverständlich war es die CIA, die als Geldgeberin hinter der Gegenveranstaltung steckte und dabei gleichzeitig lernte, wie effektiv dieser Krieg sozusagen aus dem Hinterhalt von Schriftstellern, Künstlern und Intellektuellen geführt werden konnte – viele von ihnen Linke, deren politische Überzeugungen auf bittere Erfahrungen mit den Verführungskünsten und falschen Versprechungen des Kommunismus zurückgingen. Was sie brauchten, selbst wenn sie es nicht wussten, konnte die CIA ihnen zur Verfügung stellen: Organisation, Struktur und vor allem Geldmittel. Das sollte sich noch als wichtig erweisen, als man die Operationen auf London, Paris und Berlin ausweitete. »Es kam uns sehr entgegen, dass in den frühen Fünfzigern alle in Europa schlecht bei Kasse waren.«

So wurde Pierre, in seinen eigenen Worten, zu einer anderen Art von Soldat, der an manchem neuen Feldzug im befreiten, aber bedrohten Europa teilnahm. Eine Zeitlang arbeitete er mit Michael Josselson zusammen, und später war er mit Melvin Lasky befreundet, bis die beiden sich überwarfen. Pierre war beim Kongress für Kulturelle Freiheit dabei, schrieb auf Deutsch Artikel für die angesehene, von der CIA finanzierte Zeitschrift *Der Monat* und war hinter den Kulissen an der Gründung von *Encounter* beteiligt. Er lernte die heikle Kunst, das Ego intellektueller Primadonnen zu streicheln, organisierte Tourneen amerikanischer Ballettensembles und Orchester, Ausstellungen moderner Kunst und über ein Dutzend Konferenzen, die, wie er sich ausdrückte, »das gefährliche Terrain« besetzten, »auf dem sich Politik und Literatur begegnen«. Als 1967 die Zeitschrift *Ramparts* enthüllte, dass *Encounter* von der CIA finanziert wurde, habe ihn die Hitzigkeit und Naivität der Reaktionen darauf doch sehr überrascht, sagte er. Waren die Argumente gegen den Totalitarismus denn nicht rational und respektabel, konnten nicht auch Regierungen sie sich zu eigen machen? Hier in Großbritannien habe sich kein Mensch jemals daran gestört, dass das Außenministerium den BBC World Service finanziere, eine hochangesehene Institution. Und das sei auch *Encounter* nach wie vor, trotz allem Gezeter und Nasezuhalten und aller gespielten Überraschung. Apropos Außenministerium, da wolle er nicht vergessen, der Arbeit der Leute vom IRD Lob zu zollen. Besonders was sie zur Förderung von Orwells Werken getan hatten, bewundere er, und ihm gefalle die Diskretion, mit der sie Verlage wie Ampersand und Bellman Books finanzierten.

Welche Erkenntnisse hatte er nach fast dreiundzwanzig Jahren Arbeit auf diesem Gebiet gewonnen? Zweierlei. Der erste Punkt war der wichtigere. Der Kalte Krieg war nicht vorbei, egal was man in der Öffentlichkeit behauptete, und daher war es weiterhin lebenswichtig und ehrenwert, sich für die Freiheit der Kultur einzusetzen. Zwar waren nicht mehr allzu viele übrig, die offen für die Sowjetunion schwärmten, aber es gab immer noch ein ungeheures, eisiges intellektuelles Hinterland, wo man träge an der neutralistischen Position festhielt, die Sowjetunion sei auch nicht schlimmer als die USA. Dem müsse man entgegentreten. Zu seinem zweiten Punkt zitierte er eine Bemerkung eines alten CIA-Freundes, des späteren Rundfunksprechers Tom Braden, wonach die USA als einziges Land auf der Welt nicht begriffen, dass manche Dinge besser funktionieren, wenn sie klein sind.

Dies wurde von den Vertretern unseres unterfinanzierten Dienstes in dem überfüllten Raum mit beifälligem Gemurmel quittiert.

»Unsere eigenen Projekte sind zu groß geworden, zu zahlreich, zu vielfältig, ehrgeizig und verschwenderisch ausgestattet. Uns ist das Fingerspitzengefühl abhandengekommen, und unserem Anliegen dabei auch seine Frische. Wir sind überall, wir gehen zu wenig subtil vor, wir sorgen für Verstimmung. Ich weiß, Sie haben hier selbst etwas Neues angepackt. Ich wünsche Ihnen Glück dabei, aber mal im Ernst, immer schön kleine Brötchen backen!«

Pierre, falls er denn so hieß, stand nicht für Fragen zur Verfügung. Kaum war er fertig, bedankte er sich mit knappem Nicken für den Applaus und ließ sich von Peter Nutting zur Tür begleiten.

Während der Raum sich leerte, wobei die untergeordneten Ränge automatisch die Nachhut bildeten, wartete ich bang auf den Moment, da Max sich umdrehen, mir in die Augen sehen und herüberkommen würde, um mir zu sagen, dass wir reden müssten. Rein dienstlich, natürlich. Als ich dann aber in der zur Tür hinausdrängenden Menge seinen Rücken und seine großen Ohren sah, überkam mich eine Mischung aus Bestürzung und altbekannten Schuldgefühlen. Ich hatte ihn so sehr verletzt, dass er nicht mehr mit mir reden konnte. Was für eine schreckliche Vorstellung. Wie üblich versuchte ich mich hinter Empörung zu verschanzen. Ausgerechnet von ihm hatte ich mir vorwerfen lassen müssen, Frauen könnten Arbeit und Privatleben nicht auseinanderhalten. War es denn meine Schuld, dass er plötzlich mich wollte und nicht mehr seine Verlobte? Den ganzen Weg hinunter – ich nahm die Treppe, um nicht mit Kollegen im Aufzug reden zu müssen – rechtfertigte ich mich vor mir selbst und fuhr auch den ganzen Tag am Schreibtisch damit fort. Hatte ich vielleicht einen Aufstand gemacht und Max unter Tränen angefleht, als er sich von mir abgewandt hatte? Nein. Warum also durfte ich nicht mit Tom zusammen sein? Hatte ich mein Glück etwa nicht verdient?

Zwei Tage später saß ich nach fast zweiwöchiger Trennung voller Vorfreude im Freitagabendzug nach Brighton. Tom holte mich vom Bahnhof ab. Er sah mich schon bei der Einfahrt des Zuges, lief neben meinem Waggon her und rief etwas, das ich nicht verstand. Nichts in meinem Leben war jemals so beglückend gewesen wie die Sekunde, als ich aus dem Zug in seine Arme sank. Er umarmte mich so fest, dass mir fast die Luft wegblieb.

Er flüsterte mir ins Ohr: »Mir wird gerade erst klar, was für ein besonderer Mensch du bist.«

Ich flüsterte zurück, wie sehr ich diesen Augenblick herbeigesehnt habe. Als wir uns voneinander lösten, nahm er meine Tasche.

»Du siehst irgendwie anders aus«, sagte ich.

»Ich bin anders!« Er schrie beinahe und lachte wild. »Ich hab eine phantastische Idee.«

»Kannst du mir davon erzählen?«

»Was ganz Verrücktes, Serena.«

»Dann erzähl's mir.«

»Gehen wir nach Hause. Elf Tage. Viel zu lang!«

Also gingen wir in die Clifton Street, wo der Chablis in einem silbernen Eiskübel wartete, den Tom bei Asprey's gekauft hatte. Eiswürfel im Januar waren eine seltsame Idee. Im Kühlschrank wäre der Wein kälter geblieben, aber wen kümmerte das? Wir tranken ihn, während wir uns gegenseitig auszogen. Natürlich hatte uns die Trennung angeheizt, und der Chablis befeuerte uns wie immer, doch das war beides keine hinreichende Erklärung für die Stunde, die folgte. Wir waren wie zwei Fremde, die genau wussten, was sie zu tun hatten. Toms Zärtlichkeiten hatten etwas Sehnsuchtsvolles, was mich dahinschmelzen ließ. Es grenzte an Leid und weckte in mir mächtige Beschützerinstinkte, auf einmal ging mir, während wir auf dem Bett lagen und er meine Brüste liebkoste, der Gedanke durch den Kopf, ob ich ihm irgendwann vorschlagen sollte, die Pille abzusetzen. Aber ich wollte kein Kind, ich wollte ihn. Als ich sein festes, kompaktes Hinterteil packte und ihn zu mir heranzog, erschien er mir wie ein Kind, das mir gehören und das ich verhätscheln und niemals aus den Augen lassen würde. Ähnliche Gefühle hatte ich vor langer Zeit bei Jeremy in Cambridge gehabt, aber damals hatte ich mich getäuscht. Jetzt hingegen tat diese Empfindung, Tom ganz und gar zu besitzen, fast weh, als liefen alle guten Gefühle, die ich jemals gehabt hatte, in einer extrem scharfen Pfeilspitze zusammen.

Das war keine jener lauten, verschwitzten Nummern, die auf eine zeitweilige Trennung folgen. Ein zufälliger Voyeur hätte durch den Spalt zwischen den Schlafzimmervorhängen nur ein wenig experimentierfreudiges Paar in Missionarsstellung gesehen, das kaum einen Ton von sich gab. Unsere Ekstase hielt den Atem an. Aus Furcht, loszulassen, wagten wir uns kaum zu bewegen. Dieses eigenartige Gefühl, dass er jetzt ganz mir gehörte und, ob er wollte oder nicht, immer mir gehören würde, war schwerelos, leer, ich konnte es jederzeit von mir weisen. Ich fühlte mich furchtlos. Er küsste mich zärtlich und flüsterte immer wieder meinen Namen. Vielleicht war jetzt, wo er nicht wegkonnte, der Zeitpunkt, es ihm zu sagen. *Sag's ihm*, dachte ich. *Sag ihm, was du tust.*

Doch als wir aus unserem Traum erwachten, als die äußere Welt wieder auf uns einströmte und wir den Verkehr auf der Straße und einen Zug in den Bahnhof von Brighton einfahren hörten, als wir anfingen, Pläne für den Rest des Abends zu schmieden, erkannte ich, wie nahe ich der Selbstzerstörung gewesen war.

An diesem Abend gingen wir nicht ins Restaurant. Milde Luft war ins Land gezogen, zur Erleichterung der Regierung vermutlich und zum Ärger der Bergarbeiter. Tom war unruhig und wollte einen Spaziergang am Meer machen. Also gingen wir die West Street hinunter und die breite, menschenleere Promenade entlang Richtung Hove, einmal bogen wir ab, um in einen Pub einzukehren, ein andermal, um Fish and Chips zu kaufen. Selbst unten am Meer war es windstill. Die Straßenlaternen leuchteten zwecks Energieeinsparung nur schwach, schmierten aber trotzdem ein galliges Orange an die tiefhängenden Wolken. Was genau an Tom anders war, wusste ich nicht zu sagen. Liebevoll war er ja, er nahm meine Hand, wenn er mir etwas erklärte, oder legte mir den Arm um die Schulter und zog mich an sich. Wir gingen flott und sprachen schnell. Weihnachten bei ihm, bei mir. Er schilderte die Szene, den furchtbaren Abschied seiner Schwester von ihren Kindern und wie sie versucht hatte, ihr Töchterchen mit der Fußprothese ins Auto zu zerren; wie Laura dann auf der ganzen Fahrt nach Bristol geweint und schreckliche Dinge über die Familie gesagt hatte, besonders über die Eltern. Ich erzählte von dem Augenblick, als der Bischof mich in die Arme geschlossen und ich in Tränen ausgebrochen war. Tom ließ sich die Szene in allen Einzelheiten beschreiben. Er wollte mehr über meine Gefühle erfahren, was ich auf dem Weg vom Bahnhof nach Hause empfunden hatte. Fühlte ich mich wieder als Kind, erkannte ich plötzlich, wie sehr mir mein Zuhause fehlte? Wie lange hatte ich gebraucht, um mich davon zu erholen, und warum wollte ich später nicht mit meinem Vater darüber reden? Ich sagte, ich könne mir auch nicht erklären, warum ich plötzlich so weinen musste.

Wir blieben stehen, und Tom küsste mich und sagte, ich sei ein hoffnungsloser Fall. Als ich ihm von meinem nächtlichen Spaziergang um die Kathedrale mit Lucy und Luke erzählte, las er mir die Leviten. Ich solle ihm versprechen, nie wieder Cannabis zu rauchen. Diese puritanische Anwandlung überraschte mich, und so leicht es mir gefallen wäre, ein solches Versprechen zu halten, zuckte ich bloß mit den Schultern. Ich fand, er hatte kein Recht, so etwas von mir zu verlangen.

Ich fragte ihn nach seiner neuen Idee, aber er wich aus. Stattdessen berichtete er, was es vom Bedford Square Neues gab. Maschler sei von *Aus dem Tiefland von Somerset* begeistert und wolle es schon Ende März herausbringen, der schnellste Schnellschuss in der Geschichte des Verlagswesens und nur möglich, weil der Verleger über enormen Einfluss verfügte. Der Hintergedanke dabei war, rechtzeitig vor dem Stichtag für den Jane-Austen-Literaturpreis zu erscheinen. Der war mindestens so renommiert wie der vor wenigen Jahren eingeführte Booker-Preis, und die Chancen, auf die Shortlist zu kommen, waren denkbar gering, aber offenbar erzählte Maschler überall von seinem neuen Autor. Und dass das Buch eigens für die Jury schnellstmöglich zum Druck befördert werden sollte, war auch schon von einigen Zeitungen erwähnt worden. So brachte man ein Buch ins Gespräch. Ich fragte mich, was Pierre davon halten würde, dass der Geheimdienst den Autor einer antikapitalistischen Novelle förderte. Immer schön kleine Brötchen backen. Ich sagte nichts und drückte Toms Arm.

Wir setzten uns auf eine Bank und schauten wie ein altes Ehepaar aufs Meer hinaus. Eigentlich hätte ein abnehmender Halbmond zu sehen sein sollen, aber der hatte keine Chance gegen den schweren Deckel aus orangegelbem Gewölk. Toms Arm lag um meine Schulter, der Ärmelkanal ölig, still und stumm vor uns, ich lehnte mich an meinen Geliebten und fühlte mich zum ersten Mal seit Tagen innerlich ruhig. Tom erzählte, er sei zu einer Lesung nach Cambridge eingeladen worden, einem Abend für junge Autoren, zusammen mit Kingsley Amis' Sohn Martin. Der würde aus seinem Debütroman lesen, der wie der von Tom noch dieses Jahr erscheinen sollte – ebenfalls bei Maschler.

»Was ich danach mache«, sagte Tom, »hängt ganz von deiner Erlaubnis ab.« Er würde am Tag nach der Lesung gerne mit dem Zug in meine Heimatstadt weiterfahren und mit meiner Schwester reden. »Mir schwebt da eine Figur vor, die am Rand der Gesellschaft lebt, sie schlägt sich irgendwie durch, aber recht erfolgreich, sie glaubt an Tarotkarten und Astrologie und so was, nimmt Drogen, aber in Maßen, glaubt an allerlei Verschwörungstheorien. Zum Beispiel, dass die Mondlandung in einem Studio inszeniert wurde. Zugleich ist sie auf anderen Gebieten absolut vernünftig, sie ist ihrem kleinen Sohn eine gute Mutter, sie demonstriert gegen den Vietnamkrieg, ist eine verlässliche Freundin und so weiter.«

»Das hört sich nicht ganz nach Lucy an«, sagte ich und ruderte sofort zurück, weil ich mir kleinlich vorkam. »Aber sie ist wirklich sehr nett und wird sicher gern mit dir reden. Eine Bedingung. Ihr redet nicht über mich.«

»In Ordnung.«

»Ich werde ihr schreiben, du bist ein guter Freund von mir und brauchst ein Bett für die Nacht, weil du pleite bist.«

Wir gingen weiter. Tom war noch nie öffentlich aufgetreten und entsprechend nervös. Bei der Lesung wollte er den Schluss seines Buchs vortragen, auf den war er besonders stolz: die schreckliche Szene, wo Vater und Tochter sich in den Armen liegen und sterben. Ich sagte, ich fände es schade, wenn er das Ende verraten würde.

»Altmodische Vorstellung.«

»Vergiss nicht, ich bin geistiges Mittelmaß.«

»Das Ende steckt schon im Anfang. Serena, es gibt keine Handlung. Das Buch ist eine Meditation.«

Er sorgte sich auch um den Ablauf der Lesung. Wer sollte als Erster lesen, Amis oder Haley? Wie entschied man so etwas?

»Amis. Die Hauptattraktion kommt immer zum Schluss«, sagte ich loyal.

»O Gott. Wenn ich nachts aufwache und an diese Lesung denke, kann ich nicht mehr einschlafen.«

»In alphabetischer Reihenfolge, das wär doch was.«

»Nein, ich meine, sich auf eine Bühne stellen, etwas vorlesen, das die Leute ohne weiteres auch selber lesen können. Ich begreife nicht, wozu das gut sein soll. Da bricht mir nachts der Schweiß aus.«

Wir gingen zum Strand hinunter, Tom wollte Steine ins Meer werfen. Er war seltsam aufgekratzt. Wieder spürte ich seine Unruhe, eine unterdrückte Aufregung. Ich saß an einen Kieselhaufen gelehnt, während er mit den Füßen Steine herumschob und nach geeigneten Wurfgeschossen suchte. Immer wieder nahm er kurz Anlauf und schleuderte die Steine weit in den leichten Nebel hinaus, wo der geräuschlose Aufprall bloß als blasser weißer Fleck zu ahnen war. Nach zehn Minuten setzte er sich neben mich, atemlos und verschwitzt, und seine Küsse schmeckten salzig. Allmählich wurden unsere Küsse leidenschaftlicher, und beinahe hätten wir vergessen, wo wir waren.

Da nahm er mein Gesicht in beide Hände und sagte: »Hör zu, was auch immer geschieht, du musst wissen, wie gern ich mit dir zusammen bin.«

Mir wurde angst und bange. So etwas sagt im Kino der Held zu seiner Liebsten, bevor er zum Sterben in die Ferne zieht.

Ich sagte: »Was auch geschieht?«

Er bedeckte mein Gesicht mit Küssen und presste mich gegen die unbequemen Steine. »Ich will damit sagen, dass sich das nie ändern wird. Du bist etwas ganz, ganz Besonderes.«

Ich ließ mich beruhigen. Wir befanden uns fünfzig Meter unterhalb der Promenade, und wir waren kurz davor, hier und jetzt miteinander zu schlafen. Ich wollte es genauso sehr wie er.

Ich sagte: »Nicht hier.«

Aber er hatte einen Plan. Er legte sich auf den Rücken und machte seinen Hosenschlitz auf, und ich streifte meine Schuhe ab, zog Strumpfhose und Slip aus und stopfte sie in meine Manteltasche. Ich setzte mich auf ihn und drapierte Rock und Mantel um uns zurecht. Sobald ich mich ein wenig bewegte, begann er zu stöhnen. Von der Promenade aus, meinten wir, würde das einigermaßen harmlos aussehen.

»Halt kurz still«, sagte er hastig, »sonst ist es gleich vorbei.«

Er war so schön, wie er da lag und zu mir aufschaute. Sein Haar, das auf die Steine fiel. Wir sahen uns in die Augen. Wir hörten die Autos auf der Küstenstraße und gelegentlich das Plätschern einer kleinen Welle.

Einen Augenblick später sagte er mit kühler, tonloser Stimme: »Serena, lass uns zusammenbleiben. Es führt kein Weg daran vorbei, ich muss es dir sagen. Ganz einfach. Ich liebe dich.«

Ich wollte das Gleiche sagen, aber meine Kehle war wie zugeschnürt, ich bekam nur ein Ächzen heraus. Seine Worte brachten uns auf der Stelle und zusammen zum Höhepunkt, unsere Lustschreie gingen im Rauschen vorbeifahrender Autos unter. Bisher hatten wir es vermieden, diesen Satz auszusprechen. Er war zu folgenschwer, er bezeichnete die Linie, die zu überschreiten wir uns gehütet hatten, den Übergang von einer sorglosen Affäre zu etwas Ernstem und Unbekanntem, das beinahe einer Last gleichkam. So fühlte es sich jetzt allerdings gar nicht an. Ich hob sein Gesicht nah an meines, küsste ihn und wiederholte seine Worte. Es war ganz einfach. Dann stieg ich von ihm ab, zog mich, auf den Steinen kniend, wieder an und wusste dabei: Bevor diese Liebe sich wirklich entfaltete, würde ich ihm die Wahrheit über mich erzählen müssen. Und das würde die Liebe beenden. Also konnte ich es ihm nicht erzählen. Aber ich musste.

Danach lagen wir Arm in Arm im Dunkeln und kicherten wie Kinder über unser Geheimnis, über den Streich, der uns da gelungen war. Wir lachten über die Tragweite der Worte, die wir ausgesprochen hatten. Alle anderen waren an Regeln gebunden, wir waren frei. Wir würden uns auf der ganzen Welt lieben, unsere Liebe wäre überall. Wir setzten uns auf und rauchten gemeinsam eine Zigarette. Dann merkten wir, dass wir vor Kälte zitterten, und traten den Heimweg an.

19

Im Februar senkte sich Schwermut über meine Abteilung. Das gelegentliche Schwätzchen zwischendurch war tabu und fand nicht mehr statt. Unter unseren Mänteln trugen wir neuerdings Morgenröcke oder Strickjacken und arbeiteten auch in den Tee- und Mittagspausen durch, als wollten wir für unser Versagen Abbitte leisten. Der Führungsbeamte Chas Mount, normalerweise ein gutgelaunter, unerschütterlicher Mensch, schleuderte eine Aktenmappe gegen die Wand, und eine Kollegin und ich mussten eine Stunde lang auf dem Fußboden knien, um die Blätter aufzusammeln und wieder in die richtige Reihenfolge zu bringen. Für uns war das Versagen unserer Agenten, Pik und Helium, unser eigenes. Vielleicht hatte man ihnen zu nachdrücklich eingeschärft, ihre Tarnung zu schützen, oder sie hatten tatsächlich nichts gewusst. So oder so – das sagte Mount immer wieder und in immer neuen Variationen – hatten dermaßen riskante und kostspielige Aktionen einfach keinen Sinn, wenn sich direkt vor unserer Haustür eine solche Greueltat ereignen konnte. Es stand uns nicht zu, ihm zu sagen, was er ohnehin bereits wusste, nämlich dass wir es mit Zellen zu tun hatten, die vollkommen unabhängig voneinander operierten, dass unser Gegner, laut einem *Times*-Leitartikel, die »am besten organisierte, skrupelloseste Terroristenbande der Welt« war. Und schon damals gab es mächtige Konkurrenz um diesen Titel. Dann wieder stieß Mount rituelle Verwünschungen gegen die Londoner Polizei und die Royal Ulster Constabulary aus, die unter Geheimdienstmitarbeitern so alltäglich waren wie das Vaterunser. Zu viele vertrottelte Polizisten, die keinen Schimmer von Informationsbeschaffung oder -analyse hatten, so der Tenor, nur dass man es zumeist mit stärkeren Ausdrücken formulierte.

»Vor unserer Haustür« war in diesem Fall ein Autobahnabschnitt der M62 zwischen Huddersfield und Leeds. Im Büro hörte ich jemanden sagen, ohne den Lokführerstreik hätten die Soldaten und ihre Familien nicht den Nachtbus genommen. Aber es waren nicht die Gewerkschaften, die den Tod gebracht hatten. Die 25-Pfund-Bombe war im Gepäckfach des Busses versteckt und löschte mit einem Schlag eine ganze Familie aus, die auf den hinteren Sitzen schlief, einen Soldaten, seine Frau und ihre zwei Kinder im Alter von fünf und zwei Jahren. In einem Umkreis von hundert Metern fand man Körperteile von ihnen auf der Straße verstreut, wie es in einem der Zeitungsausschnitte hieß, die Mount unbedingt ans Schwarze Brett heften wollte. Er hatte selbst zwei nur wenig ältere Kinder, und auch darum war unsere Abteilung gezwungen, diese Sache persönlich zu nehmen. Dabei war es alles andere als klar, ob der MI5 primär dafür verantwortlich war, terroristische Aktionen der Provisorischen IRA auf der britischen Hauptinsel zu verhindern. Wenn wir wirklich dafür zuständig gewesen wären, so redeten wir uns ein, wäre so etwas nie passiert.

Ein paar Tage später kündigte der Premierminister – entnervt, sichtlich erschöpft und aufgedunsen von einer nicht diagnostizierten Schilddrüsenerkrankung – in einer Fernsehansprache vorgezogene Neuwahlen an. Edward Heath brauchte ein neues Mandat, die Frage, so sagte er uns, die wir uns stellen müssten, sei: Wer regiert Großbritannien? Unsere gewählten Volksvertreter oder eine Handvoll Extremisten in der Bergarbeitergewerkschaft? Die eigentliche Frage, das wusste das Land, lautete: wieder Heath oder wieder Wilson? Der Premierminister, von den Ereignissen in die Enge getrieben, oder der Oppositionsführer, der – entsprechende Gerüchte waren sogar bis zu uns Mädchen gedrungen – erste Anzeichen von Demenz zeigte. »Wer ist der Unpopulärere?«, fragte ein Witzbold in einem Leitartikel. Seit fast zwei Monaten galt die Dreitagewoche. Es war zu kalt, zu dunkel, wir waren zu niedergeschlagen, um uns über unsere demokratische Verantwortung Gedanken zu machen.

Unmittelbar betrübte mich, dass ich an diesem Wochenende nicht nach Brighton konnte, weil Tom in Cambridge war und von dort weiter zu meiner Schwester fahren wollte. Er hatte mich gebeten, nicht zu seiner Lesung zu kommen. Es würde ihn »fertigmachen«, mich unter den Zuhörern zu wissen. Am Montag kam ein Brief von ihm. Mein Blick verweilte bei der Anrede – *Liebes*. Er sei froh, dass ich nicht gekommen sei, schrieb er. Die Lesung sei eine Katastrophe gewesen. Martin Amis – ein sympathischer Mensch übrigens – war es egal, wer von ihnen zuerst las. Also ließ Tom ihm den Vortritt, um nach ihm als Hauptattraktion zu glänzen. Ein Fehler. Amis las aus seinem Roman *Das Rachel-Tagebuch*, der obszön, grausam und sehr komisch war – so komisch, dass er gelegentlich eine Pause einlegen musste, damit das Publikum sich vom Lachen erholen konnte. Als er fertig war und Tom auf die Bühne kam, wollte der Applaus gar nicht mehr aufhören, und Tom musste noch einmal ins Dunkel der Kulissen zurück. Die Zuhörer hielten sich immer noch die Bäuche und wischten sich die Lachtränen aus den Augen, als Tom endlich ans Lesepult trat, um »meine dreitausend Wörter über Pestbeulen, Eiter und Tod« vorzutragen. Einige verließen während seiner Lesung den Saal, lange bevor Vater und Tochter ihr Leben ausgehaucht hatten. Wahrscheinlich mussten sie den letzten Zug erreichen, aber Tom ließ sich davon verunsichern, ihm versagte beinahe die Stimme, er stolperte über die simpelsten Wörter, überlas eine Zeile, musste den Satz noch einmal von vorn anfangen. Ihm schien, der ganze Saal nehme es ihm übel, dass er die heitere Stimmung zerstört hatte. Am Ende gab es erleichterten Applaus, weil die Qual endlich überstanden war. Nachher in der Bar gratulierte er Amis, der das Kompliment nicht erwiderte. Stattdessen spendierte er Tom einen dreifachen Scotch.

Doch es gab auch gute Neuigkeiten. Der Januar war produktiv gewesen. *Index on Censorship* hatte Toms Artikel über verfolgte rumänische Dichter angenommen, und er hatte eine erste Fassung seines Spenser-Städtebau-Essays abgeschlossen. *Vermutlich Ehebruch,* die Erzählung, bei der ich geholfen und die die *New Review* abgelehnt hatte, war von der Zeitschrift *Bananas* angenommen worden, und dann gab es natürlich noch den neuen Roman, das Geheimnis, über das er sich beharrlich ausschwieg.

Drei Tage nach Beginn des Wahlkampfs bestellte Max

mich zu sich. Uns weiter aus dem Weg zu gehen, war unmöglich. Peter Nutting verlangte Zwischenberichte zu den einzelnen Honig-Fällen. Max blieb also nichts anderes übrig, er musste mit mir sprechen. Seit seinem nächtlichen Besuch hatten wir kaum ein Wort gewechselt. Wenn wir uns auf dem Flur begegneten, murmelten wir »guten Morgen«, in der Kantine setzten wir uns an weit voneinander entfernte Tische. Ich hatte viel über Max' Worte nachgedacht. Wahrscheinlich hatte er in jener Nacht die Wahrheit gesagt. Es war durchaus denkbar, dass der Geheimdienst mich mit meinem schlechten Abschluss nur deshalb genommen hatte, weil ich Tonys Kandidatin war, und dass man mich eine Weile beschattet hatte, bis man das Interesse verlor. Indem Tony seinem alten Arbeitgeber, sozusagen als Abschiedsgruß, ein harmloses Mädchen wie mich geschickt hatte, wollte er vielleicht zeigen, dass auch er harmlos war. Oder, wie ich mir gern einbildete, er liebte mich einfach und sah mich als sein Geschenk an den Geheimdienst, seine Form der Wiedergutmachung.

Ich hatte gehofft, Max würde zu seiner Verlobten zurückkehren und wir könnten so weitermachen wie vorher. Und so schien es in der ersten Viertelstunde auch zu sein, als ich vor seinem Schreibtisch saß und ihm von Haleys Novelle, den rumänischen Dichtern, *New Review, Bananas* und dem Spenser-Essay berichtete.

»Man redet von ihm«, sagte ich abschließend. »Er hat eine große Zukunft vor sich.«

Max sah mich finster an. »Ich hätte gedacht, zwischen euch läuft inzwischen nichts mehr.«

Ich sagte nichts.

»Wie ich höre, kommt er viel herum. Er soll ein Weiberheld sein.«

»Max«, sagte ich ruhig. »Lass uns sachlich bleiben.«

»Erzähl mir mehr von seinem Roman.«

Also erzählte ich ihm von der Begeisterung im Verlag, von dem Presseecho zu dem Plan, das Buch noch rechtzeitig für den Jane-Austen-Preis herauszubringen, und von dem Gerücht, dass David Hockney den Umschlag gestalten werde.

»Du hast mir immer noch nicht erzählt, worum es in dem Roman geht.«

Mir lag genauso viel an Lob von oben wie ihm. Noch mehr aber wollte ich Max dafür bestrafen, dass er Tom beleidigt hatte. »So etwas Trauriges habe ich noch nie gelesen. Es spielt nach einem Atomkrieg, die Zivilisation ist völlig zusammengebrochen, Vater und Tochter schlagen sich aus dem Südwesten nach London durch, sie suchen nach der Mutter des Mädchens, finden sie aber nicht, stecken sich mit Beulenpest an und sterben. Eine wunderschöne Geschichte.«

Er sah mich scharf an. »Klingt nach genau dem, was Nutting nicht ausstehen kann. Ach und übrigens. Er und Tapp haben was für dich. Haben die sich schon bei dir gemeldet?«

»Nein. Aber, Max, wir waren uns doch einig, dass wir unseren Autoren nicht reinreden können.«

»Na ja, was gefällt dir denn so daran?«

»Er ist ein wunderbarer Schriftsteller. Es ist alles sehr aufregend.«

Fast hätte ich hinzugefügt, dass wir uns liebten. Aber

Tom und ich wollten das nicht an die große Glocke hängen. Als Kinder unserer Zeit hatten wir auch keine Vorstellungsbesuche bei den Eltern geplant. Wir hatten uns, irgendwo am Strand zwischen Brighton und Hove, unter freiem Himmel unsere Liebe erklärt, und so sollte sie bleiben, einfach und rein.

Immerhin wurde mir in dieser kurzen Besprechung mit Max klar, dass etwas zwischen uns in Schieflage geraten war. In jener Nacht vor Weihnachten hatte er etwas von seiner Autorität und seiner Würde verspielt, das war ihm bewusst, und er wusste, dass ich es wusste. Ich konnte mir den auftrumpfenden Tonfall nicht verkneifen, und er nicht verhindern, dass er abwechselnd devot und allzu scharf klang. Am liebsten hätte ich ihn nach seiner Zukünftigen gefragt, der Medizinerin, die er meinetwegen verlassen hatte. Hatte sie ihn zurückgenommen oder schon einen Neuen? Demütigend wäre beides, und selbst in meinem euphorischen Zustand war ich klug genug, die Frage für mich zu behalten.

Wir schwiegen beide. Max trug, wie mir schon vor ein paar Tagen in der Kantine aufgefallen war, keine dunklen Anzüge mehr, sondern wieder groben Harris-Tweed und – eine unschöne Neuerung – zu einem karierten Viyella-Hemd eine senfgelbe Strickkrawatte. Ich vermutete, dass niemand, jedenfalls keine Frau, ihn bei der Kleiderwahl beriet. Er betrachtete den Rücken seiner Hände vor ihm auf dem Schreibtisch. Dabei atmete er mit einem pfeifenden Geräusch tief durch die Nase ein.

»Ich weiß inzwischen Folgendes. Wir haben zehn Projekte, Haley mitgerechnet. Angesehene Journalisten und Wissenschaftler. Die Namen kenne ich nicht, aber ich habe eine ungefähre Ahnung, an was für Büchern sie gerade schreiben. Einer untersucht, wie biologische Forschungen in Großbritannien und den USA die Grüne Revolution in den Reisanbau-Ländern der Dritten Welt eingeläutet haben. Einer schreibt eine Biographie über den Aufklärer Tom Paine. Noch einer beschäftigt sich als Erster überhaupt mit einem Gefangenenlager in Ostberlin, Speziallager Nr. 3, in dem die Sowjets in den Nachkriegsjahren Sozialdemokraten, Kinder und Nazis ermordet haben und das jetzt von den DDR-Behörden ausgebaut wurde, um dort Dissidenten und andere missliebige Personen zu internieren und psychisch zu foltern. In Arbeit sind auch ein Buch über die politischen Katastrophen im postkolonialen Afrika, eine Neuübersetzung der Gedichte der Achmatowa sowie eine Abhandlung über europäische Utopien des siebzehnten Jahrhunderts. Ferner eine Monographie über Trotzki als Oberbefehlshaber der Roten Armee, und dann noch ein paar, die ich vergessen habe.«

Endlich sah er von seinen Händen auf, der Blick aus seinen hellen Augen war hart.

»Und welchen Scheiß-Beitrag leistet dein T. H. Haley mit seiner kleinen Endzeit-Phantasie zu unserem Wissen, oder zu irgendwas, was uns sonst wichtig ist?«

Ich hatte ihn noch nie fluchen hören, und ich zuckte zusammen, als hätte er mir irgendetwas ins Gesicht geworfen. Bis jetzt hatte mir *Aus dem Tiefland von Somerset* nicht gefallen, jetzt aber schon. Ohne wie sonst auf ein Zeichen zu warten, dass ich gehen konnte, stand ich auf und schob den Stuhl unter den Schreibtisch, um mich aus dem Zimmer zu zwängen. Gern hätte ich mich mit einer schlagfertigen Replik verabschiedet, aber mir fiel keine ein. Schon halb durch die Tür, warf ich einen Blick zurück und sah Max stocksteif hinter seinem Schreibtisch im spitzen Winkel des winzigen Büros sitzen, das Gesicht zu einer seltsamen Grimasse, wie einer Maske, verzerrt, und plötzlich sagte er leise: »Serena, bitte geh nicht.«

Ich ahnte, was für eine schreckliche Szene als Nächstes kommen würde. Also nichts wie raus. Ich hastete über den Flur, und als er mir nachrief, ging ich noch schneller, auf der Flucht vor seinem Gefühlschaos, aber auch vor meinen eigenen unsinnigen Schuldgefühlen. Bevor ich weiter unten aus dem knarzenden Lift stieg und zu meinem Schreibtisch zurückkehrte, rief ich mir ins Gedächtnis, dass ich nicht allein war, dass ich geliebt wurde, dass nichts, was Max sagen mochte, mir noch etwas anhaben konnte, und dass ich ihm nichts schuldig war.

Binnen Minuten war ich wieder in die düstere, zerknirschte Atmosphäre von Chas Mounts Büro eingetaucht und machte mich nützlich, indem ich Zahlen und Fakten für ein pessimistisches Memo überprüfte, das der Führungsbeamte auf dem Dienstweg nach oben schicken wollte. »Anmerkungen zu aktuellen Versäumnissen.« An Max dachte ich bis Feierabend kaum mehr.

Auch gut, denn es war Freitag, und Tom und ich waren für den nächsten Tag zum Mittagessen im Pillars of Hercules in Soho verabredet. In dem Pub in der Greek Street würde er sich mit Ian Hamilton treffen, darum kam er in die Stadt. Seine Zeitschrift, die im April lanciert werden sollte, finanzierte sich hauptsächlich aus Steuergeldern – vom Arts Council allerdings, nicht aus dem Sonderbudget. In der

Presse war bereits Kritik an dem geplanten Preis laut geworden – 75 Pence »für etwas, das wir schon bezahlt haben«, wie eine Zeitung es ausdrückte. Der Herausgeber hatte ein paar kleine Änderungen an der Geschichte mit dem sprechenden Affen gewollt, die jetzt endlich einen Titel hatte – *Ihr zweiter Roman*. Vielleicht würde er sich auch für den Spenser-Essay interessieren, hoffte Tom, oder ihm Rezensionsaufträge anbieten. Für Beiträge gab es kein Honorar, trotzdem versprach Tom sich viel davon, er war überzeugt, dass die Zeitschrift es zu hohem Ansehen bringen würde. Ich sollte eine Stunde nach ihm in den Pub kommen, und dann wollten wir, wie er es nannte, einen »Fritten-lastigen Pub-Lunch« zu uns nehmen.

Am Samstagvormittag räumte ich mein Zimmer auf, ging in den Waschsalon, bügelte Kleider für die nächste Woche und wusch und föhnte mir die Haare. Ich konnte es kaum erwarten, Tom zu sehen, und verließ das Haus so zeitig, dass ich mich fast eine Stunde zu früh auf der Treppe der U-Bahn-Station Leicester Square wiederfand. Zeit genug, noch ein wenig in den Buchantiquariaten an der Charing Cross Road zu stöbern. Aber ich war zu unruhig. Ich stand vor den Regalen, ohne etwas wahrzunehmen, betrat den nächsten Laden, mit demselben Ergebnis. Bei Foyles suchte ich unter den Taschenbuch-Neuerscheinungen vage nach einem Geschenk für Tom, konnte mich aber nicht konzentrieren. Ich hielt es nicht mehr aus ohne ihn. Ich nahm die Abkürzung durch die Manette Street, die an der Nordseite von Foyles entlangführt und dann an der Bar des Pillars of Hercules links vorbei und unter einem Gebäude hindurch. Dieser kurze Tunnel, wahrscheinlich ein Überbleibsel einer alten Kutschstation, mündet auf die Greek Street. An der Ecke gibt es ein Fenster mit massiven Holzsprossen. Ich spähte hinein und sah Tom von der Seite und durch das alte Glas ein wenig verzerrt direkt am Fenster sitzen. Er beugte sich weit über den Tisch und sprach mit jemandem, den ich nicht sehen konnte. Ich hätte an die Scheibe klopfen können. Aber bei seiner wichtigen Besprechung wollte ich ihn natürlich nicht stören. Dumm von mir, so früh zu kommen. Ich hätte noch eine Weile herumspazieren sollen oder, wenn schon, den Haupteingang in der Greek Street benutzen. Dann hätte er mich gleich bemerkt, und mir wäre dieser Anblick erspart geblieben. Aber ich wandte mich um und nahm den Nebeneingang im Tunnel.

Ich durchquerte eine Wolke aus Pfefferminzduft, die von der Herrentoilette kam, und stieß eine weitere Tür auf. Am Anfang des Tresens stand ein Mann, allein, mit einer Zigarette in der einen und einem Glas Scotch in der anderen Hand. Er drehte sich zu mir um, und ich wusste sofort: Das war Ian Hamilton. Ich kannte sein Bild aus den gehässigen Zeitungsartikeln. Aber warum saß er nicht bei Tom? Hamilton betrachtete mich mit einem neutralen, beinahe freundlichen Blick und einem schiefen, verkniffenen Lächeln. Äußerlich entsprach er haargenau Toms Beschreibung: Er hatte die kantigen Zügen eines Filmstars aus vergangenen Zeiten, sah aus wie der typische Schurke mit goldenem Herzen aus einem Schwarzweiß-Liebesfilm. Er schien zu erwarten, dass ich zu ihm kam und mich vorstellte. Ich blickte an ihm vorbei durch das bläulich verqualmte Licht zu dem erhöhten Eckplatz am Fenster. Dort saß Tom mit einer Frau, die mir den Rücken zuwandte. Sie kam mir irgendwie bekannt vor. Er hielt ihre Hand und beugte sich zum Zuhören so weit über den Tisch, dass sich ihre Köpfe beinahe berührten. Das konnte nicht sein. Ich starrte hinüber, versuchte die Szene in etwas Sinnvolles, etwas Harmloses aufzulösen. Aber da hatte ich es leibhaftig vor mir, das alberne, unglaubwürdige Klischee, das Max beschworen hatte: *Weiberheld.* Das Klischee hatte sich wie ein Parasit unter meine Haut gegraben und seine Neurotoxine ausgeschüttet, direkt in mein Blut. Es hatte mein Verhalten beeinflusst und mich zu früh hierhergeführt, damit ich es mit eigenen Augen sah.

Hamilton trat neben mich und folgte meinem Blick.

»Sie schreibt ebenfalls. Unterhaltungsliteratur. Aber gar nicht so übel. Er ja auch nicht. Sie hat gerade ihren Vater verloren.«

Er sagte das leichthin und wusste dabei genau, dass ich ihm nicht glauben würde. Es hatte etwas Archaisches – ein Mann, der dem andern Rückendeckung gab.

Ich sagte: »Die beiden scheinen alte Freunde zu sein.«

»Was möchten Sie trinken?«

Als ich um ein Glas Limonade bat, schien er zusammenzuzucken. Er ging zur Bar, und ich trat hinter einen der für diesen Pub typischen Paravents zurück, die es den Gästen erlaubten, ungestört miteinander zu reden. Ich war versucht, mich durch die Seitentür davonzuschleichen, Tom das ganze Wochenende aus dem Weg zu gehen und ihn schmoren zu lassen, während ich meine Wunden leckte. War es möglich, dass Tom mich auf so plumpe Art betrog? Ich spähte um den Seitenrand des Paravents: Das Bild des

Verrats, das sich mir darbot, war unverändert. Sie sprach noch immer, er hielt noch immer ihre Hand und lauschte ihr mit zärtlich vorgeneigtem Kopf. Das war so ungeheuerlich, dass es fast schon wieder komisch war. Aber noch empfand ich nichts, weder Wut noch Panik noch Trauer, ich fühlte mich nicht einmal taub. Da war nur eine entsetzliche Klarheit.

Ian Hamilton brachte mir ein sehr großes Glas mit strohgelbem Weißwein. Genau was ich brauchte.

»Runter damit.«

Er sah mir mit sarkastischer Anteilnahme beim Trinken zu, dann fragte er, was ich so mache. Ich erzählte, ich arbeite für eine Kunststiftung. Sofort wurden seine Lider vor Langeweile ganz schwer. Aber er ließ mich ausreden und hatte dann eine Idee.

»Eine neue Zeitschrift wäre doch genau das Richtige für Sie. Ich nehme an, deswegen sind Sie hier. Um mir Geld zu geben.«

Ich sagte, dass wir nur einzelne Künstler unterstützten.

»Und ich biete Ihnen auf einen Schlag fünfzig einzelne Künstler.«

Ich sagte: »Vielleicht könnten Sie mir einmal Ihr Unternehmenskonzept zeigen.«

»*Unternehmens*konzept?«

Den Ausdruck hatte ich irgendwo aufgeschnappt, und ich ging zu Recht davon aus, dass ich das Gespräch damit abwürgen würde.

Hamilton nickte in Toms Richtung. »Da ist Ihr Mann.«

Ich trat aus der Deckung des Paravents hervor. Drüben in der Ecke war Tom bereits aufgestanden, und die Frau griff nach ihrem Mantel auf dem Stuhl nebenan. Auch sie stand auf und drehte sich um. Sie hatte bestimmt zwanzig Kilo abgenommen, trug die Haare jetzt glatt und fast schulterlang, ihre engen schwarzen Jeans steckten in wadenhohen Stiefeln, ihr Gesicht war schmaler, schön sogar, aber ich erkannte sie sofort. Shirley Shilling, meine alte Freundin. Auch sie sah mich jetzt. Unsere Blicke trafen sich, und in dieser kurzen Sekunde hob sie eine Hand zum Gruß und ließ sie gleich wieder matt sinken, wie zum Zeichen, dass es zu viel zu erklären gab und sie dazu nicht in der Stimmung war. Sie verschwand hastig durch den Vordereingang. Tom kam mit einem idiotischen Grinsen auf mich zu, und ich dumme Kuh zwang mich ebenfalls zu einem Lächeln, denn ich spürte, dass Hamilton, der sich jetzt neben mir eine Zigarette anzündete, uns beobachtete. Er strahlte etwas aus, das sein Gegenüber zwang, Haltung anzunehmen. Er war cool, also würden wir es auch sein müssen. Jetzt hieß es so tun, als machte mir das alles nichts aus.

Dann standen wir lange an der Bar und tranken. Die Männer sprachen über Bücher und tratschten über Schriftsteller, insbesondere den Dichter Robert Lowell, einen Freund Hamiltons, der möglicherweise gerade verrückt wurde; dann ging es um Fußball, nicht gerade Toms Spezialgebiet, aber er wusste aus den zwei oder drei Daten und Fakten, die er kannte, recht geschickt das Beste zu machen. Keiner von uns kam auf die Idee, sich zu setzen. Tom bestellte eine Runde Getränke und dazu Schweinefleischpasteten, aber Hamilton rührte seine nicht an und benutzte nach einer Weile erst den Teller, dann die Pastete selbst als Aschenbecher. Ich nahm an, dass Tom genau wie mir vor dem Ende der Unterhaltung graute, denn dann würde es unweigerlich zum Streit zwischen uns kommen. Nach meinem zweiten Glas warf auch ich gelegentlich eine Bemerkung ein, hörte ansonsten aber nur mit halbem Ohr zu und dachte an Shirley. Was für eine Veränderung! Sie war also tatsächlich Schriftstellerin geworden, folglich war es kein Zufall, dass sie Tom im Pillars of Hercules getroffen hatte – er hatte mir erzählt, der Pub habe sich während der Vorbereitungen für die erste Nummer bereits zu einer Art Zweigstelle, Vorzimmer und Kantine der *New Review* entwickelt, wo die Autoren zu Dutzenden ein und aus gingen. Mit dem Fett war ihr offenbar auch der Anstand abhandengekommen. Sie hatte nicht überrascht gewirkt, mich hier zu sehen, also musste sie wissen, dass Tom und ich ein Paar waren. Später, wenn ich erst einmal richtig wütend wäre, würde ich ihr die Hölle heißmachen. Die konnte was erleben.

Aber vorerst empfand ich gar nichts. Der Pub machte zu, und wir folgten Hamilton durch den düsteren Nachmittag ins Muriel's, eine winzige, finstere Kneipe, wo Männer eines gewissen Alters mit aufgedunsenen Gesichtern auf Barhockern am Tresen saßen und lautstark über Außenpolitik diskutierten.

Als wir hereinkamen, rief gerade einer: »China? Hör bloß auf. China!«

Wir zwängten uns auf drei Samtsessel in einer Ecke. Tom und Ian hatten jene Phase beim Trinken erreicht, in der das Gespräch sich in Endlosschlaufen um irgendeine Kleinigkeit dreht. Sie sprachen über Philip Larkin, über die letzten Zeilen von *Pfingsthochzeiten,* einem der Gedichte, die Tom mir zu lesen gegeben hatte. Sie stritten, wenn auch nicht sehr leidenschaftlich, über die Bedeutung von »ein Bündel Pfeile, / das weit entfernt als Regen fällt«. Hamilton fand, das sei doch vollkommen klar. Der Zug war am Ziel, die frisch verheirateten Paare konnten ihrer Wege gehen, hinein nach London, hinein in ihr Schicksal. Tom meinte weniger lakonisch, die Verse seien dunkel, voller Vorahnungen und negativer Bilder – das Gefühl des Fallens, Regen, Verlorenheit, Ferne. Er benutzte das Wort »Verflüssigung«, worauf Hamilton trocken erwiderte: »Verflüssigung ist gut.«

Dann fingen sie wieder von vorne an, ließen sich geistreiche Variationen derselben Argumente einfallen, wobei ich den Eindruck hatte, dass Hamilton als der Ältere Tom vielleicht nur ein wenig auf den Zahn fühlen, sein Urteil und seine Schlagfertigkeit testen wollte. Ich glaube nicht, dass Hamilton wirklich interessierte, wer nun recht hatte.

Ich hörte nicht die ganze Zeit zu. Die Männer beachteten mich nicht, und langsam kam ich mir vor wie ein Schriftsteller-Groupie oder vielmehr wie ein Trottel. Ich ging in Gedanken meine Habseligkeiten in der Brightoner Wohnung durch – womöglich würde ich nie mehr dorthin zurückkehren. Ein Föhn, Unterwäsche, ein paar Sommerkleider und ein Badeanzug, nichts, was ich ernstlich vermissen würde. Ich redete mir ein, ohne Tom wäre ich die Last los, ihm reinen Wein einschenken zu müssen. Ich könnte mein Geheimnis für mich behalten. Wir tranken jetzt Kognak mit Kaffee. Na und – dann trennte ich mich eben von Tom. Ich würde ihn schnell vergessen und einen Anderen finden, einen Besseren. Alles in bester Ordnung, ich konnte gut alleine für mich sorgen, ich würde meine

Zeit gut nutzen, mich der Arbeit widmen, Olivia Mannings Balkan-Trilogie lesen, die neben meinem Bett bereitlag, und im Frühling würde ich mit den zwanzig Pfund des Bischofs in Urlaub fahren und in einem kleinen Hotel irgendwo am Mittelmeer eine interessante, alleinstehende Frau sein.

Um sechs endete das Gelage, wir gingen im eisigen Regen Richtung Soho Square. Hamilton hatte an diesem Abend eine Lesung in der Poetry Society in Earls Court. Er schüttelte Tom die Hand, umarmte mich, und als er davoneilte, war seinem Gang nicht anzumerken, wie er den Nachmittag verbracht hatte. Dann waren Tom und ich allein und wussten nicht recht, wohin wir als Nächstes sollten. Jetzt geht es los, dachte ich, und in diesem Augenblick – ernüchtert vom kalten Regen, der mir ins Gesicht fiel, durchzuckt von der Erkenntnis, wie viel ich verloren und wie sehr mich Tom verraten hatte – fühlte ich mich plötzlich so verzweifelt, dass ich mich nicht von der Stelle rühren konnte. Ein ungeheures schwarzes Gewicht drückte mich nieder, meine Füße waren schwer und wie taub. Ich blickte quer über den Platz in Richtung Oxford Street. Ein paar Hare-Krishna-Jünger, leichtgläubige Deppen mit kahlrasierten Köpfen und Tamburinen, zogen sich singend und im Gänsemarsch in ihr Hauptquartier zurück. Flohen vor dem Regen ihres Gottes. Ich hasste sie, jeden Einzelnen von ihnen.

»Serena, Liebes, was hast du?«

Schwankend stand er vor mir, sturzbetrunken, aber noch immer ein guter Schauspieler, sein Gesicht in theatralische Falten gelegt.

Als stünde ich irgendwo im zweiten Stock hinter einer Fensterscheibe, konnte ich uns beide von oben sehen, das

Bild von Regentropfen mit schwarzem Rand verzerrt: ich sah zwei Betrunkene in Soho, die sich auf dem dreckigen, nassen Bürgersteig gleich in die Haare kriegen würden. Ich wäre am liebsten gegangen, denn was für eine Szene nun kam, war klar. Aber ich konnte mich noch immer nicht bewegen.

Stattdessen gab ich den Startschuss, indem ich mit einem matten Seufzen sagte: »Du hast eine Affäre mit meiner Freundin.«

Das klang wehleidig und kindisch, und auch dumm, als ob es in Ordnung gewesen wäre, wenn er eine Affäre mit einer Wildfremden gehabt hätte. Er starrte mich an und brachte sogar einen verblüfften Ausdruck zustande. Ich hätte ihn ohrfeigen können.

»Was...?« Dann die plumpe Imitation eines Mannes, der plötzlich eine Erleuchtung hat.

»Shirley Shilling! O Gott, Serena. Glaubst du das wirklich? Hätte ich bloß etwas gesagt. Die habe ich bei der Lesung in Cambridge kennengelernt. Sie war mit Martin Amis da. Ich hab erst heute erfahren, dass ihr mal im selben Büro gearbeitet habt. Und als wir uns dann mit Ian unterhalten haben, hab ich nicht mehr dran gedacht. Ihr Vater ist vor kurzem gestorben, und sie ist völlig am Boden. Sie wäre mit zu euch rübergekommen, aber sie war zu durcheinander...«

Er legte mir eine Hand auf die Schulter, aber ich schüttelte sie ab. Ich wollte kein Mitleid. Und mir schien, als zuckten seine Mundwinkel belustigt.

Ich sagte: »Die Sache war eindeutig, Tom. Wie konntest du nur!«

»Sie hat einen schmalzigen Liebesroman geschrieben. Aber ich mag sie. Das ist alles. Ihr Dad hatte ein Möbelgeschäft, sie stand ihm sehr nahe, hat bei ihm gearbeitet. Sie hat mir aufrichtig leidgetan. Ehrlich, Liebling.«

Erst war ich nur verwirrt, hin und her gerissen, ob ich ihm glauben oder ihn hassen sollte. Aber als ich schon an mir zu zweifeln anfing, wallte ein köstlicher, masochistischer Trotz in mir auf, der sich partout nicht von der Horrorvorstellung abbringen lassen wollte, dass Tom mit Shirley geschlafen hatte.

»Das ist ja furchtbar, mein armer Liebling, du hast den ganzen Nachmittag gelitten. Deshalb also warst du so still. Aber natürlich! Bestimmt hast du gesehen, wie ich ihre Hand gehalten habe. Ach, mein Schatz, das tut mir ja so leid. Ich liebe dich, nur dich, es tut mir so leid…«

Ich verzog keine Miene, während er mich mit immer neuen Beteuerungen zu beschwichtigen versuchte. Dass ich ihm glaubte, machte mich nicht weniger wütend. Ich war wütend auf ihn, weil ich mir dumm vorkam, weil ich Angst hatte, dass er mich insgeheim auslache, dass er das Ganze am Ende noch zu einer komischen Geschichte verarbeiten würde. Ich war entschlossen, ihn zappeln zu lassen, er sollte sich mächtig ins Zeug legen, um mich zurückzugewinnen. Nach einer Weile allerdings war mir klar, dass ich nur noch so tat, als glaubte ich ihm nicht. Doch ich wollte nicht als Trottel dastehen, und außerdem wusste ich nicht, wie ich da rauskommen sollte, wie die Position, hinter der ich mich verschanzt hatte, aufgeben, ohne das Gesicht zu verlieren. Also blieb ich stumm, aber als er meine Hand nahm, entriss ich sie ihm nicht, und als er mich zu sich heranzog, gab ich widerstrebend nach und ließ zu, dass er mich auf die Stirn küsste.

»Du bist völlig durchnässt, du zitterst ja«, flüsterte er mir ins Ohr. »Du musst ins Warme.«

Ich nickte zum Zeichen, dass mein Widerstand gebrochen war, dass mein Misstrauen bröckelte. Wir befanden uns am Anfang der Greek Street, das Pillars of Hercules war nur wenige hundert Meter entfernt, aber ich wusste, »ins Warme« bedeutete mein Zimmer.

Er zog mich an sich. »Denk daran«, flüsterte er, »was wir am Strand gesagt haben. Wir lieben uns. So einfach ist das.«

Wieder nickte ich. Ich konnte nur noch daran denken, wie kalt mir war, wie betrunken ich war. Ich hörte Motorengeräusche hinter uns und spürte, wie er sich umdrehte, um ein Taxi heranzuwinken. Wir stiegen ein, fuhren in nördliche Richtung los, und Tom drehte die Heizung auf, die brummend ein wenig kühle Luft verströmte. An der Trennscheibe zwischen uns und dem Fahrer hing eine Werbung für ein Taxi genau wie unseres, und die Buchstaben schwankten dermaßen auf und ab, dass ich fürchtete, mich übergeben zu müssen. In meiner Wohnung angekommen, stellte ich erleichtert fest, dass meine Mitbewohnerinnen ausgegangen waren. Tom ließ mir ein Bad einlaufen. Aus dem kochend heißen Wasser stieg Dampf auf, der an den eiskalten Wänden kondensierte. Die Tropfen rannen daran herunter und bildeten auf dem geblümten Linoleum kleine Pfützen. Wir stiegen zusammen in die Wanne, ganz schön eng war es, wir massierten uns gegenseitig die Füße und sangen alte Beatles-Songs. Lange vor mir stieg er aus, trocknete sich ab und ging weitere Handtücher holen. Auch er war betrunken, half mir aber liebevoll aus der Wanne, rubbelte mich ab wie ein Kind und führte mich zu meinem Bett. Er selbst ging nach unten, kam mit zwei Tassen Tee zurück und legte sich zu mir. Und dann wurde ich nach Strich und Faden verwöhnt.

Noch Monate, noch Jahre später, lange nach allem, was dann geschah, rief ich mir, wenn ich nachts aufwachte und Trost brauchte, diesen Frühwinterabend in Erinnerung, als ich in seinen Armen lag und er mein Gesicht mit Küssen bedeckte und ein ums andere Mal sagte, wie dumm ich gewesen war, wie leid es ihm tat und wie sehr er mich liebte.

20

Ende Februar, wenige Tage vor den Wahlen, gab die Jury für den Jane-Austen-Preis ihre Shortlist bekannt, und darauf fand sich, versteckt zwischen den üblichen Giganten – Burgess, Murdoch, Farrell, Spark und Drabble –, auch ein vollkommen Unbekannter, ein gewisser T. H. Haley. Aber kaum jemand nahm Notiz von ihm. Die Pressemitteilung kam zu einem ungünstigen Zeitpunkt, alle redeten an diesem Tag nur von Enoch Powells Attacke auf den Premierminister, den Führer seiner eigenen Partei. Der arme dicke Ted! Die Leute sorgten sich nicht mehr um die Bergarbeiter oder die Frage, wer England regierte, seit neuestem sorgten sie sich um die Inflationsrate von 20 Prozent und den wirtschaftlichen Zusammenbruch und ob wir auf Powell hören, für Labour stimmen und Europa den Rücken kehren sollten.

Kein guter Moment, das Land aufzufordern, sich mit zeitgenössischer Literatur auseinanderzusetzen. Da die Dreitagewoche landesweite Stromausfälle tatsächlich verhindert hatte, hielt man die ganze Angelegenheit jetzt für einen Betrug. Die Kohlevorräte waren also doch nicht so gering, die Industrieproduktion gar nicht so sehr beeinträchtigt worden, und allgemein herrschte der Eindruck vor, dass man uns grundlos in Angst und Schrecken versetzt hatte, beziehungsweise aus politischem Kalkül, und dass das alles gar nicht nötig gewesen wäre.

Und so kam es, dass Edward Heath allen Vorhersagen zum Trotz mitsamt seinem Klavier, seinen Noten und Seestücken aus Downing Street ausziehen musste, und Harold und Mary Wilson für eine zweite Amtszeit zurückkehrten. In einem Fernseher bei uns im Büro sah ich den neuen Premierminister Anfang März vor der Downing Street Nummer 10 stehen, gebeugt und gebrechlich, fast so müde wie Heath. Alle waren müde, und in Leconfield House war man außerdem niedergeschlagen, weil das Land den Falschen gewählt hatte.

Ich hatte ein zweites Mal für Wilson gestimmt, für diesen gerissenen linken Überlebenskünstler, und hätte bessere Laune haben sollen als die meisten anderen, war aber nach einer schlaflosen Nacht völlig erschöpft. Die ganze Zeit musste ich an die Shortlist denken. Natürlich wollte ich, dass Tom den Preis bekam, ich wollte es mehr als er selbst. Aber Peter Nutting und ein paar andere hatten *Aus dem Tiefland von Somerset* in den Fahnen gelesen und für »schwach und dürftig« befunden, für »modisch pessimistisch und langweilig« – das jedenfalls erzählte mir Nutting, als wir uns einmal in der Mittagspause auf der Curzon Street begegneten. Er ging sogleich weiter, wobei er mit seinem eingerollten Schirm aufs Pflaster klopfte, und ich begriff: Wenn meine Wahl suspekt war, dann war ich selbst es auch.

Als die Presse sich dann doch noch für den Austen-Preis zu interessieren begann, konzentrierte sich die Aufmerksamkeit auf den einzigen neuen Namen auf der Liste. Noch nie hatte ihn ein Autor für seinen Erstling bekommen. In der hundertjährigen Geschichte des Preises war der kürzeste Roman, der jemals gewonnen hatte, doppelt so lang wie *Aus dem Tiefland*. Aus etlichen Artikeln hörte man den unterschwelligen Vorwurf heraus, ein Kurzroman sei etwas Unmännliches oder Unredliches. Die *Sunday Times* brachte ein ausführliches Porträt von Tom mit einem Foto, das ihn vor dem Palace Pier zeigte, auf fast kindliche Art glücklich und verletzlich. Auch seine Förderung durch die Stiftung wurde in ein paar Artikeln erwähnt. Man erinnerte an die Eile, mit der Toms Buch gerade noch rechtzeitig für den Austen-Stichtag fertiggestellt worden war. Noch hatte kein Journalist den Roman gelesen, weil Tom Maschler aus taktischen Gründen keine Rezensionsexemplare verschickte. In einem ungewöhnlich wohlwollenden Artikel in der Klatschspalte des *Daily Telegraph* hieß es, alle seien sich einig, dass Tom Haley ein gutaussehender Mann sei, Frauen bekämen »weiche Knie«, wenn er lächle. Für einen Augenblick wurde mir ganz flau vor Eifersucht und Besitzerstolz. Was für Frauen? Tom hatte jetzt einen eigenen Telefonanschluss in seiner Wohnung, so dass ich ihn von einer übelriechenden Telefonzelle in der Camden Road aus anrufen konnte.

»Es gibt keine Frauen«, sagte er fröhlich. »Wahrscheinlich sind sie alle in der Zeitungsredaktion und kriegen weiche Knie beim Anblick meines Fotos.«

Er wundere sich immer noch, dass er auf die Liste gekommen sei, aber Maschler habe ihm am Telefon erklärt, dass er sonst an die Decke gegangen wäre. »An dem Buch kommt niemand vorbei«, habe Maschler gesagt. »Sie sind ein Genie, und es ist ein Meisterwerk. Die konnten es schlicht nicht ignorieren.«

Aber die literarische Neuentdeckung ließ sich von dem Austen-Trubel nicht aus der Ruhe bringen, auch wenn die Presseberichte ihn ein wenig irritierten. *Aus dem Tiefland* lag bereits hinter ihm, eine »Fingerübung«. Ich ermahnte ihn, das ja nicht Journalisten gegenüber zu sagen, solange die Juroren noch nicht entschieden hatten. Er erwiderte, ihm sei das alles egal, er habe einen Roman zu schreiben – und dabei legte er ein Tempo vor, bei dem nur Besessenheit und eine neue elektrische Schreibmaschine mithalten konnten. Das Einzige, was ich von dem Buch wusste, war, wie viele Wörter Tom täglich schrieb: in der Regel drei- bis viertausend Wörter, manchmal sechstausend, und einmal, im Rausch eines Nachmittags und einer durchgeschriebenen Nacht, zehntausend. Die Zahlen sagten mir nicht viel, umso mehr aber die heisere Erregung, die mir aus dem Telefonhörer entgegenschlug.

»Zehntausend Wörter, Serena. Wenn ich das einen Monat lang durchhalten könnte, hätte ich eine *Anna Karenina*!«

Sogar mir war klar, dass er das nicht schaffen würde. Ich wollte ihn beschützen, ich machte mir Sorgen, dass die Rezensionen, wenn sie dann kämen, negativ ausfallen würden und seine Enttäuschung größer wäre, als er sich jetzt vorstellen konnte. Unterdessen war seine einzige Sorge, dass die Schottlandreise, die er kürzlich zu Recherchezwecken unternommen hatte, ihn aus dem Tritt gebracht haben könnte. »Du brauchst eine Pause«, sagte ich auf der Camden Road ins Telefon. »Lass mich am Wochenende vorbeikommen.«

»Okay. Aber ich muss trotzdem weiterschreiben.«

»Tom, bitte, erzähl mir doch wenigstens ein bisschen was davon.«

»Ich verspreche dir, du kriegst es als Erste zu sehen.«

Am Tag nach der Bekanntgabe der Shortlist bestellte Max mich nicht wie üblich zu sich, sondern kam höchstpersönlich bei mir vorbei. Zuvor blieb er noch auf einen Schwatz vor Chas Mounts Schreibtisch stehen. An diesem Vormittag ging es gerade ziemlich hektisch zu. Mount hatte einen Entwurf für einen internen Bericht geschrieben, eine Art Rückschau, an der auch die Royal Ulster Constabulary und die Armee mitgewirkt hatten. Das Thema war, was Mount bitter »die offene Wunde« nannte: die Internierungen ohne Gerichtsverfahren. 1971 hatte man scharenweise die Falschen eingesperrt, weil die Verdächtigenlisten der Special Branch der Royal Ulster Constabulary veraltet und unbrauchbar gewesen waren. Mörder aus dem loyalistischen Lager dagegen, die ganzen Ulster-Volunteer-Force-Leute, waren auf freiem Fuß geblieben. Die Haftbedingungen waren unhaltbar, und die Häftlinge wurden nicht gehörig voneinander getrennt. All das ohne rechtsstaatliche Verfahren – ein Propagandageschenk an unsere Feinde. Chas Mount hatte in Aden gedient, die Verhörmethoden, die Armee und Royal Ulster Constabulary bei den Internierten anwandten – schwarze Kapuzen, Isolation, Nahrungsentzug, weißes Rauschen, stundenlanges Stehen –, hatte er stets mit Skepsis betrachtet. Ihm lag daran zu beweisen, dass der MI5 sich die Hände vergleichsweise wenig schmutzig gemacht hatte. Wir Mädchen im Büro nahmen das für bare Münze. Die ganze leidige Angelegenheit würde irgendwann vor dem Europäischen Gerichtshof für Menschenrechte landen. Die Royal Ulster Constabulary wollte uns, so sah es Chas zumindest, mit sich in den Abgrund reißen, und die Armee war auf ihrer Seite. Beide waren sie von seiner Darstellung der Ereignisse alles andere als begeistert. Und bei uns hatte einer von Mounts Vorgesetzten ihm den Berichtsentwurf mit der Aufforderung zurückgeschickt, ihn so umzuformulieren, dass alle Beteiligten damit leben konnten. Schließlich handle es sich »nur« um einen internen Bericht, der bald zu den Akten gelegt und vergessen werden würde. Also brauchte Mount weitere Akten, und wir liefen in der Registratur ein und aus und tippten Zusätze und Nachträge. Für seine kleine Plauderei mit Mount hatte Max einen schlechten Zeitpunkt gewählt. Laut den Sicherheitsvorschriften hätte er unser Büro streng genommen gar nicht betreten dürfen, solange da überall Akten offen herumlagen. Aber Chas war zu höflich oder gutmütig, ihn darauf hinzuweisen. Dennoch reagierte er kurz angebunden, und bald kam Max zu mir herüber. Er hielt einen kleinen braunen Umschlag in der Hand, legte ihn demonstrativ auf meinen Schreibtisch und sagte so laut, dass alle es hören konnten: »Schau dir das an, sobald du mal kurz Zeit hast.« Dann ging er.

Eine ganze Weile, sicherlich eine Stunde, befand ich, dass ich keine Zeit hatte. Am meisten fürchtete ich eine leidenschaftliche Liebeserklärung auf Bürobriefpapier. Was ich dann schließlich las, war eine sauber getippte Notiz mit den Überschriften »Verschlusssache – Nur für den Dienstgebrauch«, »Honig« und »Von MG für SF« sowie einer Verteilerliste mit den Initialen von Nutting, Tapp und von zwei anderen, die ich nicht kannte. Die Notiz, von Max offensichtlich für die Akten geschrieben, begann mit »Sehr geehrte Miss Frome«. Er gab mir etwas zu bedenken, was ich »wahrscheinlich bereits selbst in Betracht gezogen« hatte. Eine der Honig-Zielpersonen sei zu einiger Bekanntheit gelangt und ins Visier der Medien geraten. »Mitarbeiter sollten sich nicht fotografieren lassen und der Presse aus dem Weg gehen. Sie mögen es für Ihre Pflicht halten, der Austen-Preis-Verleihung beizuwohnen, aber Sie wären gut beraten, dies zu unterlassen.«

Ausgesprochen vernünftig, aber ich nahm es ihm übel. Natürlich hatte ich vor, Tom dorthin zu begleiten. Ob er gewann oder nicht, er brauchte mich. Aber warum dieses Rundschreiben und nicht ein Gespräch unter vier Augen? War es zu qualvoll für ihn, mit mir allein zu sprechen? Ich hatte den Verdacht, dass mir eine bürokratische Falle gestellt wurde. Somit lautete die Frage, ob ich Max die Stirn bieten oder mich tatsächlich von der Veranstaltung fernhalten sollte. Letzteres schien, da es den Vorschriften entsprach, weniger riskant, aber es ging mir gegen den Strich, und abends auf dem Heimweg erfasste mich eine Mordswut auf Max und seine Machenschaften – ganz egal, was er im Schilde führte. Zusätzlich ärgerte mich, dass ich mir für Tom eine Ausrede ausdenken musste, warum ich nicht mitkommen konnte. Eine Erkrankung in der Familie, eine plötzliche Grippe bei mir, eine akute Krisensituation im Büro. Ich entschied mich für ein verdorbenes Sandwich und Magenverstimmung – plötzlicher Ausbruch, totale Unpässlichkeit, rasche Genesung –, und diese Lüge warf mich naturgemäß auf mein altes Problem zurück. Ich hatte nie den richtigen Moment gefunden, ihm alles zu erzählen. Wenn ich ihn als Honig-Kandidaten abgelehnt und dann eine Affäre mit ihm gehabt hätte, wenn ich die Affäre angefangen und dann beim Geheimdienst gekündigt hätte, oder wenn ich es ihm gleich bei unserer ersten Begegnung gesagt hätte... aber nein, das alles ergab keinen Sinn. Zu Beginn konnte ich ja nicht wissen, was aus uns werden würde, und sobald ich es wusste, war es bereits zu kostbar, um es aufs Spiel zu setzen. Ob ich ihm alles beichtete und dann kündigte, oder kündigte und es ihm dann beichtete, in jedem Fall riskierte ich, ihn zu verlieren. Ich sah nur den Ausweg, es ihm zu verheimlichen. Konnte ich damit leben? Nun, das tat ich ja bereits.

Im Gegensatz zu seinem lärmenden kleinen Cousin, dem Booker-Preis, legte der Austen-Preis keinen Wert auf Festbankette oder Prominente in der Jury. Wie Tom mir erzählt hatte, war ein alkoholfreier Empfang im Dorchester geplant, bei dem ein namhafter Autor eine kurze Ansprache halten sollte. Die Jury bestand aus Schriftstellern, Literaturwissenschaftlern, Kritikern und dem einen oder anderen Philosophen oder Historiker. Das Preisgeld war früher einmal beträchtlich gewesen – 1875 kam man mit zweitausend Pfund noch ziemlich weit. Heutzutage konnte es mit dem Booker nicht mehr mithalten. Der Austen war eine reine Prestigesache. Es gab Überlegungen, die Dorchester-Veranstaltung im Fernsehen zu übertragen, aber die älteren Ausschussmitglieder scheuten davor zurück, und Tom zufolge würde vermutlich viel eher der Booker ins Fernsehen kommen.

Der Empfang fand am nächsten Abend um sechs Uhr

statt. Um fünf schickte ich Tom vom Postamt in Mayfair aus ein Telegramm ins Dorchester. *Bin krank. Verdorbenes Sandwich. In Gedanken bei dir. Komm hinterher nach Camden. Liebe Dich. S.* Bedrückt schlich ich ins Büro zurück, angewidert von mir selbst und der Zwickmühle, in der ich steckte. Früher hätte ich mich gefragt, was Tony an meiner Stelle getan hätte. Das half mir jetzt nicht mehr. Ich hatte keine Mühe, meine finstere Stimmung für Unwohlsein auszugeben und mich von Mount vorzeitig nach Hause schicken zu lassen. Um sechs, als ich eigentlich an Toms Arm im Dorchester hätte Einzug halten sollen, kam ich in meiner Wohnung an. Gegen acht fiel mir ein, dass ich besser gleich in meine Rolle schlüpfte, für den Fall, dass Tom schon früh hier auftauchte. Dass es mir nicht gut ging, brauchte ich mir nicht mal vorzuspielen. Schlechtgelaunt und voller Selbstmitleid legte ich mich in Schlafanzug und Morgenmantel aufs Bett, las eine Weile, döste schließlich ein. Die Türklingel, ein oder zwei Stunden später, hörte ich nicht.

Eins der Mädchen musste Tom hereingelassen haben, denn als ich die Augen aufschlug, stand er neben mir am Bett, in der einen Hand seinen Scheck, den er an einer Ecke hochhielt, in der anderen ein fertiges Exemplar seines Romans. Er grinste wie ein Idiot. Ich vergaß mein vergiftetes Sandwich, sprang auf und umarmte ihn, wir jubelten und tobten und veranstalteten einen solchen Lärm, dass Tricia an die Tür klopfte und fragte, ob wir Hilfe brauchten. Wir beruhigten sie, dann liebten wir uns (er wirkte wie ausgehungert), und gleich danach nahmen wir ein Taxi zum White Tower.

Dort waren wir seit unserem ersten Abend nicht mehr gewesen, also war es in gewisser Weise ein Jubiläum. Ich hatte es mir nicht nehmen lassen, *Aus dem Tiefland von Somerset* einzustecken, und jetzt reichten wir uns das Buch über den Tisch hin und her, blätterten in den hunderteinundvierzig Seiten, bewunderten das Schriftbild, erfreuten uns am Autorenfoto und an dem Umschlag, der in körnigem Schwarzweiß eine Stadt in Trümmern zeigte, vermutlich Berlin oder Dresden im Jahr 1945. Beim Anblick der Widmung, »Für Serena«, schlug ich alle Sicherheitsbedenken in den Wind und stieß einen lauten Freudenschrei aus, sprang auf und küsste ihn und ließ mir dann von dem Abend erzählen, von William Goldings launiger Rede und dem unverständlichen Sermon des Juryvorsitzenden, eines Professors aus Cardiff. Nachdem man seinen Namen verkündet hatte, war Tom auf dem Weg nach vorn vor lauter Nervosität über eine Teppichkante gestolpert und hatte sich an einer Stuhllehne die Hand angeschlagen. Ich küsste sie zärtlich. Nach dem Festakt gab er vier kurze Interviews, aber da noch niemand sein Buch gelesen hatte, spielte es keine Rolle, was er sagte, und er kam sich dabei wie ein Betrüger vor. Ich bestellte zwei Gläser Champagner, und wir stießen auf den einzigen Erstlingsautor an, der jemals den Austen-Preis bekommen hatte. Das alles war so wunderbar, dass wir gar nicht auf die Idee kamen, uns zu betrinken. Ich vergaß jedoch nicht, vorsichtig zu essen, immerhin hatte ich mir ja den Magen verdorben.

Tom Maschler hatte die Veröffentlichung mit der Präzision einer Mondlandung geplant. Oder als habe er bei der Vergabe des Austen-Preises ein Wörtchen mitzureden gehabt. Die Shortlist, die Artikel, die Bekanntgabe des Preises – all das nährte eine gespannte Erwartung, die gegen Ende der Woche erfüllt wurde, als das Buch zusammen mit den ersten Besprechungen in die Läden kam. Unser Plan fürs Wochenende war einfach. Tom wollte weiterschreiben, ich wollte auf der Fahrt zu ihm die Kritiken lesen. Am Freitagabend saß ich mit sieben Rezensionen auf dem Schoß im Zug nach Brighton. Die Welt spendete meinem Liebsten vorwiegend Lob. Der *Telegraph* schrieb: »Der einzige Hoffnungsschimmer ist das Band, das Vater und Tochter vereint (eine Liebe, so zart beschrieben, wie nur selten in der zeitgenössischen Literatur). Aber der Leser spürt schon früh, dass in diesem düsteren Meisterwerk kein Band unzerschnitten bleiben kann. Das Finale zerreißt einem schier das Herz.« Das *Times Literary Supplement:* »Ein seltsames Glühen, ein unheimliches unterirdisches Leuchten schimmert in Haleys Prosa und entfaltet in der Phantasie des Lesers eine halluzinogene Wirkung, die diese gespenstische Endzeitwelt in ein Reich von herber und unwiderstehlicher Schönheit zu verwandeln vermag.« Der *Listener:* »Seine Prosa kennt kein Pardon. Er hat den erschöpften, gleichmütig starren Blick des Psychopathen, und seine Protagonisten, moralisch unbescholtene und körperlich reizvolle Geschöpfe, müssen in einer gottlosen Welt ihr Schicksal mit dem übelsten Abschaum teilen.« Die *Times:* »Wenn Mr. Haley seine Hunde loshetzt, um einem verhungernden Bettler die Eingeweide herauszureißen, dann stellt uns eine moderne Ästhetik auf die Probe und provoziert uns, Einspruch zu erheben oder wenigstens zusammenzuzucken. Bei den meisten anderen

Autoren wäre diese Szene ein gedankenloses und unverzeihliches Spiel mit dem Leid, doch Haleys Weltsicht ist sowohl hart als auch transzendent. Vom ersten Absatz an ist man in seinen Händen und hat die Gewissheit, dass er weiß, was er tut, und dass man ihm vertrauen kann. Dieses schmale Buch kündet – Verheißung oder Bürde? – von Genie.«

Wir hatten Haywards Heath bereits hinter uns gelassen. Ich nahm das Buch, *mein* Buch, aus der Handtasche und las aufs Geratewohl ein paar Seiten, und schon fing ich an, es mit neuen Augen zu sehen. So groß war die geballte Kraft dieser einhelligen Lobeshymnen, dass *Aus dem Tiefland* mir jetzt ganz anders erschien, abgeklärter und konsequenter, die Sprache hatte einen hypnotischen Rhythmus. Und diese Klugheit. Das Buch las sich wie ein majestätisches Gedicht, so konkret und zugleich aus der Zeit gefallen wie *Adlestrop* von Edward Thomas. Durch das jambische Rattern des Zuges hindurch (von wem hatte ich dieses Wort wohl gelernt?) hörte ich Tom seinen Text rezitieren. Was wusste ich denn schon, eine kleine Geheimdienstangestellte, die noch vor zwei oder drei Jahren Jacqueline Susann Jane Austen vorzog? Aber war diesem einhelligen Lob zu trauen? Ich griff zum *New Statesman,* dessen »hintere Hälfte«, wie Tom mir erklärt hatte, in der literarischen Welt etwas galt. Das Inhaltsverzeichnis verriet, dass die Rezension der Aufmacher des Kulturteils war und von der Feuilletonchefin persönlich stammte. Ihr Urteil: »Zugegeben, es gibt souveräne Momente, klinisch präzise Schilderungen, die den Leser vor Ekel über die Menschheit erschaudern lassen, aber insgesamt wirkt der Roman gewollt, ein wenig formelhaft, manipulativ und letztlich schwach. Der Autor macht sich (aber nicht dem Leser) vor, er habe etwas Gewichtiges über unser aller Misere zu sagen. Was fehlt, ist Weitblick, Ehrgeiz und schlicht Intelligenz. Trotzdem ist von Haley in Zukunft vielleicht doch noch etwas zu erwarten.« Dann ein winziger Artikel in der Londoner Klatschspalte des *Evening Standard:* »Eine der fragwürdigsten Entscheidungen, die eine Jury je getroffen hat... die diesjährigen Austen-Juroren haben sich, vielleicht mit kollektiven Ambitionen auf einen Posten im Finanzministerium, dafür entschieden, die Währung ihres Preises abzuwerten. Sie kürten eine pubertäre Antiutopie, eine läppische Verherrlichung von Chaos und Barbarei, der man nur zugutehalten kann, dass sie kaum länger als eine Kurzgeschichte ist.«

Tom hatte gesagt, er wolle die Rezensionen nicht sehen, also las ich ihm am Abend in seiner Wohnung nur die besten Stellen aus den positiven vor und fasste die negativen so schonend wie möglich zusammen. Das Lob freute ihn natürlich, aber er war offensichtlich schon ganz woanders. Selbst als ich die Passage vorlas, in der das Wort »Meisterwerk« vorkam, warf er einen zerstreuten Blick auf eine seiner Manuskriptseiten. Und kaum hatte ich geendet, tippte er weiter, auch am Abend wollte er die Arbeit nicht unterbrechen. Ich zog los, besorgte etwas zu essen, und er aß dann seine Fish and Chips an der Schreibmaschine, wobei er sie auf dem *Evening Argus* vom Vortag ablegte, der ihn besonders wohlwollend rezensiert hatte.

Ich las unterdessen, und wir sprachen kaum ein Wort, bis ich ins Bett ging. Als er sich eine Stunde später zu mir legte, war ich noch wach, und wieder schlief er auf diese neue, hungrige Weise mit mir, als hätte er ein Jahr lang keinen Sex gehabt. Er war viel lauter als ich. Ich neckte ihn, nannte das seinen Gesengte-Sau-Modus.

Am nächsten Morgen weckte mich das gedämpfte Rattern seiner neuen elektrischen Schreibmaschine. Ich drückte ihm beim Hinausgehen einen Kuss auf den Hinterkopf und machte mich auf den Weg zum Samstagsmarkt. Dort erledigte ich die Einkäufe, holte die Zeitungen und ging in mein Stammcafé. Ein Tisch am Fenster, ein Cappuccino, ein Mandelcroissant. Perfekt. Dazu eine phantastische Besprechung in der *Financial Times*. »T. H. Haley zu lesen gleicht einer rasenden Fahrt durch enge Kurven. Aber man kann sich darauf verlassen, dass dieser schnittige Wagen immer auf der Straße bleibt.« Ich freute mich schon darauf, ihm das vorzulesen. Die nächste Zeitung auf dem Stapel war der *Guardian,* mit Toms Name und einem Foto von ihm im Dorchester auf Seite eins. Gut. Ein ganzer Artikel weiter hinten im Blatt. Ich schlug ihn auf, sah die Überschrift – und erstarrte. »Austen-Preisträger vom MI5 finanziert«.

Ich hätte mich fast übergeben. Mein erster dummer Gedanke war, dass er das vielleicht nie zu Gesicht bekommen würde. Eine »zuverlässige Quelle« hatte der Zeitung bestätigt, dass die Stiftung ›Freedom International‹, womöglich ohne es zu wissen, »Gelder von einer anderen Institution« erhalten hatte, »zu deren Geldgebern unter anderem eine Organisation gehört, die indirekt vom Geheimdienst finanziert wird«. In panischer Hast überflog ich den Rest des Artikels. Keine Erwähnung von Honig oder von anderen Schriftstellern. Eine präzise Auflistung der monatlichen

Zahlungen, dann die Feststellung, dass Tom nach der ersten seine Dozentenstelle gekündigt habe, und schließlich, weniger gefährlich, ein Hinweis auf den Kongress für Kulturelle Freiheit und seine Verbindungen zur CIA. Die alte *Encounter*-Geschichte wurde aufgewärmt, dann kam man wieder zum Scoop zurück. Von T. H. Haley, hieß es, stammten

> leidenschaftlich antikommunistische Artikel über den Aufstand in Ostdeutschland, über das Schweigen westdeutscher Schriftsteller zur Berliner Mauer und zuletzt über die staatlichen Repressionsmaßnahmen gegen Dichter in Rumänien. Vielleicht ist er genau die Art von Mann, den unsere Geheimdienste als Gleichgesinnten betrachten und dem sie hierzulande Erfolg wünschen: ein rechter Autor, der die allgemeine Linkslastigkeit seiner Kollegen mit Skepsis betrachtet und daraus keinen Hehl macht. Aber eine so gravierende heimliche Einmischung in die Kultur wirft Fragen auf, Fragen nach der Freiheit der Kunst in unserer vom Kalten Krieg geprägten Welt. Noch zweifelt niemand an der Integrität der Austen-Juroren, aber die Preisverantwortlichen könnten sich einmal fragen, wen die gelehrte Runde da eigentlich zum Preisträger gekürt hat und ob in gewissen geheimen Londoner Büros die Champagnerkorken knallten, als Haleys Name verkündet wurde.

Ich las den Artikel noch einmal und konnte mich an die zwanzig Minuten lang nicht bewegen, mein Kaffee, den ich nicht angerührt hatte, wurde kalt. Jetzt war es sonnenklar.

Und unvermeidlich: Wenn ich es ihm nicht erzählte, würde es jemand anders tun. Die Strafe für meine Feigheit. Wie verabscheuenswert und lächerlich ich vor ihm dastehen würde, aus meinem Versteck getrieben, verzweifelt bemüht, ehrlich zu klingen, mich zu rechtfertigen. Liebster, ich hab's dir nicht gesagt, weil ich dich liebe. Ich hatte Angst, dich zu verlieren. O ja, das hatte ich geschickt eingefädelt. Mein Schweigen, seine Schande. Ich überlegte, ob ich direkt zum Bahnhof gehen, den nächsten Zug nach London nehmen und für immer aus seinem Leben verschwinden sollte. Ja, lass ihn den Sturm allein durchstehen. Noch mehr Feigheit. Aber er würde mich sowieso nicht mehr sehen wollen. Und so ging es im Kreis. Auch wenn ich wusste, es gab keinen Ausweg, ich musste mich Tom stellen, ich musste in die Wohnung zurück und ihm den Artikel zeigen.

Ich raffte Hähnchen, Gemüse und Zeitungen zusammen, bezahlte mein ungegessenes Frühstück und ging langsam den Hügel hinauf zu seiner Straße. Auf der Treppe hörte ich ihn tippen. Na, damit wäre gleich Schluss. Ich betrat die Wohnung und wartete, dass er aufblickte.

Er bemerkte mich, lächelte flüchtig und wollte schon wieder weitermachen, als ich sagte: »Das solltest du dir ansehen. Es ist keine Rezension.«

Ich hielt ihm den *Guardian* aufgeschlagen hin. Er nahm ihn, wandte mir den Rücken zu und las. Ich fragte mich benommen, ob ich, wenn es so weit war, meine Sachen packen oder gleich verschwinden sollte. Ich hatte einen kleinen Koffer unterm Bett. Ich durfte meinen Föhn nicht vergessen. Aber vielleicht bliebe dazu gar keine Zeit. Vielleicht warf er mich einfach raus.

Endlich sah er mich an und sagte in neutralem Ton: »Schrecklich.«

»Ja.«

»Was soll ich sagen?«

»Tom, ich weiß nicht...«

»Die Herkunft dieser Gelder. Hör dir das an. Stiftung bla bla, ›zu deren Geldgebern unter anderem eine Organisation zählt, die indirekt vom Geheimdienst finanziert wird‹.«

»Es tut mir so leid, Tom.«

»Unter anderem? Indirekt? Über drei Zwischenstationen? Wie hätten wir das wissen sollen?«

»Ich weiß es auch nicht.«

Ich hörte das »wir«, nahm es aber nicht richtig wahr.

Er sagte: »Ich war bei denen im Büro, ich habe mir die ganzen Unterlagen angesehen. Alles völlig einwandfrei.«

»Ja, natürlich.«

»Wahrscheinlich hätte ich auch noch die Konten überprüfen sollen. Bin ich ein Scheiß-Buchhalter oder was?«

Jetzt war er empört. »Ich kapiere das einfach nicht. Wenn die Regierung bestimmte Meinungen verbreiten will, warum dann heimlich?«

»Genau.«

»Die haben regierungsfreundliche Journalisten, den Arts Council, Stipendien, die BBC, PR-Abteilungen, die Königliche Akademie und was weiß ich noch alles. Die haben das komplette Bildungssystem unter sich! Wozu den MI5 einsetzen?«

»Völlig verrückt, Tom.«

»Der reine Wahnsinn. So halten sich diese geheimen Bürokratien am Leben. Irgendein kleiner Scheißer spinnt sich was zusammen, um bei seinen Vorgesetzten Eindruck zu schinden. Und keiner weiß, wozu das gut sein soll. Keinem fällt es auch nur ein, mal nachzufragen. Genau wie bei Kafka.«

Er sprang auf und kam zu mir.

»Hör zu. Serena. Kein Mensch hat mir jemals gesagt, was ich schreiben soll. Nur weil ich mich für einen inhaftierten rumänischen Dichter einsetze, bin ich noch lange kein Rechter. Und ich bin auch kein Werkzeug des MI5, wenn ich die Berliner Mauer einen Haufen Scheiße nenne. Oder westdeutsche Autoren, die darüber kein Wort verlieren, als Feiglinge bezeichne.«

»Natürlich nicht.«

»Aber das unterstellen die mir. Gleichgesinnter! Und am Ende glauben die Leute das noch!«

War es wirklich so simpel, liebte er mich so sehr, fühlte er sich von mir so geliebt, dass er gar nicht auf die Idee kam, mich zu verdächtigen? War *er* so simpel? Er begann in dem kleinen Mansardenzimmer auf und ab zu gehen. Der Boden knarrte laut, die Hängelampe am Dachbalken geriet ins Schlingern. Jetzt, wo wir schon so weit waren, hätte ich ihm die Wahrheit sagen müssen. Aber ich konnte mir diese Gnadenfrist einfach nicht versagen.

Er geriet wieder in Rage. Warum er? Wie ungerecht! Wie infam! Ausgerechnet jetzt, wo seine Karriere endlich ins Rollen kam.

Dann blieb er stehen: »Am Montag gehe ich zur Bank und sage denen, dass ich die Annahme weiterer Zahlungen verweigere.«

»Gute Idee.«

»Fürs Erste kann ich von dem Preisgeld leben.«

»Ja.«

»Aber, Serena...« Er kam zu mir und nahm meine Hände. Wir sahen uns in die Augen, küssten uns.

»Serena, was soll ich jetzt machen?«

Als ich die Sprache wiederfand, klang meine Stimme matt und tonlos: »Ich denke, du solltest eine Presseerklärung abgeben. Du schreibst was und gibst es telefonisch der Press Association durch.«

»Du musst mir dabei helfen.«

»Klar. Du sagst, dass du nichts davon gewusst hast, dass du schockiert bist und das Geld nicht willst.«

»Du bist großartig. Ich liebe dich.«

Er legte die losen Blätter seines neuen Romans in eine Schublade und verschloss sie. Ich setzte mich an die Schreibmaschine, spannte einen neuen Bogen ein, und dann entwarfen wir eine Erklärung. Ich brauchte einige Minuten, um mich an die sensiblen Tasten der elektrischen Maschine zu gewöhnen. Als wir fertig waren, las ich ihm den Text noch einmal vor, und er sagte: »Du kannst noch dazuschreiben: ›Ich möchte klarstellen, dass ich niemals schriftlichen oder persönlichen Kontakt mit Mitarbeitern des MI5 gehabt habe.‹«

Mir wurde ganz schummrig. »Das ist doch nicht nötig. Es folgt schon aus dem Rest. Zu viele Beteuerungen klingen auch verdächtig.«

»Da bin ich mir nicht so sicher. Wäre es nicht gut, das klarzustellen?«

»Es ist auch so schon klar genug, Tom. Ehrlich. Ist nicht nötig.«

Wieder sahen wir uns in die Augen. Seine waren rot vor Erschöpfung. Ansonsten sah ich darin nichts als Vertrauen.

»Na schön«, sagte er. »Lassen wir's.«

Ich gab ihm das Blatt und ging ins Schlafzimmer, um mich ein wenig hinzulegen, während er sich von der Auskunft die Nummer der Press Association geben ließ und dann seine Erklärung durchgab. Zu meinem Entsetzen hörte ich ihn fast wörtlich den Satz diktieren, den wir gerade gestrichen hatten.

»Und lassen Sie mich eins klarstellen. Ich hatte in meinem ganzen Leben niemals Kontakt zu Mitarbeitern des MI5.«

Ich setzte mich auf, wollte nach ihm rufen, aber es war zu spät. Ich sank in die Kissen zurück. Ich hatte es satt, ständig an dasselbe zu denken. *Sag es ihm. Bring's endlich hinter dich. Nein! Bloß nicht!* Die Ereignisse überstürzten sich, entglitten mir, ich wusste nicht mehr weiter. Ich hörte ihn den Hörer auflegen und zum Schreibtisch zurückgehen. Minuten später tippte er wieder. Wie erstaunlich und wunderbar diese Fähigkeit, sich so völlig zu konzentrieren und sich von jetzt auf gleich in eine Phantasiewelt zu stürzen. Ich blieb auf dem ungemachten Bett liegen, antriebslos, bedrückt von der Gewissheit, dass in der nächsten Woche alles zusammenbrechen würde. Im Büro würde man mir die Hölle heißmachen, selbst wenn der *Guardian*-Artikel folgenlos bleiben sollte. Was eigentlich ausgeschlossen war. Es konnte nur schlimmer werden. Ich hätte auf Max hören sollen. Natürlich konnte es sein, dass der Verfasser des Artikels bloß das wusste, was er geschrieben hatte. Aber falls er doch mehr wusste, und ich enttarnt wurde, dann... dann sollte ich es Tom sagen, bevor er es aus der Zeitung erfuhr. *Das* schon wieder. Ich rührte mich nicht. Ich konnte es einfach nicht.

Nach vierzig Minuten verstummte die Schreibmaschine. Fünf Minuten später knarrten die Dielen, und Tom kam herein. Er hatte sein Jackett an, setzte sich neben mich aufs Bett und gab mir einen Kuss. Er könne nicht mehr stillsitzen, sagte er. Seit drei Tagen habe er die Wohnung nicht mehr verlassen. Ob ich ihn zur Strandpromenade begleiten wolle, und ob er mich zum Lunch bei Wheeler's einladen dürfe? Balsam für meine Seele, sofort vergaß ich alles andere. Ich zog meinen Mantel an, und schon waren wir aus dem Haus und gingen Arm in Arm den Hügel hinunter in Richtung Ärmelkanal, als sei dies ein unbeschwertes Wochenende wie jedes andere. Solange ich mich mit ihm in der Gegenwart verlieren konnte, fühlte ich mich sicher. Auch half mir Toms beschwingte Stimmung. Er schien zu denken, mit seiner Erklärung an die Presse sei das Problem gelöst. Auf der Promenade wandten wir uns nach Osten, zu unserer Rechten wogte und schäumte, von einem frischen Nordwind aufgepeitscht, die graugrüne See. Wir gingen an Kemp Town vorbei und durch ein Gewühl von Demonstranten hindurch, die mit Transparenten gegen den geplanten Bau eines Yachthafens protestierten. Uns beiden war das vollkommen gleichgültig. Als wir zwanzig Minuten später wieder an derselben Stelle vorbeikamen, hatte die Demonstration sich aufgelöst.

Da sagte Tom: »Ich glaube, wir werden verfolgt.«

Das gab mir einen Stich in den Magen, kurz dachte ich, er wisse alles und verhöhne mich. Aber er meinte es ernst.

Ich drehte mich um. Der kalte Wind hatte fast alle Spaziergänger vertrieben. Ich sah nur eine einzige Gestalt, in mindestens zweihundert Meter Entfernung.

»Der da?«

»Er trägt einen Ledermantel. Ich hab ihn vorhin schon gesehen, als wir aus dem Haus sind, da bin ich mir sicher.«

Wir blieben stehen und warteten, dass der Mann uns einholte, doch er verschwand sogleich in einer Seitenstraße, die von der Promenade wegführte. Auf einmal schien uns die Sorge, ob wir im Restaurant um diese Zeit noch etwas zu essen bekämen, drängender, und so eilten wir zurück in die Lanes, setzten uns an unseren Tisch, bestellten das »Übliche«, als Hauptgang dann gegrillte Rochenflügel und dazu Chablis, und zum Abschluss ein Schälchen widerlich süße Weincreme.

Als wir aus dem Restaurant kamen, streckte Tom die Hand aus und sagte: »Da ist er«, aber ich sah nur eine leere Straßenkreuzung. Er löste sich von mir, lief hin, blieb stehen und stemmte ratlos die Hände in die Hüften: Offenbar war da niemand zu sehen.

Jetzt war unsere oberste (und dringlichste) Priorität, in die Wohnung zurückzukehren und uns zu lieben. Tom war wilder denn je und so ekstatisch, dass ich nicht wagte, ihn deswegen aufzuziehen. Nicht dass mir danach gewesen wäre. Mir blies schon der eisige Wind der kommenden Woche entgegen. Morgen würde ich mit dem Nachmittagszug nach Hause fahren, mir die Haare waschen und meine Blusen bügeln, und am Montag im Büro würde ich vor meinen Vorgesetzten geradestehen und mich den Morgenzeitungen stellen müssen, und früher oder später auch Tom. Ich vermochte nicht zu sagen, wer von uns am Abgrund oder näher am Abgrund stand, falls man das so ausdrücken konnte. Wer von uns würde am Ende am Pranger stehen? Bitte, lass es mich sein, nicht uns beide, dachte ich, während Tom aus dem Bett stieg, seine Sachen vom Stuhl nahm und nackt ins Bad ging. Er ahnte nicht, was auf ihn zukam, und hatte nichts davon verdient. Dass er mich kennengelernt hatte – einfach nur Pech. Mit diesem Gedanken schlief ich ein, wie so oft schon zum leisen Rattern seiner Schreibmaschine. Was blieb mir übrig außer Vergessen? Ich schlief tief und traumlos. Irgendwann am frühen Abend kam er leise ins Schlafzimmer, schlüpfte zu mir ins Bett, und wir liebten uns noch einmal. Er war unglaublich.

21

Von Sonntag auf Montag, zurück in der St. Augustine's Road, verbrachte ich eine weitere schlaflose Nacht. Zum Lesen war ich zu aufgewühlt. Durch die Äste der Kastanie und einen Spalt im Vorhang warf eine Straßenlaterne eine gekrümmte Lichtspur an die Decke, und ich lag auf dem Rücken und starrte sie an. So tief ich in der Tinte steckte, ich sah nicht, wie ich mich anders hätte verhalten können. Hätte ich nicht beim MI5 angefangen, wäre ich Tom nie begegnet. Hätte ich ihm bei unserer ersten Begegnung erzählt, für wen ich arbeitete – und warum sollte ich das einem Wildfremden erzählen? –, hätte er mir die Tür gewiesen. Und je mehr ich ihn ins Herz schloss, ihn schließlich liebte, desto schwerer und riskanter wurde es, ihm die Wahrheit zu sagen, während es gleichzeitig immer notwendiger wurde. Ich saß in der Falle, von Anfang an. Ich malte mir aus, wie es wäre, wenn ich genug Geld und Entschlossenheit besäße, einfach zu verschwinden, ohne ein Wort der Erklärung, irgendwohin, an einen einfachen, unverdorbenen Ort, weit weg von hier, auf die Insel Kumlinge in der Ostsee zum Beispiel. Ich sah mich, ohne Gepäck und aller Pflichten und Bindungen ledig, im wässrigen Sonnenlicht auf einer schmalen Straße wandern, sie führte an einer sandigen Bucht entlang, an Strandgrasnelken, Ginster und einer einsamen Kiefer vorbei und hinauf zu einer schlichten weißen Kapelle auf einem Felsvorsprung. Auf dem winzigen Friedhof daneben stand ein frischer Grabstein, davor ein Marmeladenglas mit Glockenblumen, von der Haushälterin dort hingestellt. Ich würde im Gras neben der aufgeschütteten Erde sitzen und an Tony denken, mich daran erinnern, dass wir uns einen ganzen Sommer lang geliebt hatten, und ihm den Verrat an seinem Land verzeihen. Eine vorübergehende Dummheit, zu der ihn gute Absichten verleitet hatten und die niemandem wirklich geschadet hatte. Ich konnte ihm verzeihen, denn auf Kumlinge, wo Luft und Licht so rein waren, ließ sich alles lösen. War mein Leben jemals besser und einfacher gewesen als an jenen Wochenenden in einem Försterhäuschen bei Bury St. Edmunds, als ein älterer Mann mich vergöttert, bekocht und unterwiesen hatte?

In diesem Augenblick, morgens um halb fünf, wurden überall im Land Bündel von Zeitungen mit Toms Foto aus Zügen und Lieferwagen auf Bahn- und Bürgersteige geworfen. In jedem Exemplar stand sein Dementi. Damit war er den Dienstagszeitungen zum Fraß vorgeworfen. Ich machte Licht, zog den Morgenmantel an und setzte mich in meinen Sessel. T. H. Haley, Lakai des Überwachungsstaats, um seinen Ruf gebracht, noch ehe er sich einen erwerben konnte, und ich war es, nein, wir waren es, Serena Frome und ihre Auftraggeber, die ihn zu Fall gebracht hatten. Wer sollte einen Text, der die Zensur in Rumänien anprangerte, noch ernst nehmen, wenn sein Autor aus dem Sonderbudget bezahlt wurde? Dieser Honig-Schützling war nun wertlos. Es gab neun weitere Schriftsteller, womöglich bedeutendere, nützlichere, die nicht unter Verdacht standen. Ich hörte schon die Männer in der fünften Etage: *Das Projekt wird überleben.* Was Ian Hamilton wohl dazu sagen würde? Die fiebrige Schlaflosigkeit ließ Wahnvorstellungen auf meiner Netzhaut lebendig werden. Ich sah ihn im Dunkeln, wie er sich mit einem gespenstischen Grinsen und Schulterzucken abwandte. *Tja, dann werden wir uns jemand anderen suchen müssen. Schade. Der Junge hatte Talent.* Vielleicht übertrieb ich. Stephen Spender hatte den *Encounter*-Skandal überlebt, die Zeitschrift selbst ebenfalls. Aber Spender war nicht so angreifbar gewesen. Tom würde als Lügner dastehen.

Ich schlief eine Stunde, dann klingelte der Wecker. Wie im Tran wusch ich mich und zog mich an, viel zu erschöpft, um an den vor mir liegenden Tag zu denken. Aber fühlen konnte ich sie, die betäubende Angst. So früh am Morgen war es nicht nur kalt, sondern auch klamm im Haus, doch in der Küche herrschte ausgelassene Stimmung. Bridget hatte um neun eine wichtige Prüfung, und Tricia und Pauline hatten Eier, Speck und Würstchen zum Frühstück für sie vorbereitet. Eine der drei reichte mir einen Tee, ich wärmte meine Hände an der Tasse, hörte ihrem Geplauder zu und wünschte, auch ich könnte demnächst als Fachanwältin für Eigentumsübertragungsrecht zugelassen werden. Als Pauline mich fragte, warum ich so bedrückt dreinschaue, antwortete ich aufrichtig, dass ich eine schlaflose Nacht hinter mir habe. Dafür bekam ich einen freundlichen Klaps auf die Schulter und ein Sandwich mit Spiegelei und Speck. Das rührte mich fast zu Tränen. Ich meldete mich freiwillig zum Abwasch, und während die drei anderen sich bereitmachten, schöpfte ich Trost aus dem häuslichen Dreischritt von dampfend heißem Wasser, Schaum und sauberen nassen Tellern.

Ich ging als Letzte aus dem Haus. Im Erdgeschoss entdeckte ich auf dem Linoleum unter dem Briefschlitz in der Haustür zwischen verschiedenen Werbesendungen eine an mich adressierte Postkarte. Die Vorderseite zeigte einen Strand auf Antigua und eine Frau mit einem Korb voller Blumen auf dem Kopf. Die Karte war von Jeremy Mott.

Hallo Serena. Bin dem langen Edinburgher Winter entflohen. Wie herrlich, endlich den Mantel zu Hause lassen zu können. Das geheimnisvolle Rendezvous letzte Woche war sehr nett, viel von Dir gesprochen! Komm mich doch mal besuchen. Viele Küsse, Jeremy

Rendezvous? Mir war nicht nach Rätseln. Ich steckte die Karte ein und ging aus dem Haus. Als ich zur U-Bahn-Station Camden eilte, fühlte ich mich schon ein wenig besser. Ich versuchte, mich tapfer in mein Schicksal zu ergeben. Das Ganze war ein Sturm im Wasserglas, ein Finanzierungsskandal, und ich konnte sowieso nichts machen. Ich riskierte, meinen Geliebten und meinen Job zu verlieren, aber zu Tode kommen würde dabei niemand.

Damit mich im Büro niemand mit dem Zeitungsstapel sah, hatte ich mir vorgenommen, die Presse noch in Camden durchzusehen. Und so stand ich in dem eisigen Wind, der durch die beiden Eingänge der Schalterhalle fegte, und kämpfte mit mehreren flatternden Zeitungen. Auf die Titelseiten hatte Tom es nicht geschafft, aber innen berichteten sie alle über ihn, die *Daily Mail,* der *Daily Express,* mit verschiedenen Fotos. Die Artikel waren allesamt Variationen der Agenturmeldung, garniert mit einzelnen Passagen aus seiner Presseerklärung. Alle zitierten seine Beteuerung, er habe niemals Kontakt zum MI5 gehabt. Gut war das nicht, es hätte aber auch noch schlimmer sein können. Falls nichts Neues nachkam, war die Geschichte vielleicht bald schon tot. Zwanzig Minuten später ging ich beinahe beschwingt die Curzon Street entlang. Und fünf Minuten später im Büro schnellte mein Puls kaum hoch, als ich auf meinem Schreibtisch einen Umschlag der Hauspost erblickte. Man bat mich für neun Uhr in Tapps Büro, damit hatte ich gerechnet. Ich hängte meinen Mantel auf und fuhr mit dem Lift nach oben.

Sie warteten schon auf mich – Tapp, Nutting, der kleine graue Herr aus der fünften Etage und Max. Ich hatte den Eindruck, in eine längere Gesprächspause hineinzuplatzen. Sie tranken Kaffee, aber niemand bot mir eine Tasse an, Tapp deutete bloß mit einer Hand auf den einzigen freien Stuhl. Ein Stapel Zeitungsausschnitte lag auf dem niedrigen Tisch vor uns. Daneben Toms Roman. Tapp griff danach, schlug ihn auf und las: »Für Serena«. Er warf das Buch auf die Zeitungsausschnitte.

»Also, Miss Frome. Wie kommt es, dass wir in sämtlichen Zeitungen stehen?«

»Die haben das nicht von mir.«

Tapp ließ ein leises, ungläubiges Räuspern vernehmen, bevor er nuschelte: »Ach wirklich.« Und dann: »Sie... treffen sich mit diesem Mann?«

So wie er es sagte, klang das Verb obszön. Ich nickte, und

als ich mich umsah, begegnete mir Max' starrer Blick. Diesmal sah er nicht weg. Ich zwang mich, seinem Blick standzuhalten, und wandte mich erst ab, als Tapp weitersprach.

»Seit wann?«

»Seit Oktober.«

»Sie treffen sich mit ihm in London?«

»Meistens in Brighton. Am Wochenende. Hören Sie, er weiß von nichts. Er hat mich nicht im Verdacht.«

»Ach wirklich.« Wieder dieses tonlose Nuscheln.

»Und selbst wenn, würde er der Presse kaum davon erzählen wollen.«

Sie beobachteten mich, lauerten darauf, dass ich mehr sagte. Ich wusste, sie hielten mich für dumm, und allmählich fühlte ich mich auch so.

Tapp sagte: »Ihnen ist klar, dass Sie in ernsthaften Schwierigkeiten stecken?«

Eine angemessene Frage. Ich nickte.

»Erklären Sie mir, warum.«

»Weil Sie meinen, ich könne den Mund nicht halten.«

»Sagen wir, wir haben Vorbehalte, was Ihre Professionalität angeht«, erwiderte Tapp.

Peter Nutting schlug eine Mappe auf seinem Schoß auf. »In Ihrem Bericht an Max haben Sie die Empfehlung abgegeben, dass wir ihn nehmen sollen.«

»Ja.«

»Als Sie das geschrieben haben, waren Sie bereits Haleys Geliebte.«

»Das stimmt nicht.«

»Aber er hat Ihnen gefallen.«

»Nein. Das kam erst später.«

Nutting ließ mich sein Profil betrachten, während er nach einer anderen Möglichkeit suchte, mich als eigennützig hinzustellen. Schließlich sagte er: »Wir haben diesen Mann auf Ihr Wort hin in das Programm aufgenommen.«

Meiner Erinnerung nach hatten sie mir Haley präsentiert und mir das Dossier in die Hand gedrückt. Ich sagte: »Ich hatte Haley noch nie gesehen, da hat Max mich beauftragt, nach Brighton zu fahren und ihn anzuheuern. Soweit ich weiß, waren wir zeitlich im Rückstand.« Ich hätte auch sagen können, dass Tapp und Nutting die Verzögerung verursacht hatten. Nach einer Pause fügte ich hinzu: »Aber ich hätte ihn auf jeden Fall genommen, wenn die Entscheidung bei mir gelegen hätte.«

Max sah auf. »Das stimmt sogar. Ich fand ihn auf dem Papier gut genug, habe mich jedoch offensichtlich getäuscht. Wir brauchten dringend einen Romanautor. Aber mein Eindruck war, dass sie von Anfang an ein Auge auf ihn geworfen hatte.«

Es regte mich auf, wie er von mir in der dritten Person sprach. Aber dasselbe hatte ich bei ihm gerade auch getan.

»So war's nicht«, sagte ich. »Ich mochte seine Erzählungen, und das machte es, als ich ihn dann kennenlernte, leichter, auch den Mann zu mögen.«

Nutting sagte: »Mir scheint, wir sind uns alle mehr oder weniger einig.«

Ich versuchte, mich nicht in die Defensive drängen zu lassen. »Er ist ein brillanter Schriftsteller. Ich sehe keinen Grund, warum wir nicht stolz darauf sein sollten, ihn zu unterstützen. Auch öffentlich.«

»Wir müssen uns von ihm trennen«, sagte Tapp. »Es geht

nicht anders. Das ganze Programm könnte in Mitleidenschaft gezogen werden. Und dieser Roman, aus Cornwall oder wie er schon wieder heißt –«

»Völliger Quatsch«, sagte Peter Nutting und schüttelte verwundert den Kopf. »Innere Widersprüche des Kapitalismus bringen die Zivilisation zu Fall. Na, großartig.«

»Mir hat es gar nicht gefallen, muss ich sagen.« Max sprach mit dem Eifer des Klassenstrebers. »Unglaublich, dass er diesen Preis bekommen hat.«

»Er schreibt schon an einem neuen Roman«, sagte ich. »Klingt sehr vielversprechend.«

»Nein, danke«, sagte Tapp. »Er ist draußen.«

Der kleine Herr erhob sich mit einem unwilligen Seufzer und ging zur Tür. »Ich möchte keine Zeitungsartikel mehr sehen. Heute Abend spreche ich mit dem Chefredakteur des *Guardian*. Sie kümmern sich um den Rest. Bis Mittag will ich den Bericht auf meinem Schreibtisch haben.«

Als er weg war, sagte Nutting: »Damit sind Sie gemeint, Max. Setzen Sie uns auf die Verteilerliste. Und fangen Sie am besten gleich an. Harry, die Redakteure teilen wir uns auf wie gehabt.«

»Hinweis auf nationale Sicherheitsinteressen?«

»Zu spät, wir wollen uns doch nicht zum Affen machen. Und jetzt...«

Sein »Und jetzt« war an mich gerichtet, aber wir warteten zuerst, bis Max weg war. Der drehte sich im letzten Moment um und suchte nochmals meinen Blick, ehe er rückwärts durch die Tür entschwand. In seiner leeren Miene glaubte ich so etwas wie Triumph zu lesen, aber vielleicht täuschte ich mich.

Während seine Schritte im Korridor verklangen, fuhr Nutting fort: »Man munkelt hier – und Sie haben jetzt Gelegenheit, das richtigzustellen –, Sie seien der Grund, dass seine Verlobung in die Brüche gegangen ist. Und dass Sie uns überhaupt, hübsch wie Sie sind, mehr Ärger einbringen, als dass Sie uns nützen.«

Dazu fiel mir nichts ein. Tapp, der eine Zigarette nach der anderen rauchte, ließ schon wieder sein Feuerzeug aufflammen. Er sagte: »Wir haben uns massivem Druck und modischen Argumenten gebeugt und Frauen an Bord genommen. Und herausgekommen ist ungefähr das, was wir erwartet haben.«

Inzwischen ging ich davon aus, dass sie mich feuern würden und ich nichts zu verlieren hatte. Ich fragte: »Warum haben Sie mich eingestellt?«

»Das frage ich mich auch die ganze Zeit«, erwiderte Tapp freundlich.

»Wegen Tony Canning?«

»Ach ja. Der arme Tony. Wir hatten ihn ein paar Tage in einem sicheren Haus, bevor er sich auf seine Insel verzogen hat. Wir wussten, dass wir ihn nicht wiedersehen würden, und wollten vorher noch ein paar offene Fragen klären. Traurige Geschichte. Es gab eine Hitzewelle. Er hatte die ganze Zeit Nasenbluten. Am Ende haben wir ihn als ungefährlich eingestuft.«

Nutting ergänzte: »Nur falls Sie das interessiert. Wir haben ihn nach seinen Motiven gefragt. Er hat uns was von Gleichgewicht der Kräfte vorgequatscht, aber unsere Quelle in Buenos Aires hat uns was ganz anderes erzählt. Er ist erpresst worden. 1950, nur drei Monate nach seiner Hochzeit. Die Moskauer Zentrale hat ihm eine Versuchung vor die Nase gesetzt, der er nicht widerstehen konnte.«

»Für ihn konnten sie nicht jung genug sein«, sagte Tapp. »Apropos, er wollte, dass wir Ihnen das hier geben.«

Er hielt mir einen geöffneten Umschlag hin. »Von uns aus hätten Sie das schon vor Monaten bekommen, aber die Spezialisten unten im Keller meinten, da sei vielleicht eine verschlüsselte Nachricht drin.«

Ich versuchte möglichst gleichgültig zu wirken, als ich den Umschlag entgegennahm und ihn in meine Handtasche steckte. Aber ich hatte die Handschrift erkannt und begann zu zittern.

Tapp entging das nicht. »Wie wir von Max wissen, waren Sie ganz aufgeregt wegen eines kleinen Zettels. Der war vermutlich von mir. Ich hatte den Namen seiner Insel notiert. Tony erwähnte, man könne dort in der Gegend ausgezeichnet Lachsforellen fischen.«

Wir warteten schweigend, bis diese irrelevante Information sich in Luft aufgelöst hatte.

Dann fuhr Nutting fort: »Aber Sie haben recht. Wir haben Sie seinetwegen eingestellt, für den Fall, dass wir uns in ihm täuschten. Haben Sie im Auge behalten. Wie sich zeigte, war die Gefahr, die Sie darstellten, eher von der banalen Sorte.«

»Und jetzt wollen Sie mich loswerden.«

Nutting sah Tapp an, der reichte ihm sein Zigarettenetui. Nutting steckte sich eine an und sagte: »Nein, keineswegs. Sie sind auf Probe. Wenn Sie keinen Ärger machen, wenn Sie uns keinen Ärger machen, können Sie die Kurve gerade noch kriegen. Morgen fahren Sie nach Brighton und teilen

Haley mit, dass er kein Geld mehr bekommt. Ihre Legende mit der Stiftung halten Sie selbstverständlich aufrecht. Wie Sie das anstellen, ist Ihre Sache. Von uns aus können Sie ihm die Wahrheit über seinen grässlichen Roman sagen. Des Weiteren brechen Sie den Kontakt zu ihm ab. Auch hier haben Sie freie Hand, wie Sie das machen. Aber Sie lassen sich nie wieder in seiner Nähe blicken. Wenn er nach Ihnen sucht, schicken Sie ihn weg. Erzählen Sie ihm, Sie haben einen anderen. Es ist aus. Verstanden?«

Sie warteten. Wieder hatte ich dasselbe Gefühl wie früher als Teenager, wenn der Bischof mich in sein Arbeitszimmer rief, um über meine schulischen Fortschritte zu sprechen. Das Gefühl, unartig und klein zu sein.

Ich nickte.

»Ich möchte das von Ihnen hören.«

»Ich habe verstanden, was Sie von mir verlangen.«

»Ja. Und?«

»Ich werde es tun.«

»Noch einmal. Lauter.«

»Ja, ich werde es tun.«

Nutting blieb sitzen, Tapp erhob sich und zeigte mit einer gelblichen Hand höflich auf die Tür.

Ich ging ein Stockwerk hinunter und über den Flur zu einem Fenster, das auf die Curzon Street sah. Bevor ich den Umschlag aus der Handtasche nahm, blickte ich mich um. Das einzelne Blatt Papier war bereits stark abgegriffen.

28. September 1972

Meine Liebe,

heute habe ich erfahren, dass man Dich letzte Woche eingestellt hat. Gratuliere. Ich freue mich sehr für Dich. Die Arbeit wird Dir gefallen und Dich erfüllen, und ich weiß, Du wirst gut darin sein.

Nutting hat versprochen, Dir diesen Brief zukommen zu lassen, aber da ich weiß, wie so etwas läuft, wird bis dahin vermutlich einige Zeit vergehen. Unterdessen wirst Du schlimme Dinge gehört haben. Du wirst wissen, warum ich wegmusste, warum ich allein sein musste und warum ich alles in meiner Macht Stehende tun musste, um Dich von mir wegzustoßen. Es war das Niederträchtigste, was ich je in meinem Leben getan habe: einfach wegzufahren und Dich auf diesem Parkplatz stehen zu lassen. Aber wenn ich Dir die Wahrheit gesagt hätte, hätte ich Dir niemals ausreden können, mir nach Kumlinge zu folgen. Du bist ein temperamentvolles Mädchen. Du hättest Dich nicht abwimmeln lassen. Ich hätte es nicht ertragen, Dich als Zeugin meines Verfalls bei mir zu haben. Es hätte Dich in einen solchen Abgrund von Leid mit hineingezogen. Diese Krankheit kennt kein Erbarmen. Du bist zu jung dafür. Ich bin kein edler und selbstloser Märtyrer. Ich bin mir nur todsicher, dass ich das allein besser schaffe.

Ich schreibe Dir aus einem Haus in London, wo ich seit ein paar Tagen wohne und alte Freunde sehe. Es ist Mitternacht. Morgen breche ich auf. Ich möchte mich nicht traurig von Dir verabschieden, sondern dankbar für die Freude, die Du in mein Leben gebracht hast, als ich schon wusste, dass es kein Zurück mehr gibt. Es war schwach und egoistisch von mir, mich mit Dir einzulassen – geradezu rücksichtslos. Ich hoffe, Du kannst mir verzeihen. Ich bilde mir ein, dass Du auch ein wenig Glück dabei gefunden hast, und vielleicht sogar einen Beruf. Für Dein Leben wünsche ich Dir nur das Beste. Bitte bewahre in Deinen Erinnerungen einen kleinen Platz für diese Sommerwochen, diese herrlichen Picknicks im Wald, als Du einem sterbenden Mann so viel Freundlichkeit und Liebe geschenkt hast.

Danke, danke, mein Liebling.

Tony

Ich blieb dort im Gang vor dem Fenster stehen, als schaute ich hinaus, und weinte ein Weilchen vor mich hin. Zum Glück kam niemand vorbei. Dann wusch ich mir auf der Damentoilette das Gesicht, ging hinunter und versuchte mich mit Arbeit abzulenken. Unser Teil der Irland-Sektion befand sich in einem Zustand gedämpften Aufruhrs. Kaum war ich da, gab Chas Mount mir drei sich überschneidende Memos, die er am Vormittag geschrieben hatte und die ich abgleichen, zu einem einzigen zusammenfassen und sauber abtippen sollte. Es ging darum, dass Helium verschwunden war. Einem Gerücht zufolge war er aufgeflogen und erschossen worden, aber wie wir seit gestern am späten Abend wussten, stimmte das nicht. Einer unserer Männer in Belfast hatte berichtet, Helium sei zu einem vereinbarten Treffen gekommen, aber nur wenige Minuten geblieben, gerade lange genug, um seinem Führungsbeamten mitzuteilen, er mache nicht mehr mit, er haue ab, er habe die Nase voll, und zwar von beiden Seiten. Bevor unser Mann Zuckerbrot und Peitsche hervorholen konnte, war Helium schon wieder weg. Chas glaubte den Grund dafür zu kennen. In seinen Memos äußerte er heftige Kritik an der fünften Etage.

So mancher V-Mann, den man nicht mehr als nützlich erachtete, wurde kaltblütig im Stich gelassen. Statt wie versprochen für ihn zu sorgen, einen sicheren Ort für ihn und seine Familie zu finden, ihm eine neue Identität zu geben und genug Geld, war es den Geheimdiensten zuweilen ganz recht, wenn der Betreffende vom Feind getötet wurde. Oder es zumindest so aussah. Das war zuverlässiger, sauberer, billiger und vor allem sicherer. So jedenfalls lauteten die Gerüchte, die durch einen Fall wie den von Kenneth Lennon noch zusätzlichen Auftrieb bekamen. Der V-Mann hatte sich an die Bürgerrechtler vom National Council for Civil Liberties gewandt. Er stand zwischen den Fronten, zwischen seinen Auftraggebern von der RUC Special Branch und der Provisorischen IRA, die er infiltriert hatte. Er habe erfahren, sagte er, dass die Special Branch ihn fallengelassen und der Gegenseite einen Tipp gegeben habe, und die seien ihm jetzt in England auf den Fersen. Wenn die IRA ihn nicht umlege, werde die Special Branch es selber tun. Er sagte den Leuten vom NCCL, er habe nicht mehr lange zu leben. Zwei Tage darauf wurde er in einem Straßengraben in Surrey tot aufgefunden, mit drei Kugeln im Kopf.

»Es bricht mir das Herz«, sagte Chas, als ich ihm den Entwurf zum Gegenlesen brachte. »Diese Burschen setzen ihr Leben aufs Spiel, wir schicken sie in die Wüste, die Öffentlichkeit erfährt davon. Und dann wundern wir uns, warum wir keine neuen Leute mehr finden.«

Mittags ging ich zu einer Telefonzelle in der Park Lane und rief Tom an. Ich wollte ihm sagen, dass ich am nächsten Tag zu ihm kommen würde. Er nahm nicht ab, doch zu dem Zeitpunkt machte ich mir noch keine großen Sorgen. Wir hatten uns für abends um sieben zum Telefonieren verabredet, um über die Presseartikel zu sprechen. Ich konnte es ihm auch dann sagen. Da ich keinen Appetit hatte, aber noch nicht ins Büro zurückwollte, machte ich einen melancholischen kleinen Spaziergang durch den Hyde Park. Obwohl wir schon März hatten, war der Park winterlich, von Osterglocken noch keine Spur. Die kahle Architektur der Bäume ragte starr in den weißen Himmel. Ich dachte daran, wie oft ich früher mit Max hierhergekommen war, wie ich ihn an einem dieser Bäume dazu gebracht hatte, mich zu küssen. Vielleicht hatte Nutting recht, vielleicht brachte ich tatsächlich mehr Ärger als Nutzen. Ich stellte mich in einen Hauseingang, nahm Tonys Brief aus der Tasche und las ihn noch einmal, versuchte darüber nachzudenken, fing aber nur wieder zu weinen an. Dann ging ich ins Büro zurück.

Den ganzen Nachmittag arbeitete ich an einem weiteren Entwurf von Mounts Memo. Er hatte beim Mittagessen beschlossen, seinen Vorstoß etwas abzumildern. Vermutlich war ihm bewusst geworden, dass die fünfte Etage Kritik von unten nicht sonderlich schätzte und nachtragend sein konnte. Im neuen Entwurf standen Wendungen wie »aus einer gewissen Perspektive« und »man könnte argumentieren, dass... wobei uns das System zugegebenermaßen gute

Dienste geleistet hat«. In der letzten Fassung war von Helium nicht mehr die Rede – ebenso wenig wie von toten V-Männern. Mount plädierte nur noch allgemein dafür, sie gut zu behandeln und ihnen, wenn ihre Zeit abgelaufen war, eine ordentliche neue Identität zu verschaffen, um so die Rekrutierung neuer V-Leute zu erleichtern. Erst um sechs war ich fertig, fuhr mit dem klapprigen Aufzug nach unten und wünschte den wortkargen Männern an der Tür, die mich seit neuestem endlich nicht mehr finster anblickten, einen guten Abend.

Ich musste Tom erreichen, ich musste Tonys Brief noch einmal lesen. Ich war so aufgewühlt, dass ich keinen klaren Gedanken fassen konnte. Ich trat aus dem Leconfield House und wollte gerade Richtung U-Bahn-Station Green Park gehen, als ich auf der anderen Straßenseite eine Gestalt bemerkte, die mit hochgeschlagenem Mantelkragen und breitkrempigem Hut im Eingang eines Nachtclubs stand. Ich wusste sofort, wer das war. Ich wartete am Bordstein auf eine Lücke im Verkehr und rief dann: »Shirley, wartest du auf mich?«

Sie lief zu mir herüber. »Ich bin schon seit einer halben Stunde hier. Was hast du da drin denn noch gemacht? Nein, nein, sag's mir lieber nicht.«

Sie küsste mich auf beide Wangen – ganz die Bohemienne, die sie jetzt war. Ihr Hut war aus weichem braunem Filz, ihr Mantel eng um ihre nun schlanke Taille gegürtet. Anmutige Sommersprossen sprenkelten ihr zierliches, langgestrecktes Gesicht mit den Schatten unter den Wangenknochen. Was für eine Verwandlung. Bei ihrem Anblick musste ich an meinen Eifersuchtsanfall denken, und obwohl Tom mich von seiner Unschuld überzeugt hatte, wurde ich sofort wieder misstrauisch.

Sie nahm meinen Arm und zog mit mir los. »Zumindest haben die jetzt sicher auf. Komm. Ich hab dir so viel zu erzählen.«

Wir bogen von der Curzon Street in eine Nebenstraße ab und betraten einen kleinen Pub, dessen gemütliches Interieur aus Samt und Messing sie früher als »affig« abgetan hätte.

Als wir uns gesetzt und zwei halbe Pints vor uns stehen hatten, sagte sie: »Als Erstes möchte ich mich entschuldigen. Neulich im Pillars konnte ich nicht mit dir reden. Ich musste weg. Da waren mir zu viele Leute.«

»Das mit deinem Vater tut mir leid.«

An einem kaum sichtbaren Zucken ihrer Kehle merkte ich, dass sie bei meinen mitfühlenden Worten gerührt schluckte. »Ein schrecklicher Schlag für die ganze Familie. Hat uns richtig umgehauen.«

»Was ist passiert?«

»Er wollte über die Straße, hat aus irgendeinem Grund in die falsche Richtung geschaut und wurde von einem Motorrad überfahren. Direkt vor dem Geschäft. Das einzig Gute war, dass er auf der Stelle tot war, gar nichts mitgekriegt hat, jedenfalls hat man uns das gesagt.«

Ich sprach ihr noch einmal mein Beileid aus, dann erzählte sie von ihrer Mutter, die anfangs in völlige Apathie verfallen sei, von ihrer Familie, die sich bei den Begräbnisvorbereitungen beinahe zerstritten habe, vom Fehlen eines Testaments und den Plänen für das Geschäft. Ihr fußballspielender Bruder habe den Laden an einen Kumpel verkaufen wollen. Aber jetzt gehe der Geschäftsbetrieb unter Shirleys Leitung weiter, und ihre Mutter habe das Bett verlassen und rede wieder. Shirley ging zur Theke, um die nächste Runde zu holen, und als sie zurückkam, klang sie auf einmal wieder lebhaft. Das Thema war abgehakt.

»Ich hab das mit Tom Haley gelesen. So ein Mist. Ich nehme an, es hat irgendwie mit dir zu tun.«

Ich nickte nicht einmal.

»Schade, dass ich da nicht eingeweiht war. Ich hätte denen gleich sagen können, was für eine schlechte Idee das ist.«

Ich zuckte die Schultern und trank mein Bier, versteckte mich wohl ein wenig hinter dem Glas, während ich nach Worten suchte.

»Schon gut. Ich will's gar nicht wissen. Ich will dir nur was sagen, dir eine kleine Idee in den Kopf setzen, du brauchst mir auch nicht jetzt zu antworten. Vielleicht bin ich voreilig, aber so wie ich den Artikel heute früh verstanden habe, kann es gut sein, dass sie dich rausschmeißen. Wenn ich falschliege, umso besser. Aber wenn ich recht habe und du auf einmal was brauchst, kannst du jederzeit bei mir arbeiten. Oder *mit* mir. Bei uns im sonnigen Ilford. Wär das nicht ein Spaß? Ich kann das Doppelte von dem zahlen, was du jetzt bekommst. Du würdest alles über Betten lernen. Wir stecken zwar in einer Wirtschaftskrise, aber die Leute werden immer was zum drauf Pennen brauchen.«

Ich legte meine Hand auf ihre. »Das ist sehr lieb von dir, Shirley. Sollte es so weit kommen, überlege ich's mir.«

»Ich sag das nicht aus Mitleid. Wenn du ins Geschäft einsteigen würdest, hätte ich mehr Zeit zum Schreiben. Stell dir vor, für die Rechte an meinem Roman gab es sogar eine Auktion. Die haben ein Vermögen dafür gezahlt. Und jetzt hat jemand die Filmrechte gekauft. Julie Christie will die Hauptrolle übernehmen.«

»Shirley! Herzlichen Glückwunsch! Wie heißt das Buch?«

»Der Schandkorb.«

Ah ja. Hexen wurden darin unter Wasser getaucht. Wenn sie ertranken, waren sie unschuldig, wenn sie überlebten, waren sie schuldig und wurden zum Tod auf dem Scheiterhaufen verurteilt. Eine Metapher für das Leben einer jungen Frau. Ich sagte, ich wäre ihre ideale Leserin. Wir sprachen über das Buch, dann über ihr nächstes, das im achtzehnten Jahrhundert spielte, eine Liebesgeschichte zwischen einem englischen Aristokraten und einer Schauspielerin aus den Slums, die ihm das Herz bricht.

Dann sagte Shirley: »Du bist also wirklich mit Tom zusammen. Unglaublich. Du bist ein Glückskind! Ich meine, er natürlich auch. Ich schreibe ja bloß Schund, aber er ist einer der Allerbesten. Es freut mich, dass er den Preis bekommen hat, obwohl ich mir bei diesem komischen kleinen Roman nicht so sicher bin. Und was er jetzt durchmacht, ist schon ziemlich hart. Aber Serena, es glaubt doch keiner im Ernst, dass er gewusst hat, woher das Geld kommt.«

»Freut mich, dass du das so siehst«, sagte ich. Schon seit einer Weile behielt ich die Uhr über der Bar, hinter Shirleys Kopf, im Blick. Um sieben war ich mit Tom verabredet. Ich hatte noch fünf Minuten, um mich loszueisen und eine stille Telefonzelle zu finden, aber mir fehlte die Kraft, das auf elegante Weise zu tun. Beim Thema Betten hatte ich meine Erschöpfung wieder gespürt.

»Ich muss los«, murmelte ich in mein Bier.

»Vorher musst du dir noch meine Theorie anhören, wie das an die Presse gelangt ist.«

Ich stand auf und griff nach meinem Mantel. »Erzähl's mir später.«

»Und willst du nicht wissen, warum man mich rausgeschmissen hat? Ich dachte, du hättest tausend Fragen.« Sie baute sich vor mir auf, so dass ich nicht hinter dem Tisch hervorkam.

»Nicht jetzt, Shirley. Ich muss jetzt telefonieren.«

»Vielleicht erzählst du mir eines Tages, warum sie die Aufpasser auf dich angesetzt haben. Ich hatte nicht vor, meine Freundin zu bespitzeln. Ich hab mich richtig geschämt, dass ich da zuerst mitgemacht hab. Aber das war nicht der Grund, warum die mich gefeuert haben. Die haben so eine Art, einen das spüren zu lassen. Und sag nicht, ich sei paranoid. Falsche Schule, falsche Universität, falscher Akzent, falsche Einstellung. Mit anderen Worten: total inkompetent.«

Sie zog mich an sich, umarmte mich und küsste mich wieder auf beide Wangen. Dann drückte sie mir eine Visitenkarte in die Hand.

»Ich halte die Betten für dich warm. Denk drüber nach. Du als Geschäftsführerin! Neue Filialen, ein Bettenimperium! Und jetzt zisch ab, meine Liebe. Wenn du rauskommst, findest du links eine Telefonzelle, am Ende der Straße. Grüß ihn von mir.«

Als ich zum Telefon kam, war es fünf nach. Er nahm nicht ab. Ich legte auf, zählte bis dreißig und rief noch einmal an. Von der U-Bahn-Station Green Park probierte ich es wieder und dann noch mal von Camden aus. Zu Hause setzte ich mich im Mantel aufs Bett und las ein weiteres Mal Tonys Brief. Wäre ich wegen Tom nicht so unruhig gewesen, hätte ich daraus vielleicht ein wenig Trost geschöpft, zumindest ansatzweise. Die Linderung eines alten Kummers. Ich ließ einige Minuten verstreichen, bis es mir wieder an der Zeit schien, zur Telefonzelle in der Camden Road zu gehen. Das tat ich an diesem Abend viermal. Zuletzt um Viertel vor zwölf, als ich die Vermittlung nachzuprüfen bat, ob mit der Leitung etwas nicht stimmte. Zurück in der St. Augustine's Road und schon im Nachthemd, war ich kurz davor, mich wieder anzuziehen und es ein allerletztes Mal zu versuchen. Stattdessen lag ich im Dunkeln und dachte mir alle möglichen harmlosen Erklärungen aus, um mich von denen abzulenken, die ich mir lieber nicht vorstellen wollte. Ich überlegte mir, auf der Stelle nach Brighton zu fahren. Gab es nicht so etwas wie einen Milchzug? Existierten die wirklich? Aber fuhren die in den frühen Morgenstunden nicht eher nach London herein als aus der Stadt hinaus? Dann versuchte ich meine Gedanken von den schlimmsten Möglichkeiten fernzuhalten, indem ich mir eine Poisson-Verteilung zusammenphantasierte: Mit jedem Mal, das er nicht ans Telefon ging, wurde es weniger wahrscheinlich, dass er beim nächsten Mal ranging. Aber das war Unsinn, weil es den menschlichen Faktor außer Acht ließ, irgendwann musste Tom ja nach Hause kommen – und dann übermannte mich die Müdigkeit von der

Nacht zuvor, und ich kam erst wieder zu mir, als um viertel vor sieben der Wecker klingelte.

Am Morgen war ich schon in der U-Bahn-Station Camden, als ich merkte, dass ich meinen Schlüssel zu Toms Wohnung zu Hause vergessen hatte. Also versuchte ich noch einmal, ihn von der Telefonzelle aus zu erreichen, ließ es über eine Minute lang klingeln für den Fall, dass er noch schlief, und ging dann niedergeschlagen zur St. Augustine's Road zurück. Immerhin hatte ich kein Gepäck. Aber was hatte es für einen Sinn, nach Brighton zu fahren, wenn er gar nicht da war? Trotzdem, mir blieb nichts anderes übrig. Ich musste mich mit eigenen Augen davon überzeugen. Wenn er verschwunden war, konnte die Suche nach ihm nur in seiner Wohnung beginnen. Ich fand den Schlüssel in einer Handtasche und machte mich abermals auf den Weg.

Eine halbe Stunde später überquerte ich den Vorplatz der Victoria Station, gegen den Pendlerstrom, der sich aus den von Süden kommenden Vorstadtzügen ergoss. Als ich einmal zufällig nach rechts blickte, wo sich die Menge gerade teilte, sah ich etwas völlig Absurdes. Kurz erblickte ich mein eigenes Gesicht, dann schloss sich die Menschenmenge wieder, und die Vision verschwand. Ich wandte mich nach rechts, drängte mich durchs Gewühl hindurch und rannte die letzten Meter bis zur offenen Ladenfront von Smith's. Da war ich, auf dem Zeitungsständer. Im *Daily Express.* Ich und Tom. Arm in Arm, Kopf an Kopf schritten wir verliebt auf die Kamera zu, unscharf im Hintergrund Wheeler's Restaurant. Die hässlichen Großbuchstaben über dem Foto brüllten: HALEYS SEXY SPIONIN. Ich nahm mir ein Exemplar, faltete es und stellte mich in die

Schlange vor der Kasse. Da ich nicht bei der Betrachtung eines Fotos von mir selbst gesehen werden wollte, schloss ich mich mit der Zeitung in der Bahnhofstoilette ein und blieb so lange dort, dass ich meinen Zug verpasste. Auf den Innenseiten waren noch zwei Fotos. Das eine zeigte mich und Tom, wie wir aus seinem Haus kamen, unserem »Liebesnest«, auf dem anderen küssten wir uns an der Strandpromenade.

So atemlos der Artikel zeterte und Skandal schrie, es stand kaum ein Wort darin, das nicht ein Körnchen Wahrheit enthielt. Ich sei eine »Undercover-Agentin« des MI5, hieß es, Cambridge-Absolventin, »Spezialistin« für Mathematik, stationiert in London. Mein Auftrag sei gewesen, mit Tom Haley Kontakt aufzunehmen und ihm großzügige Zahlungen zukommen zu lassen. Die Geldkanäle wurden ungenau, aber nicht unzutreffend beschrieben, sowohl die Stiftung ›Freedom International‹ als auch ›Word Unpenned‹ wurden genannt. Toms Erklärung, er habe niemals Kontakt zu Geheimdienstleuten gehabt, war in Fettdruck hervorgehoben. Der Sprecher von Innenminister Roy Jenkins hatte der Zeitung gesagt, die Angelegenheit gebe Anlass zu »ernster Besorgnis«, die zuständigen Beamten würden für heute ins Ministerium zitiert. Von Seiten der Opposition hatte sich Edward Heath persönlich zu Wort gemeldet: Falls die Geschichte stimme, beweise sie, dass die Regierung »nun endgültig vom Weg abgekommen« sei. Und das Wichtigste: Tom hatte einem Reporter gegenüber erklärt, er habe »zu der Sache nichts zu sagen«.

Das musste gestern gewesen sein. Und danach war er abgetaucht. Wie sonst war sein Schweigen zu erklären? Ich verließ die Toilette, stopfte die Zeitung in den Müll und erwischte gerade noch den nächsten Zug. Nach Brighton war ich in den letzten Monaten immer freitagabends gefahren, bei Dunkelheit. Seit ich damals in meinen schicksten Kleidern im Zug gesessen hatte, um Tom in seiner Universität zum ersten Mal zu treffen, hatte ich Sussex nicht mehr bei Tageslicht durchquert. Jetzt sah ich die liebliche Landschaft, all die Hecken und mit dem Frühling erwachenden, noch kahlen Bäume, und wieder stieg ein unbestimmtes Gefühl von Frustration und Sehnsucht in mir auf bei dem Gedanken, dass ich das falsche Leben führte. Ich hatte es mir nicht ausgesucht. Am Ende war alles Zufall gewesen. Hätte ich Jeremy nicht kennengelernt, und dadurch auch nicht Tony, würde ich jetzt nicht bis zum Hals in Schwierigkeiten stecken und mit Volldampf auf eine Katastrophe zusteuern, deren Ausmaß ich mir nicht auszumalen wagte. Mein einziger Trost war Tonys Abschiedsbrief. Bei aller Traurigkeit, die Affäre mit ihm war nun abgehakt, und ich hatte es endlich, mein Unterpfand. Diese Sommerwochen waren kein Hirngespinst von mir, wir hatten sie wirklich gemeinsam erlebt. Ihm hatten sie ebenso viel bedeutet wie mir. Noch mehr sogar, so kurz vor seinem Tod. Ich hatte jetzt den Beweis für das, was zwischen uns war, ich hatte ihm gutgetan.

Ich hatte nie die Absicht gehabt, Nutting und Tapp zu gehorchen und mit Tom zu brechen. Das Privileg, die Sache zu beenden, lag allein bei Tom. Mit den Schlagzeilen von heute war meine Zeit beim Geheimdienst abgelaufen. Ich brauchte nicht einmal ungehorsam zu sein. Die Schlagzeilen ließen auch Tom keine andere Wahl, als sich von mir zu trennen. Ich hoffte beinahe, ihn nicht in der Wohnung anzutreffen, damit mir die letzte Konfrontation erspart bliebe. Aber dann würde ich erst recht Höllenqualen leiden. Und so umkreisten meine Gedanken unablässig und betäubend mein Problem und mein kleines bisschen Trost, bis der Zug in der Stahlgitterhöhle des Bahnhofs von Brighton mit einem Ruck zum Stehen kam.

Während ich hinter dem Bahnhof den Hügel hinaufstieg, kam es mir so vor, als hätten die Schreie und Klagen der Silbermöwen an diesem Tag einen merklich abfallenden Klang, eine ausgeprägtere Schlusskadenz als sonst, ähnlich den vorhersehbaren letzten Noten eines Kirchenlieds. Die Luft roch nach Salz und Auspuffgasen und Frittierfett, ein Geruch, der mich wehmütig an unsere unbeschwerten Wochenenden zurückdenken ließ. Unwahrscheinlich, dass ich jemals hierher zurückkommen würde. Als ich in die Clifton Street einbog, ging ich langsamer in der Erwartung, Journalisten vor Toms Haus zu sehen. Aber die Bürgersteige waren leer. Ich schloss auf und ging die Treppe zur Mansarde hoch. In der zweiten Etage wehten mir Popmusik und der Duft eines herzhaften Frühstücks entgegen. Oben angekommen, zögerte ich kurz vor seiner Tür und klopfte dann laut und arglos, um die Dämonen zu vertreiben; ich wartete, zückte ungeschickt den Schlüssel, drehte ihn zuerst falsch herum, fluchte leise und stieß dann die Tür weit auf.

Als Erstes sah ich seine Schuhe, seine abgewetzten braunen Straßenschuhe, die Spitzen leicht einwärts gestellt, die Schnürsenkel offen, an einem Absatz klebte seitlich ein kleines Blatt. Sie standen unter dem Küchentisch. Ansonsten war alles ungewöhnlich aufgeräumt. Töpfe und Geschirr im Schrank, die Bücher ordentlich gestapelt. Ich ging zum Bad, das vertraute Knarren der Dielen klang wie ein altes Lied aus fernen Zeiten. In meinem kleinen Erinnerungsvorrat an Selbstmordszenen aus Filmen gab es auch eine Leiche mit einem blutigen Handtuch um den Hals, rücksichtsvollerweise in der Badewanne verendet. Zum Glück stand die Tür offen, und ich brauchte nicht hineinzugehen, um zu sehen, dass er nicht dort war. Blieb noch das Schlafzimmer.

Die Tür war zu. Wieder klopfte ich töricht an und wartete, weil ich eine Stimme zu hören glaubte. Nach einer Weile hörte ich sie erneut. Sie kam von der Straße oder aus einem Radio irgendwo unten im Haus. Ich hörte auch meinen Puls pochen. Ich drückte die Klinke und schob die Tür auf, blieb aber auf der Schwelle stehen, ich hatte Angst, hineinzugehen. Ich konnte das Bett sehen, das ganze Bett, und es war gemacht, die indische Tagesdecke darübergebreitet und glattgezogen. Normalerweise lag sie zusammengeknäult auf dem Fußboden. Das Zimmer war zu klein, als dass sich jemand dort verstecken konnte.

Mir war flau im Magen, und ich ging in die Küche zurück, um ein Glas Wasser zu trinken. Erst als ich von der Spüle wegtrat, sah ich, was auf dem Küchentisch lag. Offenbar hatten die Schuhe mich abgelenkt. Ein verschnürtes Päckchen, braunes Packpapier, und darauf ein weißer Umschlag mit meinem Namen in seiner Handschrift. Erst trank ich das Glas Wasser aus, dann setzte ich mich an den Tisch, öffnete den Umschlag und begann meinen zweiten Brief in zwei Tagen zu lesen.

22

Liebe Serena,

vielleicht liest Du das im Zug auf der Rückfahrt nach London, aber ich vermute eher, Du sitzt am Küchentisch. Falls ja, entschuldige bitte, wie es da jetzt aussieht. Als ich anfing, den alten Kram rauszutragen und den Boden zu schrubben, redete ich mir ein, das für Dich zu tun – seit letzter Woche steht Dein Name im Mietvertrag, die Wohnung könnte Dir von Nutzen sein. Aber jetzt, wo ich fertig bin und mir das ansehe, frage ich mich, ob Du es nicht zu steril findest, oder jedenfalls unvertraut, jede Erinnerung an unser gemeinsames Leben weggeräumt, die schönen Zeiten weggewischt. Vermisst Du die Pappkartons mit den leeren Chablis-Flaschen, die Stapel von Zeitungen, die wir zusammen im Bett gelesen haben? Wahrscheinlich habe ich nur für mich selbst Ordnung geschaffen. Ich schließe diese Episode ab, und beim Aufräumen tilgt man die Dinge ja immer auch ein wenig aus dem Gedächtnis. Betrachte es als eine Form von Abkapselung. Außerdem musste ich erst einmal klar Schiff machen, bevor ich Dir diesen Brief schreiben konnte, und vielleicht (darf ich wagen, Dir das zu sagen?) habe ich mit meiner Putzaktion auch Dich ausgelöscht, Dich, wie Du einmal warst.

Bitte verzeih auch, dass ich nicht ans Telefon gegangen

bin. Ich wollte nicht mit Journalisten reden, und auch mit Dir nicht, weil es mir dafür einfach der falsche Moment schien. Inzwischen glaube ich Dich gut genug zu kennen und bin mir sicher, dass Du morgen hier sein wirst. Deine Anziehsachen liegen alle unten im Schrank. Von meinen Empfindungen, als ich sie zusammengefaltet habe, sage ich lieber nichts, aber ich habe mir viel Zeit dabei gelassen, wie jemand, der sich ein altes Fotoalbum ansieht. Ich musste an die vielen Verkleidungen denken, in denen ich Dich gesehen habe. Ganz unten im Schrank fand ich zusammengeknüllt die schwarze Wildlederjacke, die Du an dem Abend anhattest, als Du mir im Wheeler's das Monty-Hall-Problem erklärt hast. Bevor ich sie faltete, habe ich alle Knöpfe zugemacht und dabei das Gefühl gehabt, etwas ab- oder vielmehr wegzuschließen. Wahrscheinlichkeitsrechnung ist mir immer noch ein Rätsel. Oder unterm Bett, der kurze orangefarbene Plisseerock, den Du bei unserem Rendezvous in der National Portrait Gallery anhattest, und der, jedenfalls für mich, die ganze Sache ins Rollen gebracht hat. Ich habe davor noch nie einen Rock gefaltet. Der hier war nicht einfach.

Während ich das Wort »gefaltet« tippe, wird mir erst klar, dass Du, traurig oder wütend oder von Schuldgefühlen geplagt, diesen Brief ja jederzeit in den Umschlag zurückstecken könntest, ohne ihn fertigzulesen. Bitte tu's nicht. Das hier ist keine endlose Anklageschrift, und ich verspreche Dir, es wird gut ausgehen, zumindest in mancher Hinsicht. Bleib bei mir. Ich habe die Heizung angelassen, damit es Dir leichter fällt hierzubleiben. Solltest Du müde werden, das Bett gehört Dir, es ist frisch bezogen, alle

Spuren unseres alten Lebens wurden im Waschsalon gegenüber dem Bahnhof beseitigt. Für ein Pfund extra hat mir die freundliche Dame dort die Sachen auch noch gebügelt. Gebügelte Laken, das nicht genug gewürdigte Privileg der Kindheit. Aber sie erinnern mich auch an ein leeres Blatt Papier. Das LEERE BLATT, großgeschrieben und sinnlich. Und vor Weihnachten war dieses Blatt in meinen Gedanken wahrlich groß, als ich überzeugt war, dass ich nie mehr einen Roman schreiben würde. Ich habe Dir von meiner Schreibblockade erzählt, nachdem wir *Aus dem Tiefland* bei Tom Maschler abgeliefert hatten. Du hast mir, liebevoll (und erfolglos), Mut zugesprochen, selbst wenn ich inzwischen weiß, dass Du auch berufliche Gründe dafür hattest. Fast den ganzen Dezember habe ich auf dieses leere Blatt gestarrt. Ich war dabei, mich zu verlieben, aber mir fiel keine einzige brauchbare Idee ein. Und dann geschah etwas Unglaubliches. Jemand kam auf mich zu.

Es geschah nach Weihnachten in Bristol, nachdem ich meine Schwester zu ihrem Wohnheim zurückgebracht hatte. All die aufwühlenden Szenen mit Laura hatten mich ausgelaugt, und mir graute vor der langweiligen Rückfahrt nach Sevenoaks. Vermutlich war ich ein wenig abgestumpfter als sonst. Als mich ein Fremder ansprach – gerade wollte ich ins Auto steigen –, wimmelte ich ihn jedenfalls nicht gleich ab, hielt ihn nicht automatisch für einen Bettler oder Ganoven. Er kannte meinen Namen und sagte, er habe mir etwas Wichtiges über Dich mitzuteilen. Da er mir harmlos vorkam und ich neugierig war, ließ ich mich von ihm zu einem Kaffee einladen. Inzwischen wirst Du erraten haben, dass es Max Greatorex war. Er musste mir von Kent, vielleicht schon von Brighton gefolgt sein, ich habe ihn nicht gefragt. Ich bekenne, dass ich Dich über diese paar Tage belogen habe. Ich bin nicht in Bristol geblieben, um Laura zu helfen, sondern habe an diesem Nachmittag zwei Stunden lang Deinem Kollegen zugehört und anschließend zwei Nächte in einem Hotel verbracht.

Wir saßen also in einem düsteren, übelriechenden Imbiss, einem Relikt aus den Fünzigern, das wie eine öffentliche Toilette gefliest war, und tranken den schlechtesten Kaffee, der mir je untergekommen ist. Bestimmt hat Greatorex mir nur einen Bruchteil der Geschichte erzählt. Als Erstes sagte er mir, für wen Ihr beide, Du und er, arbeitet. Als ich Beweise verlangte, zeigte er mir verschiedene interne Dokumente, einige, in denen Dein Name erwähnt wurde, andere, die von Dir selbst stammten, handschriftliche Notizen auf amtlichem Papier, auch zwei Fotos waren dabei. Er sagte, er habe diese Unterlagen unter großen Risiken für sich selbst mitgehen lassen. Dann erklärte er mir, was es mit der Operation Honig auf sich hat, ohne jedoch die Namen anderer Schriftsteller zu nennen. Die Idee, einen Romanautor mit an Bord zu nehmen, sei erst relativ spät aufgekommen, aus einer Laune heraus. Er sagte, er liebe die Literatur, er kenne und schätze meine Erzählungen und Artikel schon seit langem, und seine grundsätzlichen Vorbehalte gegenüber dem Projekt hätten sich noch verstärkt, als er gehört habe, dass mein Name auf der Liste stehe. Er wolle sich gar nicht vorstellen, was passieren würde, wenn meine finanzielle Unterstützung durch den Geheimdienst jemals ans Licht käme, ich würde diese Schande nie mehr loswerden – das mache ihm Sorgen. Zu dem Zeitpunkt konnte ich das noch nicht wissen, aber was seine Motivation betraf, nahm er es mit der Wahrheit nicht so genau.

Dann sprach er von Dir. Weil Du ebenso schön wie klug seist – er sagte: »gerissen« –, habe man Dich für genau die Richtige gehalten, um nach Brighton zu fahren und mich anzuwerben. Einen saloppen Ausdruck wie »Honigfalle« hätte er nie benutzt, aber genau das hörte ich heraus. Ich geriet in Rage, und in meiner Wut auf den Überbringer der schlechten Nachricht hätte ich ihm beinahe eins in die Fresse gehauen. Aber eines muss ich ihm lassen – er erweckte keineswegs den Anschein, als genieße er es, mir das alles zu erzählen. Eher wirkte er bekümmert. Er ließ mich freundlich wissen, dass er viel lieber seinen kurzen Weihnachtsurlaub genießen würde, als mit mir über diese schmutzige Geschichte zu reden. Mit diesem Verstoß gegen die Sicherheitsvorschriften setze er seine Zukunft aufs Spiel, seine Arbeit, sogar seine Freiheit. Aber Transparenz, Literatur und Anstand lägen ihm am Herzen. Sagte er.

Er hielt mir einen Vortrag über Deine Legende, über die Stiftung, die genauen Beträge und alles andere – nicht zuletzt, vermute ich, um seine Darstellung zu untermauern. Inzwischen hatte ich keine Zweifel mehr. Ich war so durcheinander, so außer mir, dass ich kurz an die Luft musste. Minutenlang ging ich die Straße auf und ab. Ich empfand mehr als Wut. Es war, als hätte ich einen neuen, dunklen Raum betreten: Ich empfand Hass – Hass auf Dich, auf mich, auf Greatorex, auf die Bombardierung Bristols und die grauenhaften billigen Kästen, die man nach dem Krieg auf die Trümmergrundstücke geklotzt hat. Ob es wohl einen einzigen Tag gegeben hatte, an dem Du mich nicht direkt oder indirekt belogen hattest? Ich bückte mich in den Eingang eines mit Brettern zugenagelten Ladens und versuchte ohne Erfolg, mich zu übergeben – um den Geschmack von Dir loszuwerden.

Als ich in den Kwik-Snax zurückging und wieder Platz nahm, war ich etwas ruhiger und nahm nun meinen Informanten genauer in den Blick. Er war so alt wie ich, selbstsicher und distinguiert, den geschmeidigen Habitus des höheren Beamten konnte er nicht ganz verleugnen. Mag sein, dass er eine Spur herablassend war, was mich aber nicht kümmerte. Mit seinen Ohren und ihren Knochen- oder Fleischhöckern sah er aus wie ein Außerirdischer. Ein ziemlich dürrer Bursche mit dünnem Hals und einem Hemdkragen, der ihm eine Nummer zu weit war. Ich war überrascht zu hören, dass Du mal rasend in ihn verliebt warst, und zwar so sehr, dass es seiner Verlobten irgendwann reichte und sie ihn verließ. Ich hätte nie gedacht, dass er Dein Typ sein könnte. Ob er mir das alles erzähle, weil er verbittert sei, fragte ich ihn. Er bestritt es, die Ehe wäre sowieso eine Katastrophe geworden, in gewisser Weise sei er Dir sogar dankbar.

Dann sprachen wir noch einmal über das Honig-Programm. Er sagte, es sei überhaupt nichts Ungewöhnliches, dass Geheimdienste sich um kulturelle Angelegenheiten kümmern und ihnen genehme Intellektuelle fördern. Die Russen tun es, warum also nicht auch wir? Der leise Kalte Krieg. Ich sagte, was ich letzten Samstag zu Dir gesagt habe: Warum den Leuten das Geld nicht offen zukommen lassen, über irgendeine Regierungsstelle? Warum diese Heimlichtuerei? Greatorex seufzte, sah mich mitleidig an und schüttelte den Kopf. Er sagte, ich müsse verstehen, dass jede Institution, jede Organisation ein Eigenleben entwickle und eine Eigenlogik, die sie dazu treibe, mit anderen Organisationen zu rivalisieren, wobei es stets um Besitzstandwahrung und Expansion gehe. Das sei ein ebenso unaufhaltsamer und blinder Prozess wie in der Chemie. Der MI6 habe die Kontrolle über eine geheime Sektion des Außenministeriums erlangt, und nun wolle der MI5 ebenfalls sein eigenes Projekt. Und beide wollten sie die Amerikaner beeindrucken, die CIA – die über die Jahre mehr Geld in die europäische Kultur gepumpt habe, als sich irgendjemand vorstellen könne.

Er begleitete mich zum Auto. Inzwischen regnete es heftig, und unser Abschied war kurz. Bevor er mir die Hand schüttelte, gab er mir seine private Telefonnummer. Er sagte, er bedaure, der Überbringer so schlechter Nachrichten zu sein. Hintergangen zu werden sei eine hässliche Sache, das sollte niemandem passieren. Er hoffe, ich fände da wieder heraus. Als er gegangen war, saß ich im Auto, der Zündschlüssel hing mir aus der schlaffen Hand. Der Regen hatte etwas Sintflutartiges, wie ein Weltuntergang. Nach dem, was ich soeben gehört hatte, konnte ich weder zu meinen Eltern noch in die Clifton Street zurückfahren. Ausgeschlossen, mit Dir ins neue Jahr hineinzufeiern. Mir fiel nichts anderes ein, als dem Regen zuzusehen, wie er die schmutzige Straße sauber wusch. Nach einer Stunde fuhr ich zu einem Postamt und schickte Dir ein Telegramm, dann suchte ich mir ein Hotel, ein anständiges. Ich fand, ich könnte den Rest meines fragwürdigen Geldes ebenso gut für Luxus ausgeben. Voller Selbstmitleid bestellte ich mir eine Flasche Scotch aufs Zimmer. Ein Schluck davon, zu gleichen Teilen mit Wasser gemischt, machte mir bereits klar, dass ich mich nicht betrinken wollte, nicht um fünf Uhr nachmittags. Nüchtern wollte ich aber auch nicht sein. Ich wollte gar nichts, nicht einmal Bewusstlosigkeit.

Aber es gibt keinen dritten Ort neben Sein und Nichtsein. Also lag ich auf dem seidenweichen Bett, dachte an Dich und spielte im Kopf all die Szenen nochmals ab, die mir am meisten weh tun würden. Unser ernster und ungeschickter erster Fick, unser großartiger zweiter, all die Gedichte, Fische, Eiskübel, Geschichten, Politik, das Wiedersehen an den Freitagabenden, die Verspieltheit, das gemeinsame Baden, das gemeinsame Schlafen, all das Küssen und Streicheln und Züngeln – wie gekonnt Du immer nur das zu sein schienst, was Du zu sein schienst, immer nur Du selbst. Bitter und sarkastisch, wie ich war, wünschte ich Dir eine kometenhafte Karriere. Dann wünschte ich noch mehr. Ich muss Dir das sagen: Hätte Dein reizender blasser Hals in dieser Stunde auf meinem Schoß gelegen und wäre zufällig ein Messer zur Hand gewesen, hätte ich die Tat ohne nachzudenken begangen. »Die Sache will's, die Sache will's, mein Herz.« Im Gegensatz zu mir wollte Othello kein Blut vergießen. Er war ein Schwächling.

Lauf jetzt nicht weg, Serena. Lies weiter. Dieser Othello-Moment geht vorüber. O ja, ich habe Dich gehasst und mich dazu, diesen aufgeblasenen Trottel, der sich einbildete, so ein Geldregen stehe ihm zu, genau wie die schöne Frau, die an seinem Arm über die Strandpromenade von Brighton spazierte. Genau wie der Austen-Preis, den ich ohne Überraschung als mir zustehend entgegennahm.

Ja, da lag ich auf meinem riesengroßen Himmelbett, auf einer mit mittelalterlichen Jagdmotiven bestickten Seidendecke, und jagte allen Schmerzen und Kränkungen nach, die meine Erinnerung aus dem Dickicht aufscheuchen konnte. Die ausgedehnten Mahlzeiten bei Wheeler's, das Klingen der Gläser, Literatur, Kindheit, Wahrscheinlichkeitsrechnung – das alles zu einem einzigen fleischigen Kadaver verschmolzen, der sich wie ein Spießbraten langsam überm Feuer drehte. Ich dachte an die Zeit vor Weihnachten. Ließen wir in unsere Gespräche nicht schon erste zaghafte Hinweise auf eine gemeinsame Zukunft einfließen? Aber was für eine Zukunft denn, wenn Du mir nicht erzählst, wer Du bist? Was hast Du gedacht, wohin das führen soll? Bestimmt hattest Du nicht vor, dieses Geheimnis bis ans Ende Deines Lebens für Dich zu behalten. Der Scotch, den ich um acht an diesem Abend trank, schmeckte besser als der Scotch um fünf. Einen dritten trank ich ohne Wasser, und danach rief ich die Rezeption an und bestellte eine Flasche Bordeaux und ein Schinkensandwich. In den vierzig Minuten, die der Zimmerservice brauchte, hielt ich mich weiter an den Scotch. Aber ich betrank mich nicht vollends, weder zertrümmerte ich das Zimmer, noch brüllte ich wie ein Tier oder stieß wilde Flüche gegen Dich aus. Stattdessen schrieb ich Dir auf Hotelpapier einen schonungslosen Brief, nahm eine Briefmarke, adressierte den Umschlag und steckte ihn in meine Manteltasche. Ich trank ein Glas Wein, bestellte ein zweites Sandwich, bekam keinen klaren Gedanken mehr zu fassen und ging um zehn brav zu Bett.

Als ich ein paar Stunden später in totaler Finsternis aufwachte – das Zimmer hatte dicke Vorhänge –, erlebte ich einen jener Momente unbeschwerter, aber totaler Amnesie. Ich spürte ein behagliches Bett um mich herum, aber wer und wo ich war, lag jenseits meiner Vorstellungskraft. Es dauerte nur wenige Sekunden, dieses Intermezzo reinen Seins, das geistige Äquivalent des leeren Blatts. Unausweichlich sickerte meine Geschichte wieder ein, zunächst die unmittelbaren Details – das Zimmer, das Hotel, die Stadt, Greatorex, Du; dann die allgemeineren Gegebenheiten meines Lebens – mein Name, meine Situation. Und als ich mich dann aufrichtete und nach dem Schalter der Nachttischlampe tastete, sah ich die ganze Honig-Geschichte plötzlich in anderem Licht. Die kurze, reinigende Amnesie hatte mich zur Vernunft gebracht. Das Ganze war nicht, oder jedenfalls nicht nur, elender Lug und Trug und eine persönliche Katastrophe. Ich hatte mich zu sehr darauf konzentriert, gekränkt zu sein, und daher nicht erkannt, was es war – eine Chance, ein Geschenk. Ich war ein Romanschriftsteller ohne Roman, und jetzt hatte mir der Zufall einen schmackhaften Knochen hingeworfen, das Skelett einer brauchbaren Geschichte. Eine Spionin in meinem Bett, ihr Kopf auf meinem Kopfkissen, ihre Lippen an meinem Ohr. Sie verheimlichte ihre wahren Absichten und, ganz entscheidend, sie wusste nicht, dass ich Bescheid wusste. Und ich würde mir nichts anmerken lassen. Ich würde Dich nicht zur Rede stellen, Dir keine Vorwürfe machen, es würde keinen Streit geben, keine Trennung, noch nicht. Stattdessen Schweigen, Zurückhaltung, geduldiges Beobachten und Schreiben. Die Ereignisse würden über den Handlungsverlauf entscheiden. Die Figuren waren alle schon fix und fertig da. Ich würde nichts erfinden, nur aufzeichnen. Dich bei der Arbeit beobachten. Auch ich konnte ein Spion sein.

Ich saß aufrecht im Bett und starrte mit offenem Mund vor mich hin wie einer, der den Geist seines Vaters durch die Wand kommen sieht. Ich hatte den Roman gesehen, den ich schreiben würde. Ich hatte auch die Risiken gesehen. Im vollen Bewusstsein, woher das Geld kam, würde ich es weiter entgegennehmen. Greatorex wusste, dass ich Bescheid wusste. Das machte mich verwundbar und gab ihm Macht über mich. Wurde dieser Roman aus Rachsucht geboren? Nein, aber Du hast mich entfesselt. Du hast *mich* nicht gefragt, ob ich bei Honig mitmachen will, und ich habe *Dich* nicht gefragt, ob Du in meiner Geschichte mitspielen willst. Ian Hamilton hat mir einmal von einem befreundeten Autor erzählt, der intime Details seiner Ehe in einem Roman verwendet hatte. Seine Frau war außer sich, als sie ihr Sexleben und Bettgeflüster minutiös in dem Buch ausgebreitet sah. Sie ließ sich von ihm scheiden, und er war untröstlich, nicht zuletzt, weil sie sehr reich war. Das Problem hatte ich nicht. Ich konnte tun, was ich wollte. Aber ich konnte nicht noch länger mit offenem Mund im Bett sitzen bleiben. Hastig zog ich mich an, nahm mein Notizbuch hervor und schrieb es in zwei Stunden voll. Ich brauchte die Geschichte nur so zu erzählen, wie ich sie erlebt hatte, von dem Augenblick an, als Du mein Büro in der Universität betratst, bis zu meinem Treffen mit Greatorex – und darüber hinaus.

Am Morgen zog ich voller Tatendrang schon vor dem Frühstück los und kaufte bei einem freundlichen Zeitungshändler drei Schulhefte. Bristol, befand ich, war doch nicht so übel, wie ich gedacht hatte. Zurück auf meinem Zimmer, bestellte ich Kaffee und stürzte mich in die Arbeit. Ich machte Notizen, entwarf die Szenenfolge, versuchte ein paar Absätze. Ich schrieb ein halbes Anfangskapitel. Am Nachmittag wurde ich unruhig. Zwei Stunden später, nachdem ich mir alles durchgelesen hatte, warf ich fluchend den Stift hin, sprang auf und stieß dabei den Stuhl hinter mir um. Scheiße! Das war schwach, das war tot. Ich hatte vierzig Seiten vollgeschrieben, einfach so. Kein Widerstand, keine Schwierigkeiten, kein Feuer, keine Überraschungen, nichts Gehaltvolles oder Ungewöhnliches. Kein Schwung, keine Dynamik. Nur alles, was ich gesehen und gehört und gesagt und getan hatte, fein säuberlich aufgereiht. Das war kein Fall von plumpem Versagen an der Oberfläche. Nein, tief im Innern des Konzepts steckte ein Fehler, wobei das Wort noch viel zu mild war für das, was es bezeichnen sollte. Das Ganze war schlicht uninteressant.

Ich war dabei, ein kostbares Geschenk zu ruinieren, ich widerte mich selbst an. Am frühen Abend, als es dunkel wurde, unternahm ich einen Spaziergang durch die Stadt und überlegte, ob ich den Brief doch noch an Dich abschicken sollte. Plötzlich ging mir auf: Das Problem war ich selbst. Ohne auch nur eine Sekunde darüber nachgedacht zu haben, präsentierte ich mich in der Maske des typischen Helden eines humoristischen englischen Romans – unfähig und nur beinahe clever, passiv, ernst, dazu überdeutlich und gewollt unkomisch gezeichnet. *Da sitze ich ganz zufrieden und denke über die Dichtung des sechzehnten Jahrhunderts nach, als, ist es denn zu glauben, ein schönes Mädchen in meinem Büro auftaucht und mir ein stattliches Stipendium anbietet.* Was wollte ich hinter dieser possierlichen Fassade verbergen? Den Schmerz, vermutete ich, an den ich noch gar nicht gerührt hatte.

Ich ging zur Clifton Suspension Bridge, wo man angeblich zuweilen Selbstmordkandidaten dabei beobachten kann, wie sie die Kettenbrücke auskundschaften und ihren Sturz berechnen. In der Mitte der Brücke blieb ich stehen und starrte in die schwarze Avon-Schlucht. Wieder musste ich an unser zweites Mal denken, in Deinem Zimmer, am Morgen nach dem White Tower. Erinnerst Du Dich? Ich lag rücklings auf den Kissen – welch ein Luxus –, und Du hast Dich auf mir hin und her gewiegt. Ein seliger Tanz. Damals hatte ich in Deinem Gesicht nichts als Lust und erwachende Zuneigung gelesen. Jetzt, da ich wusste, was Du wusstest, was Du zu verbergen hattest, versuchte ich mich in Dich hineinzuversetzen, an zwei Stellen zugleich zu sein, zu lieben und ... *Bericht zu erstatten.* Wie konnte ich in Deinen Kopf gelangen, wie ebenfalls zum Berichterstatter werden? Auf einmal hatte ich's. Ich sah es klar und deutlich. Es war ganz einfach. Nicht ich sollte diese Geschichte erzählen. Sondern Du. Du würdest *an mich* Bericht erstatten. Ich musste aus meiner Haut heraus und in Deine schlüpfen. Ich musste mich verwandeln, zum Transvestiten werden, mich in Deine Röcke und Stöckelschuhe zwängen, in Deine Höschen, und mir Deine glänzende weiße Handtasche mit dem langen Riemen über die Schulter hängen. Und dann reden wie Du. Kannte ich Dich gut genug? Sicher nicht. War ich als Bauchredner gut genug? Es gab nur eine Möglichkeit, das herauszufinden. Ich musste loslegen. Ich nahm meinen Brief an Dich aus der Tasche und zerriss ihn und ließ die Schnipsel ins Dunkel der Schlucht regnen. Dann verließ ich eilig die Brücke, winkte ein Taxi heran und verbrachte den Silvesterabend und den halben nächsten Tag in meinem Hotelzimmer; ich schrieb ein weiteres Schulheft voll, diesmal in Deiner Stimme. Am Abend checkte ich aus und fuhr zu meinen besorgten Eltern zurück.

Erinnerst Du Dich an unsere erste Begegnung nach Weihnachten? Es muss der 3. oder 4. Januar gewesen sein, wieder einer unserer Freitagabende. Ich habe Dich vom Zug abgeholt. Vielleicht fiel es Dir auf, vielleicht ging Dir durch den Kopf, dass das ungewöhnlich war. Als miserabler Schauspieler machte ich mir Sorgen, ich könnte mich in Deiner Gesellschaft nicht mehr natürlich benehmen und Du würdest mich durchschauen. Und merken, dass ich Bescheid wusste. Da war es einfacher, Dich auf einem überfüllten Bahnsteig zu begrüßen als in der stillen Wohnung. Doch als Dein Zug einfuhr und ich den Waggon mit Dir darin vorbeigleiten sah, als ich Dich so entzückend über Dich greifen und Dein Gepäck herunternehmen sah, und als wir uns Sekunden später in die Arme fielen, begehrte ich Dich so sehr, dass ich nichts mehr vorzutäuschen brauchte. Wir küssten uns, und da wusste ich, es würde ganz einfach werden. Ich konnte beides gleichzeitig, Dich begehren und Dich beobachten. Das eine schloss das andere nicht aus. Tatsächlich nährte eins das andere. Als wir uns eine Stunde später liebten, warst Du auf so bezaubernde und erfinderische Art besitzergreifend und behieltest doch gleichzeitig Deine Maske auf – kurz und gut: Das hat mich so erregt, ich bin fast ohnmächtig geworden. So fing er an, mein – wie

Du so nett sagtest – Gesengte-Sau-Modus. Und es steigerte meine Lust um ein Vielfaches zu wissen, dass ich mich gleich an die Schreibmaschine zurückziehen und den Moment aus Deinem Blickwinkel schildern würde. Aus Deinem heuchlerischen doppelten Blickwinkel, der Deine Interpretation, Deine Lesart meiner Person – Geliebter und Honig-Zielobjekt – einschließen musste. Meine Aufgabe bestand darin, mich durch das Prisma Deines Bewusstseins neu zu erfinden. Wenn ich mir wohlwollende Kritiken genehmigte, dann nur wegen der netten Dinge, die Du über mich gesagt hattest. Dank dieser rekursiven Raffinesse war meine Mission sogar noch interessanter als Deine. Deine Dienstherren verlangten von Dir nicht, herauszufinden, welches Bild ich mir von Dir machte. Ich lernte zu tun, was Du tust, und fügte nur einen weiteren Schleier der Irreführung hinzu. Und es gelang mir gut.

Dann, ein paar Stunden später, am Strand von Brighton – genau genommen in Hove (was trotz des Reims auf »love« nicht so romantisch klingt). Erst zum zweiten Mal in unserer Affäre lag ich auf dem Rücken, jetzt mit kühlen feuchten Kieseln unterm Steiß. Ein Polizist, der zufällig auf der Promenade vorbeigekommen wäre, hätte uns sicher wegen Erregung öffentlichen Ärgernisses angezeigt. Wie hätten wir ihm die Parallelwelten erklären sollen, die wir um uns gesponnen hatten? Auf der einen Umlaufbahn unsere gegenseitige Täuschung, für mich etwas Neues, für Dich Routine, potentiell suchterzeugend, wahrscheinlich tödlich. Auf der anderen unsere Zuneigung, die auf dem Höhepunkt der Lust in Liebe umschlägt. Endlich hatten wir den glorreichen Gipfel erklommen und tauschten unsere

»Ich-liebe-dichs« aus, jeder unter Wahrung seines Geheimnisses. Ich sah, wie es möglich wäre, Seite an Seite mit diesen verschlossenen Schubladen zu leben, ohne den muffigen Gestank der einen in die duftige andere Schublade eindringen zu lassen. Wenn ich noch einmal erwähne, wie phantastisch unser Sex nach meinem Treffen mit Greatorex wurde, wirst Du bestimmt an *Racheakte* denken. (Wie ich diesen albernen Titel jetzt bereue.) Der törichte Ehemann begehrt seine Frau, die ihn bestohlen hat, wobei seine Lust durch das heimliche Wissen um ihr Doppelspiel noch gesteigert wird. Also gut, ich habe mit dieser Frau für Dich geprobt, bevor ich überhaupt von Deiner Existenz wusste. Und ich leugne auch nicht, das gemeinsame Bindeglied bin ich. Aber ich denke ebenso an meine andere Erzählung, die über den Bruder des Vikars und seine Liebe zu der Frau, die ihn letztlich vernichten wird. Diese Geschichte hat Dir immer gefallen. Oder was ist mit der Schriftstellerin, die vom Gespenst ihres äffischen Geliebten zu ihrem zweiten Roman getrieben wird? Oder mit dem Narren, der seine Geliebte für real hält, dabei erträumt er sie sich in Wirklichkeit bloß, sie ist nur eine Fälschung, eine Kopie, eine Attrappe?

Geh nicht aus der Küche! Bleib bei mir! Lass mich diese Verbitterung mir von der Seele schreiben. Reden wir von Recherchen. Als Du an diesem Freitag nach Brighton gekommen bist, hatte ich bereits ein zweites Gespräch mit Max Greatorex hinter mir, diesmal bei ihm zu Hause in Egham, Surrey. Zu meiner Überraschung informierte er mich ausführlich über die Honig-Zusammenkünfte, eure diversen Treffen im Park und in seinem Büro, seinen nächtlichen Besuch in der St. Augustine's Road und allgemein über Eure Dienststelle. Angesichts seiner verblüffenden Offenheit fragte ich mich, ob er auf eine selbstzerstörerische Art darauf aus sei, der Vierte Mann zu werden, oder ob er in sexueller Konkurrenz mit Deinem Tony Canning zu stehen glaube. Max versicherte mir, die Operation Honig sei auf so niedriger Stufe angesiedelt, dass es nicht drauf ankomme. Ich gewann den Eindruck, dass er längst beschlossen hatte, den Geheimdienst zu verlassen und etwas Neues anzufangen. Inzwischen habe ich von Shirley Shilling erfahren, warum er sich mit mir in Bristol getroffen hat: Er wollte uns beide auseinanderbringen. Er war indiskret, weil es ihm einzig darum ging, Dich zu vernichten. Als ich ihn um ein Wiedersehen bat, glaubte er, mich am Haken zu haben und meine Wut auf Dich weiter befeuern zu können. Er war später völlig überrascht, als er mitkriegte, dass wir immer noch zusammen waren. Und er war außer sich, als er hörte, dass Du zu der Austen-Veranstaltung im Dorchester kommen wolltest. Also rief er seine Kontaktleute bei der Presse an und warf uns den Hunden zum Fraß vor. Insgesamt habe ich mich in diesem Jahr dreimal mit ihm getroffen. Er hat mir so viel gegeben, er war sehr hilfreich. Ein Jammer, dass ich ihn nicht ausstehen kann. Er hat mir Cannings Geschichte erzählt und wie man ihn ein letztes Mal in einem sicheren Haus vernommen hat, bevor er zum Sterben auf diese Ostseeinsel ging, wie er dabei Nasenbluten bekam und eine Matratze ruinierte, was wiederum Deine Phantasie finstere Blüten treiben ließ. Greatorex fand das alles äußerst amüsant.

Bei unserem letzten Treffen nannte er mir die Adresse

Deiner alten Freundin Shirley Shilling. Ich hatte in der Zeitung von ihr gelesen – ein cleverer Agent hatte fünf Verleger am Haken, die alle unbedingt ihren ersten Roman veröffentlichen wollten, und in L.A. standen sie schon Schlange wegen der Filmrechte. Sie ging an Martin Amis' Arm, als er zu unserer gemeinsamen Lesung in Cambridge kam. Ich mochte sie auf Anhieb, und sie liebt Dich heiß. Sie hat mir von Euren Pub-Rock-Abenden in London erzählt. Als ich sagte, ich wisse über Eure Arbeit Bescheid, erzählte sie mir von Eurer Putzfrauenaktion und von ihrem Auftrag, Dich auszuspionieren. Sie erwähnte auch Deinen alten Freund Jeremy, und da ich schon in Cambridge war, ging ich bei seinem College vorbei und ließ mir seine Adresse in Edinburgh geben. Ich habe auch Mrs. Canning besucht und mich als ehemaligen Studenten ihres Mannes ausgegeben. Sie war recht höflich, aber viel erfahren habe ich nicht von ihr. Es wird Dich freuen, dass sie nichts von Dir weiß. Shirley hatte angeboten, mich zu Cannings Cottage in Suffolk zu fahren. (Sie fährt wie eine Irre.) Wir spähten in den Garten und machten einen Spaziergang im Wald. Als wir wegfuhren, glaubte ich genug zu wissen, um den Schauplatz Deiner heimlichen Affäre, Deiner Lehrzeit als Geheimagentin, rekonstruieren zu können.

Von Cambridge, erinnere Dich, fuhr ich weiter zu Deiner Schwester und ihrem Freund Luke. Wie Du weißt, kiffe ich nicht gern. Das engt mir den Geist zu sehr ein. Dieses prickelnde, aufgeladene Ichbewusstsein liegt mir einfach nicht, ebenso wenig wie die freudlose, chemisch induzierte Lust auf Süßes. Aber anders wäre ich mit Lucy nicht ins Gespräch gekommen. So saßen wir drei bei Dämmerlicht auf Kissen am Boden ihrer Wohnung, Weihrauch wallte aus selbstgetöpferten Tongefäßen, aus unsichtbaren Lautsprechern rieselte uns Sitar-Musik auf die Köpfe. Wir tranken reinigenden Tee. Sie hat gewaltigen Respekt vor Dir, die Ärmste, sie sehnt sich nach anerkennenden Worten von ihrer großen Schwester, die sie vermutlich selten zu hören bekommt. Einmal bemerkte sie unglücklich, es sei nicht fair, dass Du klüger *und* schöner seist. Ich erfuhr, was ich wissen wollte – wie Deine Kindheit und Jugend war, auch wenn ich das meiste davon im Haschischrausch wieder vergessen habe. Ich weiß aber noch, dass wir zum Abendessen ein Blumenkohl-Käse-Gratin und braunen Reis gegessen haben.

Ich blieb über Nacht, denn am Sonntag wollte ich in die Kathedrale gehen und Deinen Vater predigen hören. Ich war neugierig, weil Du mir in einem Brief geschildert hattest, wie Du vor Eurer Haustür in seinen Armen in Tränen ausgebrochen warst. Und da war er, in all seinem kühlen Gepränge, doch sagte er an diesem Tag – gar nichts. Seine Untergebenen, auch sie recht prunkvoll und unbeeindruckt von der fast leeren Kirche, zelebrierten den Gottesdienst, mit der ganzen Inbrunst eines unerschütterlichen Glaubens. Ein Mann mit nasaler Stimme hielt die Predigt, eine routinierte Auslegung des Gleichnisses vom barmherzigen Samariter. Beim Rausgehen gab ich Deinem Vater die Hand. Er sah mich interessiert an und erkundigte sich freundlich, ob ich wiederkommen werde. Wie hätte ich ihm die Wahrheit sagen können?

Ich schrieb Jeremy, stellte mich als guten Freund von Dir vor und behauptete, ich sei zufällig gerade in Edinburgh und Du hättest gesagt, ich solle mich bei ihm melden. Ich wusste, so eine Lüge würde Dich nicht stören, ich wusste aber auch, dass ich ein Risiko einging. Wenn er Dir von meinem Besuch erzählte, würde meine Tarnung auffliegen. Diesmal musste ich mich betrinken, um mehr über Dich herauszufinden. Wie sonst hätte ich je erfahren, wie Du Kolumnistin bei *?Quis?* geworden bist? Von seinen seltenen Orgasmen, seinem eigenartigen Schambein und dem gefalteten Handtuch hattest Du mir selbst schon erzählt. Jeremy und mich verband auch das sechzehnte Jahrhundert, seine Geschichte und Literatur, und ich brachte ihn auf den neuesten Stand in Sachen Tony Canning als Verräter. Von Eurer Affäre hatte er nichts gewusst und war schockiert. Der Abend im Old Waverley Hotel verging wie im Flug, und als ich am Ende die Rechnung übernahm, fand ich das Geld gut angelegt.

Aber warum belästige ich Dich mit Einzelheiten meiner Recherchen? Erstens, damit Du siehst, dass ich die Sache ernst genommen habe. Zweitens, um klarzustellen, dass Du vor allen anderen meine wichtigste Quelle gewesen bist. Natürlich gab es all das, was ich mit eigenen Augen gesehen habe. Und die Handvoll Leute, mit denen ich mich im Januar getroffen habe. Aber mein größtes Beobachtungsfeld, eine ganze Insel für sich, warst Du und Du allein, mit all Deinen Gedanken und vielleicht manchem, was Du selbst nicht von Dir wusstest. Auf diesem Terrain habe ich extrapolieren oder dazuerfinden müssen.

Ein Beispiel. Unsere erste Begegnung in meinem Büro werden wir wohl beide niemals vergessen. Als Du zur Tür hereinkamst und ich Deinen altmodischen Pfirsichteint und

Deine sommerblauen Augen sah, ahnte ich, dass eine Veränderung in meinem Leben bevorstand. Ich habe mir die Minuten vor diesem Augenblick ausgemalt, wie Du in Falmer aus dem Bahnhof kommst, den Weg zum Campus einschlägst und wie angesichts dieser neugegründeten Universität jenes blasierte Missfallen in Dir aufsteigt, das Du mir gegenüber dann später geäußert hast. Adrett und hübsch anzusehen, bewegst Du Dich durch die Scharen langhaariger, barfüßiger Studenten. Deine Verachtung steht Dir noch ins Gesicht geschrieben, als Du mir Deinen Namen nennst und anfängst, mir Deine Unwahrheiten zu erzählen. Du hast Dich bei mir über Deine Zeit in Cambridge beklagt, Du hast behauptet, sie sei intellektuell lähmend gewesen, dennoch verteidigst Du Deine Uni bis zum Letzten und siehst auf meine herab. Denk vielleicht noch einmal darüber nach. Lass Dich nicht von lauter Musik täuschen. Ich glaube, meine Uni war anspruchsvoller, seriöser und angenehmer als Deine. Ich spreche als Produkt einer wissenschaftlichen Kultur, deren Felder Asa Briggs neu abgesteckt hat. Die Seminare waren auf hohem Niveau. Zwei Aufsätze pro Woche, drei Jahre lang ohne Unterbrechung. All die üblichen literaturwissenschaftlichen Themen, dazu Historiographie als Pflichtfach für alle Anfänger; und dann die Wahlfächer, in meinem Fall Kosmologie, Kunst, Internationale Beziehungen, Vergil, Dante, Darwin, Ortega y Gasset… Sussex hätte Dir niemals erlaubt, so herumzudümpeln, wie Du es getan hast, hätte niemals zugelassen, dass Du nichts anderes als Mathematik betreibst. Warum behellige ich Dich damit? Ich höre Dich zu Dir selber sagen: Er ist eifersüchtig, er ist genervt, weil er in diesem Glaskasten, diesem Bildungswarenhaus hocken musste, weil er nicht in so einer Umgebung studieren konnte wie ich, mit Rasen wie Billardtische und honiggelben Kalksteingemäuern. Aber Du täuschst Dich. Ich wollte Dich nur daran erinnern, warum ich Dir einen Flunsch ins Gesicht gemalt habe bei Deinem Gang über den Campus zu den Klängen von Jethro Tull, ein spöttisches Grinsen, das ich gar nicht gesehen haben kann. Das war eine wohlbegründete Vermutung, eine Extrapolation.

So viel zu meinen Recherchen. Ich hatte mein Material beisammen, das Blattgold, und die Motivation, es in Form zu schlagen. Ich habe geschrieben wie im Rausch, mehr als hunderttausend Wörter in etwas über drei Monaten. Der Austen-Preis, bei aller Begeisterung und Anerkennung, kam mir wie eine ungeheure Ablenkung von meiner Arbeit vor. Ich hatte mir fünfzehnhundert Wörter pro Tag zum Ziel gesetzt, sieben Tage die Woche. An manchen Tagen, wenn meine Phantasie nachließ, war das kaum möglich, an anderen war es ein Kinderspiel, wenn ich unsere Gespräche Minuten danach nur aufzuschreiben brauchte. Manchmal schrieben die Ereignisse ganze Kapitel für mich.

Ein aktuelles Beispiel ist der letzte Samstag, als Du vom Einkaufen zurückgekommen bist und mir den *Guardian*-Artikel gezeigt hast. Ich wusste inzwischen, dass Greatorex den Einsatz erhöht hatte und die Ereignisse sich überschlagen würden. Ich konnte das Täuschungsmanöver, Deins und meins, aus nächster Nähe verfolgen. Ich sah Dir die Furcht an, entlarvt und angeprangert zu werden. Ich gab vor, Dich zu sehr zu lieben, um Verdacht zu schöpfen – das war ganz leicht. Dein Vorschlag, eine Presseerklärung abzugeben, war natürlich sinnlos, aber warum nicht? Die Geschichte schrieb sich selbst. Außerdem war es Zeit, auf das Geld von der Stiftung zu verzichten. Ich fand Deinen Versuch rührend, mich von der Beteuerung abzubringen, dass ich niemals Kontakt zum Geheimdienst gehabt habe. Du wusstest, wie verwundbar ich war, wie verwundbar Du mich gemacht hattest, und Du hast Höllenqualen gelitten und mich schützen wollen. Warum also habe ich darauf beharrt? Wegen der Geschichte! Ich konnte nicht widerstehen. Und ich wollte mich vor Dir wie ein Unschuldiger gebärden. Ich wusste, ich würde mir großen Schaden zufügen. Aber das war mir egal, ich war rücksichtslos und wie besessen, ich wollte sehen, was passiert. Ich nahm an – mit Recht, wie sich gezeigt hat –, dies sei das Endspiel. Während Du auf dem Bett lagst und über Dein Dilemma nachdachtest, machte ich mich ans Werk und schilderte die Szene, wie Du in Deinem Café am Markt die Zeitungen liest, notierte auch gleich unser ganzes Gespräch, solange es noch frisch war. Nach dem Lunch bei Wheeler's liebten wir uns. Danach bist Du eingeschlafen, und ich habe weitergemacht, die letzten Stunden niedergeschrieben und überarbeitet. Als ich am frühen Abend ins Schlafzimmer kam und Dich weckte, hast Du meinen Schwanz in die Hand genommen und in Dich reingesteckt und mir ins Ohr geflüstert: »Du bist unglaublich.« Hoffentlich stört es Dich nicht. Auch das habe ich aufgeschrieben.

Sieh den Tatsachen ins Auge, Serena, die Sonne geht über dieser faulen Affäre unter, der Mond und die Sterne auch. Heute Nachmittag – Dein Gestern, vermute ich – läutete es an der Tür. Ich ging runter und machte auf, und vor mir stand eine Frau vom *Daily Express.* Freundlich und in aller Offenheit erklärte sie mir, was am nächsten Tag in der Zeitung stehen würde: Man werde mich als verlogenen, gierigen Schwindler hinstellen. Sie las mir sogar Teile ihres Artikels vor, beschrieb mir auch die Fotos und fragte höflich, ob ich ein Zitat beisteuern wolle. Ich hatte nichts zu sagen. Sobald sie gegangen war, machte ich mir Notizen. Morgen werde ich nicht in der Lage sein, mir den *Express* zu kaufen, aber das macht nichts, denn ich werde heute Nachmittag noch einbauen, was sie mir erzählt hat, und Dich ihren Artikel im Zug lesen lassen. Ja, es ist aus. Die Reporterin hat mir erzählt, ihre Zeitung habe bereits Kommentare von Edward Heath und Roy Jenkins. Ich werde der öffentlichen Schande preisgegeben. Wir alle. Man wird mir vorwerfen, und mit Recht, in meiner Presseerklärung gelogen zu haben, Geld aus einer schmutzigen Quelle angenommen zu haben, meine geistige Unabhängigkeit verkauft zu haben. Deine Auftraggeber haben sich leichtsinnig in Dinge eingemischt, die sie nichts angehen, und ihre politischen Dienstherren in eine peinliche Lage gebracht. Es kann nicht lange dauern, bis die Liste der anderen Honig-Stipendiaten publik wird. Es wird Hohn und Spott geben, der eine oder andere wird seinen Posten verlieren. Und Du, Du hast keine Chance, die Zeitungen von morgen zu überleben. Wie ich höre, siehst Du auf den Fotos umwerfend aus. Aber Du wirst Dir einen anderen Job suchen müssen.

Gleich werde ich Dich bitten, eine wichtige Entscheidung zu treffen, aber vorher möchte ich Dir noch meine Lieblings-Agentengeschichte erzählen. Der MI5 hatte da seine Finger im Spiel, ebenso der MI6. 1943. Damals ging es um mehr als heute, es wurde mit härteren Bandagen gekämpft. Im April jenes Jahres wurde an der Küste Andalusiens die verweste Leiche eines Offiziers der Royal Marines an Land gespült. An das Handgelenk des Toten war ein Aktenkoffer voller Dokumente gekettet, in denen es um die Invasion Südeuropas via Griechenland und Sardinien ging. Die spanischen Behörden nahmen Kontakt mit dem britischen Attaché auf, der zunächst wenig Interesse an dem Leichnam oder dem Koffer bekundete. Dann schien er es sich anders zu überlegen und setzte alle Hebel in Bewegung, um an beides heranzukommen. Zu spät. Die Spanier waren im Krieg neutral, aber eher auf Seiten der Nazis. Die deutschen Geheimdienste nahmen sich der Sache an, die Dokumente gelangten nach Berlin. Das deutsche Oberkommando analysierte den Inhalt des Koffers, erfuhr von den Absichten der Alliierten und änderte seine Verteidigungsmaßnahmen entsprechend. Aber wie Du wahrscheinlich aus *Der Mann, den es nie gab* weißt, handelte es sich bei dem Leichnam und den Dokumenten um einen Bluff, ein vom britischen Geheimdienst ersonnenes Täuschungsmanöver. Der Offizier war in Wirklichkeit ein walisischer Landstreicher, den man aus einer Leichenhalle geholt und sorgfältig mit einer fiktiven Identität ausgestattet hatte, bis hin zu Liebesbriefen und Eintrittskarten für eine Londoner Theatervorstellung. Die alliierte Invasion im Süden fand dann auf dem näherliegenden Weg über Sizilien statt, das nur unzureichend verteidigt war. Zumindest einige von Hitlers Divisionen bewachten die falschen Einfallstore.

Die Operation Mincemeat war nur eine von Dutzenden Kriegsfinten, aber was sie meiner Meinung nach so besonders effektiv gemacht hat, war die Art, wie sie eingefädelt wurde. Die Idee stammte ursprünglich aus einem 1937 erschienenen Roman, *The Milliner's Hat Mystery*. Der junge Marinekommandant, dem die Textpassage aufgefallen war, sollte eines Tages ein berühmter Schriftsteller werden. Sein Name war Ian Fleming, und er präsentierte die Idee zusammen mit anderen Täuschungsmanövern einem geheimen Ausschuss, dessen Vorsitzender ein Dekan aus Oxford war, der nebenher auch Kriminalromane schrieb. Mit vereintem schriftstellerischem Talent stattete man einen Toten mit einer Identität und einer plausiblen Vorgeschichte aus. Der Marineattaché, der das Auftauchen des ertrunkenen Offiziers in Spanien inszenierte, war ebenfalls Schriftsteller. Wer sagt, die Dichtkunst könne nichts bewirken? Mincemeat war ein Erfolg, weil die geheimdienstliche Vernunft von Phantasie und Erfindungsgabe beflügelt wurde. In kläglichem Vergleich dazu hat die Operation Honig, diese Vorbotin des Verfalls, den Prozess umgekehrt und ist gescheitert, weil die Vernunft sich in die Phantasie einmischen wollte. Unseren großen Augenblick hatten wir vor dreißig Jahren. Im heutigen Niedergang leben wir im Schatten von Giganten. Du und Deine Kollegen müsst gewusst haben, dass der Plan nichts taugte und von Anfang an zum Scheitern verurteilt war, aber aus bürokratischen Gründen habt Ihr weitergemacht, weil der Befehl von ganz oben kam. Dein Peter Nutting hätte auf Angus Wilson, den Vorsitzenden des Arts Council, hören sollen, auch er ein Schriftsteller, der zu Kriegszeiten Verbindungen zum Geheimdienst hatte.

Ich habe Dir gesagt, es war nicht Wut, was mich zu

schreiben veranlasste, was Du in dem Päckchen vor Dir siehst. Aber mir ging es schon auch darum, es Dir mit gleicher Münze heimzuzahlen. Wir waren beide Berichterstatter. Du hast mich belogen, ich habe Dir nachspioniert. Es war köstlich, und ich fand, Du hattest nichts anderes verdient. Ich habe wirklich geglaubt, ich könnte die Angelegenheit zwischen zwei Buchdeckel packen und Dich damit für immer aus meinem Leben verbannen. Aber ich habe nicht mit der Eigenlogik dieses Projekts gerechnet. Ich musste nach Cambridge, um Deinen drittklassigen Abschluss zu machen, ich musste in einem Cottage in Suffolk mit einem freundlichen alten Lüstling schlafen, in Deinem möblierten Zimmer in Camden wohnen, einen schmerzlichen Verlust erleiden, Deine Haare waschen und Deine Röcke für die Arbeit bügeln und morgendliche U-Bahn-Fahrten erdulden, Dein Streben nach Unabhängigkeit ebenso fühlen wie die Bande, die Dich an Deine Eltern ketten und Dich an der Brust Deines Vaters in Tränen ausbrechen ließen. Ich musste Deine Einsamkeit erleben, Deine Unsicherheit, Deinen Wunsch nach Anerkennung von Vorgesetzten, Deine Unschwesterlichkeit, Deine kleinen snobistischen Anfälle, Deine Ignoranz und Eitelkeit, Dein kaum vorhandenes soziales Gewissen, Deine Anwandlungen von Selbstmitleid und Deine orthodoxen Ansichten zu den meisten Dingen. Und das alles, ohne Deine Klugheit, Schönheit und Zärtlichkeit zu vergessen, Deine Freude an Sex, Deine Lebenslust, Deinen trockenen Humor und Deine reizenden Beschützerinstinkte. Während ich in Dir lebte, sah ich deutlich mich selbst: meine Habgier und meine Statussucht, meine an Autismus grenzende Zielstrebigkeit. Und auch meine groteske Eitelkeit in Bezug auf Sex, Kleidung und Ästhetik – warum sonst hätte ich Dich dazu gebracht, endlos über meinen Geschichten zu verweilen, warum sonst hätte ich meine Lieblingssätze kursiv markiert?

Um Dich aufs Papier zu bringen, musste ich Du werden und Dich verstehen (das wird einem abverlangt, wenn man einen Roman schreibt), und dabei ist, nun ja, das Unvermeidliche passiert. Als ich in Deine Haut schlüpfte, hätte ich die Konsequenzen bedenken sollen. Ich liebe Dich immer noch. Nein, stimmt nicht. Ich liebe Dich noch mehr.

Du denkst vielleicht, wir stecken zu tief im Sumpf der Täuschung, wir haben einander genug Lügen für ein ganzes Leben erzählt und unsere Betrügereien und Demütigungen haben die Gründe, die für eine Trennung sprechen, verdoppelt. Ich stelle mir lieber vor, das alles hebt sich gegenseitig auf, und wir sind zu sehr in wechselseitiger Beobachtung miteinander verflochten, als dass wir voneinander lassen könnten. Ich habe die Aufgabe schon übernommen, über Dich zu wachen. Möchtest Du nicht das Gleiche für mich tun? Worauf ich mit alldem hinauswill, ist eine Liebeserklärung und ein Heiratsantrag. Hast Du mir nicht einmal Deine altmodische Ansicht anvertraut, so müsse ein Roman enden: mit einem »Heirate mich«? Mit Deiner Erlaubnis möchte ich dieses Buch, das da vor Dir auf dem Küchentisch liegt, eines Tages publizieren. Es ist nicht direkt eine Apologie, eher eine Anklage gegen uns beide, die uns nur noch fester zusammenschweißen kann. Aber es gibt Hindernisse. Wir möchten doch nicht Dich oder Shirley oder selbst Mr. Greatorex auf Geheiß Ihrer Majestät hinter schwedischen Gardinen schmachten sehen, also werden wir bis weit ins einundzwanzigste Jahrhundert warten müssen, wenn die Verjährungsfrist abgelaufen sein wird. Ein paar Jahrzehnte bieten Dir hinreichend Zeit, meine Mutmaßungen hinsichtlich Deiner Einsamkeit zu entkräften, mich über den Rest Deiner Geheimdienstarbeit und auch darüber aufzuklären, was wirklich zwischen Dir und Max gewesen ist. Zeit genug auch, um das Ganze mit der einen oder anderen zurückblickenden Formulierung zu unterfüttern: damals, in jenen Zeiten, das waren die Jahre, als… Oder wie wär's mit: »Heute, wo der Spiegel etwas anderes sagt, kann ich es aussprechen und hinter mich bringen. Ich war wirklich hübsch.« Zu grausam? Kein Grund zur Sorge, ich werde nichts ohne Deine Zustimmung einfügen. Wir werden auch nichts überstürzt in Druck geben.

Ich bin mir sicher, dass ich nicht mein ganzes Leben lang öffentlicher Verachtung ausgesetzt sein werde, aber es könnte noch eine Weile so bleiben. Zumindest sind die Welt und ich uns jetzt so weit einig – ich brauche eine unabhängige Einkommensquelle. Ich habe unter Umständen eine Stelle am Londoner University College in Aussicht. Die suchen einen Spenser-Spezialisten, und angeblich stehen meine Chancen nicht schlecht. Ich glaube auch langsam daran, dass die Lehrtätigkeit und das Schreiben sich nicht unbedingt ausschließen. Und Shirley sagte mir, sie hat vielleicht in London etwas für Dich, falls Du interessiert bist.

Heute Abend fliege ich nach Paris und besuche einen alten Schulfreund, der mich für ein paar Tage beherbergen kann. Wenn sich die Lage beruhigt hat, wenn ich aus den

Schlagzeilen bin, komme ich sofort zurück. Ist Deine Antwort ein verhängnisvolles Nein, nun, ich habe keinen Durchschlag gemacht, dies hier ist das einzige Exemplar, und Du kannst es in den Ofen werfen. Liebst Du mich noch und Deine Antwort ist Ja, beginnt ab jetzt unsere Zusammenarbeit, und wenn Du einverstanden bist, wird dieser Brief das letzte Kapitel von *Honig* sein.

Liebste Serena, es liegt bei Dir.

Dank

Besonders viel zu verdanken habe ich Frances Stonor Saunders' Buch *Wer die Zeche zahlt. Der CIA und die Kultur im Kalten Krieg;* ebenso Paul Lashmars und James Olivers *Britain's Secret Propaganda War: 1948–1977* und Hugh Wilfords *The CIA, the British Left and the Cold War: Calling the Tune?* Auch die folgenden Bücher waren äußerst hilfreich: *Writing Dangerously: Mary McCarthy and Her World* von Carol Brightman; *The Theory and Practice of Communism* von R. N. Carew Hunt; *Operation Mincemeat* von Ben MacIntyre; *Reluctant Judas* von Geoffrey Robertson; *Open Secret: The Autobiography of the Former Director-General of MI5* von Stella Rimington; *MI5. Die wahre Geschichte des britischen Geheimdienstes* von Christopher Andrew; *Spooks: The Unofficial History of MI5* von Thomas Hennessey und Claire Thomas; *Spy Catcher: The Candid Autobiography of a Senior Intelligence Officer* von Peter Wright; *State of Emergency: The Way We Were: Britain, 1970–1974* von Dominic Sandbrook; *When the Lights Went Out: British Politics in the Seventies* von Andy Beckett; *Crisis? What Crisis?: Britain in the 1970s* von Alwyn W. Turner; *Strange Days Indeed: The Golden Age of Paranoia* von Francis Wheen.

Ich danke Tim Garton Ash für seine wohlüberlegten

Anmerkungen; David Cornwell für unwiderstehliche Erinnerungen; Graeme Mitchison und Karl Friston für ausführliche Erläuterungen zum Monty-Hall-Problem; ich danke Alex Bowler und, wie immer, Annalena McAfee.

Zitatnachweis

Timothy Garton Ash: *Die Akte ›Romeo‹.* Deutsch von Udo Rennert. Hanser, München 1997.

W. H. Auden: *Liebesgedichte.* Englisch und deutsch. Ausgewählt und mit einem Nachwort versehen von Rüdiger Görner. Das Gedicht *1. September 1939* in der Übersetzung von Rüdiger Görner. Insel Verlag, Frankfurt am Main und Leipzig 2008.

Charles Dickens: *Dombey und Sohn.* Deutsch von Carl Kolb. Adolph Krabbe Verlag, Stuttgart 1848.

Philip Larkin: *Gedichte.* Englisch und deutsch. Ausgewählt und übertragen von Waltraut Anna Mitgutsch. Klett-Cotta, Stuttgart 1988.

Alexander Solschenizyn: *Nobelpreisrede.* Russisch und deutsch. Deutsch von Helmuth Dehio. Deutscher Taschenbuch Verlag, München 1973.

Jacqueline Susann: *Das Tal der Puppen.* Deutsch von Gretl Friedmann. Scherz, Bern, München und Wien 1967.